Wirtschaft heute

Wirtschaftskunde/Wirtschaftskompetenz
für Berufs- und Berufsfachschulen
des gewerblichen, hauswirtschaftlich-pflegerisch-
sozialpädagogischen und landwirtschaftlichen Bereichs

von

Dr. Bernd Crone, Freiburg
Reiner Kühn, Freiburg

10., aktualisierte Auflage

Dr. Felix Büchner – Handwerk und Technik · Hamburg

Bildquellenverzeichnis

ADAC Hansa, Hamburg 73
Archiv für Kunst und Geschichte, H.E. Linde-Walther, Berlin 13, 36, 40
Bavaria Agentur, Gauting 56/1/2, 56, 65/1/2; 298 (Kürschner), 341/1 (Filser), 341/3 (Geisser), 314 (PP), Umschlag, 299 (FPG), 341/2 (VCL), 7, 63/2 (Benelux Press), 29 (Rosenfeld), 204 (Rose)
Bilderberg, Hamburg 239/1 (Wolfgang Volz)
BKM Online Medien/Deutscher Mieterbund, Köln 100/3, 100/4
BUND Bundesgeschäftsstelle, Berlin 102
Bundesanstalt für Arbeitsschutz und Arbeitsmedizin, Dortmund 53
Bundesfinanzministerium, Berlin 146
Bundesministerium für Arbeit und Sozialordnung, Berlin 22/2, 38, 47
Bundesministerium für Bildung, Wissenschaft und Forschung, Bonn 15, 22/1
Bundesministerium für Familie, Senioren, Frauen und Jugend, Berlin 37, 170
Bundesministerium für Gesundheit und Soziale Sicherheit, Bonn 38
Bundesministerium für Verbraucherschutz, Ernährung und Landwirtschaft, Bonn 102
Cartoon Caricature Contor, München 122, 152, 241, 259, 263 (Haitzinger), 157/2 (Wolter), 228 (Liebermann)
CMA Centrale Marketing-Gesellschaft der deutschen Agrarwirtschaft mbH, Bonn 104
COMMERZBANK Aktiengesellschaft, Frankfurt am Main 57
CompuGroup Holding AG, Koblenz 238
Corbis – Germany, Düsseldorf 107
Crone, Dr. Bernd, Freiburg 21/1, 21/2
Darchinger, Mark , Bonn 239/2
Deutsche Presseagentur, Hamburg 97, 201
Deutsche Telekom, Hamburg 157/1
Deutscher Instituts-Verlag GmbH, Köln 24
Dilger, Johannes, Waldkirch 140
Erich Schmidt Zahlenbilder, Berlin 41, 59, 126, 190, 195, 217, 237, 238, 242, 243, 249, 253, 256, 264, 269, 287, 337

European Central Bank, Frankfurt am Main 146
Fotex Bildagentur, Hamburg 57, 64/1
Fujitsu Siemens Computers GmbH, München 21
Globus Infografik GmbH, Hamburg 29, 31, 45, 47, 50, 139, 141, 147, 153, 154, 155, 159, 166, 218, 226, 254, 257, 258, 260, 261, 267, 268, 269, 288
Hauptverband der gewerblichen Berufsgenossenschaft, St. Augustin 53
Heinz Kettler GmbH & Co, Ensc-Parsit 119
Herrmann (Hrsg.), HT 40070 Gastronomie Fachstufe 2, Hamburg 255
IMU – Infografik GmbH, Essen 21/3, 21/4, 280
Institut der deutschen Wirtschaft, Köln 19
Kommission der Europäischen Gemeinschaften, Brüssel 145
Marcks, Marie Heidelberg 217
Mitterbaur, Gerhard , A-Kematen/Krems 247
Munz, Eckart, Stuttgart 251
Oberfinanzdirektion München, München 290
Öko-Prüfzeichen GmbH + Informationsstelle ÖPZ, Bonn 105
Pfeiffer, Helmut, Wiesloch 97
Presse- und Informationsamt der Bundesregierung, Berlin 99/3, 146
Seidenbacher, Buchen 102
STIFTUNG WARENTEST, Berlin 99/1, 99/2
Süddeutsche Metallberufsgenossenschaft, Mainz 52
Transglobe, Hamburg 95
Verbraucherzentrale Baden-Württemberg, Stuttgart 96
Verlag Handwerk und Technik GmbH, Hamburg 128
Volksbank Freiburg e.G. 125, 126, 128, 130
Volkswagen AG, Wolfsburg 34
www.arbeitsagentenur.de 203
www.ifex.de/newcome/ifex/index.php 306
www.mieterbund.de 100
www.zdf.de/ZDFde/inhalt/25/0,1872,1004625,00.html 100
ZDF, Mainz 100/1
Zefa Farbbildagentur, Hamburg 229/1/2 (G. Rossi), 297 (K-H. Benser), 340, 206/2 (Pinto), 206/1 (Jonas) ,175

Sämtliche nicht im Bildquellenverzeichnis aufgeführten Fotos: Michael Cich, Hamburg
Sämtliche nicht aufgeführten Zeichnungen: Claude-Bernard Gay, Hamburg
Umschlaggestaltung: Harro Wolter, Hamburg
Gestaltung und Layout: Andreas Burg, Hamburg

ISBN 978-3-582-04971-1

Das Werk und seine Teile sind urheberrechtlich geschützt. Jede Nutzung in anderen als den gesetzlich zugelassenen Fällen bedarf der vorherigen schriftlichen Einwilligung des Verlages.
Hinweis zu § 52 a UrhG: Weder das Werk noch seine Teile dürfen ohne eine solche Einwilligung eingescannt und in ein Netzwerk eingestellt werden. Dies gilt auch für Intranets von Schulen und sonstigen Bildungseinrichtungen.

Verlag Handwerk und Technik G.m.b.H.,
Lademannbogen 135, 22339 Hamburg; Postfach 63 05 00, 22331 Hamburg – 2007
E-Mail: info@handwerk-technik.de – Internet: www.handwerk-technik.de

Druck: BOSS, Druck und Medien GmbH, 47574 Goch

Vorwort

Das Buch „Wirtschaft heute" wurde nach dem aktuellen Lehrplan für das Fach Wirtschaftskunde an gewerblichen, hauswirtschaftlich-pflegerisch-sozialpädagogischen und landwirtschaftlichen Berufsschulen konzipiert.

Das Buch vermittelt den Schülerinnen und Schülern ein solides wirtschaftliches und rechtliches Grundwissen für ihre Rolle als Arbeitnehmer und Verbraucher in der sozialen Marktwirtschaft. Darüber hinaus wird der Stoff an geeigneten Stellen vertieft, um sie auch auf ihre mögliche Rolle als spätere Selbstständige vorzubereiten.

Den Intentionen des Lehrplans entsprechend soll sich der Lehrer stärker zurücknehmen, „interaktionsbetonte Unterrichtsgestaltung" anstreben und „selbst organisierte Lernprozesse" anstoßen. Diesem Ziel entsprechend will die vorliegende Neubearbeitung die direkte und intensive Auseinandersetzung der Schüler mit dem Stoff fördern:

→ Jedes Kapitel wird mit einem **Sachverhalt** und mit **Leitfragen** eingeleitet, die durchgängig in der Randspalte wieder aufgegriffen werden.
→ In der **Randspalte** finden die Schüler darüber hinaus viele weitere über den Lehrstoff hinausgehende Informationen und Anregungen zum Weiterarbeiten.
→ Am Ende jeden Unterkapitels werden die wesentlichen Elemente der Stoffstruktur noch einmal als **Überblick** zusammengefasst.
→ Die **Aufgaben zur Wiederholung und Vertiefung** sind ebenfalls jedem Unterkapitel zugeordnet, sodass bereits nach kurzen Unterrichtseinheiten eine selbstständige Wiederholung durch die Schüler möglich ist. Unterstützt werden sie dabei durch die Seitenverweise.
→ Jedes Hauptkapitel schließt mit einer **handlungsorientierten Themenbearbeitung (HOT)** ab. Hier können die Schüler wesentliche Inhalte des Kapitels im Gesamtzusammenhang handlungsorientiert bearbeiten.
→ Die **Methodenseiten** nach jedem Hauptkapitel sollen die Schüler in grundlegende Arbeitstechniken und handlungsorientierte Verfahren der Erkenntnisgewinnung einführen, u. a. Expertenbefragung, Rollenspiel, Tabellen/Schaubilder und Informationsgewinnung im Internet. Die Hinweise auf die Methodenseiten sind durch das Symbol „Füße" ( ) mit Seitenangaben leicht auffindbar.
→ Neue Technologien im Zahlungsverkehr (z. B. Homebanking) oder in der Datenverarbeitung (z. B. Tabellenkalkulation in der Kostenrechnung oder bei der Steuererklärung) sind ausführlich erläutert.

Die neue Konzeption des Buches „Wirtschaft heute" ermöglicht einerseits den Schülern, sich grundlegende Kenntnisse des Wirtschaftsgeschehens (auch in Eigeninitiative) anzueignen, andererseits unterstützt es die Kolleginnen und Kollegen in dem Bemühen, selbst organisiertes Lernen zu initiieren und vernetztes Denken zu fördern.

Autoren und Verlag

Erläuterung der Symbole:

zusätzliche Information

Arbeitsauftrag

Bitte beachten!

Frage, Anregung

Handlungsvorschlag mit Verweis auf Methodenseiten

Internetadresse

Inhaltsverzeichnis

1 Berufsausbildung und Arbeitswelt 7

1.1 Formen der Berufsausbildung 8
1.1.1 Duales Ausbildungssystem 8
1.1.2 Vollschulische Ausbildung 10

1.2 Berufsausbildungsvertrag 13
1.2.1 Inhalt 13
1.2.2 Dauer und Beendigung 15
1.2.3 Überwachung und Beratung 17

1.3 Möglichkeiten beruflicher Fortbildung, Weiterbildung und Umschulung 19
1.3.1 Bildungswege 20
1.3.2 Förderungsmaßnahmen 22

1.4 Einflüsse auf die menschliche Arbeitsleistung 26
1.4.1 Leistung 26
1.4.2 Arbeitsplatz 28
1.4.3 Betriebsklima 29

1.5 Schutzvorschriften in der Arbeitswelt 31
1.5.1 Notwendigkeit des Arbeitsschutzes 31
1.5.2 Arbeitszeitschutz 32
1.5.3 Urlaubsschutz 33
1.5.4 Jugendarbeitsschutz 34
1.5.5 Mutter- und Erziehungsschutz 36
1.5.6 Schwerbehindertenschutz 37
1.5.7 Überwachung der Arbeitsschutzvorschriften 38

1.6 Sozialversicherungen 40
1.6.1 Rentenversicherung 42
1.6.2 Krankenversicherung 44
1.6.3 Pflegeversicherung 46
1.6.4 Arbeitslosenversicherung – Arbeitsförderung 48
1.6.5 Unfallversicherung 50
1.6.6 Sozialgerichtsbarkeit 54

1.7 Private Zusatzversicherungen 56
1.7.1 Personenversicherungen 56
1.7.2 Sachversicherungen 58
1.7.3 Vermögensversicherungen 58
1.7.4 Unterschied zwischen Sozialversicherung und Individualversicherung 59

HOT Handlungsorientierte Themenbearbeitung 61

2 Grundlagen des Vertragsrechts 63

2.1 Rechts- und Geschäftsfähigkeit 64
2.1.1 Rechtsfähigkeit 65
2.1.2 Geschäftsfähigkeit 65

2.2 Rechtsgeschäfte 68
2.2.1 Willenserklärungen 68
2.2.2 Formvorschriften 68
2.2.3 Arten 68
2.2.4 Wirksamkeit der Rechtsgeschäfte 69

2.3 Vertragsrecht 72
2.3.1 Zustandekommen des Kaufvertrages (Verpflichtungsgeschäft) 72
2.3.2 Pflichten der Vertragspartner (Erfüllungsgeschäft) 74
2.3.3 Inhalt des Kaufvertrages 75
2.3.4 Besitz und Eigentum 79

2.4 Leistungsstörungen 81
2.4.1 Leistungspflicht 81
2.4.2 Mangel der Kaufsache 81
2.4.3 Lieferungsverzug (Nicht-rechtzeitig-Lieferung) 84
2.4.4 Zahlungsverzug 84
2.4.5 Annahmeverzug 84

2.5 Verjährung 86
2.5.1 Neubeginn der Verjährung 88
2.5.2 Hemmung der Verjährung 89

2.6 Haftung und Schadenersatz 92
HOT Handlungsorientierte Themenbearbeitung 94

3 Verbraucherbewusstes Verhalten 95

3.1 Verbraucherberatung 96
3.1.1 Organisationen zur Interessenvertretung der Verbraucher 97
3.1.2 Verbraucherinformation in den Medien 99

3.2 Warenkennzeichnung 102
3.2.1 Gesetzliche Warenkennzeichnung 102
3.2.2 Freiwillige Warenkennzeichnung 103

3.3 Verbraucherschutzgesetze 107
3.3.1 Wettbewerbsrechtliche Regelungen 107
3.3.2 Allgemeine Geschäftsbedingungen (AGB) 109
3.3.3 Produkthaftung 110
3.3.4 Verbraucherdarlehen 110
3.3.5 Haustürgeschäfte 111
3.3.6 Fernabsatzverträge 112

3.4 Folgen von Zahlungsverzug 115
3.4.1 Außergerichtliche Mahnung 115

Inhaltsverzeichnis

3.4.2	Gerichtliches Mahn- und Klageverfahren	116
3.4.3	Zwangsvollstreckung	117
HOT	Handlungsorientierte Themenbearbeitung	119

4	**Der Umgang mit Geld**	**123**
4.1	**Zahlungsmöglichkeiten**	**124**
4.1.1	Barzahlung	124
4.1.2	Girokonto	124
4.1.3	Zahlung mit Scheck	125
4.1.4	Überweisung und Lastschrift	126
4.1.5	Zahlung mit Karten	128
4.1.6	Neuere Verfügungsformen	132
4.2	**Kaufkraftschwankungen**	**137**
4.2.1	Wert des Geldes (Kaufkraft)	137
4.2.2	Kaufkraftmessung	138
4.2.3	Inflation und Deflation	140
4.3	**Außenwert des Geldes und Europäisches Währungssystem**	**144**
4.3.1	Der Euro und die Europäische Wirtschafts- und Währungsunion (EWWU)	144
4.3.2	Wechselkurse und Kursschwankungen	148
4.3.3	Auf- und Abwertungen	151
4.4	**Sparen und Sparförderung**	**153**
4.4.1	Gründe für das Sparen	153
4.4.2	Anlagekriterien	154
4.4.3	Sparformen	154
4.4.4	Sparförderung	162
4.5	**Verbraucherkredit**	**166**
4.5.1	Anschaffungsdarlehen als Beispiel	167
4.5.2	Der Effektivzins	167
4.5.3	Die Kreditsicherung	168
4.5.4	Risiken der Kreditaufnahme	170
4.5.5	Verbraucherinsolvenz	170
HOT	Handlungsorientierte Themenbearbeitung	172

5	**Arbeitsrecht**	**175**
5.1	**Einzelarbeitsvertrag**	**177**
5.1.1	Anbahnung und Abschluss	178
5.1.2	Form und Inhalt	179
5.1.3	Befristete Arbeitsverträge	180
5.1.4	Beendigung des Arbeitsverhältnisses	181
5.1.5	Kündigungsschutz	184

5.2	**Tarifverträge**	**188**
5.2.1	Tarifvertragsarten	189
5.2.2	Bedeutung von Tarifverträgen	190
5.2.3	Arbeitskampf	191
5.3	**Betriebsvereinbarung**	**193**
5.4	**Interessenvertretung der Arbeitnehmer**	**195**
5.4.1	Interessenvertretung des einzelnen Arbeitnehmers am Arbeitsplatz	196
5.4.2	Interessenvertretung im Betrieb	197
5.4.3	Mitbestimmung im Aufsichtsrat	198
5.5	**Arbeitsgericht**	**201**
HOT	Handlungsorientierte Themenbearbeitung	202

6	**Entlohnung der Arbeit**	**205**
6.1	**Lohnformen**	**206**
6.1.1	Zeitlohn	206
6.1.2	Leistungslohn	207
6.1.3	Beteiligungslohn	212
6.2	**Gerechte Entlohnung**	**214**
6.2.1	Arbeitsleistung	214
6.2.2	Arbeitsbewertungsverfahren	215
6.2.3	Soziale Aspekte	218
6.3	**Lohnabrechnung**	**220**
6.3.1	Zulagen, Zuschläge und Zuwendungen	220
6.3.2	Abzüge	220
6.3.3	Lohnabrechnung	221
6.4	**Wirtschaftliche Aspekte der Entlohnung**	**224**
6.4.1	Lohnnebenkosten	224
6.4.2	Veränderung der Produktivität	225
6.4.3	Nominal- und Reallohnentwicklung	226
HOT	Handlungsorientierte Themenbearbeitung	228

7	**Soziale Marktwirtschaft**	**229**
7.1	**Markt als Koordinator von Angebot und Nachfrage**	**230**
7.1.1	Marktarten	230
7.1.2	Verhalten der Marktteilnehmer	232
7.1.3	Preisbildung unter Wettbewerb	234
7.2	**Wettbewerbsstörungen**	**237**
7.2.1	Ursachen von Wettbewerbsstörungen	237
7.2.2	Auswirkungen von Wettbewerbsstörungen	241

Inhaltsverzeichnis

7.2.3	Maßnahmen gegen Wettbewerbsstörungen	242
7.3	**Bedeutung des Staates in der sozialen Marktwirtschaft**	**245**
7.3.1	Grundaussagen der Verfassung	246
7.3.2	Grundwerte und Merkmale der sozialen Marktwirtschaft	248
7.4	**Bruttoinlandsprodukt als wirtschaftliche Messgröße**	**252**
7.4.1	Entstehung – Verwendung – Verteilung	252
7.4.2	Nominales und reales BIP	254
7.4.3	Problematik des BIP als Wohlstandsmaßstab	254
7.5	**Probleme der sozialen Marktwirtschaft**	**257**
7.5.1	Soziale Sicherungssysteme	257
7.5.2	Harmonisierung in der EU	260
7.5.3	Staatsquote	264
7.5.4	Ziele und Zielkonflikte in der Wirtschaftspolitik	266
7.5.5	Instrumente zur Beeinflussung der Wirtschaft	273
7.6	**Finanzierung der staatlichen Aufgaben**	**279**
7.6.1	Arten der Staatseinnahmen	279
7.6.2	Erhebung der Staatseinnahmen	281
7.6.3	Verwendung der Staatseinnahmen	283
7.6.4	Besteuerung des Einkommens	284
7.6.5	Grundzüge der Einkommensteuererklärung	289
HOT	Handlungsorientierte Themenbearbeitung	296

8	**Simulation einer Unternehmensgründung**	**297**
8.1	**Unternehmenszielsetzungen**	**298**
8.1.1	Ziele von erwerbswirtschaftlichen Unternehmen	298
8.1.2	Ziele von öffentlichen Unternehmen	298
8.1.3	Ziele von Genossenschaften	299
8.2	**Standort und Gründungshilfen**	**302**
8.2.1	Standort	302
8.2.2	Gründungshilfen	303
8.3	**Wahl der Rechtsform eines Unternehmens**	**308**
8.3.1	Einzelunternehmung	309
8.3.2	Personengesellschaft	310
8.3.3	Kapitalgesellschaft	312

8.4	**Finanzierung**	**317**
8.4.1	Darlehen	319
8.4.2	Leasing	321
8.5	**Betriebliche Kosten**	**324**
8.5.1	Fixe und variable Kosten	325
8.5.2	Einzel- und Gemeinkosten	328
8.5.3	Selbstkostenermittlung	329
8.6	**Marketing**	**333**
8.6.1	Produkt- und Sortimentspolitik	334
8.6.2	Preisgestaltung	336
8.6.3	Werbung	337
8.6.4	Kundenservice und Kundenberatung	340
8.6.5	Ökomarketing	341
8.6.6	Qualitätssicherung	344
HOT	Handlungsorientierte Themenbearbeitung	346

Sachwortverzeichnis	**351**

Methodenseiten	
Expertenbefragung	62
Rollenspiel	121
Lesen einer Karikatur	122
Fallstudie	173
Schreib- und Gestaltungsregeln für die Textverarbeitung	174
Informationssuche im Internet	203
Arbeiten mit Gesetzestexten	204
Tabellen und Diagramme erstellen	349
Eine Mind Map erstellen	350

1 Berufsausbildung und Arbeitswelt

Sachverhalt

Der 16-jährige Stefan Brendler beginnt am 1. September 20.. im Autohaus Peugeot Talbot Deutschland GmbH in Freiburg eine Ausbildung als Kraftfahrzeugmechatroniker. Er muss im Rahmen dieser Ausbildung die Gewerbeschule Freiburg besuchen.

Der Ausbildungsvertrag ist der erste wichtige Vertrag, den Stefan abgeschlossen hat. Aus ihm kann er eine Reihe von Rechten ableiten, ist aber auch eine Vielzahl von Pflichten eingegangen.

Leitfragen

Welchen Sinn hat diese zweigeteilte Ausbildung zwischen Schule und Betrieb für Stefan?

Gibt es für ihn auch andere Möglichkeiten der Berufsausbildung?

Welche Gesetze und Verordnungen muss Stefan für seine Ausbildung und seinen Beruf kennen?

Wie wirken diese Gesetze und Verordnungen auf das neue Arbeitsleben von Stefan ein?

1 Berufsausbildung und Arbeitswelt

1.1 Formen der Berufsbildung

1.1.1 Duales Ausbildungssystem

Dual = lat. duo = zwei (Zweiersystem)

Die Berufsausbildung in Deutschland steht in den meisten Berufen auf zwei Säulen: dem **Ausbildungsbetrieb** und der **Berufsschule**. Beide Ausbildungsstätten bemühen sich um eine arbeitsteilige, partnerschaftliche Zusammenarbeit.

Ausbildungsbetrieb
Aufgabe: Vermittlung des fachpraktischen Teils der Ausbildung und Einführung in die Arbeitswelt
Beaufsichtigt durch: Kammern
Gesetzliche Grundlage: Berufsbildungsgesetz (BBiG)

partnerschaftliche Zusammenarbeit

Berufsschule
Aufgabe: Vermittlung des fachtheoretischen Teils der Ausbildung und Vertiefung und Erweiterung der allgemeinen Bildung
Beaufsichtigt durch: Kultusministerium
Gesetzliche Grundlage: Schulgesetz (SchG)

„Die Berufswelt ist total anders! Die Schule ist mir da schon bekannter."

Obwohl unser **duales System** im Ausland als vorbildlich gilt, wird es bei uns häufig diskutiert und kritisiert. Im Vergleich mit einer rein schulischen Ausbildung werden folgende Vor- und Nachteile angeführt:

Vorteile	Nachteile
▶ Die Ausbildung ist aktueller, weil technische Neuerungen im Betrieb schneller verwirklicht werden können als in der Schule.	▶ In der Berufsschule wird nach festen Lehrplänen unterrichtet, während die Ausbildungsinhalte im Betrieb oft von der aktuellen Auftragslage abhängen.
▶ Der Auszubildende lernt praxisorientiert vom Ausbilder, den Kollegen und von den Vorgesetzten. Er lernt die verschiedenen Arbeitsabläufe kennen und kann von den Erfahrungen der anderen Mitarbeiter profitieren.	▶ Die Ausstattung mit Maschinen und Werkzeug ist nicht in allen Betrieben gleich.
	▶ Teilweise immer noch zu geringe (weil schwierige) Abstimmung von Ausbildungsstätte und Berufsschule.
▶ Die Ausbildung wird durch den regelmäßigen Wechsel zwischen Betrieb und Schule abwechslungsreicher und interessanter.	▶ Für seltenere Berufe werden meist Bezirks- oder Landesfachklassen gebildet. Dies macht häufig weite Schulwege oder zum Teil Internatsunterbringung notwendig.
▶ Der Auszubildende lernt schon während der Ausbildungszeit seine Situation als Arbeitnehmer kennen.	

1.1 Formen der Berufsbildung

Der Wandel der Arbeitswelt verändert die Qualitätsanforderungen an die Beschäftigten. Deshalb müssen die Inhalte einer Berufsausbildung regelmäßig an die neuen Erfordernisse der Wirtschaftsveränderungen angepasst werden.

In Deutschland erfolgt diese überwiegend über die **Neuordnung der Ausbildungsberufe**.

Die EU favorisiert dagegen anpassungsfähigere Konzepte. Als beispielhaft gilt das Qualifizierungssystem von Großbritannien. Es zielt auf fünf Qualifikationsstufen und reiht Teilqualifikationen aneinander. Die Anforderungen erhöhen sich von einer Stufe zur anderen.

Neue Ausbildungsberufe

- Fachangestellte/r für Markt- und Sozialforschung
- Fachkraft für Möbel-, Küchen- und Umzugsservice
- Kosmetiker/-in
- Kaufmann/-frau für Dialogmarketing
- Pflegekraft für ambulante Dienste
- Servicefachkraft für Dialogmarketing
- Änderungsschneider/-in
- Maschinenführer/-in
- Fachkraft für Holz- und Bautenschutzarbeiten
- Holz- u. Bautenschützer/-in
- Fachkraft für Agrarservice
- Fahrradmonteur/-in
- Automatenmechaniker/-in
- 3D-CAD-Konstrukteur/-in
- Mathematisch-technische/r Software-Entwickler/-in

Berufsbildungssysteme im Vergleich

Welches System ist denn nun besser?!?

	Großbritannien — Modulares System der Berufsausbildung	**Deutschland** — Duales System der Berufsausbildung
Zielgruppe	Vom Berufsschüler bis zum Fachhochschulabsolventen	Jugendliche und junge Erwachsene
Konzeption	Modulkonzept, d. h. Aneinanderreihung von Teilqualifikationen	Berufskonzept, d. h. Vermittlung eines vollständigen Berufsbildes in Betrieb und Berufsschule
Ausbildungsziel	Fachkenntnisse, die bei vielen Berufen Voraussetzung sind	Berufsqualifikation in Verbindung mit Berufserfahrung
Prüfung	Keine schriftliche Prüfung; lediglich Begutachtung am Arbeitsplatz	Schriftliche und praktische Abschlussprüfung

Quelle: IW-Zusammenstellung

Deutschland beteiligt sich an den Aktivitäten zur Verbesserung der wechselseitigen Anrechnung von Qualitäten in der Europäischen Union:
Der EUROPASS dient der Schaffung eines einheitlichen europäischen Transparenzrahmens für Bildung und Qualifizierung. Er umfasst

- Europass-Lebenslauf
- Europass-Zeugniserläuterung (für die Berufsbildung)
- Europass-Mobilitätsnachweis
- Europass-Diplomzusatz (für Hochschulen)
- Europass-Sprachenpass

www.europass-info.de

9

1 Berufsausbildung und Arbeitswelt

1.1.2 Vollschulische Ausbildung

Einige Berufsausbildungsgänge finden sich ausschließlich in der Schule. Ein Teil vermittelt eine berufliche Grundausbildung für eine anschließende Berufsausbildung im dualen System. Andere führen zu einem vollwertigen Berufsabschluss.

„Hätte ich doch besser eine Berufsfachschule besucht? Oder ist meine jetzige Entscheidung besser?"

Berufliche Grundbildung

Das **Berufsgrundbildungsjahr** vermittelt Hauptschülern des A- und B-Kurses eine breite berufliche Grundbildung und eine Vertiefung der allgemeinen Bildung. Da diese Grundausbildung ein ganzes **Berufsfeld** (z. B. Metalltechnik, Bautechnik, Holztechnik, Farbtechnik und Raumgestaltung) abdeckt, bleiben dem Jugendlichen noch zahlreiche Möglichkeiten für die Berufsentscheidung.

Der Besuch des Berufsgrundbildungsjahres kann auf eine Berufsausbildung im betreffenden Berufsfeld als erstes Jahr angerechnet werden.

Der Besuch der **ein-, zwei- und dreijährigen Berufsfachschule** vermittelt den Hauptschülern eine berufliche Grundausbildung sowie eine vertiefte Allgemeinbildung.

Einjährige Berufsfachschule

Eignungsvoraussetzung
Hauptschulabschluss
(in der Regel)

Metalltechnik | Elektrotechnik | Bautechnik
Holztechnik | Textiltechnik | Drucktechnik
Farbtechnik | Körperpflege | Ernährung

Abschluss-Berechtigung
Anrechnung als erstes Ausbildungsjahr

10

Beispiele für Berufsfachschulen

- BFS für Bürotechnik (zweijährig)
- BFS für Kinderpflege (zweijährig) und einjähriges Berufspraktikum
- Ballettakademie (zweijährig)
- BFS für Uhrmacher (dreijährig)
- BFS für Feinmechanik und Elektrotechnik (dreijährig)
- BFS für Weberei und Webgestaltung (dreijährig)
- BFS für Goldschmiede (zweijährig)
- BFS für Altenpflege (dreijährig)

Wie eine Schulkarriere über die zweijährige Berufsfachschule aussehen könnte, zeigt folgende Übersicht:

Berufliche Vollausbildung

Die **dreijährigen Berufsfachschulen** für Feinwerktechnik, für Uhrmacher und für Weberei führen zu einem vollwertigen Berufsabschluss, und können beim Ablegen einer Zusatzprüfung zur Fachhochschulreife führen. Das **Berufskolleg** baut auf einem mittleren Bildungsabschluss (z. B. Fachschulreife oder Realschulabschluss) auf. Es vermittelt in ein- bzw. zweijähriger Dauer eine qualifizierte Berufsausbildung („Technischer Assistent"). Besonders qualifizierte Schüler können über einen zusätzlichen Leistungsnachweis die Fachhochschulreife erwerben.

1 Berufsausbildung und Arbeitswelt

Überblick

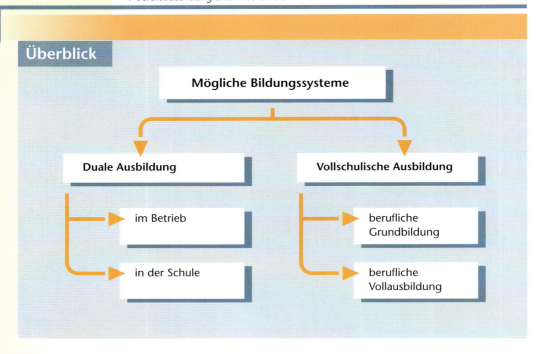

Aufgaben zur Wiederholung und Vertiefung

Inhaltsbezug Seite

1 a) Was versteht man unter dem „dualen System"?
   b) Welche Vor- und Nachteile kennzeichnen das „duale System"? 8

2 Arbeiten Sie die Unterschiede zwischen dem deutschen und englischen Bildungssystem heraus. 9

3 Welche vollschulischen Ausbildungsgänge werden in Deutschland angeboten? 10, 11

4 Unterscheiden Sie „berufliche Grundausbildung" und „berufliche Vollausbildung". 10, 11

5 Zeigen Sie den Weg auf vom qualifizierten Hauptschulabschluss bis zum Besuch einer Universität. 11

1.2 Berufsausbildungsvertrag

Ein Lehrvertrag aus dem Jahre 1864

Eduard Groos in Grünberg einerseits und Philipp Walther in Biedenkopf andererseits haben folgende Übereinkunft getroffen:

1. Groos nimmt den Sohn des Philipp Walther mit Namen Georg auf vier Jahre, und zwar vom 15ten Oktober 1864 bis dahin 1868, als Lehrling in sein Geschäft auf.
2. Groos macht sich verbindlich, seinen Lehrling in allemdem, was in seinem Geschäft vorkommt, gewissenhaft zu unterrichten, ein wachsames Auge auf sein sittliches Betragen zu haben und ihm Kost und Logis in seinem Hause frei zu geben.
3. Groos gibt seinem Lehrling alle 14 Tage des Sonntags von 12 bis 5 Uhr frei; dabei ist es gestattet, dass er auch an dem Sonntage, wo er seinen Ausgangstag nicht hat, einmal den Gottesdienst besuchen kann.
4. Groos verzichtet auf ein Lehrgeld, hat aber dagegen die Lehrzeit auf vier Jahre ausgedehnt.
5. Walther hat während der Lehrzeit seines Sohnes denselben in anständiger Kleidung zu erhalten und für dessen Wäsche besorgt zu sein.
6. Walther hat für die Treue seines Sohnes einzustehen und allen Schaden, den derselbe durch bösen Willen, Unachtsamkeit und Nachlässigkeit seinem Lehrherrn verursachen sollte, ohne Einrede zu ersetzen.
7. Der junge Walther darf während der Dauer seiner Lehrzeit kein eigenes Geld führen, sondern die Ausgaben, welche nicht von seinem Vater direkt bestritten werden, gehen durch die Hände des Lehrherrn und der Lehrling hat solche zu verzeichnen.
8. Hat der junge Walther seine Kleidungsstücke und sonstige Effekten auf seinem Zimmer zu verschließen, aber so, dass sein Lehrherr davon Kenntnis hat und dieser solche von Zeit zu Zeit nachsehen kann, sooft es diesem gewahrt ist, um ihn gehörig zu überwachen.
9. Darf der Lehrling während seiner Lehrzeit kein Wirtshaus oder Tanzbelustigung besuchen, er müsste denn ausdrücklich die Erlaubnis hierzu von seinem Vater oder Lehrherrn erhalten haben und dann besonders darf er auch nicht rauchen im Geschäft oder außer demselben, es bleibt ganz untersagt.
10. Wenn der junge Walther das Geschäft der Groos verlässt, so darf dieser in kein Geschäft in Grünberg eintreten, ohne daß Groos seine Erlaubnis dazu gibt.
11. Zur Sicherstellung, dass beide Teile diese Übereinkunft treulich halten und erfüllen wollen, ist dieser Contract doppelt ausgefertigt. Jedem ein Exemplar eingehändigt und unterschrieben worden.

Grünberg und Biedenkopf, den 27. November 1864

(aus: Informationen zur politischen Bildung Nr. 175)

„Gut, dass ich diesen Vertrag nicht unterschreiben musste! Aber wo liegen nun genau die Unterschiede zu meinem Ausbildungsvertrag?"

Schulklasse von 1864

1.2.1 Inhalt

Damit es zwischen den Ausbildenden und den Auszubildenden zu einem festen Vertragsverhältnis kommt, müssen sie **vor Beginn** der Ausbildung einen Berufsausbildungsvertrag abschließen und **schriftlich** niederlegen. Das Ausbildungsverhältnis ist dann rechtsgültig, wenn der Ausbildende, der Auszubildende und dessen gesetzlicher Vertreter (nur bei Minderjährigen) unterschrieben haben. Der Ausbildende hat dem Auszubildenden und seinem gesetzlichen Vertreter sofort nach Unterzeichnung ein Exemplar auszuhändigen. Es können auch mehrere Ausbilder in einem Ausbildungsverbund zusammenwirken (§ 10.5 BBiG). Teile der Berufsausbildung dürfen auch im Ausland durchgeführt werden. Diese Regelungen basieren auf dem neuen BBiG vom 1. April 2005.

1 Berufsausbildung und Arbeitswelt

Nr. 0012345-2904790	Dieser Vertrag ist anerkannt und in das Verzeichnis der Berufsausbildungsverhältnisse eingetragen.
am:	Siegel
Vorgesehener Prüfungstermin: Sommer / Winter x / Jahr 2006	Handzeichen

Berufs-ausbildungs-vertrag

Handwerkskammer Freiburg
Postfach 620
79006 Freiburg
Ausbildungshotline: (0761) 218 00-90
Fax: (0761) 218 00-184
E-Mail: ausbildung@handwerkskammer-freiburg.de

Zwischen dem Ausbildenden (Ausbildungsbetrieb)

Peugeot Talbot
Deutschland GmbH
Kfz-Mechanik
Bötzinger Str. 33
79111 Freiburg

Ausbilder (Betriebsinhaber) bzw. verantwortlicher Ausbilder

Felix Meiermann

wird nachstehender Vertrag zur Ausbildung im Ausbildungsberuf

12231 Kraftfahrzeugmechatroniker
Mit Schwerp.: Pkw. Instandhaltung

nach Maßgabe der Ausbildungsordnung geschlossen.

A Die reguläre Ausbildungszeit beträgt nach der Ausbildungsordnung

3,5 Jahre

Das Berufsausbildungsverhältnis
beginnt am: 01.09.2007 endet am: 28.02.2011 Probezeit (Monat(e)) 3

Wird die Ausbildung während der Probezeit um mehr als ein Drittel dieser Zeit unterbrochen, so verlängert sich die Probezeit um den Zeitraum der Unterbrechung.

B Die Ausbildung findet in

Freiburg

und den mit dem Betriebssitz für die Ausbildung üblicherweise zusammenhängenden Bau-, Montage- und sonstigen Arbeitsstellen statt.

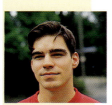

C Berufsschule (Name und Ort)
im 1. Ausbildungsjahr

Richard-Fehrenbach-GWS
79098 Freiburg

im 2., 3. und 4. Ausbildungsjahr

Richard-Fehrenbach-GWS
79098 Freiburg

D Ausbildungsmaßnahmen außerhalb der Ausbildungsstätte
Der Auszubildende hat an sämtlichen überbetrieblichen Unterweisungsmaßnahmen, die nach Beschlüssen der Vollversammlung der Handwerkskammer Freiburg durchgeführt werden, teilzunehmen.

und dem Lehrling (Auszubildenden)

Brendler Stefan
Hauptstr. 15

77933 Lahr
Geburtsdatum
18.07.1988

Staatsangehörigkeit
01
Deutsch

E Die regelmäßige wöchentliche Arbeitszeit beträgt

37 Stunden

F Der Ausbildende zahlt dem Auszubildenden eine angemessene Vergütung. Soweit Vergütungen tariflich geregelt sind oder während der Dauer der Ausbildung tariflich geregelt werden, gelten mindestens die tariflichen Sätze. Besteht keine tarifliche Regelung, werden mindestens die Richtsätze des zuständigen Landesfachverbandes bezahlt.
Bei Änderung der tariflichen Vergütungssätze während der Ausbildung ändert sich die Vergütung entsprechend.

Sie beträgt zur Zeit monatlich brutto: Euro
im 1. Ausbildungsjahr 2. Ausbildungsjahr 3. Ausbildungsjahr 4. Ausbildungsjahr

597,00   638,00   710,00   751,00

Vereinbarungen über Sachleistungen sind unter **1** aufzuführen.

G Der Ausbildende gewährt dem Lehrling Urlaub nach den geltenden Bestimmungen.
Es besteht folgender Jahresurlaubsanspruch:

| 2007 | 2008 | 2009 | 2010 | 2011 |
| 10 | 30 | 30 | 30 | 05 |

Arbeitstage

H Auf anzuwendende Tarifverträge und Betriebs- bzw. Dienstvereinbarungen wurde hingewiesen.

I Sonstige Vereinbarungen:

14

1.2 Berufsausbildungsvertrag

§ 4 des **Berufsbildungsgesetzes** (BBiG) nennt das, was ein solcher Vertrag mindestens enthalten muss:

Inhalt des Berufsausbildungsvertrages	Ausführliches steht in folgenden Quellen
1. Art, sachliche und zeitliche Gliederung sowie Ziele der Berufsausbildung	HwO § 25 ff., Ausbildungsrahmenplan
2. Beginn und Dauer der Berufsausbildung	BBiG §§ 20–23, 7, Anrechnungsverordnung
3. Ausbildungsmaßnahmen außerhalb der Ausbildungsstätte	einzelvertraglich oder Branchenregelung
4. Dauer der regelmäßigen täglichen Arbeitszeit	JArbSchG § 8 (unter 18 Jahre)
5. Dauer der Probezeit	BBiG § 20
6. Zahlung und Höhe der Vergütung	BBiG §§ 17, 18, 19, Tarifverträge
7. Dauer des Urlaubs	JArbSchG § 19 (unter 18 Jahre), Tarifverträge
8. Voraussetzungen, unter denen der Berufsausbildungsvertrag gekündigt werden kann	BBiG § 22
9. Ein in allgemeiner Form gehaltener Hinweis auf die Tarifverträge, Betriebs- oder Dienstvereinbarungen, die auf das Berufsausbildungsverhältnis anzuwenden sind.	berufsspezifische Tarifverträge

Der Ausbildungsvertrag muss der zuständigen Stelle **gemeldet** und die Eintragung in das Verzeichnis der Berufsausbildungsverhältnisse **beantragt** werden. Dazu ist es erforderlich, dass der Vertrag dem BBiG und der Ausbildungsordnung entspricht. Der Vertrag wird erst gültig, wenn er von der Kammer in das **Verzeichnis der Berufsausbildungsverhältnisse** eingetragen ist.

Das steht alles in dieser Broschüre:

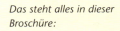

Bundesministerium für Bildung und Forschung, 10115 Berlin

www.bmbf.de

Pflichten der Auszubildenden und Ausbildenden

Aus jedem Vertrag entstehen Pflichten, aber auch Rechte. Hier besteht eine gegenseitige Wechselbeziehung; denn die Rechte des Auszubildenden sind die Pflichten des Ausbildenden, wie auch die Pflichten des Auszubildenden die Rechte des Ausbildenden sind (vgl. Tabelle S. 16). Jeder Auszubildende hat einen Anspruch darauf, dass sein Ausbilder die **Ausbildereignungsprüfung** abgelegt hat. Dieses ist der Fall, wenn der Ausbilder die Meisterprüfung bestanden hat.

1.2.2 Dauer und Beendigung

Die Ausbildungsordnung legt die Dauer der Berufsausbildung fest. Sie soll nicht mehr als drei und nicht weniger als zwei Jahre betragen. Bei entsprechender Vorbildung (z. B. mittlerer Bildungsabschluss, Abitur, Berufsfachschule) kann bei der zuständigen Kammer ein Antrag auf Ausbildungszeitverkürzung gestellt werden.

„Muss ich mich wirklich jetzt schon mit der Beendigung des Vertrages auseinander setzen?"

1 Berufsausbildung und Arbeitswelt

Der Auszubildende muss …

1. … die Berufsschule besuchen.
2. … Berichtshefte führen, soweit sie im Rahmen der Berufsausbildung verlangt werden.
3. … nur Arbeiten übernehmen, die seinem Ausbildungszweck dienlich und seinen körperlichen Kräften angemessen sind.
4. … die aufgetragenen Aufgaben sorgfältig ausführen.
5. … an Ausbildungsmaßnahmen teilnehmen.
6. … den Weisungen des Ausbilders folgen.
7. … die Betriebsordnung beachten.
8. … Werkzeuge, Maschinen und sonstige Einrichtungen pfleglich behandeln.
9. … Betriebs- und Geschäftsgeheimnisse für sich behalten.

Der Ausbildende muss …

1. … dem Auszubildenden berufliche Handlungsfähigkeit und Kenntnisse vermitteln, die zum Erreichen des Ausbildungszieles erforderlich sind.
2. … die Berufsausbildung planmäßig, zeitlich und sachlich gliedern.
3. … dem Auszubildenden kostenlos Ausbildungsmittel zur Verfügung stellen (z. B. Werkzeug).
4. … selbst ausbilden oder eine(n) Ausbilder bzw. Ausbilderin ausdrücklich beauftragen.
5. … den Auszubildenden charakterlich fördern; sittlich und körperlich darf dieser nicht gefährdet werden.
6. … den Auszubildenden zum Besuch der Berufsschule, zu Ausbildungsmaßnahmen außerhalb der Ausbildungsstätte und an Prüfungstagen freistellen.
7. … dem Auszubildenden bei Beendigung des Berufsausbildungsverhältnisses ein Zeugnis ausstellen, auf Antrag auch eine englische oder französische Übersetzung.
8. … dem Auszubildenden eine angemessene Vergütung und den gesetzlichen oder tarifvertraglichen Urlaub gewähren.

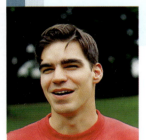

„Das muss mir mein Chef alles bieten?!"

„Stehen diese Paragrafen und Pflichten tatsächlich in meinem Vertrag?"

Das Berufsausbildungsverhältnis beginnt mit einer **Probezeit**, die mindestens 1 Monat, höchstens 4 Monate betragen darf. In dieser Zeit können beide Seiten, also Auszubildender und Ausbildender, **fristlos** und **ohne Angabe von Gründen** kündigen. Sie muss schriftlich erfolgen. Der Gesetzgeber hat die Probezeit eingeführt, damit beide Partner, die die nächsten 2 bis 3 Jahre zusammenarbeiten müssen, ihre Entscheidung überprüfen können:

- der Auszubildende, ob er die richtige Berufswahl getroffen hat,
- der Ausbildende, ob er einen Mitarbeiter gefunden hat, der seinen betrieblichen Zielen entspricht; denn oft werden Auszubildende eingestellt, damit sie später als Gesellen und Gehilfen dort weiterarbeiten.

Beendigung des Berufsausbildungsverhältnisses:
- bei Ablauf der Ausbildungszeit oder
- bei vorzeitiger Abschlussprüfung oder
- bei bestandener Wiederholungsprüfung. Sie kann in zwei zeitlich auseinanderfallenden Teilen erfolgen. Die Prüfung kann zweimal wiederholt werden.

Sollte nach der Probezeit der Auszubildende oder Ausbildende das Ausbildungsverhältnis vorzeitig beenden wollen, so muss er eine **Kündigung** aussprechen. Die Kündigung ist vom Gesetzgeber erschwert worden, um insbesondere den Auszubildenden während seiner Ausbildung zu schützen.

Es darf nur gekündigt werden
- von beiden aus wichtigem Grund ohne Einhaltung einer Kündigungsfrist („aus wichtigem Grund" heißt: tätlicher Angriff, schwerer Diebstahl, Betrug, grobe Beleidigungen, längere Arbeitsverweigerung, Versäumnis der Berufsschule oder Zahlungsverweigerung durch den Arbeitgeber);
- vom Auszubildenden mit einer Kündigungsfrist von 4 Wochen, falls er die Ausbildung aufgeben oder sich für eine andere Berufstätigkeit ausbilden lassen will.

1.2.3 Überwachung und Beratung

Damit alle inhaltlichen Punkte des BBiG auch eingehalten werden, wird die praktische Durchführung der Berufsausbildung durch die zuständige Stelle und den ihr angegliederten **Berufsbildungsausschuss** überwacht. Aber auch die Landesausschüsse für Berufsbildung kümmern sich um die Auszubildenden, indem sie die Landesregierung in Fragen der Berufsbildung beraten. Die Landesausschüsse setzen sich zu gleichen Teilen zusammen aus Vertretern der Arbeitgeber, Arbeitnehmer und der öffentlichen Hand. Ein Schwerpunkt ihrer Arbeit stellt z. B. die Zusammenarbeit zwischen schulischer Berufsausbildung und der Berufsbildung nach § 83 BBiG dar.

„Ich habe noch nie einen Kontrolleur im Betrieb gesehen. Wie häufig kommt der wohl? Und warum eigentlich?"

Sollten sich gar Streitigkeiten zwischen Ausbildendem und Auszubildendem ergeben, die aus dem Berufsausbildungsvertrag entstehen, so ist das Arbeitsgericht zuständig. Vorher muss allerdings ein besonderer Ausschuss bei der zuständigen Kammer angerufen werden, gegen dessen Entscheidung der betroffene Auszubildende innerhalb eines Monats Widerspruch einlegen kann.

Innerhalb des Betriebes bietet sich für Beschwerden der Betriebs- oder Personalrat an. Über Fragen des Jugendarbeitsschutzgesetzes geben Gewerbeaufsichtsämter Auskunft.

1 Berufsausbildung und Arbeitswelt

Überblick

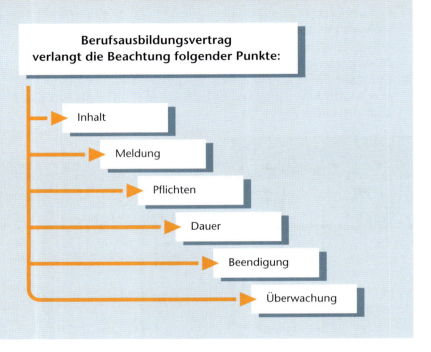

Aufgaben zur Wiederholung und Vertiefung

Inhaltsbezug Seite

1 Welche Inhalte sind in einem Berufsausbildungsvertrag zwingend vorgeschrieben? 13-15

2 In welcher Form muss der Berufsausbildungsvertrag abgeschlossen werden? 13

3 Nennen Sie die Pflichten, die sich aus dem Ausbildungsvertrag ergeben für den
a) Ausbildenden und für den
b) Auszubildenden. 16

4 a) Wie lange dauert die Probezeit?
b) Aus welchen Gründen ist eine Probezeit für beide Seiten notwendig? 16

5 Nach einem halben Jahr der Ausbildung möchte Stefan seinen Ausbildungsbetrieb wechseln. In der neuen Kfz-Werkstatt arbeitet ein Freund von ihm. Wie ist die Rechtslage? 16, 17

6 Welche Möglichkeiten hat der ausbildende Betrieb, dem Auszubildenden zu kündigen? 15-17

7 Wer überwacht die praktische Durchführung des BBiG? 17

1.3 Möglichkeiten beruflicher Fortbildung, Weiterbildung und Umschulung

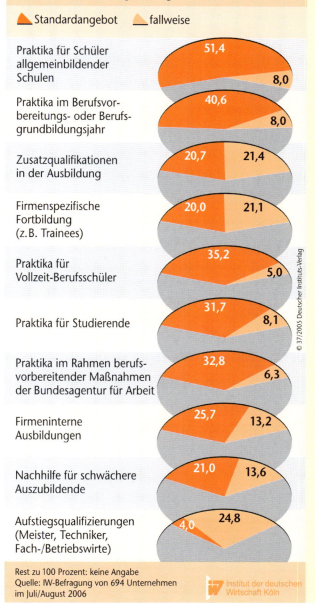

„Damit ein Arbeitnehmer in der Zukunft in unserem Wirtschaftssystem bestehen kann, benötigt er drei Berufe." Diese Aussage machte vor zirka 10 Jahren ein bekannter Wissenschaftler, und sie wird umso bedeutender, je schneller der technische Fortschritt und damit unsere Wissensanforderungen fortschreiten.

Berufliche Fort- und Weiterbildung, aber auch freiwillige oder erzwungene Umschulung gewinnen an Bedeutung, denn das Handwerk und die Industrie fordern von den Arbeitnehmern Flexibilität und Mobilität. Unser Bildungssystem muss sich dieser Forderung stellen. Ausführlich werden in §§ 53–57 BBiG die berufliche Fortbildung und in §§ 58–63 BBiG die berufliche Umschulung geregelt.

1.3.1 Bildungswege

Berufliche Fortbildung

Sie soll die beruflichen Kenntnisse und Fertigkeiten des Arbeitnehmers erweitern, aber auch neue technische Entwicklungen aufgreifen und sie an den Arbeitnehmer heranführen.

Nach einer Gesellen- oder Facharbeiterprüfung sowie einer sich daran anschließenden mehrjährigen in- oder ausländischen beruflichen Tätigkeit kann jeder eine der folgenden Schulen besuchen:

	Fachschulen	**Akademien**	**Meisterschulen**
Fachrichtung	▶ für Technik in 20 Fachrichtungen ▶ für Wirtschaft in 5 Fachrichtungen ▶ für Gastronomie ▶ für Textverarbeitung ▶ für Datenverarbeitung und Organisation ▶ für Wirtschafterinnen ▶ für Hauswirtschaft ▶ für Technik Fachrichtung Gartenbau	▶ für Betriebsmanagement im Handwerk in 7 Fachrichtungen ▶ für Landbau	▶ für über 50 gewerbliche Meisterberufe ▶ für Hauswirtschaft ▶ für Gärtnermeister ▶ für Floristenmeister
Voraussetzungen	▶ abgeschlossene Berufsausbildung in der entsprechenden Fachrichtung und ▶ ein- oder mehrjährige Berufstätigkeit und ▶ Hauptschulabschluss (mittlerer Bildungsabschluss für FS für Wirtschaft und Textverarbeitung)	Berufsschulabschluss (für Akademie für Landbau: Abschluss der Landwirtschaftsschule)	▶ abgeschlossene Berufsausbildung und ▶ mehrjährige Berufstätigkeit
Dauer	1 bis 2 Jahre Vollzeit oder im Einzelfall bis 4 Jahre Teilzeit (abends und samstags)		1 Jahr Vollzeit oder im Einzelfall 2 Jahre Teilzeit

In Baden-Württemberg können Abiturienten parallel zur Ausbildungszeit am Kurs „Management im Handwerksbetrieb" teilnehmen, der im Abschluss zum Betriebsassistenten (HWK) führt und als Teil III der Meisterprüfung anerkannt werden kann.

Weiterbildung

Sie bringt dem Arbeitnehmer größere Arbeitsplatzsicherheit, indem er zusätzliche Fertigkeiten erlernt, die für den derzeitigen Technik- und Wissensstand des jeweiligen Berufes wichtig sind. Aufstiegschancen bestehen für einen Arbeitnehmer nur dann, wenn Führungsaufgaben übernommen werden können. Sie aber müssen gelernt werden. Welche Themen zurzeit besonders aktuell sind und wer an den Weiterbildungsseminaren teilnimmt, zeigt die obere umseitige Abbildung:

1.3 Möglichkeiten beruflicher Fortbildung, Weiterbildung und Umschulung

Umschulung

Die Umschulung führt immer zu einer Zweitausbildung. Gründe für eine Ausbildung in einem völlig neuen Beruf können sein:

- technische Neuorientierung eines gesamten Berufes
  (z. B. bei den Druckern)
- konjunkturelle Veränderungen (z. B. bei Bauberufen)
- neue Anforderungen an einen Beruf
  (z. B. bei Bauzeichnern CAD und kaufmännisches Bürowissen)
- gesundheitliche Gründe
  (z. B. Allergien bei Bäckern und Metzgern oder Friseuren)
- altersbedingte Umorientierung
- falsche Berufswahl
- andauernde Arbeitslosigkeit
- Berufsunfähigkeit wegen Krankheit oder Unfall

„Wie gut, dass ich einen zukunftssicheren Beruf gewählt habe. Autos werden immer gebraucht – und gehen immer kaputt! – Brauche ich aber vielleicht wirklich mal eine Umschulung?"

Berufliche Qualifikation ist das Kapital eines jeden Menschen, das ihm einerseits niemand nehmen kann, andererseits in unserer arbeitsteiligen Gesellschaft notwendige Voraussetzung ist. Da Wissen aber veraltet, muss jeder Bürger in der Breite wie in der Tiefe seine Kenntnisse auf den neuesten Stand bringen.

1 Berufsausbildung und Arbeitswelt

1.3.2 Förderungsmaßnahmen

Bundesausbildungsförderungsgesetz (BAföG)

„Ob ich als Auszubildender auch irgendwoher Geld bekomme?"

Wollen junge Menschen weiterführende, allgemein bildende oder berufsbildende Vollzeitschulen, höhere Fachschulen, Akademien oder Hochschulen besuchen, so bietet der Staat ihnen finanzielle Hilfe an, denn berufliche Bildung kostet Geld. Da nicht alle Schüler in der Lage sind, berufliche Fortbildung oder berufliche Umschulung zu finanzieren, die ihren Fähigkeiten und Wünschen entspricht, bietet der Staat über das Arbeitsamt Unterstützung an. Inwieweit solche Schüler gefördert werden, hängt allerdings von den eigenen Einkommens- und Vermögensverhältnissen und von denen der Eltern bzw. Ehegatten ab.

Förderungsfähige Ausbildungen/Förderungswege
- schulische Ausbildung zum Beruf, 2. Bildungsweg: 100 % Zuschuss
- Auszubildende mit Kindern, Behinderungen: für angemessene Zeit Zuschuss
- Hochschulstudien: 50 % Zuschuss, 50 % zinsloses Darlehen
- Studienabschluss: 100 % verzinsliches Darlehen

Diese Hefte bekommt man kostenlos beim Bundesministerium für Bildung und Forschung.

Mit dem am 1. Januar 1996 in Kraft getretenen und von Bund und Ländern gemeinsam finanzierten Aufstiegsfortbildungsgesetz (AFBG) – dem sogenannten „**Meister-BAföG**" – ist ein individueller Rechtsanspruch auf Förderung von beruflichen Aufstiegsfortbildungen eingeführt worden. Es umfasst Meisterkurse und andere auf einen vergleichbaren Fortbildungsabschluss vorbereitende Lehrgänge, berücksichtigt Familien und Alleinerziehende und bietet einen Anreiz zur Existenzgründung.

AFG: Ein schönes Stück Arbeit

Arbeitsförderungsgesetz (AFG)

Aus einer Studie des Bundesarbeitsministers:
- Hat ein Arbeiter eine schlechte oder keine Berufsausbildung, so wird er häufig als Erster arbeitslos und bleibt es für längere Zeit. Arbeitnehmer mit anerkannter Berufsausbildung finden schneller wieder eine Beschäftigung.
- Die Arbeitnehmer sind in größerem Maße bereit, sich fortbilden und umschulen zu lassen, als bisher angenommen wurde.

Diese Erkenntnisse führten zum AFG, das am 1. Januar 1998 in das Sozialgesetzbuch (SGB III) aufgenommen wurde, welches folgende **Ziele** verfolgt:
- Arbeitslosigkeit und schlechte Berufsausbildung sollen abgebaut und verhindert werden,
- die beruflichen Möglichkeiten der Arbeitnehmer sollen vergrößert werden,
- Arbeitnehmer, die über das Arbeitsamt schwer vermittelbar sind, sollen beruflich schneller und besser eingegliedert werden.

www.bmbf.de

1.3 Möglichkeiten beruflicher Fortbildung, Weiterbildung und Umschulung

Der Staat hat deshalb eine **Berufsausbildungsbeihilfe** geschaffen, die der Auszubildende

- für betriebliche und überbetriebliche Maßnahmen,
- für die Teilnahme an Grundbildungs- und Förderungslehrgängen und anderen berufsvorbereitenden Maßnahmen

von der Bundesagentur für Arbeit erhält.

Vorausgesetzt wird allerdings, dass der Auszubildende für den angestrebten Beruf geeignet und die Ausbildung nach Lage und Entwicklung des Arbeitsmarktes zweckmäßig ist.

Näheres erfahren Sie beim Arbeitsberater Ihrer Arbeitsagentur oder direkt beim Bundesministerium für Arbeit und Soziales, in 53107 Bonn und in 10109 Berlin.

www.bmas.bund.de

Da auch diese Gesetze in Zusammenhang mit dem Bundeshaushalt stehen, ändern sich die finanzielle Förderung und die Voraussetzung dazu im Zeitablauf. Genaue Auskünfte kann jede Bundesagentur für Arbeit erteilen.

1 Berufsausbildung und Arbeitswelt

Schlüsselqualifikation

Die Globalisierung des Wettbewerbs, internationale Wirtschaftsverflechtungen in Europa und der Welt, neue Technologien und ökologische Probleme führen zu veränderten Unternehmenssituationen und -strategien. Die Anpassung an diese Veränderungen verlangt von der Ausbildung, dass berufsspezifische Fähigkeiten und Fertigkeiten verbunden mit persönlichen Qualifikationen vermittelt werden. Diese nennt man Schlüsselqualifikationen. Der Auszubildende soll nicht ausschließlich eine spezielle Fachkompetenz erwerben, sondern eine allgemeine berufliche Leistungsfähigkeit, um Problemlösungen für die täglich neu gestellten Aufgaben finden zu können.

A Werden diese Qualifikationen auch in Ihrem Beruf gefordert?

Schlüsselqualifikationen aus der Arbeits- und Berufspraxis

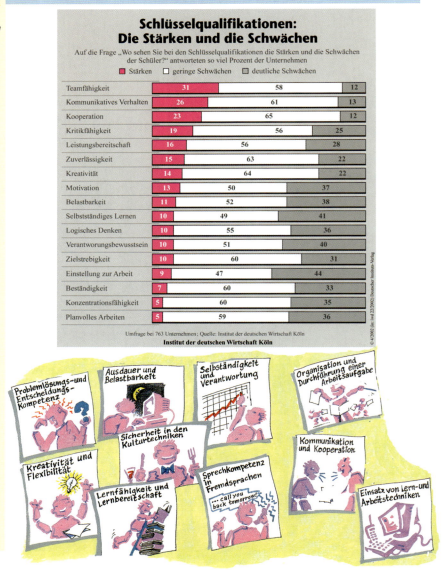

Schlüsselqualifikationen: Die Stärken und die Schwächen

Auf die Frage „Wo sehen Sie bei den Schlüsselqualifikationen die Stärken und die Schwächen der Schüler?" antworteten so viel Prozent der Unternehmen

■ Stärken   □ geringe Schwächen   □ deutliche Schwächen

	Stärken	geringe Schwächen	deutliche Schwächen
Teamfähigkeit	31	58	12
Kommunikatives Verhalten	26	61	13
Kooperation	23	65	12
Kritikfähigkeit	19	56	25
Leistungsbereitschaft	16	56	28
Zuverlässigkeit	15	63	22
Kreativität	14	64	22
Motivation	13	50	37
Belastbarkeit	11	52	38
Selbstständiges Lernen	10	49	41
Logisches Denken	10	55	36
Verantwortungsbewusstsein	10	51	40
Zielstrebigkeit	10	60	31
Einstellung zur Arbeit	9	47	44
Beständigkeit	7	60	33
Konzentrationsfähigkeit	5	60	35
Planvolles Arbeiten	5	59	36

Umfrage bei 763 Unternehmen; Quelle: Institut der deutschen Wirtschaft Köln
Institut der deutschen Wirtschaft Köln

1.3 Möglichkeiten beruflicher Fortbildung, Weiterbildung und Umschulung

Überblick

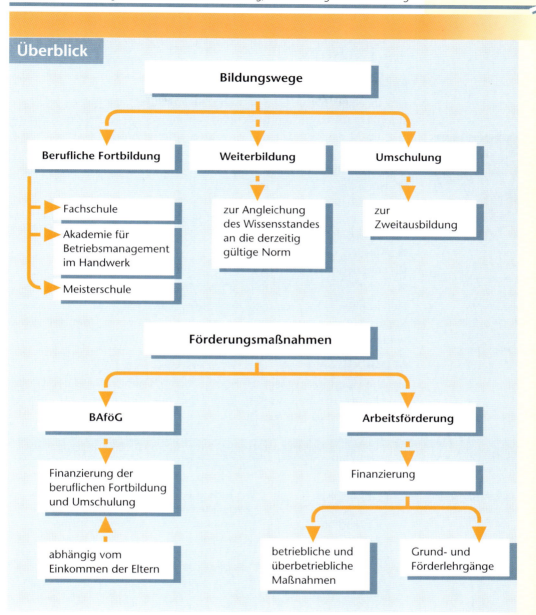

Aufgaben zur Wiederholung und Vertiefung

Inhaltsbezug Seite

1. Warum nimmt die Wichtigkeit beruflicher Fort- und Weiterbildung heute immer mehr zu? 20
2. Welche Gründe können eine Umschulung notwendig machen? 21
3. a) Welche finanziellen Förderungsmaßnahmen bietet der Staat?
   b) Welche Ziele verfolgt der Staat mit dieser Förderung? 22, 23
4. Was versteht man unter Schlüsselqualifikation? 24

1.4 Einflüsse auf die menschliche Arbeitsleistung

1.4.1 Leistung

Leistungsbereitschaft

Um in einem Beruf eine Leistung zu erbringen, genügt es selbstverständlich nicht, die entsprechenden Fähigkeiten zu haben. Genauso wichtig ist es, diese Fähigkeiten durch inneren Antrieb (= Leistungsbereitschaft) zur Wirkung zu bringen. Diese Leistungsbereitschaft wird beeinflusst durch:

- Höhe des Einkommens,
- Sicherheit des Arbeitsplatzes,
- Verhältnis zu Vorgesetzten und Kollegen,
- Arbeitsinhalt,
- Aufstiegsmöglichkeiten,
- angenehme Arbeitszeit und
- Mitsprache- und Mitgestaltungsrechte.

Der arbeitende Mensch sollte bereit sein, seine Leistungsfähigkeit so weit auszuschöpfen, dass er eine Dauerleistung erbringen kann, bei der er weder organischen noch psychischen Schaden nimmt.

Leistungsfähigkeit

Welche Leistung ein Mensch erbringen kann, ergibt sich aus den Grundfähigkeiten, die in ihm selbst liegen, und den Fähigkeiten, die er in seinem Leben erworben hat.

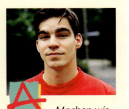

„Machen wir doch mal in der Klasse eine Umfrage: Jeder nennt den wichtigsten der sieben nebenstehenden Punkte. Ich bin mal gespannt, was unsere Klasse als Wichtigstes auswählt!"

1.4 Einflüsse auf die menschliche Arbeitsleistung

Aufgrund dieser Gegenüberstellung kann aber nicht gesagt werden, ob ein Mensch leistungsfähig oder nicht leistungsfähig ist. Vielmehr muss man die Bewertung der Leistungsfähigkeit mit den Arbeitsanforderungen in Beziehung setzen; so kann z. B. ein körperlich Behinderter ein vollwertiger Buchhalter sein.

Leistungsschwankungen

Durch langjährige Beobachtungen wurde festgestellt, dass Fehler bei der Arbeit vorwiegend zu ganz bestimmten Tageszeiten gemacht werden. Hieraus ergibt sich, dass Leistungsfähigkeit und Leistungsbereitschaft im Tagesverlauf gewissen Schwankungen unterliegen.

Die meisten Menschen benötigen am Morgen eine gewisse „Anlaufzeit", bis sie gegen 9:00 Uhr ihre Höchstleistungsphase erreichen. Dann nimmt die Leistung ab und erreicht nach dem Mittagessen einen gewissen Tiefpunkt. Die anschließende Steigerung führt am frühen Abend noch einmal zu einem Hoch, bis schließlich nachts gegen 3:00 Uhr der absolute Tiefpunkt erreicht ist.

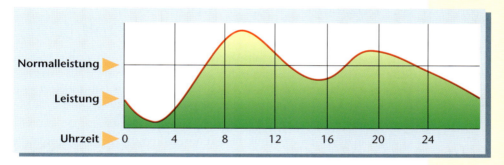

Diese Kurve zeigt selbstverständlich nur Durchschnittswerte, so liegt z. B. beim typischen „Frühaufsteher" der Zeitpunkt der Höchstleistung etwas früher, dafür wird er auch früher müde. Beim typischen „Langschläfer" ist es umgekehrt.

Auch im Verlauf der Arbeitswoche sind Leistungsschwankungen festgestellt worden. Am Montagvormittag und am Freitagnachmittag werden geringere Leistungen erbracht als in der Wochenmitte.

Diese Erkenntnisse sind insbesondere zu beachten, wenn Arbeitszeiten festgelegt und Pausen- oder Schichtpläne erstellt werden.

1.4.2 Arbeitsplatz

Die Formen der menschlichen Arbeit lassen sich dahin gehend unterscheiden, dass es **Tätigkeiten** gibt, die hauptsächlich die Muskelkraft bzw. die körperliche Geschicklichkeit des Menschen ausnutzen, während bei anderen Tätigkeiten die geistigen Fähigkeiten im Vordergrund stehen.

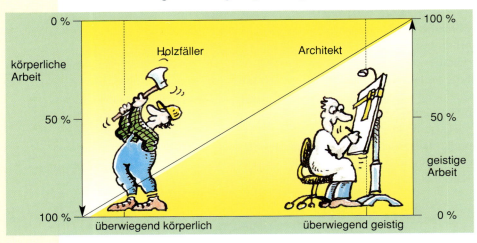

„Wie würde ich meinen Arbeitsplatz beschreiben? Wie sind die Arbeitsbedingungen? Wie ist das Licht? Wie sind die technischen Hilfsmittel?"

Dass beispielsweise ein Architekt nur geistige, ein Holzfäller nur körperliche Arbeit verrichtet, wäre daher eine zu stark vereinfachte Aussage. Denn auch der Architekt muss körperliche Leistungen erbringen, wenn er z. B. Kontrollen auf der Baustelle durchführt oder einzelne Techniken demonstriert; entsprechend muss sich der Holzfäller überlegen, an welcher Stelle des Baumes er mit der Axt ansetzen muss, damit dieser in die gewünschte Richtung fällt, d. h., er muss auch geistig arbeiten.

So können wir die Arbeitsformen lediglich dahin gehend einteilen, dass wir zwischen überwiegend geistiger und überwiegend körperlicher Arbeit unterscheiden.

Jeder zweite Arbeitnehmer scheidet vor dem Erreichen des gesetzlichen Rentenalters aus dem Arbeitsleben aus. Der Grund hierfür liegt nicht selten in einer körperlichen oder seelischen Überbeanspruchung am Arbeitsplatz. Denn vielfach ist es noch nicht gelungen, die menschlichen Belange und die betrieblichen Erfordernisse bei der **Gestaltung von Arbeitsplätzen** in Einklang zu bringen. So gehören Lärm, Hitze, Erschütterungen, Schwerstarbeit, einseitige Belastungen, monotone, sich ständig wiederholende Handgriffe – häufig unter Zeit- und Leistungsdruck – in vielen Betrieben heute noch zur Arbeitswirklichkeit.

Aus diesen Gründen ist ein ständiges Bemühen um die Anpassung der Arbeitsbedingungen an die Bedürfnisse der arbeitenden Menschen notwendig (**Ergonomie**). Vor diesem Hintergrund sind das Programm „**Humanisierung des Arbeitslebens**" der Bundesregierung, die Regelungen der Arbeitsstättenverordnung (ArbStättV) und des Betriebsverfassungsgesetzes (BetrVG) zu sehen, die von den Betrieben beachtet und eingehalten werden müssen.

1.4.3 Betriebsklima

Das Betriebsklima ist das Ergebnis der gesamten menschlichen Verhaltensweisen in einem Betrieb, welche wechselseitig aufeinander einwirken. Zu diesen zwischenmenschlichen Beziehungen gehören die persönlichen Verhältnisse sowohl der einzelnen Mitarbeiter untereinander als auch zwischen den einzelnen Mitarbeitern und dem Vorgesetzten.
Ein gutes Betriebsklima ist für Arbeitgeber und Arbeitnehmer in gleichem Maße von Bedeutung.

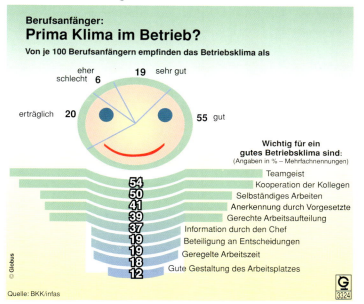

Schutz vor Benachteiligung

Das 2006 in Kraft getretene Allgemeine Gleichbehandlungsgesetz (AGG), auch Antidiskriminierungsgesetz genannt, bestimmt, dass keiner wegen seiner/seines
- *Rasse oder ethnischen Herkunft,*
- *Geschlechts,*
- *Religion oder Weltanschauung,*
- *Behinderung,*
- *Alters oder*
- *sexuellen Identität*

benachteiligt werden darf. Der Arbeitgeber hat die Pflicht, für die Einhaltung des Gesetzes zu sorgen. Betroffene haben bei nachweisbaren Benachteiligungen nicht nur ein Beschwerderecht, sondern sogar ein Leistungsverweigerungsrecht und ggf. einen Schadenersatzanspruch.

Der Arbeitgeber ist am Betriebsklima interessiert, weil er weiß, dass ein Arbeitnehmer, der gerne zur Arbeit geht, höhere Leistungen erbringt, weniger Fehler macht, seltener krank wird und nicht so häufig den Arbeitsplatz wechselt.

Wenn der Arbeitnehmer in einer freundlichen Atmosphäre arbeiten kann, so wirkt sich dies positiv auf seine Stimmung, seinen Gesundheitszustand und auf sein Verhalten in der Familie und im Freundeskreis aus.

Alle an der betrieblichen Arbeit Beteiligten haben viele Möglichkeiten, um zu einem guten Betriebsklima beizutragen. Für das Verhältnis zwischen Vorgesetzten und Mitarbeitern spielen auf der einen Seite ein fairer Führungsstil, ein leistungsgerechtes Gehaltsgefüge sowie ein Verzicht auf unsachliche und unberechtigte Kritik eine Rolle. Im Extremfall kann es sogar zu **Mobbing** kommen, wenn jemand von Kollegen, Vorgesetzten oder Untergebenen am Arbeitaplatz fortgesetzt geärgert und schikaniert wird. Mobbing ist oft unterschwellig und subtil und kann zu seelischen und körperlichen Erkrankungen führen. Auf der anderen Seite kann der Arbeitnehmer durch korrekte Ausführung der ihm übertragenen Aufgaben, Zuverlässigkeit und sichtbares Interesse am Betrieb einen Beitrag zu gutem Einvernehmen leisten.

Überblick

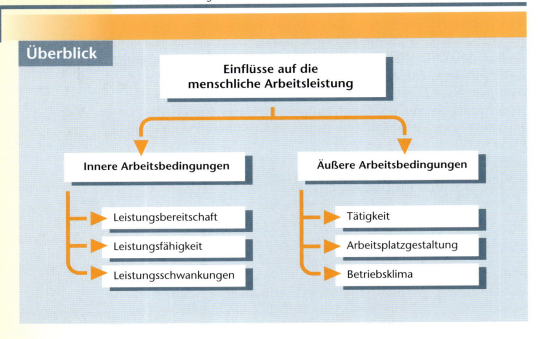

Aufgaben zur Wiederholung und Vertiefung

Inhaltsbezug Seite

1. Welche Faktoren beeinflussen die Leistungsbereitschaft eines Menschen? — 26
2. Aus welchen Elementen setzt sich die Leistungsfähigkeit eines Menschen zusammen? — 26, 27
3. Warum gibt es Leistungsschwankungen im Zeitablauf eines Tages für einen Menschen? — 27
4. Zeichnen Sie Ihre eigene Leistungskurve über einen Zeitraum von 24 Stunden! — 27
5. Aus welchen Gründen findet nach dem Essen ein Leistungsabfall statt? — 27
6. a) Beschreiben Sie Ihren Arbeitsplatz.
   b) Wie wichtig ist Ihnen die Gestaltung des Arbeitsplatzes? — 28
7. Aus welchem Grund scheidet fast jeder zweite Arbeitnehmer vor Erreichen des gesetzlichen Rentenalters aus dem Arbeitsleben aus? — 28
8. Was versteht man unter Betriebsklima? — 29
9. a) Beschreiben Sie das Betriebsklima an Ihrem Arbeitsplatz.
   b) Beurteilen Sie das Betriebsklima aus der Sicht des Arbeitnehmers und des Arbeitgebers. — 29

1.5 Schutzvorschriften in der Arbeitswelt

1.5.1 Notwendigkeit des Arbeitsschutzes

Zu Beginn der Industrialisierung am Anfang des 19. Jahrhunderts waren die Arbeitnehmer zahlreichen Gefahren ausgesetzt. Die Technik war noch auf einem sehr niedrigen Stand, so kam es immer wieder zu Kesselexplosionen, zu Unfällen durch unsichere Maschinen usw. Hierdurch wurden zahlreiche Arbeiter zu Krüppeln, und viele starben an den Folgen ihrer Verletzungen. Zu diesen durch die mangelhafte Technik herbeigeführten Gefahren kamen noch soziale Probleme, die sich aus dem Arbeitsverhältnis ergaben. So dauerte der Arbeitstag oft über 16 Stunden. Wenn in einem Betrieb einmal etwas weniger Arbeit anfiel, dann wurden die Leute von heute auf morgen plötzlich entlassen. Urlaub kannte man nicht und Kinderarbeit war an der Tagesordnung.

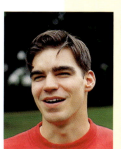

„Welche Unfälle könnten in unserem Betrieb vorkommen? Wie könnten wir sie verhindern?"

Heute wird der arbeitende Mensch durch eine ganze Reihe von Gesetzen und Vorschriften geschützt, dennoch ist auch er einigen Gefahren ausgesetzt. So können Arbeitsunfälle trotz immer besserer Unfallverhütungsvorschriften nie völlig verhindert werden. Insbesondere muss man sich auch durch die dauernd voranschreitende Technik auf immer neue Gefahren einstellen, wie zum Beispiel Strahlenschäden beim Umgang mit radioaktivem Material oder Haltungsschäden am Bildschirmarbeitsplatz. Dennoch konnte durch Gesetze, Vorschriften und Sicherheitskontrollen erreicht werden, dass sich die Zahl der Arbeitsunfälle seit 1960 mehr als halbiert hat.

Die Tatsache, dass im Durchschnitt jeder 15. Erwerbstätige einen Arbeitsunfall erleidet, ist Grund genug, die Unfallverhütungsvorschriften genauestens einzuhalten, denn 80 % der Arbeitsunfälle sind auf menschliches Versagen zurückzuführen. Im Vergleich zu den Arbeitsunfällen übersteigen die Unfälle im Freizeitbereich (insbesondere beim Sport) und im Haushalt mit zirka drei Millionen bei weitem die Anzahl der Arbeitsunfälle mit zirka 1,6 Millionen.

Warnschilder

Warnung vor einer Gefahrenstelle

Warnung vor Flurförderzeugen

Achtung Stolpergefahr

Warnung vor Rutschgefahr

Diese Hinweisschilder entsprechen der ISO 3864, DIN 4844 und der neuen EU-Norm.

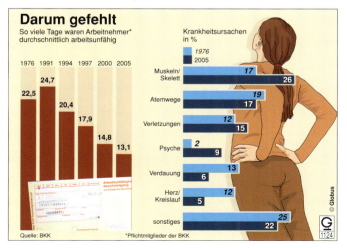

1.5.2 Arbeitszeitschutz

Die Arbeitszeit für alle Arbeitnehmer über 18 Jahre wird im Arbeitszeitgesetz (ArbZG) geregelt.

„Gilt dieses Gesetz für mich mit meinen 16 Jahren nicht?"

Nach dem Arbeitszeitgesetz gilt also immer noch die 48-Stunden-Woche an 6 Werktagen. Viele Tarifverträge haben aber heute bereits die 38,5- oder sogar die 38-Stunden-Woche (bei 5 Arbeitstagen) festgelegt.

Das ArbZG gilt nicht für leitende Angestellte, Personen unter 18 Jahren, Luftfahrt und Binnenschifffahrt.

Besondere Regelungen für Bäckereien und Konditoreien finden sich in einem eigenen Gesetz.

ArbZG und Bestimmung	Inhalt
§ 3 Arbeitszeit der Arbeitnehmer	8 Stunden an Werktagen. Sie kann auf bis zu zehn Stunden nur verlängert werden, wenn innerhalb von sechs Kalendermonaten oder innerhalb von 24 Wochen im Durchschnitt acht Stunden werktäglich nicht überschritten werden.
§ 4 Ruhepausen	An einem Arbeitstag mit 6 bis 9 Stunden mindestens 30 Minuten volle Pause, 45 Minuten bei mehr als 9 Stunden; Ruhepausen müssen mindestens 15 Minuten dauern. Länger als 6 Stunden dürfen Arbeitnehmer nicht ohne Ruhepause arbeiten.
§ 5 Ruhezeit	Zwischen Feierabend und Arbeitsbeginn mindestens 11 Stunden Pause. Verkürzung auf 10 Stunden in besonderen Fällen
§ 6 Nachtarbeit	Die tägliche Nachtarbeit der Nachtarbeitnehmer darf 8 Stunden nicht überschreiten
§ 7 Abweichende Regelungen	Durch Tarifvertrag oder Betriebsvereinbarung Erhöhung der Arbeitszeit auf bis zu 10 Stunden täglich möglich. Ausgleichszeitraum kann auf 12 Monate ausgedehnt werden. Vereinbarungen darüber hinaus dürfen die Gesundheit des Arbeitnehmers nicht gefährden und bedürfen seiner schriftlichen Zustimmung.

1.5.3 Urlaubsschutz

Anspruch und Länge des jährlichen Urlaubs sind im Bundesurlaubsgesetz (BUrlG) geregelt.

Bundesurlaubsgesetz (BUrlG)	Bestimmung	Inhalt
§ 1, 2, 3	Urlaubsanspruch	Jeder Arbeitnehmer hat in jedem Kalenderjahr Anspruch auf mindestens vier Wochen Urlaub (24 Werktage). Dies hat zur Folge, dass Teilzeitarbeitnehmer, die z. B. nur an drei Tagen der Woche arbeiten, 12 Urlaubstage erhalten.
§ 7	Zeitpunkt	Die Urlaubswünsche des Arbeitnehmers sollen, soweit nicht dringende betriebliche Gründe entgegenstehen, berücksichtigt werden.
	Übertragbarkeit	Der Urlaub soll möglichst zusammenhängend in dem jeweiligen Kalenderjahr gewährt werden. Eine Übertragung in das nächste Jahr ist nur aus dringenden betrieblichen oder persönlichen Gründen statthaft.
	Abgeltung	Abgeltung kann nicht durch Geldzahlungen ausgeglichen werden! Dies gilt nicht bei Beendigung des Arbeitsverhältnisses.
§ 9	Erkrankungen	Durch ärztliches Attest nachgewiesene Erkrankungen während der Urlaubszeit werden nicht auf den Urlaub angerechnet.

„Jetzt vergleiche ich doch gleich mal meinen Urlaub als Auszubildender mit dem Urlaub, den ich später als Geselle bekomme ..."

Die §§ 1 bis 3 sind ausdrücklich im Bundesurlaubsgesetz als „unabdingbar" bezeichnet, d. h., sie sind als Mindestbestimmungen anzusehen, die weder durch Tarifvertrag noch durch freiwillige Vereinbarungen im einzelnen Arbeitsvertrag unterlaufen werden dürfen.

Ähnlich wie bei der Arbeitszeit hat sich aber auch hier gezeigt, dass in der Praxis durch Tarifvertrag weit höhere Urlaubszeiten (z. B. 30 Tage) vereinbart werden. Darüber hinaus wird häufig noch ein zusätzliches Urlaubsgeld gezahlt.

1.5.4 Jugendarbeitsschutz

Kinder und Jugendliche sind noch im Wachstum begriffen und weniger widerstandsfähig als erwachsene Menschen, deshalb sind für sie besondere Schutzmaßnahmen notwendig, damit sie in ihrer Gesundheit nicht gefährdet und in ihrer Entwicklung nicht gestört werden. Aus diesen Gründen hat der Gesetzgeber 1960 das **Jugendarbeitsschutzgesetz** (für Personen unter 18 Jahren) erlassen und dies 1976 noch einmal verbessert. Dieses Gesetz schützt Kinder und Jugendliche vor Arbeit, die zu früh beginnt, zu lange dauert, zu schwer ist, die sie gefährdet oder ungeeignet für sie ist. Es wird vom Gewerbeaufsichtsamt überprüft.

1986 wurden durch eine erneute Änderung Bestimmungen, die sich als zu einschränkend erwiesen hatten, wieder gelockert.

Ab Februar 1997 sind weitere Änderungen vorgenommen worden, um das Gesetz an die Richtlinien der EU anzupassen.

„Ich habe ja eine Menge Rechte. Aber die Prüfung lege ich doch erst mit 18 Jahren ab. Gelten diese Gesetze dann auch noch?"

Jugendarbeits-schutzgesetz (JArbSchG)	Bestimmung	Inhalt	Ausnahmen und Besonderheiten
§ 5, 6, 7	Mindestalter für eine Beschäftigung	15 Jahre	ab 13 Jahren: leichte Tätigkeiten beschränkt zulässig (Zeitungsaustragen u. Ä.)
§ 8	Arbeitszeit	höchstens 8 Stunden am Tag und 40 Stunden in der Woche	ab 16 Jahren in der Landwirtschaft bis 85 Stunden in der Doppelwoche (Erntezeit) – in Ausnahmefällen auch 8,5 Std., wenn 40 Std. nicht überschritten werden
§ 9	Berufsschule	Berufsschulzeit ist Arbeitszeit ■ bei Teilzeitunterricht: Berufsschultag mit mehr als 5 Unterrichtsstunden ist voller Arbeitstag ■ bei Blockunterricht: Berufsschulwoche mit mindestens 25 Stunden an 5 Tagen ist volle Arbeitszeit	Volljährige Auszubildende können, soweit der Unterricht vor 9 Uhr beginnt, nach der Berufsschule am gleichen Tag auch noch im Betrieb beschäftigt werden. Während des Blockunterrichts sind betriebliche Ausbildungsveranstaltungen bis zu 2 Stunden zulässig
§ 10	Prüfung	Freistellung an allen Prüfungstagen und am Tag unmittelbar vor der schriftlichen Abschlussprüfung	
§ 11	Ruhepausen	■ insgesamt mindestens 60 Minuten Pause an vollem Arbeitstag ■ erste Pause spätestens nach 4,5 Stunden ■ Mindestdauer einer Pause: 15 Minuten	bei viereinhalb- bis sechsstündiger Arbeitszeit: 30 Minuten Pause
§ 13	Beschäftigungsfreie Zeit	mindestens 12 Stunden Pause zwischen Feierabend und Arbeitsbeginn am nächsten Tag	

1.5 Schutzvorschriften in der Arbeitswelt

Jugendarbeits-schutzgesetz (JArbSchG)	Bestim-mung	Inhalt	Aus-nahmen/Besonderheiten
§ 14	Nachtruhe	Beschäftigung nur von 6.00 bis 20.00 Uhr zulässig	ab 16 Jahren: ■ Gaststättengewerbe bis 22.00 Uhr ■ Bäckereien und Konditoreien ab 5.00 Uhr ■ in mehrschichtigen Betrieben bis 23.00 Uhr ■ in Landwirtschaft ab 5.00 Uhr oder bis 21.00 Uhr ab 17 Jahren: ■ in Bäckereien ab 4.00 Uhr
§ 15	5-Tage-Woche	Jugendliche dürfen nur 5 Tage in der Woche beschäftigt werden	
§ 16 17 18	Samstage, Sonn- und Feiertage	Beschäftigung verboten	Sonderregelungen für: ■ Krankenanstalten ■ Verkaufsstellen ■ Veranstaltungen ■ Familienhaushalte ■ Gaststätten ■ Landwirtschaft und Tierhaltung ■ Verkehrswesen ■ Reparaturwerkstätten für Kfz Bei Beschäftigung an einem der genannten Tage besteht Anspruch auf einen anderen freien Tag in derselben Woche (Berufsschultage ausgenommen)
§ 19	Urlaub	wenn der Jugendliche zu Beginn des Kalenderjahres ■ noch nicht 16 Jahre alt: mindestens 30 Werktage ■ noch nicht 17 Jahre alt: mindestens 27 Werktage ■ noch nicht 18 Jahre alt: mindestens 25 Werktage	■ Urlaub soll in der Zeit der Berufsschulferien liegen ■ Soweit er nicht in den Berufsschul-ferien gegeben wird, ist für jeden Berufsschultag, an dem die Berufsschule während des Urlaubs besucht wird, ein weiterer Urlaubstag zu gewähren.
§ 22 23 24	Beschäf-tigungs-verbote	■ gefährliche Arbeiten, z. B. – bei Überschreitung der Leistungsfähigkeit – bei außergewöhnlicher Hitze, Kälte, Nässe – bei Lärm, Strahlen, gefährlichen Arbeitsstoffen ■ Akkord- und Fließbandarbeit ■ Arbeit unter Tage	ab 16 Jahren: für Ausbildungszwecke erlaubt
§ 29	Gefahren-schutz	Arbeitgeber hat Jugendlichen über Gefahren im Betrieb und über Gefahrenschutz zu unterweisen	
§ 32 bis 46	Gesund-heits-schutz	Ärztliche Untersuchungen sind vor dem Eintritt ins Berufsleben und ein Jahr nach Beginn der Arbeit vorgeschrieben	Der Jugendliche kann sich jedes Jahr wieder untersuchen lassen

1.5.5 Mutter- und Erziehungsschutz

Da die Arbeitswelt weitgehend auf den Mann zugeschnitten ist und die natürlichen Konstitutionen von Mann und Frau unterschiedlich sind, bedürfen berufstätige Frauen eines besonderen Schutzes. Insbesondere während der Schwangerschaft und nach der Entbindung ist die Frau in ihrer beruflichen Leistungsfähigkeit erheblich eingeschränkt, deshalb sollen sie und ihr Kind in dieser Zeit ganz besonders geschützt werden.

Neben der Verordnung über gefährliche Arbeitsstoffe und den Unfallverhütungsvorschriften der Berufsgenossenschaften trägt insbesondere das Mutterschutzgesetz diesen Problemen Rechnung.

Ungelernte Arbeiterinnen mit ihren Kleinkindern in einer Tabakfabrik vor etwa hundert Jahren. Schutz im Krankheitsfall, Mutterschutz und andere soziale Sicherungen gab es nicht.
Folge: Frühinvalidität, Lebenserwartung weniger als 40 Jahre

Mutterschutzgesetz (MuSchG)	Bestimmung	Inhalt
§ 2	Gestaltung des Arbeitsplatzes	Schwangere und stillende Mütter sind so zu beschäftigen, dass sie vor Gefahren für Leben und Gesundheit geschützt sind. Insbesondere haben sie ein Anrecht auf Sitzgelegenheiten zum Ausruhen und auf Arbeitsunterbrechungen.
§ 4	Verbotene Arbeiten	Schwere körperliche und andere gesundheitsgefährdende Arbeiten sind für werdende Mütter verboten, insbesondere verboten sind Akkord- und Fließbandarbeit sowie Mehr-, Nacht- und Sonntagsarbeit.
§ 3 § 6	Schutzfristen vor und nach der Entbindung	6 Wochen vor und 8 Wochen (bei Früh- und Mehrlingsgeburten 12 Wochen) nach der Entbindung besteht ein absolutes Beschäftigungsverbot.
§ 9	Kündigungsverbot	Während der Schwangerschaft und bis zum Ablauf von 4 Monaten nach der Entbindung ist eine Kündigung durch den Arbeitgeber unzulässig, wenn dem Arbeitgeber die Schwangerschaft bekannt war oder innerhalb zweier Wochen nach Zugang der Kündigung mitgeteilt wird.
§ 11	Arbeitsentgelt bei Beschäftigungsverbot	Für die Zeiten der Schutzfrist ist der Durchschnittsverdienst der letzten 13 Wochen vor der Schwangerschaft weiter zu gewähren (siehe auch BErzGG).

1.5 Schutzvorschriften in der Arbeitswelt

Um in den Genuss der Regelungen des **Mutterschutzgesetzes** zu kommen, soll die werdende Mutter den Arbeitgeber informieren, sobald sie Gewissheit über ihre Schwangerschaft hat (§ 5 MuSchG). Das Mutterschutzgesetz wird seit 1.1.2007 durch das Bundeselterngeld- und Elternzeitgesetz (BEEG) ergänzt.

Die Zahlung eines monatlichen Elterngeldes an denjenigen, der das Kind großzieht, sowie der Anspruch auf Elternzeit für einen der beiden Ehegatten (auch der Vater) sollen dazu beitragen, dass das Kind optimal betreut werden kann. Während der Elternzeit (früher Erziehungsurlaub) bleibt das Arbeitsverhältnis bestehen, es ruhen lediglich die beiden Hauptpflichten zur Arbeitsleistung bzw. zur Lohnzahlung. Dieses Gesetz bringt für die Betriebe erhebliche finanzielle und organisatorische Belastungen mit sich.

Weitere Informationen finden Sie in diesen Heften, die Sie kostenlos beim Bundesministerium für Familie, Senioren, Frauen und Jugend, 11018 Berlin, anfordern können.

Bundeselterngeld- und Elternzeitgesetz (BEEG)	Bestimmung	Inhalt
§ 1	Berechtigte	Ansprüche nach diesem Gesetz hat derjenige, der das Kind selbst betreut und erzieht und keine oder keine volle Erwerbstätigkeit ausübt.
§ 2	Elterngeld	Elterngeld wird für die 12 bis 14 Monate unmittelbar nach der Geburt des Kindes gewährt. Die Höhe des Elterngeldes: 67% des wegfallenden Nettoeinkommens max. 1800 €, mind. 300 €. Ab dem 1.1.2007
§ 15 16	Elternzeit	Arbeitnehmerinnen und Arbeitnehmer haben Anspruch auf Elternzeit, wenn sie mit ihrem Kind oder dem des Ehegatten oder Lebenspartners in einem Haushalt leben und dieses Kind selbst betreuen und erziehen. Dieser Anspruch besteht bis zur Vollendung des dritten Lebensjahres eines Kindes. Die Elternzeit kann, auch anteilig, von jedem Elternteil allein oder von beiden Elternteilen gemeinsam genommen werden.
§ 18	Kündigungsschutz	8 Wochen vor und während der Elternzeit besteht Kündigungsschutz.

www.bmfsfj.de

1.5.6 Schwerbehindertenschutz

In Deutschland gibt es zirka 4 Millionen körperlich und geistig Behinderte. Diejenigen, deren Erwerbsfähigkeit um mindestens 50 % gemindert ist, werden als Schwerbehinderte bezeichnet. Sie können oft viele Arbeiten nicht ausführen, die für Nichtbehinderte kein Problem darstellen. Um auch diese Menschen voll in den Arbeitsprozess einzugliedern, wurden ihnen im SGB (Sozialgesetzbuch) IX (Rehabilitation und Teilhabe behinderter Menschen) besondere Rechte zuerkannt.

1 Berufsausbildung und Arbeitswelt

Bundesministerium für Arbeit und Soziales, 10117 Berlin

www.bmas.bund.de

Sozialgesetz-buch IX (SGB IX)	Bestimmung	Inhalt
§ 71	Beschäftigungs-pflicht	Ein Arbeitgeber mit mindestens 20 Arbeitsplätzen muss mindestens 5 % der Plätze mit Schwerbehinderten besetzen. Dabei sind schwerbehinderte Frauen besonders zu berücksichtigen.
§ 77 78	Ausgleichs-abgabe Ausgleichfonds	Kommt er dieser Pflicht nicht nach, muss er für jeden nicht besetzten Schwerbe-hindertenplatz 105 – 260 € monatlich in einen Fonds zahlen. Dieses Geld wird für die berufliche Förderung von Schwer-behinderten verwendet.
§ 85 86 90	Besonderer Kündigungs-schutz	Einem Schwerbehinderten darf nur gekündigt werden, wenn das Integrationsamt das genehmigt. Die Kündigungsfrist beträgt mindestens 4 Wochen. Dieser Kündigungsschutz setzt erst nach einer Beschäftigungs-dauer von mindestens 6 Monaten ein.
§ 125	Zusätzlicher Urlaub	Schwerbehinderten steht ein Zusatz-urlaub von 5 Arbeitstagen im Jahr zu.

1.5.7 Überwachung der Arbeitsschutzvorschriften

Die beiden tragenden Säulen bei der Überwachung der Arbeitsschutzvor-schriften sind die Berufsgenossenschaften und die Gewerbeaufsichtsämter. Die **Berufsgenossenschaften** achten auf die Einhaltung der Unfall-verhütungsvorschriften. So sind Aufsichtsbeamte berechtigt, Betriebe während der Arbeitszeit zu besichtigen und Auskünfte über Einrichtun-gen, Arbeitsverfahren und Arbeitsstoffe zu verlangen. Werden Mängel festgestellt, so können sie deren Behebung verlangen. Bei vorsätzlichem oder fahrlässigem Verursachen muss eine entsprechende Haftung über-nommen werden.

„Bei nächster Gelegenheit frage ich den Chef nach unseren Unfallverhütungs-vorschriften…"

Zu den Aufgaben der **Gewerbeaufsichtsämter** gehört auch die Über-prüfung der Einhaltung des sozialen Arbeitsschutzes. Werden Verstöße angezeigt (z. B. gegen das JArbSchG), so müssen sie diesen Anzeigen nachgehen und eventuell Geldbußen verhängen. Andererseits können die Gewerbeaufsichtsämter gesetzliche Regeln über das gewohnte Maß hinaus auslegen (z. B. einer Schwangeren bestimmte Arbeiten verbieten, die nicht im Gesetz stehen). Sie können aber auch Ausnahmen auf Antrag der Arbeitgeber bewilligen.

Die beiden Institutionen werden bei ihrer Arbeit von zahlreichen weite-ren Einrichtungen unterstützt. Die Minister für Arbeit und Sozialordnung des Bundes und der Länder bilden die „Konferenz für Arbeitsschutz". Ihr stehen beratend die Bundesanstalt für Arbeitsschutz und Arbeitsmedizin und die technischen Überwachungsämter zur Seite.

1.5 Schutzvorschriften in der Arbeitswelt

Überblick

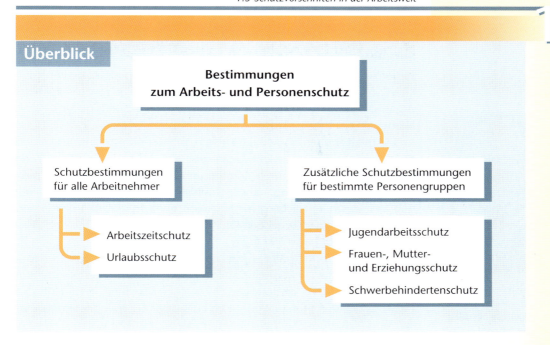

Aufgaben zur Wiederholung und Vertiefung

Inhaltsbezug Seite

1. Warum sind Arbeitsschutzgesetze notwendig? — 31
2. Für wen gilt das Arbeitszeitgesetz und welche Bestimmungen sind besonders wichtig? — 32
3. Wie hoch ist Ihr Urlaubsanspruch nach dem Bundesurlaubsgesetz, nach dem Tarifvertrag und nach dem JArbSchG? — 33
4. a) Für wen gilt das Jugendarbeitsschutzgesetz (JArbSchG)? — 34, 35
   b) Warum ist das JArbSchG notwendig?
   c) Wie lange darf ein Jugendlicher am Tag und in der Woche höchstens arbeiten?
   d) Unter welchen Voraussetzungen muss ein Jugendlicher nach der Berufsschule noch in den Betrieb?
   e) Wie lange muss mindestens die Arbeitsunterbrechung zwischen Feierabend und Wiederbeginn sein?
   f) Welche Tätigkeiten sind für Jugendliche verboten?
   g) Wer überwacht das JArbSchG?
5. Erklären Sie den Begriff „Elternzeit". — 37
6. a) Welche Menschen werden als „schwerbehindert" bezeichnet und warum müssen diese besonders geschützt werden? — 37, 38
   b) Wie viele Schwerbehinderte muss ein Arbeitgeber beschäftigen?
   c) Warum haben Schwerbehinderte einen besonderen Kündigungsschutz?
   d) Warum steht Schwerbehinderten zusätzlicher Urlaub zu?
7. Wer überwacht die Arbeitsschutzvorschriften? — 38

1.6 Sozialversicherungen

Geschichtliche Entwicklung

In der **Antike** gab es zwar keine Sozialversicherung, aber im alten Griechenland gab es bereits eine staatliche Armenfürsorge sowie Selbsthilfeorganisationen, besonders im Handwerk (Handwerksgilden). Rom kannte bereits Krankenkassen und Sterbekassenvereine.

Im **Mittelalter** übernahmen die Kirchen, meistens Klöster, die Alten- und Krankenpflege (Caritas). Eine besondere Art der sozialen Absicherung fanden Handwerker in ihren Zünften und Innungen. Durch Zwangsabgaben der Meister in sogenannte Zunftbüchsen wurde Zunftvermögen gebildet, das hauptsächlich für Notlagen gedacht war. Man kann also sagen, dass das Handwerk den Grundstein für unsere heutige Sozialversicherung gelegt hat.

Die Phase der **Industrialisierung** schwächte das Handwerk und damit auch die soziale Sicherstellung des Einzelnen. Die Ausnützung der Arbeitskraft stand im Vordergrund. Wer wegen Krankheit, Invalidität oder Alter ausscheiden musste, konnte sich nicht auf Zünfte oder andere Versorgung, z. B. durch Kirchen, verlassen. Elend und Not waren die Folge. Nur der Staat konnte jetzt noch helfen:

„...und würden Wir mit umso größerer Befriedigung auf alle Erfolge, mit denen Gott Unsere Regierung gesegnet hat, zurückblicken, wenn es Uns gelänge, dereinst das Bewusstsein mitzunehmen, dem Vaterlande neue und dauerhafte Bürgschaften seines inneren Friedens und den Hilfsbedürftigen größere Sicherheit und Ergiebigkeit des Beistandes, auf den sie Anspruch haben, zu hinterlassen."

*(aus: „Kaiserliche Botschaft",
17. November 1881,
von Kaiser Wilhelm I)*

1774	erlässt der preußische Staat im Rahmen des Allgemeinen Landrechts Bestimmungen über Armenpflege.
1854	entsteht die erste Arbeiterversicherung im Gesetz über die Vereinigung der Berg-, Hütten- und Salinenarbeiter.
1881	werden durch eine kaiserliche Botschaft Wilhelms I. Arbeiter gegen Krankheit, Unfall, Invalidität und materielle Not im Alter versichert – zum ersten Mal haben sie einen Rechtsanspruch darauf!
1883	wird die Krankenversicherungspflicht für Arbeiter eingeführt,
1884	die Unfallversicherung,
1889	die Invaliditäts- und Altersversicherung, die auch für Angestellte gilt.
1911	werden alle diese sozialen Gesetze grundlegend geordnet, und die Reichsversicherungsordnung wird erlassen, die die Krankenversicherung, Unfallversicherung und Rentenversicherung der Arbeiter enthält.
1927	kommt noch das Gesetz über die Arbeitsvermittlung und Arbeitslosenversicherung hinzu.
1953	wird im Rahmen der Sozialversicherung für Streitfälle im Bereich des Sozialrechts das Sozialgericht geschaffen.
1957	wird die Neuordnung der Rentenversicherung vorgenommen.
1989	wird mit der Reform der Krankenversicherung ein weiterer Schritt hin zum einheitlichen Sozialgesetzbuch getan.
1990	Sozialunion nach Einigungsvertrag.
1991	In-Kraft-Treten des 5. Buches des Sozialgesetzbuches (Krankenversicherung) in den neuen Bundesländern.
1995	fünfte Säule der Sozialversicherung: Pflegeversicherungsgesetz.
2005	Einordnung des Sozialhilferechts in das Sozialgesetzbuch.
2007	Gesundheitsreform.

Als weiteres Ziel wird die Humanisierung der sozialen Sicherheit in der EU angestrebt.

Selbstverwaltung in der Sozialversicherung

Sozialversicherte Arbeitnehmer und Arbeitgeber wählen alle sechs Jahre eine Vertreterversammlung, die wiederum Vorstand und Geschäftsführer bestimmt. Vielen ist aber gar nicht bewusst, dass sie in ihrer Sozialversicherung mitbestimmen können.

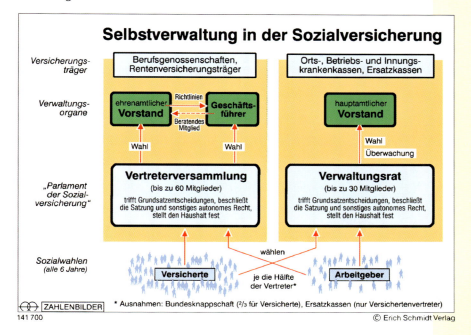

Sozialversicherungsausweis

Der Arbeitnehmer erhält von dem für ihn zuständigen Rentenversicherungsträger einen Sozialversicherungsausweis, auf dem Versicherungsnummer und Name angegeben sind. Der Arbeitnehmer ist verpflichtet, den Ausweis bei Beschäftigungsbeginn dem Arbeitgeber vorzulegen. Zum ständigen Mitführen dieses Ausweises sind aber nur Arbeitnehmer aus dem Baugewerbe, Schausteller- und Gebäudereinigungsgewerbe und Beschäftigte beim Auf- und Abbau von Messen und Ausstellungen sowie in der Forstwirtschaft verpflichtet.

„Davon habe ich noch nie gehört!
Vielleicht kann ich da ja mitmachen. Ich gehe mal bei der AOK vorbei und erkundige mich über die Selbstverwaltung in der Sozialversicherung."

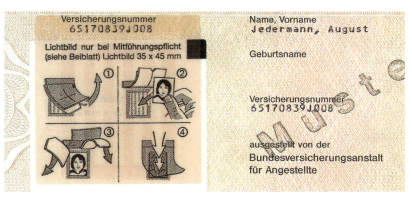

1.6.1 Rentenversicherung

Aufgaben

Die Rentenversicherung soll den Einzelnen und die Familie sichern und leistet finanzielle Unterstützung in Form einer Rente bei Erwerbsminderung, Alter und Tod. Im Einzelnen sind dies:

- Maßnahmen zur Besserung der gesundheitlichen Verhältnisse der gesamten Bevölkerung
- Leistungen zur Rehabilitation
- Auszahlung von Beträgen zur Kranken- und Pflegeversicherung
- Auszahlung von Renten und Zusatzleistungen
- Aufklärung und Beratung von Versicherten und Rentnern

„Wenn ich jetzt eine Lebensversicherung abschließe in Verbindung mit einer Rentenversicherung, werde ich dann auch pflichtversichert?"

Versicherte	Versicherungsträger	
	Angestellter und Arbeiter	Arbeiter und Angestellte besondere Berufsgruppen
Versicherungen	Rentenversicherung	Rentenversicherung für besondere Berufsgruppen
Träger	Deutsche Rentenversicherung	Deutsche Rentenversicherung Knappschaft – Bahn – See

Mitgliedschaft

Pflichtversicherte

Auszubildende aus handwerklichen Berufen, Gesellen, Gehilfen, Hausgehilfen, Heimarbeiter, selbstständige Handwerker (mindestens 216 Monate)

Auszubildende aus kaufmännischen Berufen, kaufmännische Angestellte, Büroangestellte, leitende Angestellte, Handlungsgehilfen

freiwillig Versicherte

Selbstständige wie z. B. Ärzte, Rechtsanwälte, Apotheker, Einzelhändler

1.6 Sozialversicherungen

Leistungen

Rehabilitation = Wiedereingliederung nach Krankheit

medizinische Rehabilitation	▶ ärztliche Behandlung ▶ Arznei- und Verbandsmittel, Heilmittel einschließlich Krankengymnastik, Bewegungs-, Sprach- und Beschäftigungstherapie ▶ Belastungserprobung und Arbeitstherapie ▶ Körperersatzstücke sowie orthopädische und andere Hilfsmittel
berufsfördernde Rehabilitation	▶ Leistungen zur Erhaltung oder Erlangung eines Arbeitsplatzes ▶ Berufsbildung einschließlich der erforderlichen Grundausbildung ▶ Berufliche Anpassung, Ausbildung und Weiterbildung einschließlich eines schulischen Abschlusses ▶ Arbeits- und Berufsförderung in einer anerkannten Werkstatt für Behinderte
ergänzende Leistung	▶ insbesondere Zahlung von Übergangsgeld zur wirtschaftlichen Versorgung des Versicherten

Rentenarten

wegen Erreichens der Regelaltersgrenze	▶ bei Vollendung des 65. Lebensjahres (bei Vollendung des 67. Lebensjahres bei nach dem 31. 12. 1963 Geborenen)
wegen verminderter Erwerbsfähigkeit	▶ wegen teilweiser Erwerbsminderung ▶ wegen voller Erwerbsminderung
für langjährig Versicherte	▶ bei Vollendung des 63. Lebensjahres bei Beschäftigungsaufgabe und mindestens 35 Versicherungsjahren ▶ bei Vollendung des 60. Lebensjahres an weibliche Versicherte[1] nach 15 Versicherungsjahren und 10 Pflichtbeitragsjahren nach Vollendung des 40. Lebensjahres ▶ es werden allerdings Abschläge in der Rentenhöhe vorgenommen
Altersrente	▶ bei Vollendung des 60. Lebensjahres und mindestens 15 Versicherungsjahren an Arbeitslose[1] ▶ bei Vollendung des 60. Lebensjahres und mindestens 35 Versicherungsjahren an Schwerbehinderte, Berufsunfähige und Erwerbsunfähige ▶ bei Vollendung des 60. Lebensjahres und mindestens 15 Versicherungsjahren, 24 Monate Altersteilzeit an Erwerbstätige[1]
an Hinterbliebene	▶ Witwen- und Witwerrente (ohne Rücksicht auf Alter, Erwerbsfähigkeit, Bedürftigkeit, Dauer der Ehe) ▶ Erziehungsrente (Rentenanspruch eines geschiedenen Ehegatten, wenn der Versicherte zur Zeit des Todes unterhaltspflichtig war) ▶ Waisenrente – bis 18. Lebensjahr für Schul- und Berufsausbildung – bis 27. Lebensjahr, wenn durch Wehr- oder Zivildienst die Ausbildung verzögert wurde

Beiträge und Pflichten

Der Beitragssatz zur Rentenversicherung beträgt 2007 19,9 % des Bruttogehaltes des Arbeitnehmers, wobei Arbeitnehmer und Arbeitgeber je die Hälfte bezahlen.

RIESTER-RENTE

Seit 2002 wird eine private Zusatzversorgung auf freiwilliger Basis nach dem **Altersvermögensgesetz** der gesetzlichen Rentenversicherung zur Seite gestellt. Zukünftig sollen private und gesetzliche Renten die heute gewohnte staatliche Altersversorgung gewährleisten. Der Staat bietet für die private Zusatzversorgung unter bestimmten Voraussetzungen eine staatliche Förderung an.
(Vgl. Seite 57)

[1]) Diese Renten gelten nur für Versicherte, die vor dem 1. Jan. 1952 geboren wurden. Für später Geborene wurden die jeweiligen Renten angeschafft.

In der Kranken-, Pflege-, Renten- und Arbeitslosenversicherung gibt es **Beitragsbemessungsgrenzen**, die sich von Jahr zu Jahr ändern. Verdient man z. B. mehr als 5.250 € (2007) in Westdeutschland bzw. 4.550 € (2007) in Ostdeutschland, so muss man trotzdem nur bis zu dieser Grenze Beiträge zahlen.

1 Berufsausbildung und Arbeitswelt

1.6.2 Krankenversicherung

Versicherungsträger

Die Krankenversicherung wird von den Krankenkassen wahrgenommen. Da bei Einrichtung der gesetzlichen Krankenversicherung die bereits bestehenden Selbsthilfeorganisationen nicht beseitigt, sondern nur ergänzt wurden, gibt es in Deutschland eine Vielzahl von Kassen:

- Allgemeine Ortskrankenkasse (AOK)
- Ersatzkassen für Arbeiter
- Betriebskrankenkasse (BKK)
- Bundesknappschaft
- Innungskrankenkasse (IKK)
- Seekrankenkasse
- Ersatzkassen für Angestellte
- Landwirtschaftliche Krankenkassen

Freie Kassenwahl

Seit 1996 besteht für fast alle Versicherten die freie Kassenwahl. Unterschiede zwischen Arbeitern und Angestellten bestehen nicht mehr. Die gewählte Kasse darf sich gegen Neuzugänge nicht sperren. Aufgrund unterschiedlicher Kassensätze kann ein Kassenwechsel für einen gesetzlich Versicherten zu Beitragsersparnissen führen. Für Betriebs- und Innungskrankenkassen gilt nur die freie Kassenwahl, wenn sie sich für Betriebsfremde oder Innungsfremde öffnen. Insgesamt können folgende Krankenkassen gewählt werden:

- am Wohnort
- am Beschäftigungsort
- Krankenkasse des Ehegatten
- letzte Krankenkasse

Aufgaben

Die Krankenversicherung soll den Einzelnen und seine Familie im privaten Bereich finanziell absichern, falls durch Krankheit, Mutterschaft oder Tod ein soziales Risiko eintritt. Sie soll aber auch Maßnahmen ergreifen, um gesundheitliche Schäden zu verhindern und die Gesundheit zu erhalten.

Mitgliedschaft

Es gibt zwei Arten der Mitgliedschaft:

- **Pflichtversicherung:** Es handelt sich um eine Zwangsversicherung, die nicht verweigert werden kann. Folgender Personenkreis zählt zu den Pflichtversicherten:
  - Arbeiter, Angestellte und Auszubildende (deren Bruttogehalt nicht 75 % der Beitragsbemessungsgrenze übersteigt)
  - Arbeitslose, die Geld aus der Arbeitslosenversicherung beziehen
  - Rentner
  - selbstständige Landwirte
  - Studenten
  - Praktikanten

- **Freiwillige Versicherung:** Von der **Jahresarbeitsentgeltgrenze oder Pflichtversicherungsgrenze** (2007: 3.975,– € monatlich), die nur in der Kranken- und Pflegeversicherung gilt, hängt es ab, ob ein Arbeitnehmer kranken- und pflegeversicherungspflichtig ist. Wer mit seinem Bruttogehalt diesen Betrag überschreitet, kann sich freiwillig in der gesetzlichen Krankenkasse versichern. Die Jahresarbeitsentgeltgrenze beträgt 75 % der Beitragsbemessungsgrenze der Rentenversicherung. Ab 1.1.2007 wurde für Ost- und Westdeutschland die **Beitragsbemessungsgrenze** für Kranken- und Pflegeversicherung auf 3.562,50 € festgelegt.

Krankheit
Störungen des Körper- oder Geisteszustandes

Notwendigkeit der ärztlichen Behandlung

1. Ziel
Schmerzen oder Beschwerden zu verhindern, zu beheben oder zu lindern

2. Ziel
Arbeitsfähigkeit zu erhalten oder wiederherzustellen

Beitragsbemessungsgrenze: max. Bemessung für die Berechnung der Beiträge

„Bei welcher Krankenkasse hat mich eigentlich der Chef angemeldet? Wie hoch ist mein Beitrag?"

1.6 Sozialversicherungen

Leistungen

	Regelleistungen
Förderung der Gesundheit und Verhütung von Krankheiten	Aufklärung und Beratung über Gesundheitsgefährdungen und Verhütung von Krankheiten. Zur Erhaltung und Förderung der Gesundheit können Krankenkassen besondere Leistungen vorsehen, z. B. Zahnuntersuchungen für Kinder, Vorsorgekuren.
Früherkennung von Krankheiten	■ für Kinder bis zum 6. Lebensjahr (körperliche und geistige Entwicklung) ■ Frauen ab dem 20. Lebensjahr, Männer ab dem 45. Lebensjahr (auf Krebserkrankungen) ■ Gesundheits-Check-up alle 2 Jahre ab dem 35. Lebensjahr
Leistungen bei Krankheit	■ Krankenbehandlung (ärztliche Behandlung, Arzneien usw.) ■ häusliche Krankenpflege ■ Krankenhausbehandlung ■ Krankengeld (setzt ein nach 6-wöchiger Lohnfortzahlung des Arbeitgebers und beträgt 70 % des Arbeitsentgelts, höchstens 78 Wochen innerhalb von je 3 Jahren)
Leistungen bei Schwangerschaft und Mutterschaft	■ stationäre Entbindung, längstens 6 Tage nach Entbindung ■ ärztliche Behandlung, Hebammenhilfe, Arzneien ■ Mutterschaftsgeld (6 Wochen vor bis 8 Wochen nach der Geburt)
Sonstige Hilfen	■ nicht rechtswidrige Sterilisation ■ nicht rechtswidriger Schwangerschaftsabbruch

„Welche Leistungen stehen mir zu?"

Beiträge und Pflichten

Jeder Pflichtversicherte hat die Hälfte des Beitrags zur gesetzlichen Krankenversicherung zu tragen. Die andere Hälfte muss der Arbeitgeber an die Krankenkassen abführen.[1] Für Arbeitslose bezahlt die Bundesagentur für Arbeit den gesamten Betrag, ebenfalls für Auszubildende, die eine bestimmte Ausbildungsvergütung nicht überschreiten. Aufgrund der unterschiedlichen Aufwendungen erheben die einzelnen Krankenkassen auch unterschiedliche Beiträge, die zwischen 13 % und 16 % vom Bruttolohn liegen. Hinzu kommt für jeden Pflichtversicherten eine bestimmte Rezeptgebühr. Für mitversicherte Kinder und Schwangere entfällt diese Rezeptgebühr.

[1]) Ab 1. Juli 2005 gilt: Senkung des Beitragssatzes für Arbeitnehmer und Arbeitgeber um je 0,45 % und gleichzeitige Erhebung eines Sonderbeitrages nur für Arbeitnehmer von 0,9 %.

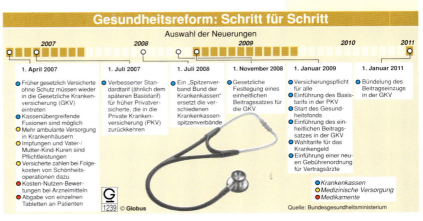

45

1 Berufsausbildung und Arbeitswelt

1.6.3 Pflegeversicherung

Versicherungsträger

Träger der sozialen Pflegeversicherung sind die Pflegekassen. Deren Aufgaben werden von den Krankenkassen übernommen, um keine zusätzliche Verwaltung für die fünfte Säule der Sozialversicherung aufbauen zu müssen.

Aufgaben

Die Pflegeversicherung hat das Ziel, die Versorgung Pflegebedürftiger zu verbessern, insbesondere die aus der Pflegebedürftigkeit entstehenden Belastungen zu mildern. Viele der Betroffenen sollen nicht mehr auf Leistungen der Sozialhilfe angewiesen sein. Im Einzelnen sind dies:

- häusliche Pflege, um Pflegebedürftigen möglichst lange ihre gewohnte Umgebung (z. B. Familie) zu erhalten
- stationäre Pflege
- Rehabilitation zur Vermeidung, Überwindung und Minderung von Pflegebedürftigkeit

Mitgliedschaft

Es gibt zwei Arten der Mitgliedschaft:
- **Pflichtversicherung:** Jeder, der in einer gesetzlichen Krankenkasse versichert ist, wird in die gesetzliche Pflegeversicherung als Pflichtmitglied übernommen. Ausnahme: Freiwillig Versicherte in einer gesetzlichen Krankenkasse können sich von der Pflichtmitgliedschaft befreien lassen, wenn sie eine gleichwertige Versicherung abschließen.
- **freiwillige Versicherung:** Wer in einer privaten Krankenkasse versichert ist, muss dort eine Pflegeversicherung abschließen.

Leistungen

„Meine Großmutter ist Pflegestufe I. Wenn ich sie pflege, kann ich dann auch Pflegegeld beantragen?"

Pflegebedürftig ist ein Versicherter, wenn er aufgrund einer körperlichen, geistigen oder seelischen Krankheit oder Behinderung für die gewöhnlichen oder regelmäßig wiederkehrenden Verrichtungen im Ablauf des täglichen Lebens auf Dauer (mindestens 6 Monate) in erheblichem Umfang oder höherem Maße der Hilfe bedarf. Die Häufigkeit des Hilfebedarfs wird zur Einteilung in Pflegestufen herangezogen:

- **Pflegestufe I:** erheblich pflegebedürftig. Hier muss ein Hilfebedarf von wenigstens einmal täglich für zwei Verrichtungen vorliegen.
- **Pflegestufe II:** schwer pflegebedürftig. Der Hilfebedarf muss mindestens dreimal täglich zu verschiedenen Tageszeiten eintreten.
- **Pflegestufe III:** schwerstpflegebedürftig. Es ist ein Hilfebedarf rund um die Uhr notwendig.
- Bei allen Pflegestufen ist zudem Voraussetzung, dass der Pflegebedürftige mehrfach in der Woche Hilfen bei der hauswirtschaftlichen Versorgung benötigt.

1.6 Sozialversicherungen

Informationen beim
Bundesministerium für
Gesundheit, 11055 Berlin.

www.bmg.bund.de

Beiträge und Pflichten

Jeder Versicherte hat die Hälfte des Beitrages zur Pflegeversicherung zu zahlen. Die andere Hälfte übernimmt der Arbeitgeber.
Rentner zahlen seit dem 1. April 2004 den vollen Beitrag allein. Beziehern von Arbeitslosengeld bzw. -hilfe, Eingliederungsgeld bzw. -hilfe für Spätaussiedler, Unterhaltsgeld und Altersübergangsgeld zahlt die Bundesagentur für Arbeit den gesamten Betrag.
Der Beitragssatz beträgt 2007 1,7 % bzw. 1,95 % für Kinderlose.[1] Es gilt die Beitragsbemessungsgrenze der gesetzlichen Krankenversicherung.

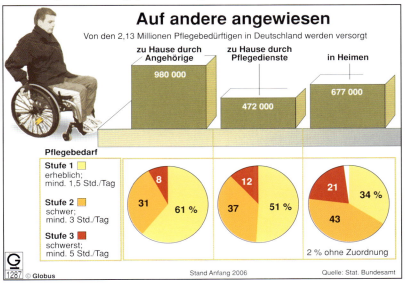

Da die Finanzierung des Arbeitgeberanteils zur Pflegeversicherung durch den Wegfall eines Feiertages gesichert werden soll, muss der Arbeitnehmer in solchen Bundesländern, in denen kein Feiertag gestrichen wird, einen höheren Beitrag entrichten (Sachsen: 1,35 % AN, 0,35 % AG).

[1] Seit 1. Jan. 2005 gilt das „Kinderberücksichtigungsgesetz": Für Kinderlose zwischen dem 23. und 65. Lebensjahr, außer Wehr- und Zivildienstleistenden und Beziehern von ALG II, gibt es einen Zuschlag von 0,25 %. D. h. der Arbeitgeberanteil beträgt weiter 0,85 %, der Arbeitnehmeranteil 1,1 %.

AN = Arbeitnehmer
AG = Arbeitgeber

1.6.4 Arbeitslosenversicherung – Arbeitsförderung

Versicherungsträger
Die „Bundesagentur für Arbeit" ist Träger der Arbeitsförderung und Arbeitslosenversicherung. Der Hauptstelle in Nürnberg sind Landesarbeitsagenturen und die Arbeitsagenturen unterstellt.

Der Name „Arbeitslosenversicherung" wird im Gesetz nicht mehr verwendet.

Aufgaben
Am 1. Januar 1998 ist das Sozialgesetzbuch III – **Arbeitsförderung** – in Kraft getreten. Die Arbeitsförderung hat sich zur Aufgabe gestellt vor allem den Ausgleich am Arbeitsmarkt zu unterstützen, indem Ausbildung- und Arbeitsuchende über die Lage und Entwicklung des Arbeitsmarktes und der Berufe beraten und offene Stellen zügig besetzt werden, die Möglichkeiten von benachteiligten Arbeitsuchenden für eine Erwerbstätigkeit verbessert und dadurch Zeiten der Arbeitslosigkeit vermieden oder verkürzt werden.

Mitgliedschaft
In der Arbeitslosenversicherung gibt es nur Pflichtversicherte. Die Versicherungspflicht bezieht sich auf alle Arbeitnehmer (Arbeiter, Angestellte, Auszubildende). Dazu zählen außerdem: Jugendliche Behinderte, die in Berufsbildungswerken an einer berufsfördernden Maßnahme teilnehmen, Wehr- und Zivildienstleistende, Personen, die Krankengeld, Verletztengeld oder Übergangsgeld beziehen. Ausgenommen davon sind: Beamte, Richter, Berufssoldaten, Arbeitnehmer ab dem 65. Lebensjahr oder solche, die wegen Erwerbsunfähigkeit Rente beziehen.

Bis jetzt gibt es folgende Bücher des Sozialgesetzbuches:
- *SGB I: Allgemeiner Teil für alle Sozialleistungsträger*
- *SGB II: Grundsicherung für Arbeitsuchende*
- *SGB III: Arbeitsförderung*
- *SGB IV: Gemeinsame Vorschriften für die Sozialversicherung*
- *SGB V: Gesetzliche Krankenversicherung*
- *SGB VI: Gesetzliche Rentenversicherung*
- *SGB VII: Gestzliche Unfallversicherung*
- *SGB VIII: Kinder- und Jugendhilfe*
- *SGB IX: Rehabilitation und Teilhabe behinderter Menschen*
- *SGB X: Verwaltungsverfahren, Schutz der Sozialdaten*
- *SGB XI: Soziale Pflegeversicherung*
- *SGB XII: Sozialhilfe*

Leistungen

Aktive Arbeitsförderung (1)	
Beratung und Vermittlung	für Jugendliche und Erwachsene zur Berufswahl, beruflichen Entwicklung und Berufswechsel, zur Lage und Entwicklung des Arbeitsmarktes und der Berufe, zu den Möglichkeiten der beruflichen Bildung, zur Ausbildungs- und Arbeitsplatzsuche
Verbesserung der Eingliederungsaussichten	für die Teilnahme an Traningsmaßnahmen
Förderung der Aufnahme einer Tätigkeit	Mobilitätshilfen, soweit dies zur Aufnahme der Beschäftigung notwendig ist und sie die erforderlichen Mittel nicht aufbringen können
Förderung der Berufsausbildung	Anspruch auf Berufsausbildungshilfe besteht, wenn der Auszubildende nicht mehr bei den Eltern wohnt und über 18 Jahre alt ist
Förderung der beruflichen Weiterbildung	Weiterbildungskosten und Unterhaltsgeld werden bezahlt
Berufliche Eingliederung Behinderter	die Erwerbstätigkeit Behinderter soll entsprechend ihrer Leistungsfähigkeit erhalten, verbessert oder wieder hergestellt werden

1.6 Sozialversicherungen

Aktive Arbeitsförderung (2)

Eingliederungs- und Einstellungszuschüsse an AG	gilt für Einarbeitung, erschwerte Vermittlung und ältere Arbeitnehmer
Förderung von Arbeitsbeschaffungs- maßnahmen	für im öffentlichen Interesse liegende Arbeiten und für beruflich stabilisierende und qualifizierende Maßnahmen

Entgeltersatzleistungen

Arbeitslosengeld I	für Arbeitslose (beschäftigungslos bzw. auf Beschäftigungssuche), die sich beim Arbeitsamt persönlich arbeitslos gemeldet haben und die Anwartschaftszeit (3 Jahre vor der Arbeitslosigkeit 12 Monate in einem versicherungspflichtigen Arbeits- verhältnis) erfüllen. Das Arbeitslosengeld beträgt max. 67 % (mit Kind) bzw. 60 % eines pauschalierten Nettoarbeitsentgelts und wird für 12 Monate bezahlt, für ältere Arbeitnehmer bis 18 Monate.
Teilarbeitslosengeld	bei Verlust einer versicherungspflichtigen Beschäftigung für „Mehrfachbeschäftigte"
Kurzarbeitergeld	bei Arbeitsausfall aus wirtschaftlichen Gründen, wenn mindestens 1/3 der Arbeitnehmer einen Entgeltausfall von 10 % haben
Insolvenzgeld	bei Eröffnung des Insolvenzverfahrens (früher: Konkurs)
Arbeitslosengeld II (ALG II)	ersetzt seit 1. Jan. 2005 die bisherige Arbeitslosen- hilfe und die Sozialhilfe für Erwerbsfähige. Es wird aus Steuern finanziert. Die Bundesregierung hat hierzu das Motto ausgegeben „Fördern und fordern".
	Fördern heißt: Künftig erhalten Personen, die er- werbsfähig und hilfebedürftig sind, für die Sicherung ihres Lebensunterhalts Geldleistungen. Hinzu wer- den die Kosten für angemessene Unterkunft und Heizung übernommen. Hilfebedürftig ist jemand, der nicht gemeinsam mit seiner Familie für seinen Lebensunterhalt sorgen kann und auf staatliche Unterstützung angewiesen ist.
	Arbeitslosengeld II können alle erwerbsfähigen Hilfebedürftigen vom 15. bis 65. Lebensjahr erhalten. Ebenso haben ihre erwerbsfähigen Angehörigen darauf einen Anspruch, wenn sie mit dem Antragsteller in einer Bedarfsgemeinschaft leben.
	Fordern heißt: Kooperation und Eigenverantwortung gelten als die obersten Devisen. Wer nicht kooperiert, verliert Geld! Ersparnisse werden angerechnet, d. h., erst wenn diese aufgebraucht sind, bietet der Staat finanzielle Unterstützung an. Das Einkommen und Vermögen von Ehe- und Lebenspartnern wird mit berücksichtigt.

Hartz-Gesetze

Anfang 2002 wurde von der Bun- desregierung eine Kommission für moderne Dienstleistungen am Ar- beitsmarkt eingesetzt. Der Vorsit- zende war Peter Hartz, damaliger Personalchef von VW. Die sog. Hartz-Gesetze („Gesetze für mo- derne Dienstleistungen am Arbeits- markt") sollen eine Reform des Arbeitsmarkts vornehmen, die zu einer Senkung der Arbeitslosigkeit um 2 Mio. Arbeitslose führt.

Die Vorschläge wurden in vier Phasen umgesetzt:

Hartz I zum 1. Jan. 2003:
Unter Hartz I fallen Maßnahmen, die der Erschließung von Beschäfti- gungsmöglichkeiten und der Schaf- fung neuer Arbeitsplätze dienen. Stichwortartig fallen hierunter die Personalservice-Agenturen (PSA), die Arbeitnehmerüberlassung, Förderung der Beschäftigung älterer Arbeitneh- mer und die Verpflichtung der von Arbeitslosigkeit bedrohten Personen, sich frühzeitig bei ihrer zuständigen Arbeitsagentur zu melden.

Hartz II zum 1. Jan. 2003:
Am Arbeitsmarkt werden Minijobs und Förderungsmöglichkeiten bei Gründung einer Ich-AG geregelt. Arbeitslose Personen können unproble- matisch eine eigene Existenz auf- bauen. Sie erhalten Überbrückungs- geld. Scheitert die Ich-AG innerhalb von drei Jahren, kann wieder Ar- beitslosengeld bezogen werden. Die Ich-AG-Förderung wurde zum 31. 7. 2006 beendet und durch den sog. Gründungszuschuss ersetzt.

Hartz III zum 1. Jan. 2004:
Darunter versteht man im Wesent- lichen die Schritte zur Reform der früheren Bundesanstalt für Arbeit zur Bundesagentur für Arbeit und die verbesserte Betreuungsdichte von Arbeitssuchenden.

Hartz IV zum 1. Jan. 2005:
Schließlich wird hier die Zusammen- legung von Arbeitslosenhilfe und Sozialhilfe für erwerbsfähige Hilfe- bedürftige zur Grundsicherung für Arbeitsuchende geregelt, das so ge- nannte Arbeitslosengeld II (ALG II). Zusätzlich soll mit den sogenannten 1-Euro-Jobs (Arbeitsgelegenheiten) die Arbeitsfähigkeit von Teilen von ALG-II-Beziehern (Langzeitarbeits- losen) wiederhergestellt werden. Diese 1-Euro-Jobs müssen zusätzlich und gemeinnützig sein. Sie sind zeit- lich auf 6–9 Monate befristet ohne Verlängerungsmöglichkeit. Im Rah- men der Zumutbarkeit werden Lang- zeitarbeitlose verpflichtet, nahezu jede Arbeit anzunehmen, auch Mini- jobs. Wer Jobangebote ablehnt, muss Kürzungen beim Arbeitslosengeld von 30 % hinnehmen. Arbeitsunwil- ligen Jugendlichen bis 25 Jahren kann die Leistung für drei Monate komplett gestrichen werden.

Beiträge und Pflichten

2007 beträgt der Beitragssatz insgesamt 4,2 %, also je 2,1 % für Arbeitnehmer und Arbeitgeber, bezogen auf das Bruttogehalt. Reichen bei hoher Arbeitslosigkeit die Beiträge der Arbeitnehmer und Arbeitgeber zur Zahlung des Arbeitslosengeldes nicht, so muss die Bundesregierung der Bundesagentur für Arbeit Zuschüsse gewähren.

1.6.5 Unfallversicherung

Versicherungsträger		
Versicherte		
Alle Betriebe der **gewerblichen Wirtschaft** und der **öffentlichen Verwaltung**	Alle **landwirtschaftlichen Betriebe** und Betriebe des **Gartenbaus**	Alle Unternehmen der **Seeschifffahrt** und **Seefischerei**
Versicherungen		
Allgemeine Unfallversicherung	**Landwirtschaftliche Unfallversicherung**	**See-Unfallversicherung**
Träger		
Gewerbliche Berufsgenossenschaften Gemeindeunfallversicherungverbände	**Landwirtschaftliche Berufsgenossenschaften**	**See-Berufsgenossenschaften**

Berufskrankheiten:
Sie müssen von der Bundesregierung ausdrücklich als solche erklärt werden. Hieran sind die Berufsgenossenschaften gebunden. Voraussetzung für die Einstufung als Berufskrankheit ist, dass sich berufliche Risiken von außerberuflichen deutlich abgrenzen lassen.

Keine Abgrenzungsprobleme gibt es bei den Staublungenerkrankungen Silikose und Asbestose. Problematisch wird die Einstufung bei Erkrankungen der Wirbelsäule – sie kommen auch bei Nichterwerbstätigen vor.

Aufgaben
Es sollen Arbeitsunfälle verhindert werden, aber auch die Folgen eines Arbeitsunfalls oder von Erkrankungen aufgrund gesundheitsschädlicher Arbeitsbedingungen gemindert oder beseitigt werden. Man unterscheidet:
- **Arbeitsunfall** (Unfall bei Arbeiten im Auftrage des Betriebes)
- **Wegeunfall** (Unfall auf dem kürzesten Weg von der Wohnung des Versicherten zur Arbeitsstätte)
- **Schulbesuch** (Unfälle im Zusammenhang mit Schulbesuch)
- **Berufskrankheit** (durch betriebliche Tätigkeit verursachte Erkrankung, z. B. „Staublunge", Sehnenscheidenerkrankungen, bestimmte Hautkrankheiten usw.)

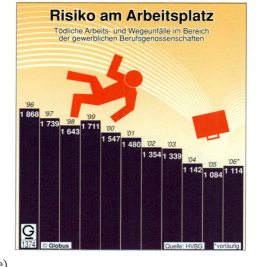

Mitgliedschaft

Pflichtversicherte

- alle Arbeitnehmer, Auszubildende, Lernende in Aus- und Fortbildung
- teilweise Arbeitgeber, je nach Satzung der Berufsgenossenschaft
- Heimarbeiter, Arbeitslose, Schüler, Studenten, Hilfeleistende bei Unglücksfällen

Leistungen

Unfallverhütung

Unfallverhütungsvorschriften	Erlass der Unfallverhütungsvorschriften Kontrolle durch technische Aufsichtsbeamte Strafen bei Zuwiderhandlung bis zu 10 000 €
Bundesanstalt für Arbeitsschutz und Arbeitsmedizin	Erforschung der Unfallursachen und der Möglichkeiten zur Unfallverhütung

Beseitigung von Unfallschäden

Heilbehandlung	ärztliche und zahnärztliche Behandlung, Arznei- und Verbandsmittel usw., eventuell auch Hauspflege, Krankenhausbehandlung oder Kur
Verletzungsgeld	wird während der Arbeitsunfähigkeit gezahlt
Berufsfördernde Leistungen zur Rehabilitation	Kostenübernahme für die Eingliederung in den alten Beruf bzw. für die Ausbildung in einem neuen Beruf
Verletzungsrente	ist dann zu zahlen, wenn die Erwerbsfähigkeit nicht wiederhergestellt werden kann
Sterbegeld	nur wenn der Tod aufgrund eines Arbeitsunfalls oder einer Berufskrankheit eintritt
Hinterbliebenenrente	tritt nur nach Berufsunfalltod ein. Sie liegt niedriger als in der Rentenversicherung
Abfindung	für bestimmte Renten aufgrund von Unfallfolgen, d. h. nach der (einmaligen!) Zahlung der Abfindung erlischt der Anspruch

Die Beitragshöhe zur Unfallversicherung richtet sich nach einem Risikofaktor (%), der sich auf die jeweilige Lohnsumme bezieht.

Beispiele der Süddeutschen Eisen- und Stahl-Berufsgenossenschaft:

Stahlbau	*14,9 %*
Werkzeugherstellung	*1,5 %*
Maschinenbau	*1,9 %*
Schlosserei	*5,4 %*
Heizung/Lüftung	*3,8 %*
Kfz-/Zweiradwerkstätten	*2,2 %*

Beiträge und Pflichten

Diese Beiträge zahlt im Gegensatz zu den vorherigen Sozialversicherungsarten nur der Arbeitgeber. Die **Beitragshöhe** richtet sich nach dem Arbeitsverdienst der Versicherten und nach der Unfallgefahr in der jeweiligen Unternehmung. Eine **Unfallanzeige** muss innerhalb von 3 Tagen von der Unternehmung bei der Berufsgenossenschaft eingegangen sein. Sie ist vorher vom Betriebsrat zu unterzeichnen.

1 Berufsausbildung und Arbeitswelt

UNFALLANZEIGE

1 Name und Anschrift des Unternehmens

2 Unternehmensnummer des Unfallversicherungsträgers

1	2	4	3	6	3	8	6	0	9	9

3 Empfänger

Berufsgenossenschaft Metall Nord Süd
Wilhelm-Theodor-Römheld-Straße 15
55130 Mainz-Weisenau

4 Name, Vorname des Versicherten
Brendler, Stefan

5 Geburtsdatum

Tag	Monat	Jahr
1 8	0 7	1 9 8 8

6 Straße, Hausnummer
Hauptstraße 15

Postleitzahl 7 7 9 3 8   Ort Lahr

7 Geschlecht
[X] männlich   [ ] weiblich

8 Staatsangehörigkeit
deutsch

9 Leiharbeitnehmer
[ ] ja   [X] nein

10 Auszubildender
[X] ja   [ ] nein

11 Ist der Versicherte
[ ] Unternehmer
[ ] mit dem Unternehmer verwandt
[ ] Ehegatte des Unternehmers
[ ] Gesellschafter/Geschäftsführer

12 Anspruch auf Entgeltfortzahlung
besteht für [ ] Wochen

13 Krankenkasse des Versicherten (Name, PLZ, Ort)
AOK Freiburg

14 Tödlicher Unfall
[ ] ja   [X] nein

15 Unfallzeitpunkt

Tag	Monat	Jahr	Stunde	Minute
1 8	0 2	2 0 . .	1 2	0 0

16 Unfallort (genaue Orts-und Straßenangabe mit PLZ)
LKW-Werkstatt, Arbeitsgrube

17 Ausführliche Schilderung des Unfallhergangs (Verlauf, Bezeichnung des Betriebsteils, ggf. Beteiligung von Maschinen, Anlagen, Gefahrstoffen)

Beim Greifen von Werkzeug außerhalb der Grube hat sich der Verletzte vorgebeugt und den Kopf am Stoßdämpfer gestoßen.

Die Angaben beruhen auf der Schilderung [X] des Versicherten   [ ] anderer Personen

18 Verletzte Körperteile
Kopf

19 Art der Verletzung Platzwunde,
leichte Gehirnerschütterung

20 Wer hat von dem Unfall zuerst Kenntnis genommen? (Name, Anschrift des Zeugen)
Herr Walter i. Hs.

War diese Person Augenzeuge?
[ ] ja   [X] nein

21 Name und Anschrift des erstbehandelnden Arztes/Krankenhauses
Notaufnahme Elisabethstift

22 Beginn und Ende der Arbeitszeit des Versicherten

	Stunde	Minute		Stunde	Minute
Beginn	0 7	30	Ende	1 6	0 0

23 Zum Unfallzeitpunkt beschäftigt/tätig als
Kraftfahrzeugmechatroniker i.d. Ausbildung

24 Seit wann bei dieser Tätigkeit?

Monat	Jahr
0 9	2 0 . .

25 In welchem Teil des Unternehmens ist der Versicherte ständig tätig?

26 Hat der Versicherte die Arbeit eingestellt? [X] nein   [ ] sofort   [X] später, am

Tag	Monat	Stunde
1 9	0 2	

27 Hat der Versicherte die Arbeit wieder aufgenommen? [ ] nein   [X] ja, am

Tag	Monat	Jahr
2 1	0 2	2 0 . .

28 21. Februar 20..
Datum   Unternehmer / Bevollmächtigter   Betriebsrat (Personalrat)   Telefon-Nr. für Rückfragen (Ansprechpartner)

1.6 Sozialversicherungen

Wann ist eine Unfallanzeige zu erstatten?	Die Anzeige ist zu erstatten, wenn ein Arbeitsunfall oder ein Wegeunfall (z. B. Unfall auf dem Weg zwischen Wohnung und Arbeitsstätte) eine Arbeitsunfähigkeit von mehr als 3 Kalendertagen oder den Tod eines Versicherten zur Folge hat.
Wer hat die Unfallanzeige zu erstatten?	Anzeigepflichtig ist der Unternehmer oder sein Bevollmächtigter.
In welcher **Anzahl** und **wohin** ist die Unfallanzeige zu erstatten?	2 Exemplare sind an den Träger der Unfallversicherung (z. B. Berufsgenossenschaft) zu senden. 1 Exemplar erhält das Gewerbeaufsichtsamt/Bergamt (nur bei Mitgliedern gewerblicher Berufsgenossenschaften). 1 Exemplar ist dem Betriebsrat (Personalrat) auszuhändigen. 1 Exemplar ist für die Unterlagen des Unternehmens bestimmt. Bei tödlichen Unfällen ist zusätzlich 1 Exemplar an die Ortspolizeibehörden zu senden.
Innerhalb welcher **Frist** ist die Unfallanzeige zu erstatten?	Der Unternehmer oder sein Stellvertreter hat die Anzeige binnen 3 Tagen zu erstatten, nachdem er von dem Unfall Kenntnis erhalten hat.
Was ist bei **schweren** Unfällen, Massenunfällen und Todesfällen zu beachten?	Tödliche Unfälle, besonders schwere Unfälle und Massenunfälle sind sofort dem zuständigen Unfallversicherungsträger und – bei Mitgliedern gewerblicher Berufsgenossenschaften – dem Gewerbeaufsichtsamt/Bergamt zu melden (Telefon, Fax, E-Mail).

Meldepflichtige Arbeitsunfälle je 1.000 Vollarbeiter nach Wirtschaftszweigeinteilung der UV-Träger 2005

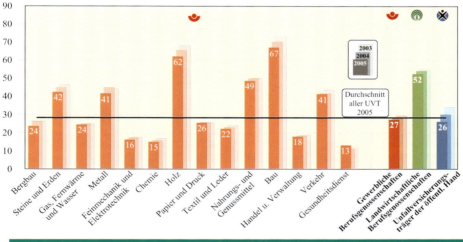

Quelle: Bundesanstalt für Arbeitsschutz und Arbeitsmedizin (www.baua.de)

Typische Unfälle in Fahrzeugwerkstätten (Auszüge aus der „Technischen Unfallverhütung")

1. Handwerkerunfall
In der Mehrzahl der Unfälle sind Handverletzungen die Unfallfolge. Bei Arbeiten unter dem Fahrzeug oder im Motorraum treten auch Kopfverletzungen gehäuft auf.

2. Splitter, Späne, Funken, Reifen
Augenverletzungen durch Splitter, Späne, Funken und tödliche Verletzungen durch den Zerknall von Reifen stehen im Vordergrund dieses Unfalltyps.

3. Fallende, abrutschende Gegenstände
Fallen, Kippen oder Abrutschen des Fahrzeuges tritt oft ein beim Ein- oder Ausbau eines Motors bzw. eines Getriebes.

4. Stolpern, Rutschen, Hinfallen
Gilt für den Fußboden die Forderung nach einer geeigneten Rutschhemmung und Reinigung, so gilt das auch für den Bereich der Treppen und Stufen. Fehlende Umsicht, Sauberkeit etc. führen zum Ausrutschen, Stolpern, weil Handwerkzeug, Profileisen (-stahl) usw. im Wege herumliegen oder Ölreste, Schmierstoffe u. Ä. den Boden verschmutzen. Sauberkeit und Ordnung am Arbeitsplatz verhindern Unfälle durch diese Gegenstände.

5. Abstürzen, Herunterfallen
Abstürzen heißt, dass der Beschäftigte durch „Herunterfallen" auf eine deutlich tiefer gelegene Ebene ≥ 1 m sich verletzt.

1.6.6 Sozialgerichtsbarkeit

Immer dann, wenn es zu Streitigkeiten gegen Entscheidungen der Sozialversicherung kommt, sind die Sozialgerichte zuständig.

Die Sozialgerichte setzen sich aus Berufsrichtern und ehrenamtlichen Richtern (Arbeitnehmer- und Arbeitgebervertreter) zusammen.

Das Verfahren in der Sozialgerichtsbarkeit ist für den Versicherten kostenfrei, außer er handelt vorsätzlich, d. h. absichtlich.

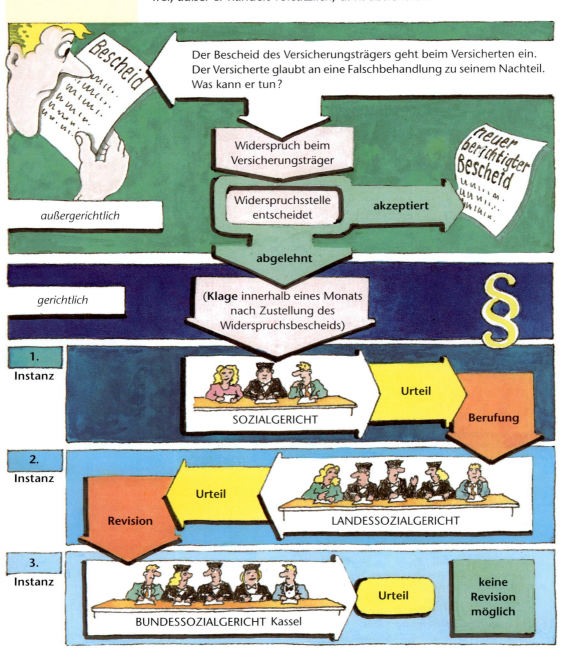

Überblick

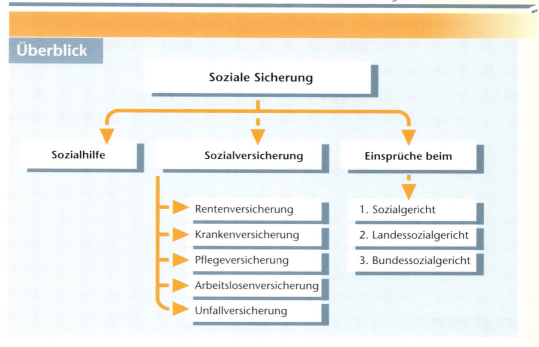

Aufgaben zur Wiederholung und Vertiefung

Inhaltsbezug Seite

1. Welche Aufgaben hat die soziale Sicherung? — 40, 41
2. Welche Aufgaben übernimmt die Rentenversicherung? — 42
3. Wer muss sich durch die Rentenversicherung pflichtversichern? — 42
4. Was versteht man unter „Rehabilitation"? — 43
5. Durch welche Ereignisse können Rentenzahlungen ausgelöst werden? — 43
6. a) Welche Aufgaben übernimmt die Krankenversicherung?
   b) Welche Arten der Mitgliedschaft gibt es?
   c) Auf welche Regelleistungen hat der Versicherte Anspruch? — 44, 45
7. Erklären Sie die drei Pflegestufen der Pflegeversicherung. — 46
8. Welche Aufgaben übernimmt die Arbeitsförderung? — 48
9. Wer ist arbeitslosenversichert? — 48
10. a) Welche Maßnahmen führt die „aktive Arbeitsförderung" durch?
    b) Welche Maßnahmen zählen zu den Geldersatzleistungen? — 48, 49
11. a) Warum gibt es die gesetzliche Unfallversicherung?
    b) Was leistet sie? — 51
12. Geben Sie an, wie hoch die Beitragslast für Arbeitgeber und Arbeitnehmer ist bei der
    a) Krankenversicherung   d) Unfallversicherung
    b) Rentenversicherung   e) Pflegeversicherung
    c) Arbeitslosenversicherung
       (Arbeitsförderung) — 43, 45, 47, 50, 51
13. Beschreiben Sie den Rechtsweg, den Sie einschlagen können, wenn Sie eine zu geringe Rente ausbezahlt bekommen. — 54

1.7 Private Zusatzversicherungen

Die vom Staat vorgeschriebene Sozialversicherung sichert den Bürger überwiegend im Berufsleben ab. Gefahren, die den Bürger und seine Familie im Privatleben treffen können, sind nur wenig abgedeckt. Dieser Grund und das Sicherheitsstreben vieler Bürger veranlassen die privaten Versicherungsunternehmen, die Absicherung individueller Risiken anzubieten. Für nach dem 31. Dezember 1990 abgeschlossene langfristige Versicherungsverträge gibt es unterschiedliche Ausstiegsmöglichkeiten:
- ein je nach Abschlussdatum unterschiedlich gestaltetes Kündigungsrecht
- ein Widerrufs- und Widerspruchsrecht

1.7.1 Personenversicherungen

Hierunter fallen Versicherungen, die Personen gegen Risiken absichern.

Lebensversicherung

Mit Abschluss einer Lebensversicherung hat die Familie bei Tod des Versicherten Anspruch auf die Auszahlung der Versicherungssumme. Diese stellt auch eine weitere Altersversorgung des Versicherten dar: Er kann sich das angesammelte Kapital später einmalig oder als Rente auszahlen lassen.

Berufsunfähigkeitsversicherung

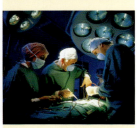

Insbesondere für junge Menschen, welche die Wartezeit in der Rentenversicherung noch nicht erfüllt haben, kann es sinnvoll sein, sich gegen das Risiko einer Berufsunfähigkeit zu versichern. Schon bei teilweiser Berufsunfähigkeit durch Krankheit, Körperverletzung oder Kräfteverfall kann diese Versicherung in Anspruch genommen werden. Sie kann als selbstständige Versicherung angesehen werden, wird aber meist in Verbindung mit einer Lebensversicherung abgeschlossen.

Unfallversicherung

Während die gesetzliche Unfallversicherung den beruflichen Bereich abdeckt, schützt die private Unfallversicherung den restlichen Bereich (Straßenverkehr, Haushalt, Freizeit, Urlaub usw.). Sie bietet:
- Todesfallentschädigung (Tod innerhalb eines Jahres nach Unfall)
- Invaliditätsentschädigung
  (falls Invalidität innerhalb eines Jahres nach dem Unfall eintritt)
- Tagegeld (Tagegeldsatz bei Arbeitsunfähigkeit)
- Krankenhaustagegeld
- Genesungsgeld (Anschluss an unfallbedingten Krankenhausaufenthalt)
- Übergangsentschädigung (Entschädigung von Schwerverletzten)

Private Krankenversicherung

Der privaten Krankenversicherung fällt die Aufgabe zu, den Versicherungsschutz für Personen zu übernehmen, die durch die Sozialversicherung nicht abgesichert sind oder die darüber hinaus abgesichert sein wollen, z. B. durch Krankenhauszusatzversicherung oder Auslandsreisekrankenversicherung.

Private Pflegeversicherung

Personen, die nicht krankenversicherungspflichtig sind, müssen eine private Pflichtversicherung abschließen. Leistungen und Beiträge orientieren sich an der gesetzlichen Pflegeversicherung.

Private Rentenversicherung

- **Riester-Rente**

Die bisherige private Rentenversicherung, die meist in Form einer Lebensversicherung abgeschlossen wurde, wird seit 2002 ergänzt durch die sog. „Riester-Rente"[1]). Nach dem Altersvermögensgesetz (AVmG) fördert der Staat den Aufbau einer kapitaldeckenden Zusatzrente. Anspruch auf diese Leistung haben alle, die Pflichtbeiträge zur gesetzlichen Rentenversicherung zahlen. Gefördert werden

- Sparanlagen, aus denen vom 60. Lebensjahr oder vom Beginn der Altersrente eine lebenslange monatliche Rente fließt;
- Auszahlungen aus Bank- und Fondsguthaben, wenn sie vom 65. Lebensjahr mit einer Rentenversicherung verbunden sind;
- Betriebsrenten in Form von Direktversicherungen;
- Pensionskassen und Pensionsfonds.

Die Förderung besteht entweder aus einer Grundzulage für Erwachsene und einer Kinderzulage oder einem steuerlichen Sonderausgabenabzug. Der Sparer zahlt nur seine Eigenbeiträge ein. Die staatliche Zulage wird auf seinen Antrag von der Deutschen Rentenversicherung gutgeschrieben. Der Aufbau der Zusatzrente erfolgt aus unversteuertem Einkommen. Die Auszahlungen unterliegen der Einkommensteuer.

- **Rürup-Rente**

Seit 2005 gibt es neben der Riester-Rente eine weitere Form der Altersvorsorge, die vom Staat gefördert wird: die sogenannte Rürup-Rente.[2]) Mit dieser Rente erhalten Vorsorgesparer keine staatlichen Zulagen, stattdessen wird die Rürup-Rente über Steuervorteile gefördert. Die angesparten Beiträge müssen der Altersvorsorge gelten, d. h., sie müssen nach Vollendung des 60. Lebensjahres als monatliche Zahlung an den Versicherten ausgezahlt werden.

- **Betriebsrente**

Die Betriebsrente ist eine weitere Säule der Altersversorgung. Es handelt sich hierbei um eine freiwillige Zusatzleistung des Arbeitgebers. Es gibt verschiedene Versicherungsarten der betrieblichen Altersvorsorge:

- **Direktversicherung** (Lebensversicherung, die der Arbeitgeber als Versicherungsnehmer zugunsten eines oder mehrerer Arbeitnehmer abschließt)
- betriebliche **Pensionszusagen** (Der Arbeitgeber gibt dem Arbeitnehmer die Direktzusage, ihm später eine Pension zu zahlen.)

---

[1]) benannt nach Walter Riester, Bundesminister für Arbeit und Soziales von 1998 – 2002

[2]) Ökonom Bert Rürup, Vorsitzender der „Rürup-Kommission", in der Lösungen für die Nachhaltigkeit in der Finanzierung der sozialen Sicherungssysteme erarbeitet wurden.

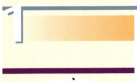

- **Unterstützungs-** und **Pensionskassen** (Arbeitgeber finanziert in eine Unterstützungs- oder Pensionskasse, die dem Arbeitnehmer später eine Pension auszahlt.)
- **Pensionsfonds** (Arbeitgeber zahlt für Arbeitnehmer in einen Fonds, der in seinem Anlagemix 50–75 % Aktien enthalten darf. Risikoreich, da größere Renditechancen auf dem Kapitalmarkt angestrebt werden.)

1.7.2 Sachversicherungen

- **Feuerversicherung** versichert Schäden, die durch Brand, Explosion und Blitzschlag verursacht werden.
- **Leitungswasserversicherung** beinhaltet alle Wasserschäden, die durch Rohrbruch oder Frost entstanden sind.
- **Sturmversicherung** begleicht Schäden, die aus einem Sturm ab Windstärke 8 entstanden sind.
- **Hausratversicherung** – Es soll Vorsorge getroffen werden für einen Schaden, von dem niemand weiß, wann und unter welchen Umständen er eintritt und wie groß er ist. Versichert sind in Deutschland und z. T. nur bis zu einem Höchstbetrag: Möbel, Teppiche, Bekleidung, Haushaltsgeräte, Gardinen, Bücher, Schallplatten, Musikinstrumente, Bargeld, Wertpapiere, Sammlungen, Boote usw.

1.7.3 Vermögensversicherungen

Kfz-Versicherung

Sie umfasst je nach gewünschtem Umfang:

- **Kfz-Haftpflichtversicherung** (Pflichtversicherung für Autofahrer)
  Damit soll der Schadenersatz für das Verkehrsopfer garantiert werden, und der Schadenersatzpflichtige soll von den finanziellen Folgen des Schadens entlastet werden.
- **Fahrzeugversicherung**
  Sie kann als Fahrzeugteilversicherung (Teilkasko) oder als Fahrzeugvollversicherung (Vollkasko) abgeschlossen werden.
  Die Teilkaskoversicherung tritt für Schäden ein, die durch Brand, Diebstahl, Sturm, Hagel, Blitz, Zusammenstoß mit Haarwild, Glasbruch oder Kurzschluss entstanden sind.
  Die Vollkaskoversicherung deckt zusätzlich die Kosten für Unfallfolgen am eigenen Auto und für mutwillige Beschädigung. Der Versicherte darf allerdings nicht grob fahrlässig oder vorsätzlich gehandelt haben. Der Versicherte kann einen Teil seines Schadens selbst bezahlen (Selbstbeteiligung). Dadurch wird seine Prämie niedriger.

- **Kfz-Unfallversicherung** (Insassen-Unfallversicherung)
  Sie bezieht sich auf alle Unfälle durch die Benutzung eines Kraftfahrzeugs. Die Versicherungsleistungen werden ungeachtet eventuellen Verschuldens des Versicherten erbracht (ausgenommen Vorsatz).

1.7 Private Zusatzversicherungen

Haftpflichtversicherung

Ein Bürger haftet immer dann, wenn er als Privatperson einem anderen unabsichtlich einen Schaden zufügt, der aus den Gefahren des täglichen Lebens resultiert. Ist die Haftpflichtversicherung abgeschlossen, übernimmt die Versicherung die Zahlung des Schadens.

Versicherungsart	Versicherter	Beispiel
Privat-Haftpflicht	Privatperson	Ich lasse als Gast ein wertvolles Glas fallen
Tierhalter-Haftpflicht	Hundehalter	Hund beißt Briefträger
Hausbesitzer-Haftpflicht	Haus- und Grundstücksbesitzer	Passant stürzt bei Schnee auf dem Gehweg vor meinem Haus
Gewässerschaden-Haftpflicht	Inhaber eines Öltanks	Öl sickert aus leckem Tank ins Grundwasser

Rechtsschutzversicherung

Diese Versicherung umfasst den Familien- und Verkehrsrechtsschutz für Lohn- und Gehaltsempfänger. Es werden Anwalts- und Gerichtskosten bezahlt, z. B. bei Schadenersatzforderungen, Verteidigung in Strafsachen, Widerspruchsverfahren, z. B. wegen Führerscheinentzug.

„Lohnt es sich für mich noch zusätzliche private Versicherungen abzuschließen?"

1.7.4 Unterschied zwischen Sozialversicherung und Individualversicherung

Die Grundidee der Versicherungen ist es, Lasten, die der Einzelne nicht tragen kann, auf viele Schultern zu verteilen. Die **Sozialversicherung** wird vom Staat jedem Arbeitnehmer vorgeschrieben und soll die Bevölkerung gegen Risiken des Alters, der Invalidität, der Arbeitslosigkeit, der Krankheit und der Pflegebedürftigkeit absichern. Sie ist als gesetzliche Zwangsversicherung organisiert und erstreckt sich vor allem auf die abhängig Beschäftigten und auf deren Familien.

Die **Individualversicherung** regelt den Versicherungsschutz privatrechtlich. Sie dient der Vorsorge des Einzelnen und kann weitgehend auf die individuellen Schutzbedürfnisse jeder einzelnen Person zugeschnitten werden. Es gilt der Grundsatz gleicher Leistung und Gegenleistung entsprechend dem Gefahrengrad des versicherten Risikos.

1 Berufsausbildung und Arbeitswelt

Überblick

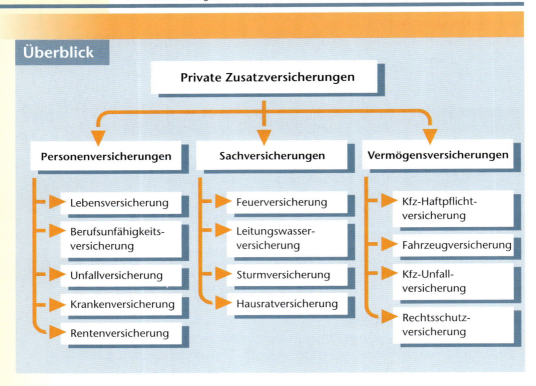

Aufgaben zur Wiederholung und Vertiefung

Inhaltsbezug Seite

1. Welche Aufgaben übernehmen private Zusatzversicherungen? — 56
2. Welche Versicherungen zählen zu den
   a) Personenversicherungen
   b) Sachversicherungen
   c) Vermögensversicherungen
   und welche Risiken decken sie ab? — 56-59
3. Arbeiten Sie den Unterschied zwischen Sozialversicherung und Individualversicherung heraus. — 59
4. Sie wollen in Frankreich Urlaub machen. Müssen Sie sich extra für den Fall einer Krankheit versichern? Begründen Sie Ihre Antwort und nennen Sie die Versicherung. — 57
5. Wenn bei Ihnen zu Hause eingebrochen wird und dort Teppiche, Hi-Fi-Anlage, TV und eine Münzsammlung gestohlen werden, welche Versicherung tritt dann ein? — 57
6. Was versteht man unter der „Riester-Rente", was unter der „Rürup-Rente"? — 57

1.7 Private Zusatzversicherungen

Handlungsorientierte Themenbearbeitung

1 Präsentieren Sie Ihren Ausbildungsberuf (stellen Sie die wichtigsten Angaben in Übersichten, Tabellen, Grafiken o. Ä. dar). Die folgenden Punkte sollen Ihnen als Anhalt dienen:

Vgl. auch „Mind Mapping", Seite 350.

a Beschreiben Sie Ihren Beruf laut Ausbildungsordnung (§ 5 BBiG).

b Erkundigen Sie sich bei der IHK/HWK über Ihren Beruf. In welchen Firmen findet die Ausbildung schwerpunktmäßig statt? Wie viele Auszubildende gibt es?

c Erkundigen Sie sich in der Schule nach den Bildungsplänen und Stundentafeln (Verteilung der Unterrichtsstunden auf die einzelnen Fächer).

d Stellen Sie aus Ihrem Ausbildungsvertrag die wichtigsten Inhalte nach § 11 BBiG zusammen (Lehrbuch S. 15).

e Welche Regelungen sind zur Dauer und zur Beendigung des Ausbildungsvertrages vorgesehen?

f Stellen Sie einen typischen Arbeitstag vor (Zeiten, Arbeitsplatz, Belastungen, Raumsituation, Ausstattung mit Arbeitsgeräten).

g Welche Unfallverhütungsvorschriften gelten an Ihrem Arbeitsplatz?

h Legen Sie dar, welche Sozialschutzregelungen für Sie als Auszubildenden und als Jugendlichen (unter 18 Jahren) gelten.

i Welche Fortbildungs- und Aufstiegschancen gibt es in Ihrem Beruf?

j Führen Sie in Ihrer Klasse/an Ihrer Schule eine Umfrage zum Image Ihres Berufes durch. Bestehen Unterschiede in der Meinung der Schülerinnen und Schüler, die den Beruf selbst erlernen, und derer, die den Beruf nur als Außenstehende kennen?

k Stellen Sie anhand einer Umfrage fest, ob die Schüler in Ihrer Klasse/an Ihrer Schule, die den gleichen Ausbildungsberuf gewählt haben, mit der Wahl zufrieden sind.

l Wie sind Sie gesetzlich versichert und welche Beiträge müssen Sie bezahlen?

m Sie haben sich beim Volleyballspielen das Bein gebrochen. Welche Leistungen können Sie in Anspruch nehmen?

n Diskutieren Sie die Situation, dass Sie sich bei einem Betriebsunfall das Bein brechen. Was ändert sich?

2 Stefan Brendler hat zu seiner Ausbildung verschiedene Fragen. Statt sie dem Chef zu stellen, versucht er sich zunächst einmal durch Lesen des BBiG und JArbSchG schlau zu machen. Diese Gesetze findet er im Heft „Ausbildung und Beruf", das er von seinem Lehrer bekommen hat.

Tatsächlicher Sachverhalt:

a Stefan hat nur 1 Monat Probezeit, die Probezeit der anderen beträgt 3 Monate.

b Stefan bekommt seine Ausbildungsvergütung jeweils am 28. des Monats, sein Klassenkamerad Heiko aber erst am 10. des folgenden Monats.

c Der Chef teilt Stefan mit, dass er während der überbetrieblichen Ausbildung keinen Lohn bekommt, da er ja auch nicht für den Betrieb arbeitet.

d Stefan bekommt 25 Tage Urlaub.

e Stefan wird vom Chef nach einem Jahr zum Arzt geschickt. Er soll ihn generaluntersuchen, obwohl sich Stefan ganz gesund fühlt.

f Da am kommenden Samstag der diesjährige „Tag der offenen Tür" stattfindet, soll Stefan auch am Samstag für 6 Stunden aushelfen. Er hat bereits von Montag bis Freitag 40 Stunden gearbeitet.

Finden Sie dazu die gesetzlichen Tatbestände und leiten Sie die Rechtsfolge ab!

Hinweise hierzu finden Sie auf der Methodenseite „Arbeiten mit Gesetzestexten" auf Seite 204.

Methodenseite

Expertenbefragung

Allgemeine Informationen

Ein Experte ist eine Person, die sich in besonderer Weise in einem Sachgebiet auskennt. Sie hat die Entwicklung in den letzten Jahren sehr genau verfolgt, kennt alle Informationen, die zurzeit bekannt sind, und ist deshalb eher als andere geeignet, Aussagen über die zukünftige Entwicklung zu machen.

Beispiele

- Ein „Banker" wird befragt über einen Vergleich Darlehn/Leasing, über Aktien und Kursentwicklungen, über Währungen und den Euro.
- Ein Fachmann der Krankenkasse wird befragt über Kostenentwicklungen im Gesundheitswesen, über Vorsorge, über Pflegeversicherung, über die Rentenentwicklung usw.
- Ein Inhaber einer Werbeagentur wird befragt über den Entwurf einer Werbekonzeption, über Aufbau und Entwicklung eines Markenzeichens.

Vorgehensweise

1. Vorbereitung

a) *organisatorisch:* Ort, Zeitpunkt und Dauer und natürlich Thema der Befragung müssen vorher genau in Absprache mit dem Experten geklärt werden. Es sollten zirka drei Schüler eine solche Expertenbefragung durchführen. Zwei Schüler sollten die Gesprächsführung abwechselnd übernehmen, ein Schüler sollte darüber ein Protokoll anfertigen.

b) *inhaltlich:* Die Fragen sollten so vorbereitet werden, dass zunächst sogenannte Einstiegsfragen gestellt werden, z. B. zum Unternehmen selbst, zur Position des Experten, zu seiner täglichen Arbeit.
Danach sollten die Sachfragen folgen, die in dieser oder einer größeren Gruppe ausführlichst vorformuliert worden sind. Sie orientieren sich zunächst an der aktuellen Situation, führen aber dann zu Handlungsmöglichkeiten, Prognosen oder auch Wunschentwicklungen. In diesem Verlauf sind auch konstruktiv-kritische Fragen angebracht.

2. Anwendung

Seien Sie vor der vereinbarten Zeit am verabredeten Ort. Der Experte steht unter Zeitdruck. Empfinden Sie es als Entgegenkommen, wenn er sich für die Befragung diese Zeit nimmt. Falls Sie die Befragung auf Tonband mitschneiden oder Fotos machen wollen, müssen Sie unbedingt vorher nachfragen. Fragen Sie auch nach Informationen über das angeschnittene Thema. Geben Sie eine Begründung, warum diese Befragung gerade mit diesem Experten durchgeführt wird, welches Ziel Sie mit der Befragung verfolgen und wie sie ausgewertet werden soll.

3. Auswertung

Das Protokoll, evtl. das Tonband und weitere Informationen zu diesem Thema sind die Grundlage für eine Auswertung. Das geführte Gespräch kann in Form eines Vortrages zunächst einmal dargestellt werden – ohne Wertung. Denken Sie daran, dass der Experte immer der Fachmann einer Seite ist. Es gibt zu diesem Thema möglicherweise Argumente, die gar nicht angesprochen wurden. Diese können in einer anschließenden Klassendiskussion erarbeitet werden. Falls zu einem Thema mehrere Experten von verschiedenen Gruppen interviewt wurden, so ist es hochinteressant, die angesprochenen Schwerpunkte auf Übereinstimmung oder Gegensätze hin zu überprüfen.
Vergessen Sie auf keinen Fall, dem Experten einige Tage nach dem Gespräch schriftlich zu danken. Es entspricht der guten Form und der Experte wird sicherlich seine zukünftige Gesprächsbereitschaft von diesem Echo abhängig machen.

2 Grundlagen des Vertragsrechts

Sachverhalt

Claudia hat von ihrer Wohnung bis zu ihrem Ausbildungsplatz jeden Tag 30 km zurückzulegen. Mithilfe ihrer Ausbildungsvergütung und ihres Angesparten möchte sie sich ein gebrauchtes Auto kaufen. Sie findet den richtigen Wagen in der Samstagsausgabe der Heimatzeitung. Schnell wird sie sich mit dem privaten Verkäufer einig.

Leitfragen

Welche Konsequenzen ergeben sich aus diesem Vertrag für Claudia und den Verkäufer?

Macht es einen Unterschied, ob sich Claudia diesen Wagen bei einem Händler als Gebrauchtwagen aussucht oder ob sie ihn von einer Privatperson kauft?

2 Grundlagen des Vertragsrechts

2.1 Rechts- und Geschäftsfähigkeit

Das Zusammenleben von Menschen erfordert Einschränkungen der persönlichen Freiheit des Einzelnen. Um Freiheitsbereiche zu schützen und notwendige Freiheitsbeschränkungen gerecht zu verteilen, bedarf es gewisser Regeln des Zusammenlebens. **Brauchtum** und **Sitte** stellen hierbei eine wichtige Orientierung für das Zusammenleben dar, die allerdings noch durch **Rechtsregeln** der staatlichen **Rechtsordnung** ergänzt werden muss.

Die Verletzung der Regeln, die von der Gesellschaft vorgegeben werden, führt zu Kritik, Ablehnung oder Verachtung. Die Verletzung von Rechtsregeln der staatlichen Rechtsordnung hingegen führt zu einer gerichtlichen Entscheidung, die die Erfüllung der Verpflichtungen aufzeigt oder zu Bestrafung führt.

Die wichtigsten Gesetze, die jeden Bürger betreffen, sind:

- **das GG (Grundgesetz)**
  (= für den Bürger eines freiheitlichen Rechtsstaates ist das GG die wichtigste Informationsquelle. Darin werden mit den Grundrechten die Freiheitsräume jedes Bürgers gesichert.)
- **das BGB (Bürgerliche Gesetzbuch)**
  (= Kernbestandteil des Privatrechts. Der einzelne Bürger gestaltet auf dieser Grundlage seine persönlichen und wirtschaftlichen Verhältnisse. Das BGB regelt u. a. die Rechtsgeschäfte, Schuldverhältnisse aus verschiedenen Verträgen, Eigentum und Besitz und enthält familien- und erbrechtliche Vorschriften.)
- **das HGB (Handelsgesetzbuch)**
  (= Sonderrecht für Kaufleute mit dem Ziel, eine möglichst rasche und klare Abwicklung des Rechtsgeschäfts vorzunehmen.)

Vor Gericht

„Wenn ich als Frau für die gleiche Arbeit weniger verdiene als ein Mann – welches Gesetzbuch gilt dann?"

Zusammenleben von Menschen ist nur möglich, wenn bestimmte Regeln eingehalten werden

Sitten und Gebräuche (= Regeln, die von der Gesellschaft vorgegeben werden), z. B.
- Essen mit Messer und Gabel

Gesetze, Erlasse, Verordnungen und richterliche Entscheidungen (= Regeln, die durch das Recht vorgegeben werden = Rechtsordnung), z. B.
- Berufsschulpflicht
- Anzahl der Klassenarbeiten pro Jahr (Erlass)

V E R L E T Z U N G

Von Gesellschaft bestraft durch
- Kritik
- Ablehnung
- Verachtung

Durch richterliche Entscheidung erzwungen und gegebenenfalls bestraft, z. B.
- Bei Nichtzahlung: Verurteilung auf Erfüllung
- bei Diebstahl: Verurteilung zu Strafe

64

2.1.1 Rechtsfähigkeit

Bei den Rechtssubjekten unterscheidet man zwischen **natürlichen Personen** und **juristischen Personen**. Natürliche Personen sind alle Menschen. Juristische Personen sind dagegen rechtlich geregelte Organisationen, wie z. B. Sportvereine, Aktiengesellschaften oder der Staat. Staatliche Organisationen, wie z. B. Gemeinden, Ortskrankenkassen oder die Bundesbank, bezeichnet man als juristische Personen des „öffentlichen Rechts", während Vereine (e. V.), Aktiengesellschaften (AG), Gesellschaften mit beschränkter Haftung (GmbH) usw. als juristische Personen des „privaten Rechts" bezeichnet werden.

Im Rechtsleben der juristischen Personen handeln nicht die einzelnen Mitglieder der jeweiligen Organisationen, sondern die juristische Person als Rechtseinheit.

natürliche Personen

Rechtsfähigkeit ist die Fähigkeit, Träger von Rechten und Pflichten zu sein. Diese Fähigkeit besitzen grundsätzlich alle natürlichen und juristischen Personen. Die Rechtsfähigkeit des Menschen beginnt mit der Vollendung der Geburt (§ 1 BGB) und endet mit dem Tod. Das bedeutet, dass auch ein Kind, z. B. durch Erbschaft oder Schenkung, Eigentum erwerben kann. Die Rechtsfähigkeit juristischer Personen dauert von der Eintragung bis zur Löschung im jeweiligen Register (Vereinsregister, Handelsregister usw.).

juristische Personen

2.1.2 Geschäftsfähigkeit

Grundsätzlich zu trennen von dieser Rechtsfähigkeit ist die Geschäftsfähigkeit, die bei juristischen Personen mit der Rechtsfähigkeit zusammenfällt und bei natürlichen Personen altersbedingt ist. Geschäftsfähigkeit ist die Fähigkeit von Personen, rechtswirksame Willenserklärungen abzugeben und Rechtsgeschäfte zu tätigen, d. h., Personen können im Rechtsverkehr selbstständig handeln.

2 Grundlagen des Vertragsrechts

Man unterscheidet drei Ebenen:

Lebensjahre		
0 1 2 3 4 5 6	7 8 9 10 11 12 13 14 15 16 17	18 Jahre bis zum Tod
geschäftsunfähig	**beschränkt geschäftsfähig**	**voll geschäftsfähig**
■ von 0 bis unter 7 Jahre ■ wegen dauernder krankhafter Störung der Geistestätigkeit Rechtsgeschäfte sind „nichtig"	■ von 7 bis unter 18 Jahre ■ wegen Geistesschwäche, Verschwendung, Rauschgiftsucht oder Trunksucht unter vom Gericht verfügter Betreuung stehen Rechtsgeschäfte sind „schwebend unwirksam", d. h., sie bedürfen der Zustimmung des gesetzlichen Vertreters **Ausnahmen:** ■ Taschengeld ■ nur bei rechtlichen Vorteilen ■ im Rahmen eines Dienst- oder Arbeitsverhältnisses	■ ab 18 Jahre Rechtsgeschäfte sind „voll wirksam" Der Volljährige ist vollständig eigenverantwortlich für seine Rechtshandlungen

Entwicklung der Geschäftsfähigkeit von Claudia

Claudia als Kind

Claudia als 16-Jährige

Claudia als 19-Jährige

Geschäftsunfähigkeit

Sie gilt, solange das 7. Lebensjahr noch nicht vollendet ist. Auch sind Personen, die unter dauernder krankhafter Störung der Geistestätigkeit leiden, grundsätzlich geschäftsunfähig (§ 104 BGB). Rechtsgeschäfte, die mit diesen Personen abgeschlossen werden, sind generell „nichtig", d. h., sie sind ungültig (§ 105 BGB).

Beschränkte Geschäftsfähigkeit

Sie gilt ab Vollendung des 7. Lebensjahres und dauert, solange das 18. Lebensjahr noch nicht vollendet ist. Auch gilt sie für Personen, die wegen Geistesschwäche, Verschwendung, Trunksucht oder Rauschgiftsucht unter vom Gericht verfügter Betreuung stehen. Rechtsgeschäfte beschränkt geschäftsfähiger Personen bezeichnet man als **„schwebend unwirksam"**, d. h., sie können nur durch die Zustimmung der Eltern bzw. des gesetzlichen Vertreters wirksam gemacht werden. Rechtsgeschäfte, die dem Minderjährigen nur rechtliche Vorteile bringen, bedürfen allerdings keiner Genehmigung des gesetzlichen Vertreters. Auch sind Rechtsgeschäfte im Rahmen der Verausgabung von Taschengeld nicht zustimmungspflichtig (§ 110 BGB „**Taschengeldparagraf**"). Über sein zur freien Verfügung gewährtes Taschengeld kann der Minderjährige also frei verfügen und es ohne Zustimmung der Eltern ausgeben. Gleiches gilt für Rechtsgeschäfte, die der Jugendliche im Rahmen eines mit Einwilligung der Eltern eingegangenen Dienst- oder Arbeitsverhältnisses abschließt.

Unbeschränkte Geschäftsfähigkeit

Unbeschränkt oder voll geschäftsfähig wird man mit Vollendung des 18. Lebensjahres. Volljährige Personen können völlig selbstständige Rechtsgeschäfte vornehmen und sind für ihre eingegangenen Verpflichtungen allein verantwortlich.

2.1 Rechts- und Geschäftsfähigkeit

Überblick

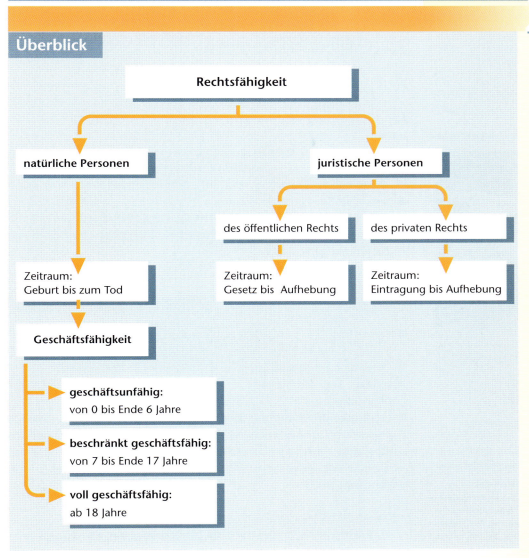

Aufgaben zur Wiederholung und Vertiefung

Inhaltsbezug Seite

1	Warum sind für das menschliche Zusammenleben Rechtsregeln erforderlich?	64
2	Darf sich der 6-Jährige beim Bäcker von seinem Taschengeld Süßigkeiten kaufen?	66
3	Wie bezeichnet man Rechtsgeschäfte von beschränkt geschäftsfähigen Personen?	66
4	Darf sich der 16-jährige Auszubildende ohne Zustimmung der Eltern von seiner Ausbildungsvergütung einen CD-Player für 115,00 € kaufen?	66
5	Welcher Ebene der Geschäftsfähigkeit sind Personen zuzuordnen, die wegen Trunksucht unter vom Gericht verfügter Betreuung stehen?	66

2 Grundlagen des Vertragsrechts

2.2 Rechtsgeschäfte

2.2.1 Willenserklärungen

Willenserklärungen stellen die Grundlage für das Zustandekommen von Rechtsgeschäften dar. Eine **Willenserklärung** ist die Äußerung einer Person, die zu einer rechtlichen Wirkung führen soll (z. B. das Angebot eines Handwerkers an einen Bauherrn oder das „Ja" der Braut auf dem Standesamt).

Willenserklärungen können grundsätzlich auf dreierlei Weise geäußert werden:
- **ausdrücklich** (mündlich, schriftlich, fernmündlich)
- **durch bloßes Handeln** (Trampen, Heranwinken eines Taxis)
- **durch Schweigen** (gilt im Allgemeinen als Ablehnung; unter Kaufleuten, die in dauernder Geschäftsverbindung stehen, aber häufig als Zustimmung)

2.2.2 Formvorschriften

Es gibt Willenserklärungen, die nur Gültigkeit haben, wenn sie bestimmte Formvorschriften erfüllen:
- **Schriftform** (z. B. Ausbildungsvertrag, Haustürgeschäfte, Ratenverträge). (Siehe Nachweisgesetz S. 179)
- **Öffentliche Beglaubigung** (z. B. Antrag auf Bestellung einer Grundschuld). Der Antrag wird schriftlich gestellt und von einem Notar beglaubigt.
- **Notarielle Beurkundung**. Der Notar fertigt eine öffentliche Urkunde über die Willenserklärungen der Vertragspartner an und bestätigt die inhaltliche Erklärung sowie die Echtheit der Unterschriften (z. B. bei Veräußerung oder Belastung von Grundstücken oder bei Schenkungsversprechen).

2.2.3 Arten

Als **Rechtsgeschäft** wird der Tatbestand bezeichnet, der sich aus einer oder mehreren privaten Willenserklärungen ergibt. Die Rechtsordnung verlangt dann die Erfüllung der in den Willenserklärungen eingegangenen Verpflichtungen.

Man kann zwei verschiedene Arten von Rechtsgeschäften unterscheiden:

Einseitiges Rechtsgeschäft

- **Empfangsbedürftige Willenserklärungen**, die an eine bestimmte Person gerichtet sein müssen und erst durch ihren Zugang beim Empfänger rechtswirksam werden (z. B. Kündigung).
    - **Nichtempfangsbedürftige Willenserklärungen**, die keinen Erklärungsempfänger voraussetzen (z. B. Testament), werden mit ihrer Abgabe rechtswirksam.
    Diese Rechtsgeschäfte bestehen nur aus jeweils **einer Willenserklärung**. Es handelt sich also um ein **einseitiges Rechtsgeschäft**.

Worin liegt der rechtliche Unterschied?

Claudia winkt ein Taxi

Claudia winkt zum Abschied am Bahnhof

Ein Testament muss handschriftlich geschrieben sein! Z. B. „Berliner Testament"

Testament
Wir, die Eheleute Hans und Traudl Schulze, setzen uns gegenseitig zum Alleinerben ein. Nach dem Tod des zuletzt Verbleibenden soll der gesamte Nachlass auf unsere Kinder Hanna und Rolf fallen. Verlangt eines unserer Kinder etwas aus dem Nachlass des zuerst Verstorbenen von dem überlebenden Ehegatten, so soll es nach dem Tod des zuletzt Verstorbenen ebenfalls nur den Pflichtteil aus dessen Nachlass erhalten.

Freiburg, den 8.8.20..

Hans Schulze
Traudl Schulze

Zweiseitiges Rechtsgeschäft

- **Annahmebedürftige Willenserklärungen**. Sie setzen voraus, dass eine Übereinstimmung mit dem Erklärungsempfänger vorliegt.
- Schließen also zwei Personen einen Vertrag, z. B. über den Kauf eines Fernsehgerätes, ab, dann müssen **zwei sich deckende Willenserklärungen** vorliegen, damit der Vertrag rechtswirksam wird. Wenn der Käufer nur 500,00 € bezahlen will, der Verkäufer aber 600,00 € für das Fernsehgerät verlangt, dann decken sich die beiden Willenserklärungen nicht und der Kaufvertrag kommt nicht zustande. Decken sich die Willenserklärungen aber in allen Punkten, dann ist ein sogenanntes **zweiseitiges Rechtsgeschäft** zustande gekommen.
- Diese zweiseitigen Rechtsgeschäfte bezeichnet man als **Vertrag**.

Kündigung

Sehr geehrter Herr Maier, ich möchte Ihnen hiermit mitteilen, dass ich meine Wohnung fristgemäß zum 30.6.20.. kündige.
Die Wohnung wird von mir vertragsgemäß zum Ende der Mietzeit renoviert.

Stuttgart, den 1.3.20..

J. Schmelter

Johann Schmelter

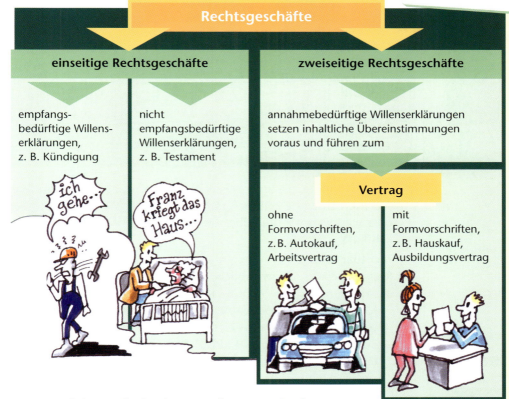

2.2.4 Wirksamkeit der Rechtsgeschäfte

Normalerweise sind Rechtsgeschäfte, die schriftlich oder mündlich zustande kommen, rechtswirksam.

Es gibt aber auch Rechtsgeschäfte, die von Anfang an unwirksam, also ungültig sind. Man spricht dann von der **Nichtigkeit der Rechtsgeschäfte**. Andere wiederum sind zwar zunächst voll wirksam, können aber aus verschiedenen Gründen angefochten und dadurch nachträglich ungültig werden (**Anfechtbarkeit der Rechtsgeschäfte**).

2 Grundlagen des Vertragsrechts

Nichtig sind:
- Rechtsgeschäfte mit **geschäftsunfähigen Personen** (§ 105 I BGB) (z. B. 5-Jähriger kauft Kaugummi) und solche, die im Zustand der Bewusstlosigkeit oder vorübergehenden Störung der Geistestätigkeit abgeschlossen werden (§ 105 II BGB).
- Rechtsgeschäfte, die mit Einverständnis des Vertragspartners **nur zum Schein** abgeschlossen werden (§ 117 BGB) (z. B. ein Kaufmann verkauft seinen Geschäftswagen und setzt mit Einverständnis des Käufers den Preis im Vertrag niedriger an, als der Käufer wirklich bezahlt).
- Rechtsgeschäfte auf der Grundlage einer nicht ernstlich gemeinten Willenserklärung, von der man annimmt, dass die **mangelnde Ernsthaftigkeit** dem Erklärungsempfänger klar ist (§ 118 BGB). „Mein neues Auto gäbe ich für ein Stück Brot" (= Scherzgeschäft).
- Rechtsgeschäfte, mit denen **gesetzlich verbotene Handlungen** begründet werden sollen (§ 134 BGB), z. B. Rauschgifthandel.
- Rechtsgeschäfte, die **gegen die guten Sitten** verstoßen (§ 138 BGB), z. B. Wuchermieten für Gastarbeiter.

- Rechtsgeschäfte, die unter **Missachtung der gesetzlichen Formvorschriften** zustande kommen (§ 125 BGB), z. B. ein nur mündlicher oder schriftlicher Vertrag über Grundstückskauf ohne notarielle Beurkundung.

Anfechtbar sind:
- Rechtsgeschäfte, die **irrtümlich** abgeschlossen wurden.
  - **Inhaltsirrtum** (§ 119 I BGB): Kaufmann Müller bestellt beim Großhändler einen Doppelzentner Kartoffeln in der Annahme, ein „dz" seien 200 kg. In Wirklichkeit sind ein „dz" aber 100 kg.
  - **Erklärungsirrtum** (§ 119 I BGB): Der Großhändler schickt Müller eine Rechnung, in der er sich verschrieben hat. Anstatt 6,49 € für zwei Dutzend Schnecken hat er 6,94 € berechnet.
  - **Eigenschaftsirrtum** (§ 119 II BGB): Galerist Meier verkauft dem Kunden ein Duplikat in der Annahme, es sei ein Originalbild eines großen Meisters.
- Rechtsgeschäfte, die durch **arglistige Täuschung** oder **widerrechtlich** durch **Drohung** zustande gekommen sind (§ 123 BGB).
  - **Arglistige Täuschung:** Ein Teppichhändler verkauft wissentlich einen maschinell gefertigten Perserteppich als handgeknüpften.
  - **Widerrechtliche Drohung:** Erzwingen einer Unterschrift, z. B. Abschluss eines Vertrages mit vorgehaltener Pistole.

Werkstattmeister:
„Kolbenfresser! Grund dafür war ein schwerer Unfall."
Claudia:
„Aber der Verkäufer sagte ‚unfallfrei'!"

Was kann Claudia machen?

70

Überblick

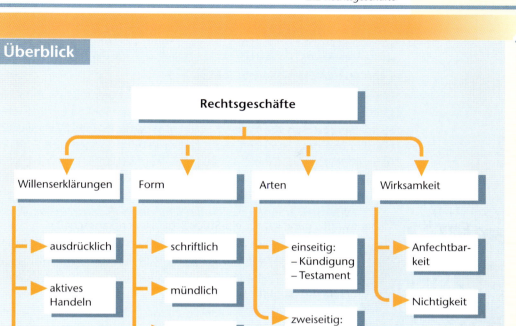

Aufgaben zur Wiederholung und Vertiefung

Inhaltsbezug Seite

1. Auf welche Weise können Willenserklärungen geäußert werden? — 68
2. Welche Formvorschriften für Willenserklärungen gibt es und welche Konsequenzen leiten sich daraus ab? — 68
3. Worin besteht der Unterschied zwischen „öffentlicher Beglaubigung" und „notarieller Beurkundung"? — 68
4. Sie wollen Ihr möbliertes Zimmer heute kündigen. Sie haben eine 14-tägige Kündigungsfrist vereinbart. Formulieren Sie die Kündigung.

   Hinweise zu Gestaltungsregeln und Textverarbeitung finden Sie auf Seite 174.

5. Unterscheiden Sie ein einseitiges und zweiseitiges Rechtsgeschäft. — 68, 69
6. Nennen Sie mindestens vier anfechtbare Rechtsgeschäfte. — 70
7. Welche Rechtsgeschäfte sind nichtig? — 70

2.3 Vertragsrecht

2.3.1 Zustandekommen des Kaufvertrages (Verpflichtungsgeschäft)

Einkaufen beim Bäcker, Metzger, Lebensmittelhändler, das Kaufen einer Zeitung am Kiosk, der Einkauf von Kleidung, das Tanken an der Tankstelle, das Bestellen von Waren bei einem Versandhaus und viele weitere Handlungen des täglichen Lebens stellen Verpflichtungen und Erfüllungen von Pflichten auf der Grundlage von Kaufverträgen dar. Daher wird der Kaufvertrag auch als der bedeutendste Vertrag unter den zwei- und mehrseitigen Rechtsgeschäften angesehen.

Auch beim Kauf einer Zeitung kommt ein Kaufvertrag zustande

Willenserklärungen stellen die Grundlage für das Zustandekommen von Rechtsgeschäften dar. So gilt für den **Kaufvertrag**, dass zwei Willenserklärungen der Vertragspartner vorliegen müssen, die inhaltlich vollständig übereinstimmen **(Verpflichtungsgeschäft)**. Der Schreiner beispielsweise, der beim Sägewerk Holz bestellt, äußert seinen Willen, eine bestimmte Menge einer bestimmten Holzart kaufen zu wollen. Diese erste Willenserklärung bezeichnet man im Rechtsleben allgemein als **Antrag**.

Die Auftragsbestätigung des Sägewerks stellt dann die entsprechende, inhaltlich voll übereinstimmende zweite Willenserklärung dar, die allgemein als **Annahme** bezeichnet wird.

Antrag und **Annahme** sind also die beiden inhaltlich voll übereinstimmenden Willenserklärungen, die für das Zustandekommen eines rechtsgültigen Kaufvertrages nötig sind. Die beiden Vertragspartner, Schreiner und Sägewerk, haben sich mit diesen Erklärungen verpflichtet, sich gegenseitig gewisse Leistungen zu erbringen. Das Sägewerk hat sich in diesem Kaufvertrag verpflichtet, dem Schreiner das bestellte Holz zu liefern und ihm Eigentum daran zu verschaffen (§ 433 I BGB). Der Schreiner hat sich andererseits verpflichtet, dem Sägewerk den vereinbarten Kaufpreis zu zahlen und die gekaufte Sache abzunehmen (§ 433 II BGB).

Rechtlich betrachtet entsteht der Vertrag wie folgt:

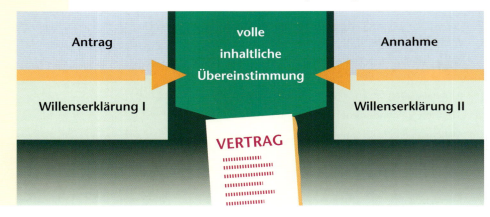

2.3 Vertragsrecht

Die Willenserklärung I, also der Antrag, könnte im geschilderten Fall aber genauso gut vom Verkäufer ausgegangen sein, indem das Sägewerk dem Schreiner ein ausführliches Angebot unterbreitet, an welches es zunächst gebunden ist. Die Bestellung des Schreiners stellt dann die Willenserklärung II dar, also die Annahme des Angebots.

Für Claudias Autokauf würde das Verpflichtungsgeschäft so aussehen:

ADAC-Kaufvertrag für den Verkauf eines gebrauchten Kraftfahrzeuges durch einen Unternehmer

Wichtig: Beide Vertragsformulare und Verkaufsmeldungen müssen übereinstimmend ausgefüllt und unterschrieben werden – wenn zu einem Punkt keine Angaben gemacht werden können, den Vermerk »unbekannt« anbringen.

Verkäufer (Unternehmer):

Name, Vorname / Firma: Hoffmann, Kurt
Straße: Erwinstraße 10
PLZ: 79102 Ort: Freiburg
geb. am: 1939-06-07 Telefon: 0761/300300

Kraftfahrzeug:

Hersteller: VW Typ: Golf
Fahrzeugbrief-Nr.: ZFA 114A000696836 Nächste TÜV-Hauptuntersuchung: 6/08

Käufer (privat):

Name, Vorname: Trampert, Claudia
Straße: Basler Str. 5
PLZ: 79100 Ort: Freiburg
geb. am: 1987-11-05 Telefon: 0761/123500
Personal- bzw. Pass-Nr. und ausstellende Behörde: 1440 153856 / Stadt Freiburg
amtl. Kennzeichen: FR-EE100 Fahrzeug-Ident-Nr.: ZFA 1310005242339
Nächste Abgasuntersuchung: Juni 08 Erstzulassung am: Juli 2004

Gesamtpreis:

€: 6.750,- in Worten: sechstausendsiebenhundertfünfzig

Die Sachmängelhaftung des Verkäufers wird auf ein Jahr beschränkt. Diese Beschränkung gilt nicht für Schadensersatzansprüche aus Sachmängelhaftung, die auf einer grob fahrlässigen oder vorsätzlichen Verletzung von Pflichten des Verkäufers beruhen sowie bei Körperschäden. Ggf. noch bestehende Ansprüche gegenüber Dritten aus Sachmängelhaftung werden an den Käufer abgetreten.

Angaben des Verkäufers:

1. Der Verkäufer garantiert:
1.1. dass das Kfz mit Zusatzausstattung und Zubehör sein unbeschränktes Eigentum ist.
1.2. dass das Kfz folgende Zusatzausstattung bzw. folgendes Zubehör aufweist:
Radio, ABS, Airbag, Schiebedach

1.3. dass das Kfz in der Zeit, in der es sein Eigentum war,
[X] keinen Unfallschaden
[ ] keine sonst. Beschädigungen erlitt (z.B.Hagelschaden)
[ ] lediglich folgende Beschädigungen oder Unfallschäden (Zahl, Art und Umfang) erlitten hat:

2. Der Verkäufer erklärt:
2.1. dass das Kfz auch in der übrigen Zeit, soweit ihm bekannt,
[X] keinen Unfallschaden
[ ] keine sonstigen Beschädigungen
[ ] lediglich folgende Unfallschäden od. sonstige Beschädigungen hatte:

2.2. dass das Kfz, soweit ihm bekannt,
[X] mit dem Originalmotor
[ ] mit einem anderen Motor (Austausch-, gebr. Ersatzmotor) ausgerüstet ist.

Der Käufer bestätigt den Empfang
[X] des Fahrzeugbriefes, Fahrzeugscheins und der Bescheinigungen über die letzte Haupt- und Abgasuntersuchung
[ ] bei stillgelegtem Kfz: des Fahrzeugbriefes, der Stillegungsbescheinigung und der Bescheinigungen über die letzte Haupt- und Abgasuntersuchung
[X] des Kfz mit 2 Schlüsseln

Der Verkäufer bestätigt den Empfang
[X] des Kaufpreises
[ ] einer Anzahlung in Höhe von _____ €

Bitte das Zutreffende ankreuzen oder ausfüllen.

2.3. dass das Kfz, soweit ihm bekannt
[X] nicht gewerblich genutzt wurde
[ ] gewerblich genutzt wurde (z. B. als Taxi, Mietwagen, Fahrschulwagen)

2.4. dass das Kfz, soweit ihm bekannt, eine Gesamtfahrleistung von 53.000 km aufweist.

2.5. dass das Kfz, soweit ihm bekannt, 1 (Anzahl) Vorbesitzer (Fahrzeughalter einschließlich Verkäufer) hatte.

2.6. dass es sich um ein Importfahrzeug (sog. Grau- oder Parallelimport) handelt. [ ] ja [X] nein

3. Der Käufer hat
[X] den Prüfbericht der ADAC-Gebrauchtwagenuntersuchung (oder einer sonstigen Prüfstelle) vom: 02.09.06
[ ] das Mängelprotokoll
zur Kenntnis genommen und eine Kopie erhalten.

Erklärungen des Käufers:
1.1. Der Käufer meldet das Kfz unverzüglich, spätestens innerhalb einer Woche, um.
1.2. Der Käufer anerkennt, dass das Kfz bis zur vollständigen Bezahlung des Kaufpreises Eigentum des Verkäufers bleibt.

Sondervereinbarungen:
Mit Übergabe des Fahrzeugs, Kfz-Briefs und -scheins, Barzahlung

Ort / Datum: Freiburg, 18.09.2007
Unterschrift des Verkäufers: Hoffmann
Unterschrift des Käufers: Claudia Trampert

Ort:
Datum / Uhrzeit:
Unterschrift des Käufers: Claudia Trampert

Ort / Datum:
Unterschrift des Verkäufers: Hoffmann

ADAC Juristische Zentrale 2002 © Nachdruck nicht gestattet

für den Käufer

Praktisch ergeben sich aus dieser rechtlichen Voraussetzung zwei Möglichkeiten, wie der Kaufvertrag zustande kommen kann:

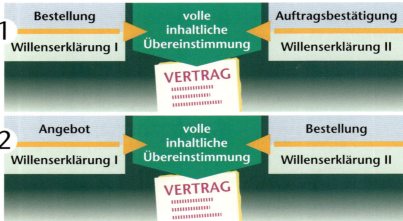

2.3.2 Pflichten der Vertragspartner (Erfüllungsgeschäft)

Die Rechtsordnung verlangt nun von beiden Vertragspartnern die Erfüllung ihrer übernommenen Pflichten, die in einem zweiten Schritt erfolgen muss.

Der Schreiner muss das Holz bezahlen und abnehmen, das Sägewerk muss das Holz liefern und die Bezahlung annehmen. Erst dann sind die übernommenen Pflichten von beiden Seiten voll erfüllt worden. Während man die vertragliche Verpflichtung durch die beiden übereinstimmenden Willenserklärungen als **Verpflichtungsgeschäft** bezeichnet, wird der zweite Teil, also die Lieferung, die Bezahlung, die Annahme von Ware und Geld und die Eigentumsübertragung als sogenanntes **Erfüllungsgeschäft** bezeichnet.

Der Antrag ist immer die erste Willenserklärung, die Annahme die zweite. Wenn der erste Schritt vom Käufer ausgeht, stellt die Bestellung den Antrag dar und die Auftragsbestätigung ist die Annahme. Geht aber der erste Schritt vom Verkäufer aus, so stellt das Angebot des Verkäufers den Antrag dar, und die Bestellung des Käufers ist die Annahme. In beiden Fällen kommt durch Übereinstimmung von Antrag und Annahme der Kaufvertrag zustande. Die vertragliche Verpflichtung und ihre Erfüllung gehören zwar rechtlich zusammen, sie müssen aber getrennt betrachtet werden, da sie sich inhaltlich unterscheiden. Zeitlich können sie aber zusammen fallen (z. B. Kauf von Lebensmitteln) oder auch durch einen Zeitraum getrennt sein (z. B. Autokauf). Vertragsstörungen entstehen nämlich entweder dadurch, dass die Übereinstimmung von Antrag und Annahme nicht gegeben ist und somit auch kein Vertrag zustande gekommen ist oder dass die beiden Willenserklärungen zwar übereinstimmen, die Erfüllung der eingegangenen Verpflichtungen aber nicht in der richtigen Weise erfolgt ist.

Verpflichtungs- und Erfüllungsgeschäft beim Kaufvertrag am Beispiel einer Holzbestellung:

In diesem Bild geht die Willenserklärung I, also der Antrag, vom Käufer aus. Wenn dagegen die Willenserklärung I vom Verkäufer ausgeht, so ist das Angebot des Verkäufers der Antrag und die Bestellung des Käufers die Annahme. Der Vertrag ist rechtsgültig, und die Verpflichtung ist von beiden Seiten übernommen worden. Das Erfüllungsgeschäft bleibt aber immer gleich, unabhängig davon, ob der Antrag vom Käufer oder vom Verkäufer ausgeht.

2.3.3 Inhalt des Kaufvertrages

Geht der Antrag vom Verkäufer aus, also macht er dem Käufer ein Angebot, so ist der Verkäufer grundsätzlich an dieses Angebot rechtlich gebunden.
Eine Bindung dieser Art kann er allerdings verhindern, wenn er das Angebot mit sogenannten „Freizeichnungsklauseln" versieht (z. B. das Angebot ist „unverbindlich", „ohne Gewähr", „solange Vorrat reicht" usw.). Auch ist er an sein Angebot nicht mehr gebunden, wenn die zweite Willenserklärung, also die Annahme, nicht fristgerecht erfolgt. Bei mündlichen Angeboten ist fristgerecht nur die sofortige Annahme, bei schriftlichen Angeboten die unter Berücksichtigung der Beförderungsdauer schnellstmögliche Annahme (ca. 1 Woche). Auch ist der Verkäufer nicht mehr an sein Angebot gebunden, wenn die Bestellung vom Angebot abweicht.
Das Angebot des Sägewerks über Eichenholz ist nicht mehr bindend, wenn der Käufer in seiner Bestellung Fichtenholz bestellt. Diese Bestellung stellt dann einen neuen Antrag dar. Auch ist der Verkäufer an sein Angebot nicht mehr gebunden, wenn er sein Angebot rechtzeitig widerruft, d. h. spätestens gleichzeitig mit dem Zugang des Angebots beim Angebotsempfänger.

Wenn Sie sich näher mit diesem Thema beschäftigen wollen, schauen Sie sich die Methodenseite „Arbeiten mit Gesetzestexten" (Seite 204) an.

Vgl. hierzu § 145 ff. und § 241 ff. BGB.

2 Grundlagen des Vertragsrechts

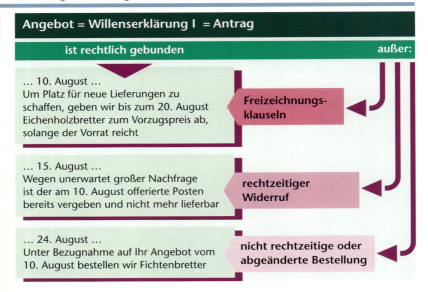

Zahlen – ganz bequem!!

1. Per Nachnahme
Wir übernehmen die Nachnahmegebühr. Mit Geld-zurück-Garantie, falls Sie die Ware nicht behalten wollen.

2. Auf Rechnung
Sie überweisen den Rechnungsbetrag nach Erhalt der Ware mit dem vorbereiteten Überweisungsträger.

3. Per Bankeinzug
Sie teilen uns bei der Bestellung Ihre Bank, Ihre Konto-Nummer und Ihre Bankleitzahl mit. Nach Lieferung der Ware ziehen wir den Rechnungsbetrag von Ihrem Konto ein. Dafür erstatten wir Ihnen eine Buchungsgebühr von 0,20 €. Sollte es erforderlich sein, diesen Betrag von Ihnen zurückzufordern, ist dies ohne Angabe von Gründen 6 Wochen lang möglich.

Das Rabattgesetz wurde abgeschafft. Rabatte unterliegen jetzt keiner Beschränkung mehr.

Obwohl der Kaufvertrag grundsätzlich auch mündlich abgeschlossen werden kann, ist es unter Kaufleuten üblich, Angebote schriftlich zu machen, um den Inhalt der Willenserklärung eindeutig zu erklären. Folgende Punkte sollten dabei in einem ausführlichen Angebot, der Grundlage eines Kaufvertrages, enthalten sein:

1. **Art, Güte und Beschaffenheit der Ware**
   z. B. Holzregale, farblos lackiertes Fichtenholz, 220 cm×100 cm×30 cm.

2. **Menge**
   Es muss beispielsweise eine Mindestmenge abgenommen werden, oder es wird nur eine Höchstmenge von z. B. zwei Regalen angeboten.

3. **Preis**
   Hier wird in der Regel der Nettopreis plus MwSt. angegeben, z. B. der Preis pro Regal mit Halteklammern, Regalbrettern und Bretthalterungen (180,00 €) plus 19 % MwSt. (34,20 €).

4. **Zahlungsbedingungen**
   Hierunter fallen Preisnachlässe wie Rabatte und Skonti.
   Rabatt kann man gewähren als:
   - Mengenrabatt (für die Abnahme größerer Mengen)
   - Wiederverkäuferrabatt (zwischen Hersteller und Großhändler oder zwischen Großhändler und Einzelhändler)
   - Treuerabatt (für langjährige Kunden)
   - Sonderrabatt (z. B. für Mitarbeiter)

   Skonto gewährt man für sofortige Bezahlung, z. B. 3 % Skonto bei Zahlung innerhalb von 8 Tagen.

   Weiter kann der Zahlungszeitpunkt vereinbart werden:
   - Vorauszahlung
   - Zahlung Zug um Zug
   - Zahlung auf Ziel (z. B. „30 Tage netto Kasse")

5. Lieferbedingungen

Hier geht es um die Frage, wer von den Vertragspartnern die Kosten des Warentransports tragen soll. Gesetzlich hat die Kosten der Abnahme und der Versendung der Ware ab Versandbahnhof der Käufer zu tragen (§ 448 BGB). Diese Regelung heißt kaufmännisch „unfrei". Abweichend davon kann vertraglich vereinbart werden:

- ■ **„ab Werk"**, d. h., der Käufer trägt alle Beförderungskosten ab Werk (Rollgeld, Beladekosten, Transportkosten, Rollgeld am Bestimmungsort).
- ■ **„frei"**, d. h., der Verkäufer zahlt Transport bis zum Bahnhof am Bestimmungsort.
- ■ **„frei Haus"**, d. h., der Verkäufer trägt alle Beförderungskosten bis zum Käufer.

Die Verpackungskosten für die Versandverpackung trägt gesetzlich auch der Käufer (z. B. „Preis netto ausschließlich Verpackung" entspricht § 448 BGB). Abweichend davon kann aber auch hier vertraglich etwas anderes vereinbart werden, z. B. „Preis netto einschließlich Versandverpackung".

Wenn kein fester Zeitpunkt oder ein späterer Termin vereinbart ist, muss der Lieferer umgehend liefern.

„ab Werk"

„frei Haus"

6. Erfüllungsort

Dies ist der Ort, an dem die Schuldner jeweils ihre Verpflichtung erfüllen sollen. Durch rechtzeitige und mangelfreie Lieferung wird der Schuldner an diesem Ort von seiner vertraglichen Verpflichtung befreit. Beim Kaufvertrag ist nun jeder Beteiligte einerseits Gläubiger und andererseits Schuldner. Der Verkäufer ist Warenschuldner und Geldgläubiger, der Käufer ist Geldschuldner und Warengläubiger. Der gesetzliche Erfüllungsort für den Warenschuldner ist dessen Geschäftssitz. Er muss dort die Ware losschicken, dann hat er erfüllt, und das Risiko geht auf den Käufer über.

2 Grundlagen des Vertragsrechts

Gesetzlicher Erfüllungsort für die Geldschuld ist entsprechend der Wohn- oder Geschäftssitz des Geldschuldners. Hier muss er das Geld einzahlen oder überweisen, dann hat er erfüllt.

Abweichend hiervon kann aber auch etwas anderes vereinbart werden (z. B. Erfüllungsort für beide Vertragspartner ist der Wohnsitz des Verkäufers). Solche Vereinbarungen über den Erfüllungsort bezeichnet man als **vertraglichen Erfüllungsort**.

7. Gerichtsstand

Der gesetzliche Gerichtsstand liegt am Ort des Beklagten. Für Streitigkeiten wegen der Zahlung ist also das Gericht am Wohnort des Geldschuldners zuständig, bei Streitigkeiten wegen der Warenlieferung ist hingegen das Gericht am Wohnort des Warenschuldners örtlich zuständig. Auch hier kann unter Kaufleuten vertraglich etwas anderes vereinbart werden, z. B. dass für beide Teile der Gerichtsstand am Ort des Verkäufers oder Käufers liegen soll **(vertraglicher Gerichtsstand)**.

Unter Kaufleuten genügt auch bereits die Vereinbarung des Erfüllungsortes zur gleichzeitigen Festlegung des Gerichtsstandes. In diesem Falle ist das Gericht am Erfüllungsort zuständig.

Auch die VOB (Verdingungsordnung für Bauleistungen) gilt als „allgemeine Geschäftsbedingung".

8. Allgemeine Geschäftsbedingungen

Die meisten Kaufverträge werden mündlich abgeschlossen, z. B. Kauf einer Zeitung, einer Fahrkarte, einer Cola, einer Jeans usw. Gibt es Probleme (z. B. ist die Seitennaht einer Jeans nicht genäht), so richten sich Fragen der Ersatzlieferung, Reklamation usw. nach dem BGB. Auch bei schriftlichen Verträgen reicht für Streitfälle das BGB aus. Soll ein Kaufvertrag in Zweifelsfällen anders ausgelegt werden, so werden häufig „**allgemeine Geschäftsbedingungen**" dem Vertrag zugrunde gelegt. Sie bilden die Grundlagen für eine Vielzahl vorformulierter Vertragsbedingungen und beziehen sich auf das frühere **AGB-Gesetz**, das jetzt vollständig in das BGB §§ 305 ff. übernommen wurde. Dieses hat das Ziel, dass in die allgemeinen Geschäftsbedingungen („**Kleingedrucktes**")[1] keine Punkte aufgenommen werden, die den Käufer unwissentlich schädigen. Die allgemeinen Geschäftsbedingungen müssen deshalb immer vom Käufer gelesen werden.

So wurden z. B. in den „Allgemeinen Geschäftsbedingungen für das Holz und Kunststoff verarbeitende Handwerk" folgende Punkte geregelt:

- Auftragsbestätigung
- Bauleistungen
- Leistungen und Lieferungen, außer Bauleistungen, einschließlich Verzögerung, Vergütung, Mängelentstehung
- Bedingungen für alle Leistungen und Lieferungen einschließlich Vergütung, Eigentumsvorbehalt, Kostenvoranschlag, Entwürfe, Zeichnungen, Gerichtsstand, Rechtsgültigkeit

---

[1] Auch behinderte Kunden müssen in die Lage versetzt werden, von den Geschäftsbedingungen des Verkäufers Kenntnis nehmen zu können – „im Einzelfall durch Übergabe in elektronischer oder akustischer Form oder auch in Braille-Schrift" (Blindenschrift).

2.3.4 Besitz und Eigentum

Vielfach werden Eigentum und Besitz gleichermaßen verwendet, obwohl rechtlich zwischen beiden Begriffen ein großer Unterschied besteht.

Eigentum ist die rechtliche Herrschaft über eine Sache, d. h. der Eigentümer kann nach Belieben mit einer Sache umgehen, soweit nicht andere Rechte verletzt werden.

Besitz ist die tatsächliche Herrschaft über eine Sache, d. h. eine Person verfügt über eine Sache, die ihm nicht unbedingt gehören muss. So ist z. B. der Dieb einer Stereo-Anlage der Besitzer, kann aber nie der Eigentümer werden.

Beim Kauf einer Stereo-Anlage wird der Käufer Eigentümer und Besitzer durch vertragliche Einigung und Übergabe.

Als Sonderform der Eigentumsübertragung gilt der **Eigentumsvorbehalt**. Da viele Käufe nicht sofort bezahlt werden, behält sich der Käufer das Eigentum z. B. an der Stereo-Anlage so lange vor, bis der Kaufpreis vollständig bezahlt worden ist. Hier fallen beim Kauf Besitz- und Eigentumsübertragung auseinander. Sollte der Käufer mit der Zahlung in Verzug kommen, so ist der Verkäufer zum Rücktritt vom Vertrag berechtigt. Der Eigentumsvorbehalt muss ausdrücklich vereinbart werden.

Klären Sie die Begriffe „Besitz" und „Eigentum" anhand dieser Bilder.

2 Grundlagen des Vertragsrechts

Überblick

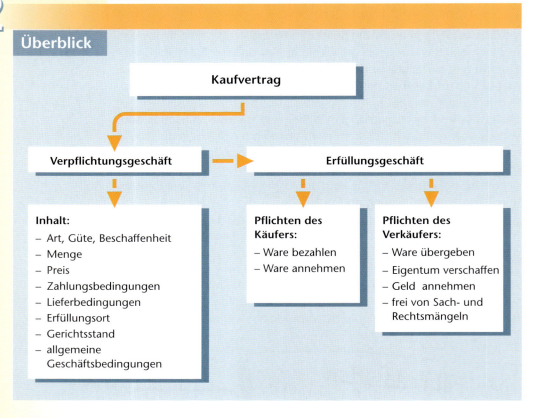

Aufgaben zur Wiederholung und Vertiefung

Inhaltsbezug Seite

1. Aus welchen Rechtsgeschäften besteht jeder Kaufvertrag? Erklären Sie die beiden Rechtsgeschäfte. — 72-75
2. Inwieweit ist ein Anbieter an sein Angebot gebunden? — 72-74
3. Welche Punkte sollte jedes ausführliche Angebot enthalten? — 76-78
4. Welche Rabattarten kennen Sie? — 76
5. Welche Zahlungszeitpunkte gibt es? — 76
6. Was bedeuten die Vereinbarungen „ab Werk", „frei", „frei Haus"? — 77
7. Erarbeiten Sie die Unterschiede zwischen
   a) gesetzlichem und vertraglichem Erfüllungsort,
   b) gesetzlichem und vertraglichem Gerichtsstand. — 77-78
8. Welche Bedeutung haben die „allgemeinen Geschäftsbedingungen" in einem Kaufvertrag? — 78
9. Grenzen Sie Eigentum und Besitz voneinander ab. — 79

2.4 Leistungsstörungen

Am 1.1.2002 wurde das BGB in wichtigen Teilen des Schuldrechts speziell im Kaufrecht neu formuliert. Grund dafür war neben der Umsetzung der EG-Verbrauchsgüter-Kaufrichtlinie in deutsches Recht die Einarbeitung von richterlichen Urteilen und verschiedenen Sondergesetzen.

2.4.1 Leistungspflicht

Jeder Schuldner muss nach dem Abschluss eines Verpflichtungsgeschäftes seine Leistungen erfüllen. „Durch den Kaufvertrag wird der Verkäufer einer Sache verpflichtet, dem Käufer die Sache zu übergeben und das Eigentum an der Sache zu verschaffen. Der Verkäufer hat dem Käufer die Sache frei von Sach- und Rechtsmängeln zu verschaffen" (§ 433 BGB). Die **Lieferung der mängelfreien Sache** wird ausdrücklich im Gesetz erwähnt.
„Der Käufer ist verpflichtet, dem Verkäufer den vereinbarten Kaufpreis zu zahlen und die gekaufte Sache abzunehmen" (§ 433 BGB).
Diese Leistungspflicht entfällt nur dann, wenn eine objektive oder subjektive Unmöglichkeit eintritt.

- **Objektive Unmöglichkeit** bedeutet, die Leistung kann von niemandem erbracht werden. Dies ist der Fall, wenn die Kaufsache nicht mehr vorhanden ist (z. B. durch Zerstörung: der verkaufte Pkw brennt aus; § 275 BGB).
- **Subjektive Unmöglichkeit** bedeutet, dass nur der Schuldner selbst die Leistung nicht erbringen kann, ein anderer könnte es aber tun (z. B. der Arbeitnehmer hat 3 Arbeitsverträge für den gleichen Zeitraum abgeschlossen; § 275 BGB).

Ausnahme: Bei Geldschulden gibt es keinen Ausschluss der Leistungspflicht. Hier gilt der Grundsatz „Geld hat man zu haben".

2.4.2 Mangel der Kaufsache

a) Voraussetzungen

Mängel an einer Kaufsache können Sach- und Rechtsmängel sein. Während ein **Rechtsmangel** (§ 435 BGB) ein Anspruch eines Dritten (z. B. das bestehende Eigentum eines Dritten) sein kann, liegt ein **Sachmangel** (§ 434 BGB) dann vor, wenn die Kaufsache nicht die vertragsgemäße Beschaffenheit und Qualität aufweist. Fehlt eine ausdrückliche Vereinbarung, wird im neuen Kaufrecht wesentlich stärker berücksichtigt, was der Käufer erwarten kann:

- **Verwendung**
  Die nach dem Vertrag
  - vereinbarte oder
  - von den Vertragsparteien vorausgesetzte oder
  - vorausgesetzte „Eignung zur gewöhnlichen"

  Verwendung muss das Produkt erfüllen, die richtige Beschaffenheit, Ausstattung und Qualität aufweisen, die bei Waren gleicher Art üblich ist und die der Käufer erwarten kann.

„Also absolut mängelfrei ... gut zu wissen."

Die Verbraucher können auch bei Auktionen im Internet auf ihre Schutzrechte pochen. Verkäufer dürfen bekannte Mängel der versteigerten Gegenstände nicht verschweigen.
So sind beispielsweise die Zahl der Vorbesitzer sowie mögliche Defekte und Schäden in der Beschreibung genau aufzulisten. Werden die Fehler präzise definiert, entfällt für die genannten Mängel auch die Gewähr des Verkäufers.

2 Grundlagen des Vertragsrechts

Beispiele:

- **Vereinbarte Beschaffenheit**: Wenn die Vertragsparteien ausdrücklich vereinbaren, dass die gekaufte Software für einen bestimmten Computer geeignet ist und es sich dann herausstellt, dass das nicht der Fall ist, dann fehlt es an der vereinbarten Beschaffenheit.
- **Von den Parteien vorausgesetzte Beschaffenheit**: Bei Lebensmitteln mit Mindesthaltbarkeitsdatum gehen Käufer und Verkäufer davon aus, dass ein Verderb vor dem Datum nicht stattfindet.
- **Eignung zur gewöhnlichen Verwendung:** Farbe für den Außenbereich, die beim ersten Regen abgewaschen wird, hat keine Eignung zur gewöhnlichen Verwendung.

- **Werbung**

Die Erwartung des Käufers an das Produkt wird geprägt durch „öffentliche Äußerungen des Verkäufers, des Herstellers oder seines Gehilfen, insbesondere in der Werbung", und durch die Kennzeichnung der Ware. Damit kann der Käufer die in der Werbung genannten Aussagen über ein Produkt beanspruchen. Sind diese entgegen der Werbeaussage nicht vorhanden, liegt ein Mangel an der Kaufsache vor.

Beispiel: Wirbt ein Autohersteller mit einem Verbrauch von 3 Litern Diesel pro 100 km, so liegt bei grundsätzlich höherem Verbrauch ein Mangel vor.

- **Montageanleitung und Montage**

Ist eine **Montageanleitung** fehlerhaft und damit die Montage vom Käufer falsch ausgeführt worden, so liegt ein Sachmangel vor. Erfasst wird die Beschädigung, die durch die Montage eintritt.

Beispiel: Ein Schrank wird aufgrund unklarer oder unrichtiger Beschreibung vom Käufer falsch zusammengebaut und dadurch beschädigt.

Ein Sachmangel aufgrund von Montagemängeln ist gegeben, wenn der Verkäufer vertraglich die **Montage** übernommen hat und diese dann mangelhaft durchführt.

Beispiel: Der falsche Anschluss einer Heizungsanlage, der die Elektronik der Heizung beschädigt.

- **Falschlieferung und Zuweniglieferung**

Eine Zuweniglieferung (Minderlieferung) führt zum Nacherfüllungsanspruch gegenüber dem Verkäufer ebenso wie die Lieferung falscher Ware.

- Die Falschlieferung stellt begrifflich keinen Sachmangel dar, wird ihm aber gleichgestellt und rechtlich genau so behandelt (§ 434 BGB).
  Beispiel: Die Gärtnerei liefert statt der bestellten Buche eine Eiche.
- Auch die Zuweniglieferung wird rechtlich wie ein Sachmangel behandelt. Hier besteht grundsätzlich auch ein Nacherfüllungsanspruch nach § 437 BGB.
  Beispiel: Nachlieferung der fehlenden Menge von Parkettfußboden

2.4 Leistungsstörungen

- **unerhebliche Mängel**
  Die Sachmängelhaftung tritt auch bei unerheblichen Mängeln ein. Ein Rücktritt vom Vertrag ist in diesem Fall jedoch ausgeschlossen.
  Beispiel: Es fehlt ein Griff am neu gelieferten Schrank. Es besteht ein Anspruch auf Nachlieferung und Einbau des fehlenden Griffs. Ein Rücktritt vom Vertrag ist nicht möglich.

b) Ansprüche und Rechte des Käufers bei Mängeln (§ 437 BGB)

Aus der mangelhaften Lieferung kann der Käufer folgende Rechte ableiten:

- **Nacherfüllung als Nachbesserung oder Ersatzlieferung (§§ 437, 439 BGB)**

  Wenn ein mangelhaftes Produkt vom Verkäufer geliefert wird, so steht dem Käufer zunächst nur der **Nacherfüllungsanspruch** zu. Dieser kann entweder in der Beseitigung von Fehlern oder einer erneuten Lieferung einer mangelfreien Ware bestehen. Der Käufer hat dabei das Wahlrecht zwischen Nachbesserung und Ersatzlieferung. Erst wenn sie fehlschlugen oder zu Recht bzw. zu Unrecht verweigert wurden, kommen Rücktritt und/oder Schadenersatz oder Minderung in Betracht. Als fehlgeschlagen gilt eine Nachbesserung erst nach dem zweiten Versuch.
  Beispiel: Nach Lieferung eines Schlafzimmerschrankes mit Schiebetüren stellt der Käufer fest, dass die Schiebetüren nicht richtig „laufen".
  Nach erfolgloser zweiter Reparatur hat der Käufer die Auswahl zwischen folgenden Möglichkeiten:

- **Rücktritt und Schadenersatz (§§ 437, 440, 323 BGB)**
  „Erbringt bei einem gegenseitigen Vertrag der Schuldner eine fällige Leistung nicht oder nicht vertragsgemäß, so kann der Gläubiger, wenn er dem Schuldner erfolglos eine angemessene Frist zur Leistung oder Nacherfüllung bestimmt hat, vom Vertrag zurücktreten"(§ 323 BGB). Das bedeutet, dass beide Parteien beim **Rücktritt** wechselseitig die bereits empfangenen Leistungen zurückgeben müssen. Neben dem Rücktrittsrecht hat der Käufer zusätzlich Anspruch auf Schadenersatz.
  Beispiel: Der Käufer kann den mangelhaften und nicht nachzubessernden Schrank zurückgeben und den bezahlten Betrag zurückverlangen. Ist ihm in dieser Zeit ein zusätzlicher Aufwand entstanden, kann er in dieser Höhe Schadenersatz verlangen. Der Käufer kann aber auch hier Schadenersatz für den bestehenden Mangel und eventuell aufgetretene Mangelfolgeschäden verlangen.
  Beispiel: Die mangelhafte Waschmaschine führt zu einem Wasserschaden.

- **Minderung (§ 441 BGB)**
  Statt zurückzutreten, kann der Käufer den Kaufpreis durch Erklärung gegenüber dem Verkäufer mindern. Die Minderung muss im angemessenen Verhältnis zum Kaufpreis stehen.

Minderung

... Sie haben mir am 1. Juni 20.. den bestellten Schrank zum Preis von 1.550 Euro geliefert. Leider musste ich folgenden Mangel feststellen: Ein Seitenteil des Schrankes ist stark verkratzt. Trotz zwei Versuchen Ihrer Werkstatt konnte der Schaden nicht beseitigt werden.
Ich verlange nunmehr eine Minderung des Kaufpreises auf 1.200 Euro.

Mit freundlichen Grüßen

2 Grundlagen des Vertragsrechts

2.4.3 Lieferungsverzug (Nicht-rechtzeitig-Lieferung)

a) Voraussetzungen

Bei Nicht-rechtzeitig-Lieferung gerät der Schuldner in Verzug, wenn
- die Lieferung fällig ist, d. h., wenn der Liefertermin feststeht.
- er trotz einer Mahnung, die nach dem Eintritt der Fälligkeit erfolgt, nicht seine Leistung erbringt,
- der Schuldner die nicht rechtzeitig gelieferte Leistung verschuldet hat.

b) Ansprüche und Rechte der Käufer bei Lieferungsverzug

Aus dem Lieferverzug kann der Käufer folgende Rechte ableiten:
- ohne Fristsetzung
  - kann er Erfüllung verlangen (Verpflichtungsgeschäft) und
  - evtl. Schadenersatz für entgangenen Gewinn und Anwaltskosten.
- mit angemessener Nachfrist und Ablehnungsandrohung
  - kann der Schuldner vom Vertrag zurücktreten, wenn z. B. die Ware bei einem anderen Lieferanten günstiger ist oder
  - Schadenersatz wegen Nichterfüllung verlangen, wenn z. B. bei einem teureren Lieferanten, der schneller liefern kann, bestellt wird (Preisdifferenz als Schaden), oder
  - Schadenersatz wegen vergeblicher Aufwendungen[1].

2.4.4 Zahlungsverzug

a) Voraussetzungen

Die Nicht-rechtzeitig-Zahlung führt zum Zahlungsverzug, wenn
- das Überschreiten eines kalendermäßig bestimmten Fälligkeitstermins ohne Mahnung zum Zahlungsverzug führt,
- kein kalendermäßiger Termin festgelegt ist; dann kommt der Schuldner 30 Tage nach Fälligkeit und Zugang der Rechnung in Verzug.

b) Ansprüche und Rechte des Gläubigers beim Zahlungsverzug

Aus dem Zahlungsverzug kann der Gläubiger folgende Rechte ableiten:
- Der Käufer ist verpflichtet, dem Verkäufer den Kaufpreis zu zahlen.
- Kommt er dieser Pflicht nicht nach,
  - muss ein möglicher Verzögerungsschaden[2] ersetzt werden;
  - kann der Gläubiger bei abgelaufener Nachfrist auch vom Vertrag zurücktreten und/oder Schadenersatz verlangen.

2.4.5 Annahmeverzug

a) Voraussetzungen

Ein Annahmeverzug liegt vor, wenn eine ordnungsgemäß angebotene Leistung nicht angenommen wird.

b) Ansprüche und Rechte des Verkäufers

Aus dem Annahmeverzug lassen sich folgende Rechte ableiten:
- Der Verkäufer muss die Ware auf Kosten und Gefahr des Käufers lagern.
- Unter Fristsetzung zur Abnahme und der Androhung eines Selbsthilfeverkaufs kann der Verkäufer die Ware in Form einer öffentlichen Versteigerung oder eines freihändigen Verkaufs anbieten. Ort, Zeitpunkt und Ergebnis müssen dem Käufer mitgeteilt werden.

---

1) Beispiel: Im Vertrauen auf die Lieferung einer CNC-gesteuerten Maschine wurde ein Mitarbeiter in der CNC-Software fortgebildet. Die Maschine wurde nicht geliefert. Die Fortbildungskosten sind als Schaden zu sehen.

2) Beispiel: Handwerker muss wegen verzögerter Zahlung einen Kredit aufnehmen. Die Verzugszinsen können in Rechnung gestellt werden, beim Verbraucher 5 Prozentpunkte, bei allen übrigen 8 Prozentpunkte über dem Basiszinssatz der Europäischen Zentralbank.

2.4 Leistungsstörungen

Überblick

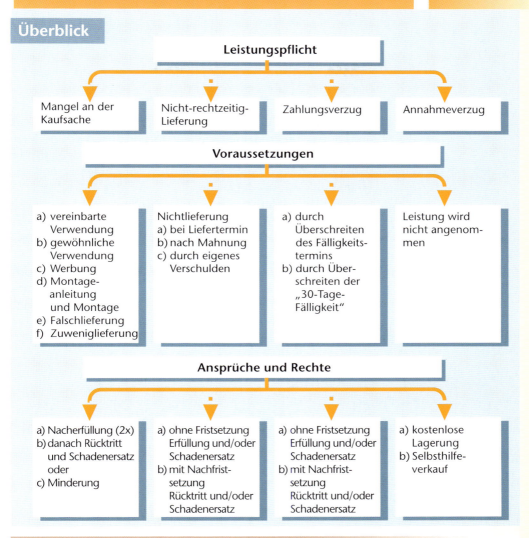

Aufgaben zur Wiederholung und Vertiefung

Inhaltsbezug Seite

1. Was wird unter „Leistungspflicht" verstanden? — 81
2. Grenzen Sie Rechts- und Sachmängel voneinander ab. — 81
3. Welcher Mangel an der Kaufsache liegt in folgenden Fällen vor, und welche Rechte haben Sie? — 81–84
   a) Sie kaufen einen Computer und stellen beim Auspacken fest, dass kein CD-Laufwerk eingebaut ist. Im Vertrag war darüber nichts vereinbart.
   b) In der Zeitung wird überregional für einen Videorecorder für 99 € geworben. Sie wollen genau dieses Gerät im Geschäft kaufen, dort wird er aber für 125 € angeboten. Wie ist die Rechtslage?
   c) Sie kaufen ein Modellflugzeug zum Zusammenbauen. Die Montageanleitung ist fehlerhaft. Aus diesem Grund unterläuft Ihnen beim Zusammenbau ein Fehler, der zur Beschädigung des Modellflugzeugs führt. Welche Rechte haben Sie?

2.5 Verjährung

Wenn der Käufer einer Ware oder einer Leistung Mängel entdeckt, dann kann er nach dem Gesetz bestimmte Rechte gegenüber dem Verkäufer oder dem Hersteller der Ware geltend machen. Diese Kundenansprüche können aber aus Gründen der Rechtssicherheit nicht unbefristet gelten, sie unterliegen der Verjährung.

Das gesamte Verjährungsrecht ist mit der Schuldrechtsreform neu geregelt worden. Im BGB gibt es jetzt eine generelle Regelung der Verjährungsfristen. **Die regelmäßige Verjährungsfrist beträgt jetzt grundsätzlich 3 Jahre.** Die regelmäßige Verjährungsfrist beginnt mit dem Schluss des Jahres, in dem der Anspruch entstanden ist und der Gläubiger Kenntnis von seinem Anspruch erlangt hat (§ 199 BGB).

Ansprüche gelten als verjährt, wenn der Vertragspartner seine Ansprüche gegenüber dem anderen Vertragspartner wegen des Ablaufs eines bestimmten Zeitraums nicht mehr durchsetzen kann **(Einrede der Verjährung)**.

Ausnahmen von Verjährungsbeginn am Jahresschluss gibt es nur noch bei rechtskräftig festgestellten Ansprüchen, bei Kauf- und Werkverträgen. Vor Gericht wird der Eintritt der Verjährung aber nur dann geprüft und berücksichtigt, wenn sich der Vertragspartner ausdrücklich auf die Verjährung beruft. Man nennt das „die Einrede der Verjährung erheben".

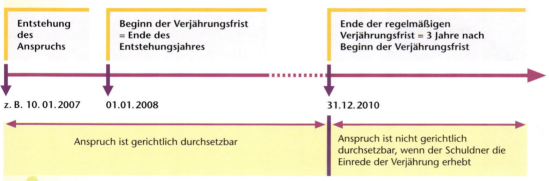

Bewahren Sie Kaufbelege und Garantieunterlagen, aber auch Werbeprospekte und Angaben von den Verpackungen auf. So können Sie nachweisen, wie lange der Händler für die Qualität seiner Produkte haftet und ob er seine Werbeversprechen hält oder nicht.

Beweislast

Im neuen Schuldrecht ist die Beweislast jetzt zugunsten des Verbrauchers umgekehrt worden. Es gilt die Vermutung, dass eine Sache bereits bei der Übergabe mangelhaft war, wenn sich ein Mangel binnen 6 Monaten nach Gefahrübergang (= Eintreffen beim oder Übergabe an den Käufer) zeigt. In diesem Fall muss der Verkäufer beweisen, dass die Sache entgegen der Vermutung tatsächlich mangelfrei war.

Beispiel: Ein privater Hausbesitzer kauft Heizöl ein. Nach 5 Monaten kommt es zu einer Heizstörung. Es wird vermutet, dass das Heizöl die Ursache ist. Der Heizölhändler muss in den ersten 6 Monaten den Nachweis antreten, dass dies nicht am Heizöl lag. Erst danach muss der Käufer nachweisen, dass das Heizöl der Grund für die Störung war.

Verjährungsfristen

Je nach Art des Anspruchs gelten unterschiedlich lange Verjährungsfristen, die im BGB festgehalten sind:

Verjährungsdauer	Anspruchsarten	Beginn der Verjährung	BGB
30 Jahre	▸ Herausgabeansprüche aus Eigentum und anderen dinglichen Rechten ▸ familien- und erbrechtliche Ansprüche ▸ rechtskräftig festgestellte Ansprüche ▸ Ansprüche aus vollstreckbaren Vergleichen oder vollstreckbaren Urkunden ▸ Ansprüche, die durch die im Insolvenzverfahren erfolgte Feststellung vollstreckbar geworden sind ▸ Grundbuchrechte	Tag der Anspruchsentstehung	§ 197
10 Jahre	▸ Ansprüche auf Übertragung des Eigentums an einem Grundstück	Tag der Anspruchsentstehung, Fälligkeit	§ 196
5 Jahre	▸ Gewährleistungsansprüche für Mängel an einem Bauwerk	Abnahme des Bauwerks	§ 634a § 438
3 Jahre	▸ regelmäßig wiederkehrende Leistungen (**regelmäßige Verjährungsfrist**) ▸ Gewährleistungsansprüche aus Werkverträgen, die weder Herstellung, Wartung oder Veränderung einer Sache zum Inhalt haben noch ein Bauwerk betreffen	mit dem Ende des Jahres, in dem der Anspruch entsteht und der Gläubiger Kenntnis von dem Bestehen seines Anspruchs hat	§ 199 § 634a
2 Jahre	▸ kauf- und werkvertragliche Gewährleistungsansprüche auf alle neuen und gebrauchten Waren sowie Reparaturen	bei Lieferung bzw. Abnahme	§ 438 für Kaufverträge § 634a für Werkverträge

Die oben genannten Verjährungsregelungen können in begrenztem, genau festgelegtem Rahmen durch AGBs oder einzelvertragliche Regelungen verändert werden.

	Gesetzliche Gewährleistungspflicht	Durch das AGB abänderbar	Durch Individualisierung abänderbar
Verkauf neuer Ware an den Verbraucher	2 Jahre	Nein	Nein
Verkauf gebrauchter Ware an den Verbraucher	2 Jahre	Ja, auf 1 Jahr	Ja, auf 1 Jahr

Rechte im Internet

Gewerbliche Händler
müssen auch im Internet zwei Jahre für ihre Waren einstehen (neu und gebraucht), die sie dort gegen Höchstgebot versteigern. Sie können die Gewährleistung für gebrauchte Waren auf ein Jahr reduzieren.

Private Verkäufer
könnten im Internet grundsätzlich die gesetzlich vorgeschriebene Gewährleistung von zwei Jahren für ihre Ware ausschließen. Darauf muss allerdings durch die Formulierung im Angebot „Jegliche Gewähr ausgeschlossen" hingewiesen werden. Fehlt dieser Zusatz, muss auch der private Online-Verkäufer zwei Jahre lang für die Mängelfreiheit der Ware gerade stehen.

2 Grundlagen des Vertragsrechts

2.5.1 Neubeginn der Verjährung

Neubeginn einer Verjährungsfrist bedeutet, dass die Frist der Verjährung von neuem zu laufen beginnt (§ 212 BGB).

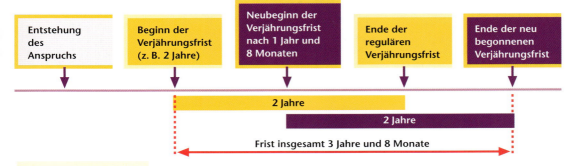

Neubeginn der Verjährung (§ 212 BGB)

Vergleichbar mit einer Stoppuhr, die nach einiger Zeit gestoppt wird und wieder auf Null gestellt wird.
Die Verjährungszeit beginnt dann wieder von vorne.

Der Neubeginn kann sowohl vom Gläubiger als auch vom Schuldner bewirkt werden:

Neubeginn der Verjährung	
durch den Gläubiger verursacht	**durch den Schuldner verursacht**
Beantragung oder Vorwegnahme einer gerichtlichen oder behördlichen Vollstreckungshandlung	Anerkenntnis durch den Schuldner, z. B. durch ■ Abschlagszahlung ■ Zinszahlung ■ Sicherheitsleistungen ■ Stundungsbitte

Beispiel zum Neubeginn einer Verjährung:

Steinmetz Kuhlmann hat einem Kunden für den Verkauf eines Brunnens eine Rechnung über 5.000 € zugeschickt, zahlbar innerhalb von 8 Tagen nach Rechnungserhalt. Die Rechnung geht am 19.11.2006 ein. Der Kunde leistet nach Mahnung am 19.06.2007 eine Teilzahlung in Höhe von 1.000 €.

2.5 Verjährung

Lösung zu S. 88:
Anspruch: auf Zahlung des Kaufpreises von 5.000 €;
Verjährung: 3 Jahre (§ 199 BGB)
Fälligkeit des Anspruchs: 27.11.2006
Beginn der Verjährung: 01.01.2007
Eintritt der regulären Verjährung: 01.01.2010
aber:
Neubeginn der Verjährung: 20.06.2007 (wegen Teilzahlung)
Eintritt der neubegonnenen Verjährung: 20.06.2010

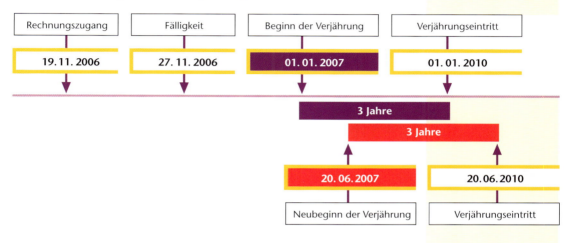

Der Neubeginn im Rahmen der Verjährung ist jedoch die Ausnahme, die Hemmung ist der Regelfall.

2.5.2 Hemmung der Verjährung

Wird die Verjährungsfrist gehemmt, so setzt der Ablauf der Frist während dieser Zeit aus, d.h., die Verjährungsfrist verlängert sich um die Dauer der Hemmung (§§ 203 ff. BGB).

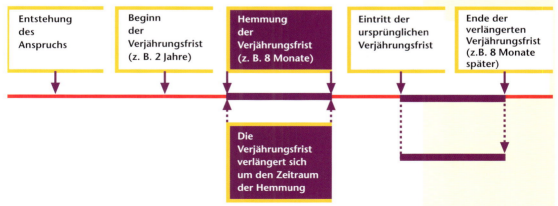

Bei der Hemmung der Verjährung wird der Lauf der Verjährung angehalten. Fällt der hemmende Umstand weg, läuft die Verjährung an dem Punkt weiter, an dem sie gehemmt worden ist.

2 Grundlagen des Vertragsrechts

Hemmung (§ 209 BGB)
Vergleichbar mit einer Stoppuhr, die angehalten wird. Sobald man erneut auf den Knopf drückt, läuft die Uhr an der Stelle weiter, wo sie gestoppt wurde.

Hemmung der Verjährung

durch den Gläubiger verursacht	durch den Schuldner verursacht
■ Klageerhebung ■ Zustellung des Mahnbescheides	■ Leistungsverweigerungsrecht des Schuldners

durch Gläubiger oder Schuldner

- Verhandlungen über den Anspruch
- Anrufung einer Gütestelle, z. B. der Handwerkskammer
- Verfahren zur Erstellung einer Fertigstellungsbescheinigung
- Antrag auf Durchführung eines Beweisverfahrens
- Antrag auf einstweilige Verfügung

Eine Verjährung tritt frühestens 3 Monate nach Ende der Hemmung ein.

Beispiel:
Ein Handwerker hat an seinen Kunden eine Geldforderung in Höhe von 5 000 €, fällig am 19.11.2006. Der Kunde zahlt nicht. Am 02.02.2007 treten die Vertragspartner in Verhandlungen über die Forderung ein, die nach einem Monat ergebnislos abgebrochen werden.

Lösung:
Anspruch: Zahlung des Kaufpreises
Verjährungsfrist: 3 Jahre
Fälligkeit des Anspruchs: 19.11.2006
Beginn der Verjährung: 01.01.2007
Hemmung durch Verhandlung, Hemmungszeit: 1 Monat
Eintritt der verlängerten Verjährung: 01.02.2010

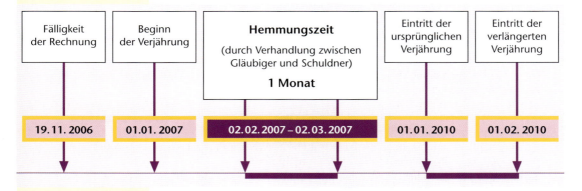

2.5 Verjährung

Überblick

Verjährung
(regelmäßige Verjährungsfrist 3 Jahre)

Die wichtigsten Fristen:

30 Jahre:	■ Ansprüche aus vollstreckbaren Vergleichen und Urkunden ■ rechtskräftig festgestellte Forderungen (z. B. Unterhalts- forderungen, Urteile) ■ dingliche und Grundbuchrechte
10 Jahre:	Eigentumsübertragungsrechte an Grundstücken
5 Jahre:	■ Mängelansprüche bei Bauwerken ■ Gewährleistungsansprüche aus Kaufverträgen über Sachen, die für ein Bauwerk verwendet wurden
3 Jahre:	**regelmäßige Verjährungsfrist**
2 Jahre:	kauf- und werkvertragliche Gewährleistungsansprüche

Neubeginn:
Die Frist der Verjährung
beginnt von neuem zu laufen

Hemmung:
Die Frist der Verjährung setzt während der Hemmung
aus und verlängert sich um die Dauer der Hemmung

Aufgaben zur Wiederholung und Vertiefung

Inhaltsbezug Seite

1 Was versteht man unter Verjährung? 86

2 Wie lang ist die regelmäßige Verjährungsfrist? Wann beginnt und wann endet sie? 86

3 In welchem Zeitraum haben der Käufer und der Verkäufer die Beweislast,
dass ein Fehler vorliegt? 86

4 Wann verjähren folgende Anspruchsarten? 87
   a) Kauf eines Laptops am 15.02.2007
   b) Gleicher Fall wie a), aber die Rechnung über den Laptop ist noch nicht zugegangen.
   c) Das Dach wird vom Dachdecker fachmännisch repariert.
   d) Sie kaufen ein Grundstück.

5 Kunde Müller kauft einen neuen VW Golf beim Kfz-Händler Goldmann. Müller soll
laut Vertrag spätestens einen Monat nach Rechnungseingang vom 15.02.2007 zahlen.
Nach Nichtzahlung bittet Müller am 15.04.2007 um Stundung. 88
   a) Welchen Anspruch hat Goldmann?
   b) Wie ist die Verjährungsfrist?
   c) Wann wird der Anspruch fällig?
   d) Wann beginnt die Verjährung?
   e) Handelt es sich um Neubeginn oder Hemmung der Verjährung? Zu welchem Zeitpunkt?
   f) Auf welchen Zeitpunkt verschiebt sich die Verjährungsfrist?

6 Sie haben einen Laptop für 1.999 € gekauft. Die Rechnung sieht eine Zahlung am 03.04.2007 vor.
Sie haben zu diesem Zeitpunkt kein Geld und zahlen nicht. Nach einer Mahnung bitten Sie
schriftlich am 01.06.2007 um Stundung von 2 Monaten – sie wird Ihnen gewährt. Wie ist die
Rechtslage? Beantworten Sie hierzu erneut die Unterpunkte a) bis d) der Aufgabe 5. 89

2.6 Haftung und Schadenersatz

Tritt ein Schaden ein, so stellt sich immer die Frage: Wer haftet? Die Antwort fällt meist schwer. Es muss deshalb der genaue Tathergang analysiert werden. Hierbei sind Tatbestände wie **Vorsatz (mit Absicht)** und **Fahrlässigkeit (aus Nachlässigkeit)** von besonderer Bedeutung, die die Frage nach dem Verschuldungsgrad beantworten. Als Schaden gilt jede Einbuße, die jemand an seinem Körper, seinem Vermögen, seiner Ehre oder Freiheit erleidet. Ist der eingetretene Schaden durch einen Dritten verschuldet, also nicht durch einen Unfall oder durch eigenes Verschulden, dann ist der Verursacher zum Ausgleich des Schadens verpflichtet. Er haftet also für den Schaden. Dieser kann entstehen als

- **Vermögensschaden**
- **Personenschaden**
- **entgangener Gewinn.**

Im Rahmen der Haftung muss **Schadenersatz** geleistet werden. Der Verursacher muss also den Zustand wiederherstellen, der bestehen würde, wenn der Schaden nicht eingetreten wäre. Statt der Wiederherstellung kann der Geschädigte auch Geld verlangen.

Man unterscheidet zwischen der Haftung aus Verträgen und der Haftung aus unerlaubter Handlung. Grundlage für die Haftung aus Verträgen ist der zwischen den Parteien geschlossene Vertrag. Der Gesetzgeber hat rechtliche Regeln für die Behandlung von Verträgen getroffen. Geregelt ist, wann welche Rechte (z. B. Minderung oder Schadenersatz) geltend gemacht werden können. Im Rahmen der vertraglichen Haftung unterscheidet man verschiedene Formen:

- **einfacher Schadenersatz „neben" der Leistung**, d.h. neben der vereinbarten Leistung muss auch noch Schadenersatz gezahlt werden. Beispiel: Ein Schreiner bohrt beim Aufhängen eines Küchenhängeschrankes ein Wasserrohr an. In diesem Fall schuldet er einerseits die vertraglich vereinbarte Leistung zum Aufbau der Küche, andererseits auch den Ausgleich für den Wasserschaden.
- **Verzugsschadenersatz (Ersatz des Verzögerungsschadens):** Hier führt die Verzögerung einer Zahlung zu einem zeitlich begrenzten Zahlungsausfall und damit eventuell zu einem erheblichen Finanzschaden. Deshalb schreibt § 286 BGB vor: „Der Schuldner einer Entgeltforderung kommt spätestens in Verzug, wenn er nicht innerhalb von 30 Tagen nach Fälligkeit und Zugang einer Rechnung oder gleichwertiger Zahlungsaufstellung leistet." Die Verzugszinsen betragen in diesem Fall 5 Prozentpunkte über dem Basiszinssatz. Bei Verträgen mit gewerblichen Kunden: 8 Prozentpunkte.
  Beispiel: Der Holzgroßhändler liefert an einen Schreiner und einen Privatkunden Bodendielen. Trotz ausbleibender Zahlungen verzichtet er auf eine Mahnung. Nach 30 Tagen kann er Verzugszinsen in Höhe von 8 Prozentpunkten über dem Basiszinssatz beim Schreiner und 5 Prozentpunkten beim Privatkunden geltend machen.[1]

Mitverschulden
Manchmal ist ein Schaden auch durch mehrere Personen verursacht, z. B. bei Verkehrsunfällen oder Schlägereien. Dann haftet jeder Beteiligte für den Schaden in Höhe seines eigenen Anteils am Eintritt des Schadensfalles. Man nennt das Mitverschulden.

Basiszinssatz
Den Basiszinssatz setzt die Deutsche Bundesbank fest und veröffentlicht ihn am 01.01. und 01.07. eines Jahres im Bundesanzeiger. Er ist im Wirtschaftsteil der Tageszeitung zu finden.

Gesetzliche Regelung zur Verbesserung der Zahlungsmoral
Handwerker sollten in ihrer Rechnung auf diesen § 286 BGB hinweisen, da er bei Privatkunden sonst nicht zur Anwendung kommt!

[1] Bei Privatkunden aber nur, wenn er in der Rechnung auf diese Rechtsfolge hingewiesen hat.

2.6 Haftung und Schadensersatz

- **Schadenersatz „statt" der Leistung** („Schadenersatz wegen Nichterfüllung") bedeutet, dass eine Leistung durch einen Schadenersatz ersetzt wird. Für folgende Punkte gilt diese Regelung:
  Verzug: Wird eine Leistung nicht rechtzeitig erbracht, so kann Schadenersatz statt der Leistung verlangt werden, wenn die Leistung durch den Schuldner nicht mehr zuzumuten ist.
  Beispiel: Der Heizungsmonteur kommt nicht zur vereinbarten Zeit, um die notwendige Reparatur durchzuführen. Dem Wohnungsinhaber sind durch das Warten Einnahmen entgangen, die er als Schadensersatz verlangen kann.
  Schlechterfüllung: Wird so schlecht geleistet, dass eine Nachbesserung der Leistung nicht möglich ist, so kann auch die Leistung abgelehnt und stattdessen Schadenersatz in Anspruch genommen werden.
  Verletzung einer „sonstigen Pflicht": Das Schuldverhältnis kann nach seinem Inhalt jeden Vertragspartner zur Rücksicht auf die Rechte, Rechtsgüter und Interessen des anderen Teils verpflichten.
  Beispiel: Bauarbeiter zerstören trotz Ermahnung aus Unachtsamkeit eine teuer angelegte Gartenanlage.
  Unmöglichkeit: Bei Pflichtverletzung und einer nicht mehr möglichen Leistung kann Schadenersatz gefordert werden.
- **Schadenersatz „statt der ganzen" Leistung:** Hat der Käufer kein Interesse an der Teilleistung, so kann er diese zurückgeben und stattdessen Schadenersatz für die gesamte Leistung erhalten.
  Beispiel: Es werden nur 20 m² statt 40 m² besonders gebrannter Terrakotta-Fliesen geliefert.
- **Aufwendungsersatz statt Schadenersatz:** Der Gläubiger kann Ersatz der Aufwendungen verlangen, die er im Vertrauen auf den Erhalt der Leistung gemacht hat und machen durfte. Solche Aufwendungen sind für den Gläubiger nutzlos wenn die Leistung ausbleibt.
  Beispiel: Der Gläubiger muss Zinsen für ein Darlehen leisten, das er zur Zahlung einer Lieferung aufgenommen hat. Liegen die Gründe der Nichtlieferung ausschließlich beim Schuldner, so können die Zinsen von ihm als Aufwendungsersatz geltend gemacht werden.

Schlechterfüllung:
Die Fliesen im Bad sind so schlecht verlegt, dass alle wieder entfernt werden müssen.

Unmöglichkeit:
Ein Kunstwerk wird beim Transport zum vorgesehenen Standort so beschädigt, dass es nicht mehr reparabel ist.

Haftung aus unerlaubter Handlung

Die Vorschriften der unerlaubten Handlung gelten für den Fall, dass keine vertragliche Beziehungen zwischen dem Schädiger und dem Geschädigten bestehen, z. B. bei einem Verkehrsunfall. Die Haftung kommt aber nur zur Anwendung, wenn **schuldhaft**, also **vorsätzlich** oder **fahrlässig**, gehandelt wird. Unerlaubte Handlungen liegen immer dann vor, wenn das Leben, der Körper, die Gesundheit, die Freiheit, das Eigentum oder bestimmte Rechte z. B. einer Unternehmung wie das Urheberrecht, Patentrecht, Warenzeichenrecht usw. verletzt werden. Die Schadensersatzpflicht wirkt sich für diese Fälle in vielfältiger Hinsicht aus, z. B.:

- Zahlung des Schadens
- Rentenzahlung
- Zahlung von Schmerzensgeld
- Leistung von Diensten

2 Grundlagen des Vertragsrechts

Überblick

Aufgaben zur Wiederholung und Vertiefung

Inhaltsbezug Seite

1. Unterscheiden Sie Vorsatz und Fahrlässigkeit. — 93
2. Aus welchen Bereichen kann man Schadenersatz geltend machen? — 92
3. Erklären Sie die Begriffe: — 92, 93
   a) Schadenersatz „neben" der Leistung
   b) Verzugsschadenersatz
   c) Schadenersatz „statt" der Leistung
   d) Schadenersatz „statt der ganzen" Leistung
   e) Aufwendungsersatz

Handlungsorientierte Themenbearbeitung

Handwerksmeister für Elektroinstallationen Ernst Mauser ist 60 Jahre alt. Aus erster Ehe hat er einen Sohn (35 Jahre) und eine Tochter (32). In zweiter Ehe ist er mit der 40-jährigen Marita verheiratet. Aus dieser Ehe stammt der 6-jährige Michael und die 14-jährige Hanna.

a) Klären Sie die Rechts- und Geschäftsfähigkeiten der einzelnen Personen.

b) Ernst Mauser schreibt ein Testament.
   – Welche Formvorschriften muss er einhalten?
   – Welche Art von Rechtsgeschäft liegt hier vor?

c) Ernst Mauser schließt einen Vertrag mit dem Kunden Friedrich über den Bau einer Alarmanlage ab.
   – Wie kommt der Vertrag zustande?
   – Welche Pflichten übernehmen die Vertragspartner?
   – Erstellen Sie ein Angebot über den Einbau einer Alarmanlage.

d) Beim regelmäßig durchgeführten Test der Alarmanlage stellt Friedrich nach fünf Monaten fest, dass diese nicht durchgängig in allen Funktionen einwandfrei arbeitet.
   – Welche Leistungsstörung liegt vor?
   – Welche Reklamationsmöglichkeit hat er?
   – Wie lang ist die Verjährungsfrist?
   – Die Reparatur dauert wegen der Bestellung eines Teiles 14 Tage. Verändert sich die Verjährungsfrist?

94

3 Verbraucherbewusstes Verhalten

Mehr Schutz vor den Tücken des „Kleingedruckten"

Sachverhalt

Sandra Steffens, die zurzeit eine Lehre als Floristin absolviert, hat sich bei einem Sportartikelversand einen Fitness-Stepper für 285,00 € bestellt. Damit hofft sie für ihre anstrengende Tätigkeit fit zu bleiben.

Leitfragen

Wie kann Sandra sich über vergleichbare Geräte informieren, wenn sie nicht die Zeit hat, in verschiedene Geschäfte zu gehen, oder es solche Geschäfte gar nicht in ihrer Nähe gibt?

Da sie den Kaufpreis nicht auf einmal bezahlen kann, möchte sie das Angebot der Firma für einen „Finanzkauf" wahrnehmen. Welche Rechte stehen ihr dabei zu?

Im „Kleingedruckten" des Kataloges steht, dass sie das sperrige Gerät selbst an der nächstgelegenen Bahnstation auf ihre Kosten abholen muss. Ist das rechtens?

Ist das Gerät auch TÜV-geprüft? Was passiert, wenn eine Stange bricht und Sandra sich ernsthaft verletzt?

Sandra gerät mit einer Ratenzahlung in Rückstand. Darf ihr daraufhin der gesamte Kredit gekündigt werden?

3 Verbraucherbewusstes Verhalten

3.1 Verbraucherberatung

Verbraucher-organisationen und -institutionen

- **Verbraucherzentrale Bundesverband e.V.**
  Markgrafenstraße 66
  10969 Berlin
- **Deutscher Mieterbund**
  Littenstraße 10
  10179 Berlin
- **Institut für angewandte Verbraucherforschung e. V.**
  Wilhelm-Schlombs-Allee 1
  50858 Köln
- **Stiftung Warentest**
  Auskunftsdienst
  Lützowplatz 11-13
  10785 Berlin

Finden Sie heraus, ob diese Institutionen auch Informationen im Internet anbieten.

Unter der Adresse
www.verbraucherzentrale.de
und www.vzbv.de finden Sie die Verbraucherzentralen aller Bundesländer und des Verbraucherverbandes der VZ.

Schauen Sie auch auf Seite 203, „Informationssuche im Internet".

„Dem Verbraucher kommt in der sozialen Marktwirtschaft eine Schlüsselrolle zu. Um ihn dreht sich letztlich alles, denn seine bestmögliche Versorgung mit Waren und Dienstleistungen ist Ziel dieser Wirtschaftsordnung." Dies ist die Theorie – in der Praxis aber sieht es so aus:

- **Fehlende Markttransparenz** (wer kann sich bei der Vielzahl der Produkte schon ständig einen Marktüberblick verschaffen?)
- **Fehlendes Fachwissen** (die Kunden sind in der Regel nicht in der Lage, die Behauptungen eines Verkäufers über die Qualität eines Produktes zu überprüfen)
- **Schwache Marktstellung** (meistens muss der Kunde das Angebot des Verkäufers, einschließlich der allgemeinen Geschäftsbedingungen, akzeptieren oder er muss ganz auf den Kauf verzichten)
- **Geringes Verbraucherbewusstsein** (viele Menschen unterschätzen die Möglichkeiten der Verbraucher und geben damit von vornherein ihre Machtposition auf)
- **Unzureichende Organisation** (Verbraucher bilden eine sehr uneinheitliche Bevölkerungsgruppe, die nur selten zu einem Machtfaktor wird)
- **Verwirrende Werbung** (Hauptanliegen der Werbung scheint es weniger zu sein, den Verbraucher zu informieren, als den Markt durcheinander zu bringen)

Aus diesen Gründen schützt der Staat durch Gesetze und Verordnungen den Einzelnen und die Gesamtheit der Verbraucher. Sie müssen in die Lage versetzt werden, sich über ihre Rechte zu informieren und diese dann auch durchzusetzen.

Die **verbraucherpolitischen Ziele** der Bundesregierung sind daher:
- Stärkung der Stellung des Verbrauchers
- Information und Beratung der Verbraucher
    - über wirtschaftliche Zusammenhänge
    - über aktuelles Marktgeschehen
    - über richtiges Marktverhalten
    - über rationelle Haushaltsführung
- Verbesserung der Rechtspositionen des Verbrauchers
- Sicherheit des Verbrauchers durch
    - Qualitätsnormen
    - Gesundheitskontrollen
    - umweltfreundliche Verpackung
    - bestmögliche Versorgung

verbraucherzentrale *Bundesverband*

Verbraucherzentrale Baden-Württemberg e. V.
Paulinenstraße 47 · 70178 Stuttgart

3.1.1 Organisationen zur Interessenvertretung der Verbraucher

Von der privaten Wirtschaft unabhängige Institutionen haben sich die Verbraucherberatung und -aufklärung zum Ziel gesetzt.

Es gibt eine Vielzahl von **Beratungsstellen**, an die sich der Verbraucher wenden kann, wenn er z. B. verärgert ist über Verkaufsmethoden eines Händlers, über Garantieleistungen oder Zahlungs- oder Lieferpraktiken eines Unternehmers. Er kann sich dort beschweren und sich über Rechte und Maßnahmen informieren.

Hier nur eine Auswahl:

- **Staatliche Stellen**
    - Bundeszentrale für gesundheitliche Aufklärung (BZgA), Köln
    - Bundesinstitut für Berufsbildung (BIBB), Bonn

- **Staatlich geförderte Stellen (bundesweit)**
    - Verbraucherzentrale Bundesverband
    - Stiftung Warentest, Berlin

- **Staatlich geförderte Stellen (regional)**
    - Verbraucherzentralen (VZ) in jedem Bundesland

- Der Staat fördert die Institutionen zur Verbraucherberatung mit beträchtlichen finanziellen Mitteln.
- Einige Leistungen der Beratungsstellen sind kostenlos, für andere werden Gebühren erhoben.
- Familien mit niedrigem Einkommen zahlen weniger. Im Übrigen kann man Mitglied in den entsprechenden Vereinen werden – dann bekommt man viele Angebote kostenlos.

Verbraucherzentrale:
Über 90 000 Ratsuchende nutzen jährlich das größte Beratungszentrum der Verbraucherverbände Deutschlands in Leipzig. Im Anbieterdschungel soll u. a. auch eine Infothek mit 70 Themenordnern, die tausende ständig aktualisierte Tests, Vergleiche und Informationen beinhalten, den Kunden weiterhelfen. Die Bereiche erstrecken sich von der Hausfinanzierung über Haushaltsgeräte bis zur gesunden Ernährung.

3 Verbraucherbewusstes Verhalten

Vor über 40 Jahren verkündete der frühere amerikanische Präsident J. F. Kennedy die vier Grundregeln der Verbraucher:
Recht auf
- *sichere Produkte*
- *umfassende Informationen*
- *freie Wahl der Güter*
- *politische Interessenvertretung*

In jeder größeren Stadt steht jedem Bundesbürger eine **Verbraucherberatungsstelle** zur Verfügung. Sie hat u. a. folgende Aufgaben:

- Als **Schieds- und Schlichtungsstelle** kann sie bei Reklamationen vermitteln und durch Erstellung von Gutachten dem Verbraucher einen Rechtsstreit vermeiden helfen.
- Die **Verbraucherberatung** soll dem Käufer durch Gespräche und Demonstrationen an Geräten bei der Kaufentscheidung helfen.
- Die Verbraucherzentralen und Beratungsstellen müssen in starkem Maße **Öffentlichkeitsarbeit** leisten, das heißt, sie arbeiten mit Presse, Rundfunk und Fernsehen zusammen, sie halten Vorträge, haben einen Telefondienst mit wöchentlich wechselnden Themen eingerichtet und geben Verbraucherzeitschriften heraus.
- Auch **Spezialberatungen** werden von den Verbraucherzentralen und Beratungsstellen angeboten, z. B.
    - die **Wohnberatung**, die in einem Gespräch über Einrichtungs- und Farbgestaltung berät, Hinweise auf das Material gibt sowie Grundrissplanungen und Spezialmöbel bespricht.
    - die **Ernährungsberatung**, die Marktberichte erstellt, Umfragen durchführt, Gewichts- und Kalorienberechnungen und vieles mehr vornimmt.
    - die **Versicherungsberatung**, bei der alle in einem Haushalt abgeschlossenen Versicherungen überprüft werden, ob sie unbedingt notwendig, empfehlenswert oder überflüssig sind.
    - die **Anlageberatung**, bei der die verschiedenen Geldanlagemöglichkeiten vorgestellt werden und insbesondere auf die jeweiligen Risiken hingewiesen wird.
    - die **Energieberatung**, bei der Einsparmöglichkeiten, z. B. im Heizungsbereich oder bei der Strom- und Wasserversorgung, aufgezeigt werden.

In allen Bundesländern und allen größeren Städten gibt es örtliche **Mietervereine** mit folgenden Tätigkeitsschwerpunkten:

- **Unmittelbare Interessenvertretung der Mieter**; dazu gehören in erster Linie die Rechtsberatung und Hilfe bei Mietstreitigkeiten – allerdings nur für Mitglieder!
- **Mitwirkung bei der kommunalen Wohnungspolitik**; zum Beispiel auch bei der Erstellung eines Mietenspiegels.
- **Vorschläge zu Mieterrechtsfragen**, wie zum Beispiel Heizkostenabrechnung, Nebenkosten und Maklerrecht.
- **Politische Vertretung** auf Landes- und Bundesebene zur Durchsetzung von Mieterinteressen.
- Von großer Wichtigkeit ist bei 20 Millionen Mietverhältnissen in der Bundesrepublik auch die **Öffentlichkeitsarbeit** (u. a. durch Aufklärungsbroschüren).

3.1 Verbraucherberatung

3.1.2 Verbraucherinformationen in den Medien

Alle bisher genannten Organisationen geben gedruckte Informationen (**Printmedien**) zur Verbraucheraufklärung heraus. Darüber hinaus spielen aber auch **Rundfunk**- und **Fernsehsendungen** und in neuerer Zeit die **Onlinedienste** und das **Internet** eine wichtige Rolle.

Stiftung Warentest

Durch vergleichende Warentests soll den Käufern eine Marktübersicht über eine bestimmte Produktgruppe (z. B. Fahrräder) oder Dienstleistung (z. B. Versicherung) gegeben werden. Ein solcher Warenvergleichstest ist zurzeit das wirksamste Instrument, um den Käufer vor einer Kaufentscheidung zu informieren.

Monatlich werden diese Ergebnisse in der Zeitschrift „test" und jedes Jahr in systematischer Form im „test-Jahrbuch" veröffentlicht.

„Ich hab natürlich schon vorher über günstige Angebote nachgedacht – mein Azubi-Gehalt will ich ja nicht auch noch verschwenden!!"

Bundesregierung/Bundespresseamt/Ministerien

Die Bundesbehörden geben eine Vielzahl von gedruckten Broschüren heraus, die zum Teil auch online heruntergeladen werden können, unter anderem:

- Wegweiser für Verbraucher
- Ratgeber Euro – die wichtigsten Fragen zum neuen Geld
- Broschüren über das Wohngeld
- Broschüren über das Mietrecht

Die Bundesregierung

Alle Informationen sind unentgeltlich erhältlich beim **Presse- und Informationsamt der Bundesregierung**, Dorotheenstraße 84, 10117 Berlin, Telefon: 01888/272-0

www.bundespresseamt.de

3 Verbraucherbewusstes Verhalten

Rundfunk- und Fernsehsendungen

Außer reinen Unterhaltungssendungen gibt es in den öffentlichen (aber auch den privaten) Rundfunk- und Fernsehanstalten eine Vielzahl informativer Sendungen, die auch immer wieder Verbraucherfragen behandeln.

Beispiele: WiSO, Ratgeber Verbraucher, PlusMinus

Onlinedienste

Da sich immer mehr Menschen mithilfe neuer Medien informieren, haben Anbieter wie z. B. T-Online auch Bildschirmseiten zur Verbraucherberatung in ihr Angebot aufgenommen.

Beispiel: Deutscher Mieterbund und die örtlichen Mietervereine www.mieterbund.de

Internet

Viele der nationalen und internationalen Anbieter sind natürlich auch im Internet – dem weltweiten Rechnerverbund – vertreten.

3.1 Verbraucherberatung

Überblick

Aufgaben zur Wiederholung und Vertiefung

Inhaltsbezug Seite

1. Was meinen Sie: Steht der Käufer gegenüber dem Verkäufer auf „verlorenem Posten" oder ist er auch schon mal „König Kunde"? — 96
2. Stellen Sie in einem Rollenspiel die Positionen der beiden Marktkontrahenten – Verbraucher und Anbieter – dar (z. B. Sandra Steffens beim Kauf eines Fitness-Steppers).

   Schauen Sie vorher auf Seite 121 – das Rollenspiel.
3. Welche Möglichkeiten haben Sie sich über Verbraucherfragen zu informieren? — 96-100
4. Stellen Sie im Internet (http://www.mieterbund.de) fest, welchen Mieterverein Sie in Ihrer Nähe erreichen können, und informieren Sie sich über das Angebot. Welche Themen sind beim Deutschen Mieterbund gerade aktuell? — 100

   Auf Seite 203 finden Sie eine Hilfestellung zu dem Thema Informationssuche im Internet.
5. Welches Thema wird zurzeit im WISO-Bereich des ZDF behandelt? Informieren Sie sich auch über Themen im Archiv. Die Adresse der Leitseite im Internet lautet: http://www.zdf.de. — 100
6. Suchen Sie nach Tests von DVD-Playern. Welche Geräte gibt es und wie wurden sie getestet? — 99
7. Welche Quellen für Verbraucherinformationen kommen für Sie am ehesten infrage? Könnten Sie vielleicht auch einmal andere Informationswege nutzen?

3.2 Warenkennzeichnung

In einem durchschnittlichen Supermarkt sind ungefähr 33 000 Artikel zu finden. Der Käufer soll unter diesen auswählen, hat aber häufig aufgrund mangelnder Kenntnisse keinen Vergleichsmaßstab. An dieser Stelle versucht der Staat, aber auch die private Wirtschaft, dem Käufer Orientierungspunkte zu geben. Es gibt deshalb gesetzlich vorgeschriebene und von den Unternehmen freiwillig eingehaltene Warenkennzeichnungen, die Informationen über Inhalt, Beschaffenheit und Qualität vermitteln.

3.2.1 Gesetzliche Warenkennzeichnung

„Was bedeuten die E-Nummern?"
Bei der Verbraucherzentrale gibt es eine Broschüre über Lebensmittelzusatzstoffe oder weitere Informationen im Internet.

www.verbraucherzentrale.de

Zwei neue Vorschriften zur Kennzeichnung von Lebensmitteln seit 2004:
- Ein Stempel auf Eiern muss Auskunft über Herkunft und Art der Tierhaltung geben.

1-DE-0234572

- Bei Nahrungsmitteln, bei denen bei der Herstellung **g**entechnisch **v**eränderte **O**rganismen (GVO) verwendet wurden, muss dies in der Zutatenliste deklariert werden.

- Die **Handelsklassen** basieren auf nationalen oder EU-Normen und sollen dem Käufer Aufklärung bieten. So wird einmal nach Handelsklassen A, B, C, z. B. bei Geflügelfleisch, unterschieden. Zum anderen werden z. B. Obst und Gemüse nach den Handelsklassen Extra (hervorragende Qualität), I (gute Qualität), II (marktfähige Qualität), III (starke Mängel) eingeteilt.
- Die **Lebensmittelkennzeichnungsverordnung** soll den Verbraucher vor gesundheitlichen Gefahren und vor Täuschung schützen und ist deshalb bei verpackten Waren Pflicht. Folgende Angaben müssen in deutscher Sprache deutlich sichtbar und gut lesbar sein:

① Anschrift des Herstellers, Verpackers oder eines in der EU niedergelassenen Verkäufers

② handelsübliche Inhaltsbezeichnung

③ Verzeichnis der Zutaten in der Reihenfolge des Mengenanteils nach QUID*

④ Menge nach deutschem Maß und Gewicht

⑤ Mindesthaltbarkeitsdatum bei ordnungsgemäßer Lagerung

---

*) Gemäß den Vorschriften zur **Qu**antitativen **I**nhalts-**D**eklaration (QUID) müssen die Hauptzutaten, die aus dem Namen oder bildlich erkennbar sind, mit ihrem Prozentanteil angegeben werden.

3.2 Warenkennzeichnung

- Das **Eichgesetz** ergänzt die Lebensmittelkennzeichnungsverordnung. Da die Verpackungsgröße häufig keinen Rückschluss auf die Inhaltsmenge gibt, z. B. bei Kosmetika, schreibt das Eichgesetz auf allen Verpackungen die Angabe der Füllmengen vor. Außerdem müssen die Verpackungen so gestaltet sein, dass dem Käufer keine größere Füllmenge vorgetäuscht wird, als in ihr enthalten ist. Die Eichbehörden kontrollieren die angegebenen Mengen.

- Die **Preisangabenverordnung** soll den Käufern Preisvergleiche ermöglichen, indem der Einzelhandel mit wenigen Ausnahmen verpflichtet wird, die einzelnen Waren mit dem Verkaufspreis einschließlich Mehrwertsteuer auszuzeichnen. Anstelle des Endpreises kann auch der Stundensatz inkl. MwSt. für bestimmte Leistungen, z. B. bei Kfz-Reparaturen, genannt werden.

- Das **Textilkennzeichnungsgesetz** verlangt Angaben über den Rohstoffgehalt (z. B. 55 % Schurwolle, 45 % Polyester), die an der Ware selbst, z. B. durch Einweben, Etikett, oder durch Aufdruck auf der Verpackung genannt werden müssen. Allgemein übliche Pflegekennzeichnungen sind möglich und sinnvoll, aber nicht vorgeschrieben.

„Muss denn der Preis nicht auf der Verpackung angegeben werden?" **Nein!**

Auf die Verpackungen ist meistens der Barcode der Europäischen Artikel-Nummer (EAN) aufgedruckt. Die Scannerkassen lesen diesen Code und holen sich den zugehörigen Preis aus der Artikeldatei des jeweiligen Geschäftes – dadurch erklären sich auch die Preisunterschiede. Entweder ist die Ware zusätzlich mit einem Preisschild versehen oder der Preis ist eindeutig am Regal angebracht.

EU erleichtert Preisvergleiche

Damit die Verbraucher die Preise besser vergleichen können, muss bei Handelswaren zusätzlich zum **Endpreis** (einschließlich der MwSt.) auch der sogenannte **Grundpreis** angegeben werden, das ist der Preis pro (üblicher) Maßeinheit, z. B. 235 g zu 4,50 € ergibt einen Grundpreis von 19,15 €/kg.

3.2.2 Freiwillige Warenkennzeichnung

Jeder Käufer findet an vielen Produkten weitere Zeichen, Symbole oder Hinweise, die auf Qualität und Sicherheit hinweisen sollen.

Sicherheitszeichen

Eine besondere Bedeutung hat in diesem Zusammenhang das Prüfzeichen GS (geprüfte Sicherheit). Das **Geräte- und Produktsicherheitsgesetz** schreibt vor, dass Hersteller oder Importeure nur technische Geräte auf den deutschen Markt bringen dürfen, die nach den allgemein anerkannten Regeln der Technik und den Arbeitsschutz- und Unfallverhütungsvorschriften gebaut worden sind.

Folgende Verbände vergeben ebenfalls Sicherheitszeichen:

- Verband der Elektrotechnik Elektronik Informationstechnik
- Technische Überwachungsvereine für TÜV

Gütezeichen

Gütezeichen sollen dem Verbraucher einen Qualitätsstandard garantieren. Deshalb haben sich Gütegemeinschaften gegründet, die für die Vergabe von Qualitätsanforderungen verantwortlich sind. Die Gütesicherung übernehmen verschiedene Institute:
Das Deutsche Institut für Gütesicherung und Kennzeichnung e. V. für das Gütezeichen **RAL** (ursprünglich Reichsausschuss für Lieferbedingungen und Gütesicherung).

Das **internationale Wollsiegel** hat inzwischen Weltgeltung erlangt und ist in 104 Ländern als Warenzeichen geschützt. Beim Kauf sollte man darauf achten, dass es „reine Schurwolle" heißt, bei „reiner Wolle" kann auch Reißwolle (schon einmal verwendete Wolle) verarbeitet werden.

Das **Gütezeichen RAL Werkzeuge** gilt als Ausweis für normgerechte und gütegesicherte Werkzeuge aus bestgehärtetem Material. Das Werkzeug muss sorgsam gefertigt, dauerhaft, widerstandsfähig und von hoher Gebrauchssicherheit sein. Das Zeichen ist in den Stahl des Werkzeugs eingeprägt.

Hausrat aus Kunststoff wird mit dem Gütesiegel **Kunststoffe im Haushalt** versehen, wenn die Geräte bestimmte technische Voraussetzungen erfüllen, die laufend dem technischen Fortschritt angepasst werden, aber auch dem Lebensmittelgesetz, soweit sie mit Lebensmitteln in Berührung kommen.

Meine Güte! Ich wusste gar nicht, dass es so viele Gütezeichen gibt!

DIN-, EN- und ISO-Normen

Normen definieren Standards (technische und ergonomische Details, Produktionsverfahren und Prozesse) und erleichtern wesentlich den nationalen und internationalen Handel. Sie sind freiwillige Übereinkünfte, die dann rechtliche Wirkung haben, wenn in einem Gesetz ausdrücklich auf sie Bezug genommen wird.
Während das Deutsche Institut für Normung e.V. für die nationalen Normen zuständig ist (z. B. DIN-A4-Papierformat, DIN 5008 Gestaltungsregeln für Textverarbeitung), gibt es immer mehr europäische Normen (z. B. EN 531 Schutzkleidung gegen Hitze), die europaweit gültig sind, und internationale Normen (z. B. ISO 9000 für Qualitätsmanagement), die weltweit gültig sind – vorausgesetzt sie sind von dem jeweiligen Land übernommen worden.

Umweltzeichen

- Das offizielle Umweltzeichen „**Blauer Engel**" zeigt die Umweltverträglichkeit des Produktes – bei gleichzeitigem Erhalt der Gebrauchstauglichkeit und Sicherheit. Eine „Jury Umweltzeichen" vergibt das Umweltzeichen für bestimmte Einzelleistungen, z. B. für Spraydosen ohne das Treibgas FCKW, runderneuerte Reifen, Umweltschutzpapier, Mehrwegflaschen, formaldehydarme Produkte aus Holz, schadstoffarme Lacke usw.

- Das offizielle **Umweltgütezeichen der EU** wird nur für Produkte vergeben, die in ihrer Gesamtheit umweltverträglich sind. Es reicht deshalb nicht aus, wenn die Verpackung umweltfreundlich ist. Der Inhalt muss außerdem biologisch abbaubar sein, bei der Produktion dürfen keine gefährlichen Abwässer, Abgase oder Abfälle entstehen, und bei der Herstellung der Inhaltsstoffe darf nicht zu viel Energie verbraucht werden. Diese „Euro-Blume" bietet damit dem Käufer eine „ehrliche Öko-Information", d. h., für jedes mit diesem Öko-Siegel ausgezeichnete Produkt liegen nachprüfbare Vergabekriterien vor.

- Das **Bio-Siegel** ist das staatliche, verbandsunabhängige und markenübergreifende Erkennungszeichen für biologisch erzeugte landwirtschaftliche Produkte und Lebensmittel. Mit diesem Siegel dürfen nur Produkte gekennzeichnet werden, die entsprechend der EG-Verordnung zum Ökologischen Landbau produziert und kontrolliert worden sind. Für sie gilt:
  - Verbot der Bestrahlung von Lebensmitteln
  - Verbot des Einsatzes gentechnisch veränderter Organismen
  - Verzicht auf chemisch-synthetische Pflanzenschutzmittel
  - Verzicht auf leicht lösliche mineralische Dünger
  - artgerechte Tierhaltung
  - Verzicht auf Antibiotika und Leistungsförderer in Futtermitteln

Mit diesem neuen Siegel sollen die Verbraucher Gewissheit erhalten: „Wo Bio draufsteht, ist auch Bio drin".

Produkt-Informationen

Diese Informationen sollen den Verbraucher über bestimmte Warenmerkmale informieren. Im technischen Bereich, z. B. bei Kühl- und Gefriergeräten, Geschirrspülern, Herden, Waschmaschinen usw., ist die Produkt-Information in 2 Teile zerlegt worden. Einmal findet der Käufer einen Tabellentext mit Gerätedaten, zum anderen ein Informationsetikett direkt am Gerät, das über die wesentlichen Angaben (z. B. bei Kühlschränken über Nutzungsinhalt, Abtauvorrichtung und Energieverbrauch) unterrichtet.

Manche Unternehmen bedienen sich auch sogenannter Pseudo-Zeichen, die sie selbst erfunden haben und für die keine nachprüfbaren Daten vorliegen. Außerdem dürfen diese Zeichen nicht mit den Warenzeichen oder Firmenzeichen verwechselt werden, welche ebenfalls keinerlei Qualitätshinweise geben.

Überblick

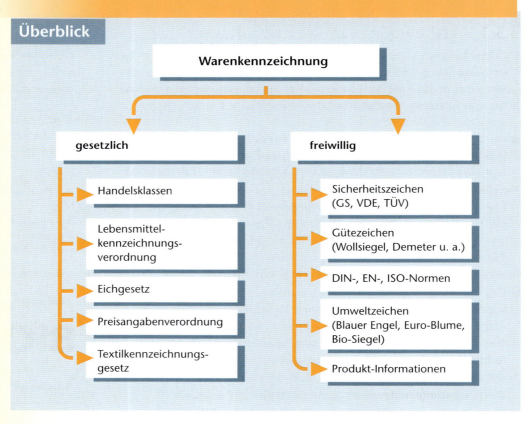

Aufgaben zur Wiederholung und Vertiefung

Inhaltsbezug Seite

1. Worin besteht der Unterschied zwischen der gesetzlichen und der freiwilligen Warenkennzeichnung?   102, 103
2. Welche Verbraucherinformationen müssen auf Lebensmittelverpackungen angebracht sein?   102
3. Führen Sie in der Klasse eine Pro-und-Kontra-Diskussion über die Kennzeichnung von Gen-Produkten.
4. Die Preisauszeichnung einer Fertigpackung lautet: „250 g / 3,25 €". Begründen Sie, warum diese Preisauszeichnung unzureichend ist. Wie muss sie korrekt lauten?   103
5. Nennen Sie DIN-Normen (ggf. aus Ihrer Branche) und ihre Bedeutung.   104
6. Welche Umweltzeichen gibt es? Wie schätzen Sie die Wirkung dieser Zeichen ein?   105
7. „Freiwillige Produktkennzeichnung dient weniger der Information der Verbraucher als der Werbung!" Wie beurteilen Sie diese Behauptung?   105
8. a) Stellen Sie fest, welche Bedeutung dieses Zeichen hat.
   b) Handelt es sich um ein Güte- oder Umweltzeichen?
9. a) Welcher Kontrolle unterliegen die Begriffe „Öko", „Bio" oder „Light"?
   b) Können Produktnamen beliebig damit ausgeschmückt werden?

3.3 Verbraucherschutzgesetze

3.3.1 Wettbewerbsrechtliche Regelungen

Da die Marktmacht eines **Unternehmers** gegenüber einem **Verbraucher** sicherlich größer ist, hat der Gesetzgeber zur Begrenzung und Überwachung des Wettbewerbs und zum Schutz der Verbraucher eine Reihe von Gesetzen erlassen.

Gesetz gegen unlauteren Wettbewerb (UWG)

Das Gesetz gegen unlauteren Wettbewerb verfolgt das Ziel, **Mitbewerber** und **Verbraucher** vor schädigendem Verhalten eines Unternehmens zu schützen.
Neben der Generalklausel des § 3 nennt der Gesetzgeber in den §§ 4 – 7 Beispiele für unlauteren Wettbewerb. Danach sind unter anderem verboten:

- Ausübung von Druck und unsachlicher Einflussnahme (aggressive Werbung)
- Ausnutzung geschäftlicher Unerfahrenheit, insbesondere von Kindern und Jugendlichen
- Den Werbecharakter von Wettbewerbshandlungen zu verschleiern (Schleichwerbung)
- Preisausschreiben und Gewinnspiele, die vom Erwerb einer Ware abhängig gemacht werden
- Mitbewerber und dessen Warengebot wahrheitswidrig herabzusetzen oder zu verunglimpfen oder ihn sogar gezielt zu behindern
- Nachahmungen und Täuschungen über Herkunft und Wert einer Ware
- Irreführende Werbung (u. a. über Verfügbarkeit, Herstellung, Herkunft, Verwendungsmöglichkeit, Preis und Preisnachlässe, Verschweigen wesentlicher Merkmale der Ware)
- Vergleichende Werbung, wenn sie irreführend und/oder objektiv falsch ist (vgl. Kasten)
- Unzumutbare Belästigungen (z. B. mit Telefon, Fax, E-Mail), in die der Verbraucher nicht ausdrücklich eingewilligt hat

Falls doch Verstöße gegen den lauteren Wettbewerb vorkommen, kann der Verbraucher gegenüber dem Unternehmen die Rechte geltend machen, die ihm aus mangelhafter Lieferung (vgl. Kap. 2.4.3) zustehen. Nach § 434 Abs. (1) Satz 3 BGB muss die Ware die Eigenschaften aufweisen, die der Verkäufer in einer Werbung angepriesen hat.
Anspruch auf Unterlassung der unlauteren Werbung können ansonsten nur
– Mitbewerber,
– Verbraucher- und Unternehmensverbände,
– Industrie- und Handelskammern
geltend machen.

Definitionen im BGB
- Verbraucher § 13
- Unternehmer § 14

*Das **UWG** ist neu gefasst worden und trat Mitte 2004 in Kraft.*

§ 3 UWG
Verbot unlauteren Wettbewerbs
Unlautere Wettbewerbshandlungen, die geeignet sind, den Wettbewerb zum Nachteil der Mitbewerber, der Verbraucher oder der sonstigen Marktteilnehmer nicht unerheblich zu verfälschen, sind unzulässig.

Was ist …
- Schleichwerbung?
- Mondpreis?
- Lockvogelangebot?
- Spam?

Der Größte, die Schönste, das Beste und Billigste

Vertrauen Sie sich dem größten Fotogeschäft der Stadt an und sparen Sie noch Geld dabei – bei uns bekommen Sie
Farbbilder in Top-Qualität und zum halben Preis
wie bei der Konkurrenz.
Zum Beispiel

*Die **vergleichende** Werbung ist erlaubt, wenn dabei einige Grundsätze eingehalten werden:*
- *Die vergleichende Werbung darf nicht irreführend, herabsetzend oder verunglimpfend sein.*
- *Die Waren oder Dienstleistungen müssen für den gleichen Bedarf miteinander verglichen werden.*
- *Es dürfen nur objektiv wesentliche, typische und nachprüfbare Eigenschaften verglichen werden.*
- *Es darf nicht zu Verwechslungen kommen, und es dürfen keine Nachahmungen sein. Der gute Ruf der Konkurrenz darf nicht beschädigt werden.*

3 Verbraucherbewusstes Verhalten

Werbung	Bewertung
nur im August: Polstermöbel zu Sommerpreisen Kaufen Sie jetzt und Sie sparen jede Menge Geld!	**erlaubt!** Sonderaktionen sind mit jedem (Teil-)Sortiment das ganze Jahr über zulässig.
Lewis-Jeans • Nei eingetroffen • 30 % reduziert • nur heute und nur solange der Vorrat reicht	**verboten!** Verstoß gegen den lauteren Wettbewerb: Lockvogelangebot! Vorrat muss n.h.M. für mindestens zwei Tage reichen.
Stammkunden, Schüler und Studenten erhalten **10 % Rabatt** auf unsere 	**erlaubt!** Werbeaktion, die gegen keine Regelung des UWG verstößt.
Geschenk Bei Kauf einer **Lederjacke ab 500 €** erhalten Sie eine wertvolle Armbanduhr als Geschenk	**verboten!** Wenn es sich nicht nur um eine Billiguhr handelt! Unlauter, da sich der Kunde eventuell nur wegen der teuren Uhr für den Kauf entscheidet.
Wir machen Sommerschlussverkauf! • Rabatte bis zu 50 % • Wir brauchen Platz im Lager für die neue Herbst- und Winterkollektion	**erlaubt!** Jeder Unternehmer kann Sonderverkäufe nach eigenem Gutdünken veranstalten. Sommer- und Winterschlussverkauf sind zeitlich und hinsichtlich des Sortiments nicht mehr gesetzlich geregelt.
Herrenhemden aus reiner Baumwolle ~~24,95 €~~ jetzt schon ab **9,95 €**	**erlaubt!** Werbung mit Preisgegenüberstellungen ist erlaubt, wenn der höhere Preis tatsächlich für eine längere Zeit gültig war.
 **Cabrio »XK8«** und ein **Traumurlaub an der Costa Brava** zum Gesamtpreis von nur 13 999 €	**verboten!** Preiskopplung ist nach der Preisgabenverordnung nicht erlaubt, wenn die Einzelpreise nicht erkennbar sind.
Handy für 1 € … wenn Sie gleichzeitig einen Vertrag für 2 Jahre abschließen (für nur 15 € mtl. + Tarifentgelte)	**erlaubt!** Dieses Kopplungsgeschäft ist nach der Rechtsprechung BGH erlaubt, wenn die Vertragskosten mindestens genauso deutlich erkennbar sind wie der Handypreis (Kleingedrucktes in einer Fußnote ist demnach unzulässig).

Das will der Verbraucher wissen:

- Welche allergenen Stoffe sind in meinem Haarwaschmittel?
- Ist der Zusatzstoff E325 gesundheitsschädlich?
- Wird bei der Herstellung eines Teppichs Kinderarbeit eingesetzt?
- Sind bei der Herstellung meiner Einbauküche umweltfreundliche Materialien und Produktionsverfahren angewendet worden?

Verbraucher-Informations-Gesetz (VIG)

Nach Tiermehl-, Gammelfleisch- und Genfood-Skandalen soll die Bevölkerung besser informiert werden: Das ist das Ziel des *Gesetzes zur Verbesserung der gesundheitsbezogenen Verbraucherinformation**) (Verbraucherinformationsgesetz), das sich auf Lebens- und Futtermittel beschränkt.
Die Bevölkerung muss in folgenden Fällen unter Nennung der Firma und des Produkts durch die Behörden informiert werden:

- Rechtsverstöße,
- schwerwiegende Verbrauchertäuschungen,
- Gesundheitsgefahren (auch bei wissenschaftlicher Unsicherheit),
- das Inverkehrbringen von Ekel erregenden Lebensmitteln sowie
- bei erheblichen Nachteilen für redliche Mitbewerber.

Verbraucher erhalten gegenüber den Behörden zudem auf Antrag ein Informationsrecht, ob Daten zu bestimmten Lebensmitteln vorliegen, z. B. über die Pestizidbelastung von bestimmten Gemüsesorten.

---

*) Das Gesetz ist schon zweimal vom Bundestag und Bundesrat verabschiedet worden, aber vom Bundespräsidenten wegen formaler Gründe nicht unterschrieben worden. Im April 2007 hat die Bundesregierung das Gesetz in veränderter Fassung wieder vorgelegt, sodass es voraussichtlich im Jahr 2007 in Kraft tritt.

3.3.2 Allgemeine Geschäftsbedingungen (AGB)

Allgemeine Geschäftsbedingungen werden in vielen Unternehmen verwendet. Sie erleichtern den Abschluss von Verträgen, da auf vorformulierte Klauseln („das Kleingedruckte") zurückgegriffen werden kann und nicht jeder Fall neu ausgehandelt werden muss. Die Unternehmen versuchen häufig bei Störungen des Kaufvertrages ihre Pflichten bzw. die Rechte des Verbrauchers durch ihre AGB unzulässig einzuschränken. Aber nicht alles, was gedruckt ist, hat auch rechtliche Gültigkeit! Durch die **Regelungen im BGB zu den allgemeinen Geschäftsbedingungen** gilt unter anderem Folgendes:

- Das sogenannte „**Kleingedruckte**" wird nicht automatisch Bestandteil des Vertrages, sondern der Verbraucher muss ausdrücklich darauf aufmerksam gemacht werden und mit der Geltung einverstanden sein. Allgemeine Geschäftsbedingungen, die zum Beispiel auf der Rückseite einer Rechnung stehen, erlangen keine Gültigkeit, wenn sie bei Vertragsabschluss nicht schon bekannt waren. (§ 305 BGB)

- **Persönliche Absprachen** haben grundsätzlich Vorrang vor AGB. Wird als Liefertermin der 1. Juli vereinbart, so kann dies nicht durch eine Klausel auf der Rückseite aufgehoben werden, die bestimmt, „der umseitig angegebene Liefertermin ist unverbindlich". (§ 305 BGB)

- Klauseln, die so **ungewöhnlich** sind, dass damit nicht zu rechnen ist, werden nicht wirksam. Lässt jemand eine Blitzschutzanlage montieren, so rechnet er nicht damit, dass jährlich ein Mitarbeiter der Firma erscheint, um die Anlage zu warten. Auch wenn eine derartige Klausel in den Lieferbedingungen der Firma steht, wird sie nicht Bestandteil des Vertrages. (§ 305c BGB)

- Bestimmte Klauseln in den allgemeinen Geschäftsbedingungen des Lieferers können **von Fall zu Fall unwirksam** sein. Ein Änderungsvorbehalt kann zum Beispiel vorsehen, dass eine bestellte Ware auch aus einem anderen Material, in anderen Farben oder anderen Maßen geliefert werden darf. Solche Vorbehalte sind für den Kunden nur dann wirksam, wenn sie zumutbar sind. Zumutbar könnten beispielsweise geringfügige Farbabweichungen sein, die sich etwa bei Möbeln nicht immer vermeiden lassen. Hier muss von Fall zu Fall entschieden werden. (§ 308 BGB)

- Es gibt Klauseln, die **von vornherein unwirksam** sind. Unzulässig ist es zum Beispiel, wenn Folgendes festgelegt ist: „Für die bestellten Möbel werden die am Tage der Lieferung geltenden Preise in Rechnung gestellt." Eine solche Regelung ist nur dann zulässig, wenn zwischen Bestellung und Lieferung mindestens vier Monate liegen, ansonsten sind kurzfristige Preiserhöhungen unzulässig. (§ 309 BGB)

Das Gesetz über die Allgemeinen Geschäftsbedingungen (AGB-Gesetz) ist zum 01. Januar 2002 in das BGB aufgenommen worden und zwar ins Buch 2 Abschnitt 2: Gestaltung rechtsgeschäftlicher Schuldverhältnisse durch Allgemeine Geschäftsbedingungen (§§ 305–310 BGB).

Transparenzgebot (§ 307 BGB)

AGBs sind unwirksam, wenn sie den Verbraucher entgegen Treu und Glauben unangemessen benachteiligen. Das ist besonders dann der Fall, wenn sie den entsprechenden gesetzlichen Regelungen so stark widersprechen, dass sie mit dem Grundgedanken der gesetzlichen Regelung nicht mehr vereinbar sind oder wenn dadurch die Erreichung des Vertragszweckes selber gefährdet wird.

Das Produkthaftungsgesetz ist weiterhin als eigenständiges Gesetz gültig!

Das Verbraucherkreditgesetz ist 2002 in das BGB aufgenommen worden und zwar ins Buch 2 Abschnitt 8: Einzelne Schuldverhältnisse (§§ 491-495 BGB).

3.3.3 Produkthaftung

Für Fehler an einer gekauften Sache muss der Verkäufer geradestehen – oft übernimmt der Hersteller sogar freiwillig eine umfassendere Garantie als gesetzlich vorgeschrieben ist. Was ist aber, wenn ein Mangel zu einem Folgeschaden führt – zum Beispiel zu einem Autounfall wegen eines geplatzten Reifens? Nach Gewährleistungsrecht hat der Kunde höchstens Anspruch auf einen neuen Reifen. Wer bezahlt jedoch die unter Umständen hohen Reparaturkosten für das Auto oder die Heilkosten und das Schmerzensgeld für die verletzten Personen? Nach dem Produkthaftungsgesetz haftet der Hersteller eines Produktes für Schäden, die durch den Gebrauch oder Verbrauch eines fehlerhaften Produktes entstanden sind – und zwar unabhängig davon, ob er alles Menschenmögliche getan hat, um solch einen Fehler zu vermeiden. Dabei ist zu beachten:

- Die Höchstgrenze für Personenschäden beträgt 85 Millionen €.
- Bei Sachschäden muss der Geschädigte mindestens 500 € selbst tragen.
- Ersatz von Sachschäden kann nur bei „privater Nutzung" verlangt werden.
- Der Hersteller kann seine Ersatzpflicht nicht etwa in seinen AGB ausschließen oder beschränken.
- Bei ausländischen Produkten tritt an die Stelle des nicht erreichbaren Herstellers derjenige, der das Produkt im Inland in den Verkehr bringt.
- Landwirtschaftliche und andere Produkte, die noch nicht bearbeitet wurden, sind von der Produkthaftung ausgeschlossen.

Für die Firmen bringt dieses Gesetz natürlich zusätzliche Belastungen, gegen die sie sich aber versichern können.

3.3.4 Verbraucherdarlehen

Wird zwischen einem Unternehmen und einem Verbraucher ein entgeltlicher Darlehensvertrag geschlossen, so handelt es sich um einen **Verbraucherdarlehensvertrag** (s. S. 166 ff.). Mit einem solchen Darlehen werden häufig langlebige Konsumgüter (z. B. Kauf eines Autos) finanziert. Dem Vorteil der sofortigen Nutzungsmöglichkeit der Güter steht der Nachteil der langfristigen dauernden Belastung sowie der erhöhten Kosten (Zinsen und Gebühren) gegenüber. Verbraucherdarlehen werden meist unter Vermittlung eines entsprechenden Krediles einer (Teilzahlungs-)Bank abgeschlossen. Zum Schutz der Verbraucher wird im BGB Folgendes vorgeschrieben (§ 492):

- Verbraucherdarlehensverträge müssen **schriftlich** abgeschlossen werden.
- Der Vertrag muss alle wesentlichen Bedingungen enthalten, insbesondere:
  - Nettodarlehensbetrag,
  - Gesamtbetrag aller Teilzahlungen (Zinsen + Tilgung + sonstige Kosten),
  - Art und Weise der Rückzahlung,
  - Zinssatz und alle Nebenkosten,
  - effektiver Jahreszins,
  - Kosten einer evtl. vereinbarten Restschuldversicherung,
  - zu stellende Sicherheiten.

- Verbraucherdarlehensverträge können innerhalb von 2 Wochen schriftlich ohne Angabe von Gründen **widerrufen werden**. Der Verkäufer hat den Käufer schriftlich über das Widerrufsrecht zu belehren. Einer Unterschrift der Belehrung durch den Käufer bedarf es dagegen nicht mehr.

Der Verbraucher muss eine Abschrift der Vereinbarungen erhalten. Fehlen vorgeschriebene Angaben, ist der Vertrag ungültig. Wird das Darlehen trotzdem in Anspruch genommen, so gilt der gesetzliche Zinssatz (Basiszinssatz) – d. h., nicht angegebene Kosten brauchen nicht gezahlt zu werden.

Gerät der Verbraucher mit der Zahlung der Raten in Verzug, kann der Darlehensgeber bei Verbraucherdarlehen den Vertrag kündigen, wenn

- der Darlehensnehmer sich mit mindestens zwei aufeinanderfolgenden Teilzahlungen und 10 % des Darlehensbetrages (bei einer Laufzeit über drei Jahre 5 %) in Verzug befindet und
- der Darlehensgeber eine zweiwöchige Frist zur Zahlung des rückständigen Betrages gesetzt hat.

3.3.5 Haustürgeschäfte

Von Haustürgeschäften spricht man, wenn der Vertrag durch Anbahnung mittels sogenannter Werber

- in der Privatwohnung (an der Haustür),
- am Arbeitsplatz,
- auf der Straße oder in öffentlichen Verkehrsmitteln,
- bei „Freizeitveranstaltungen" (Werbefahrten)

zustande kam.

Gemäß den Regelungen im BGB über Haustürgeschäfte erlangen derartige Verträge nur Gültigkeit, wenn der Käufer schriftlich belehrt wurde, dass er den Vertrag **innerhalb 2 Wochen schriftlich widerrufen** kann. Jede der beiden Parteien muss ein Vertragsexemplar erhalten. Es kommt beim Haustürgeschäft nicht darauf an, ob es sich um Ratenzahlung oder um wiederkehrende Leistungen handelt, sondern insbesondere auch Barzahlungsgeschäfte fallen unter dieses Gesetz.

Unterbleibt die Belehrung oder wird sie nicht korrekt durchgeführt, so erlischt das Widerrufsrecht des Kunden überhaupt nicht.

Das Widerrufsrecht ist jedoch ausgeschlossen, wenn

- der Kunde einen Vertreter selbst bestellt hat (und er nicht dazu gedrängt worden ist),
- es sich um ein Bagatellgeschäft (bis 40,00 €) handelt,
- der Vertrag notariell beurkundet wurde,
- es sich um Versicherungsverträge handelt.

Das Haustürwiderrufgesetz ist 2002 in das BGB aufgenommen worden und zwar ins Buch 2 Abschnitt 3: Schuldverhältnisse aus Verträgen (§§ 312, 312a BGB).

3.3.6 Fernabsatzverträge

Moderne Kommunikationsmittel prägen zunehmend das Verhalten von Unternehmern und Verbrauchern im wirtschaftlichen Verkehr. Ein Angebot, eine Bestellung oder eine Auftragsannahme erfolgen heute häufig telefonisch, per Fax oder E-Mail, über das Internet und natürlich auch noch brieflich – gemeinsam ist diesen Vertragsverhandlungen per Fernkommunikationsmitteln, dass keine Vertragspartei körperlich anwesend ist. Auf diesen Umstand hat der Gesetzgeber reagiert und besondere Regelungen für diesen sogenannten Fernabsatz getroffen.

Das Fernabsatzgesetz ist 2002 in das BGB aufgenommen worden und zwar ins Buch 2 Abschnitt 3: Schuldverhältnisse aus Verträgen (§§312b-d BGB).

Um einen Fernabsatzvertrag handelt es sich nur wenn:

- der Vertrag ausschließlich (also sowohl bei Anbahnung als auch bei Abschluss) unter Verwendung von Fernkommunikationsmitteln zustande kommt,
- die Firma nach einem für den Fernabsatz organisierten Vertriebs- oder Dienstleistungssystem arbeitet,
- es sich um bewegliche körperliche (z. B. Haushaltswaren, Weinsendung) oder nicht-körperliche Sachen (z. B. Strom, Gas, Fernwärme) oder um Dienstleistungen handelt;

Ausgenommen sind folgende Dienstleistungen:
- Fernunterricht
- Versicherungen sowie deren Vermittlung
- Immobiliengeschäfte
- Lieferung von Lebensmitteln (z. B. Pizzalieferdienst)
- Warenautomaten

Der Unternehmer muss den Verbraucher rechtzeitig vor Abschluss des Fernabsatzvertrages über Einzelheiten des Vertrages und den geschäftlichen Zweck informieren und dies bei Waren spätestens mit der Lieferung in Textform übermitteln. Bei Telefongesprächen muss er von vornherein seine Identität offenlegen.

Wie beim Verbraucherdarlehen und dem Haustürgeschäft steht dem Kunden ein **zweiwöchiges Widerrufsrecht** nach § 355 BGB zu, das bei Nichteinhaltung der gesetzlichen Bestimmungen erst in 6 Monaten (bei nicht ordnungsgemäßer Belehrung: überhaupt nicht) erlischt. Das Widerrufsrecht besteht aber nicht bei Fernabsatzverträgen zur Lieferung von

- *Übt der Verbraucher sein Widerrufsrecht aus, so ist er zur Rücksendung der Ware verpflichtet. Vertraglich können ihm die Rücksendekosten auferlegt werden, wenn der Warenpreis unter 40 € liegt. Sonst muss das Unternehmen diese Kosten übernehmen.*
- *Anstelle des Widerrufsrechts kann dem Verbraucher bei Lieferung von Waren ein Rückgaberecht nach § 356 BGB eingeräumt werden.*

- nach Kundenwünschen angefertigten Waren,
- verderblichen Waren oder Waren, deren Verfalldatum innerhalb der Widerrufsfrist überschritten wurde,
- Audio- und Videoaufzeichnungen und Software, wenn sie entsiegelt wurde,
- Zeitungen und Zeitschriften,
- ersteigerten Waren.

3.3 Verbraucherschutzgesetze

Überblick

Verbraucherschutzgesetze

Wettbewerbsgesetze

Gesetz gegen den unlauteren Wettbewerb (UWG)
(Schutz der Verbraucher und der Mitbewerber vor unlauterer Werbung)

Gesetz gegen Wettbewerbsbeschränkungen (GWB)
(Verbot unzulässiger Absprachen zwischen Anbietern zum Schaden des Verbrauchers)

Allgemeine Geschäftsbedingungen (AGB)

Klauseln in den AGB einer Firma müssen den AGB-Bestimmungen im BGB genügen

Produkthaftung

unabhängig von einem eigenen Verschulden haftet der Produzent für Folgeschäden, die durch ein fehlerhaftes Produkt verursacht worden sind

Verbraucherdarlehen

gilt für Darlehen/Abzahlungsgeschäfte/ Ratenkäufe; schriftlicher Vertrag erforderlich unter Angabe aller (Neben-)Kosten

Haustürgeschäfte

Kaufvertrag ist durch Werber in der Privat- wohnung, am Arbeitsplatz, auf der Straße oder bei Werbefahrten zustande gekommen

Dem Kunden muss ein schriftlich mit- geteiltes 14-tägiges Widerrufsrecht eingeräumt werden.

Fernabsatz

Vertrag kommt ausschließlich durch den Einsatz von Fernkommunikationsmitteln zustande

113

3 Verbraucherbewusstes Verhalten

Aufgaben zur Wiederholung und Vertiefung

Inhaltsbezug Seite

1 Welche Bedeutung hat der Wettbewerb zwischen den Unternehmen für die Verbraucher? 107

2 Wie beurteilen Sie folgende Fälle: 108

a) Ein Autohändler bietet allen Käufern eines Neuwagens 5.000 € für ihre alten Autos an, unabhängig von Alter und Zustand der Wagen.

b) „Die Qualität unserer Produkte ist nicht zu vergleichen mit den Produkten der XY-Firma!"

c) „Bei uns bekommen Sie bei jedem Fahrradkauf ein diebstahlsicheres Kettenschloss kostenlos!"

d) Die beiden Anbieter von exotischen Früchten auf einem Markt haben sich abgesprochen, die Preise möglichst hoch zu halten.

e) Ein Versicherungsvertreter versucht telefonisch Kunden für den Abschluss einer privaten Krankenversicherung zu gewinnen.

3 Besorgen Sie sich die „allgemeinen Geschäftsbedingungen" von verschiedenen (Ihnen bekannten) Firmen. Welche wichtigen Vertragsbedingungen sind dort geregelt?

4 Wie beurteilen Sie die folgenden Fälle nach den AGB-Schutzvorschriften: 109

a) Laut Mietvertrag muss nach Auszug in der gesamten Wohnung das Parkett abgeschliffen werden (eine Mindestmietzeit ist nicht erwähnt).

b) Ein Autoverkäufer behält sich für ein Auto, das erst nach einem halben Jahr geliefert werden soll, eine Preiserhöhung vor.

c) Ein Händler verweist in einem Garantiefall auf den Hersteller, der ausschließlich für eine Reparatur zuständig sei.

5 Bei einem neuen Fahrrad bricht nach kurzer Zeit die Vordergabel, die – trotz nachweislich eingehender Qualitätskontrolle – nicht richtig verschweißt war.
Gegen wen und in welchem Umfang hat der schwer verletzte Radfahrer Ansprüche? (Unterscheiden Sie zwischen Produkthaftung und Gewährleistung!) 110

6 Ein Verbraucher ist mit den Teilzahlungen für ein Darlehen rückständig.

a) Unter welchen Bedingungen kommt er endgültig in Verzug und welches Recht steht dem Darlehensgeber zu?

b) Welche Möglichkeit sehen Sie in dieser Situation für eine Vereinbarung, die beide Seiten zufrieden stellen könnte? 110/111

7 Welche Rechte stehen den Kunden in den folgenden Fällen zu? 111

a) Eine ältere Dame nimmt an einer Kaffeefahrt teil und kauft auf der Werbeveranstaltung eine Kamelhaardecke für 400,00 €, die ihr hinterher aber doch nicht gefällt. Eine Belehrung über ein Widerrufsrecht hat sie nicht erhalten.

b) Ein Berufsanfänger hat einen Versicherungsvertreter zu sich nach Hause gebeten, um sich über notwendige Versicherungen zu informieren. Bei dieser Gelegenheit schließt er eine Lebensversicherung ab, die sich aber hinterher als viel zu teuer herausstellt.

c) Eine Schülerin lässt sich an der Haustür ein Zeitschriften-Abonnement für 38,00 € aufschwatzen. Hinterher ärgert sie sich darüber.

d) Eine Hausfrau hat an der Haustür einen Vertrag über den Kauf eines Staubsaugers abgeschlossen. Das Widerrufsrecht ist ihr korrekt mitgeteilt worden. Als der Staubsauger nach 10 Tagen geliefert wird, gefällt er ihr doch nicht mehr. Was kann sie tun?

8 Aufgrund eines tollen Angebots im Internet bestellen Sie online zwei modische Lederhosen mit der Absicht, eine davon nach Anprobe zurückzuschicken. 112

a) Prüfen Sie, unter welchen Umständen in diesem Fall ein Fernabsatzvertrag zustande kommt.

b) Können Sie sich darauf verlassen, dass der Verkäufer tatsächlich eine Hose zurücknimmt?

114

3.4 Folgen von Zahlungsverzug

Die Hauptpflicht aus einem Kaufvertrag ist für den Käufer die Bezahlung der Ware. Zahlt der Schuldner nicht, nicht vollständig oder nicht pünktlich – aus welchen berechtigten oder unberechtigten Gründen auch immer –, hat der Gläubiger verschiedene abgestufte Möglichkeiten, den Zahlungspflichtigen zu erinnern oder gar zur Zahlung zu zwingen.

3.4.1 Außergerichtliche Mahnung

Um einen säumigen Kunden an die Begleichung einer offenen Rechnung zu erinnern, wird man zunächst in sehr höflicher Form eine **Zahlungserinnerung** an ihn richten. Reagiert der Schuldner darauf nicht, ist eine ausdrückliche **Mahnung** notwendig. Sollte er auf die Forderung daraufhin immer noch nicht eingehen, kann ein eingeschriebener Brief mit Fristsetzung und ggf. **Androhung gerichtlicher Schritte** den Kunden vielleicht zur Zahlung bewegen.

Sinkende Zahlungsmoral

Die Zahlungsmoral in Handel, Gewerbe und auch der öffentlichen Hand ist in schwierigen wirtschaftlichen Zeiten besonders schlecht. Darauf hat der Verband der Inkassounternehmen hingewiesen. Erstaunlich ist, dass fast ein Drittel aller Zahlungsverzüge vorsätzlich herbeigeführt wird. Die mangelnde Zahlungsmoral hat dazu geführt, dass die Inkassofirmen im vergangenen Jahr Außenbestände von zirka 15 Mrd. € eintreiben sollten. Die Erfolgsquote liegt dabei bei rund 60 % – der Rest geht verloren.

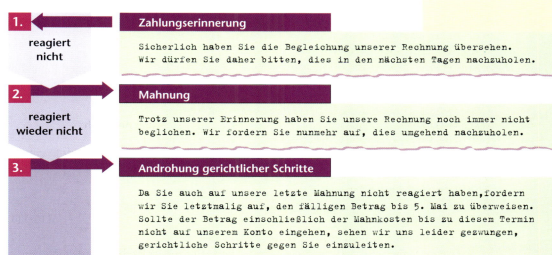

Welche Maßnahmen im Einzelfall ergriffen werden müssen, hängt auch von den Eigenarten des Kunden, den Ursachen des Zahlungsverzuges und der eigenen Interessenlage ab. Es ist durchaus möglich, noch mehr Mahnstufen vorzusehen oder auch Stufen zu überspringen, ja es können im Extremfall sogar sofortige gerichtliche Schritte eingeleitet werden ohne vorherige außergerichtliche Mahnungen. Heutzutage ist das Mahnverfahren in vielen, insbesondere großen Firmen mithilfe entsprechender Programme automatisiert. Ist der Zahlungstermin überschritten, wird „ohne Ansehen der Person" ein Mahnbrief ausgedruckt und verschickt. Werden Forderungen durch Inkassofirmen eingezogen, können dem säumigen Schuldner die Inkassogebühren in Rechnung gestellt werden. Auch hier besteht die Gefahr, dass Kunden dies als besonders rigoroses Vorgehen ansehen und verärgert sind.

Aktuell:

Nach § 286 BGB (neue Fassung) kommt der Schuldner einer Geldforderung spätestens 30 Tage nach Fälligkeit und Zugang der Rechnung automatisch in Verzug, eine Mahnung ist dazu nicht mehr erforderlich. Dies gilt gegenüber Verbrauchern nur, wenn in der Rechnung ausdrücklich darauf hingewiesen wurde. Unbeschadet dieser Regelung kann eine Mahnung auch früher erfolgen. Ab Eintritt des Verzuges muss der Schuldner – wenn er Verbraucher ist – Verzugszinsen in Höhe von 5 % (sonst 8 %) über dem Basiszinssatz zahlen (§ 288 BGB).

3.4.2 Gerichtliches Mahn- und Klageverfahren

Sollte der Schuldner auch nach der Androhung gerichtlicher Schritte nicht zahlen, so muss der Gläubiger zur Eintreibung seiner Forderungen in das gerichtliche Mahnverfahren übergehen ❶.

In diesem Falle beantragt der Verkäufer, der Zahlungsgläubiger ist, beim Amtsgericht seines allgemeinen Gerichtsstandes (Wohnsitz) den **Erlass eines Mahnbescheids** (Verkäufer = Antragsteller) ❷.

Der Mahnbescheid wird dem Zahlungsschuldner (= Antragsgegner) von Amts wegen zugestellt ❸. Wenn der Antragsgegner jetzt zahlt, ist der Fall erledigt ❹a. Der Antragsgegner kann aber auch innerhalb von 14 Tagen **Widerspruch** einlegen ❹b. Dann kommt es zum **streitigen Verfahren** vor Gericht, wo geklärt wird, ob der Zahlungsschuldner zahlen muss oder nicht.

Die Tatsache, dass ein Gericht eingeschaltet ist, heißt nicht, dass die Forderung des Antragstellers inhaltlich berechtigt ist. Die Einschaltung des Gerichts unterstreicht nur die Ernsthaftigkeit des Anspruchs.

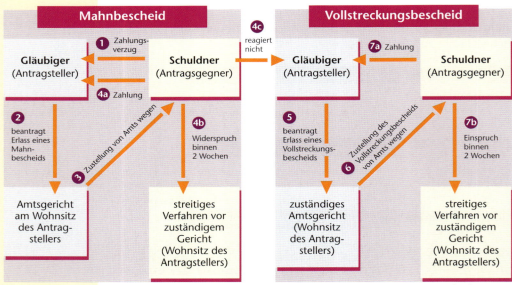

Zum Schmunzeln:
Ein Schuldner ist erbost über die Mahnung eines Gläubigers und schreibt folgenden Brief zurück: „Sehr geehrter Herr, was erlauben Sie sich, meine Zahlungsmoral anzuzweifeln. Alle meine Rechnungen kommen in eine Schublade und am Monatsende greife ich eine davon auf gut Glück heraus und bezahle sie. Sie jedenfalls werde ich von dem Losverfahren ausschließen!"

Reagiert der Antragsgegner nicht ❹c, dann kann der Antragsteller einen Antrag auf **Erlass eines Vollstreckungsbescheids** stellen ❺. Dieser Vollstreckungsbescheid wird dann wieder dem Antragsgegner von Amts wegen zugestellt ❻. Wenn jetzt der Antragsgegner nicht binnen 2 Wochen **Einspruch** ❼b erhebt oder zahlt ❼a, kommt es zur sogenannten **Zwangsvollstreckung**, d. h., der Vollstreckungsbescheid wird vollstreckbar und der Gerichtsvollzieher nimmt die Zwangsvollstreckung vor. Erhebt der Antragsgegner jedoch fristgerecht **Einspruch**, dann kommt es jetzt zum **streitigen Verfahren** vor Gericht, in dem geklärt wird, ob der Schuldner zahlen muss oder nicht. Bei rechtskräftigem Urteil und Nichtzahlung des Schuldners ❽ erfolgt dann nach Antrag auf Zwangsvollstreckung durch den Gläubiger die Durchführung der Zwangsvollstreckung durch den Gerichtsvollzieher.

3.4.3 Zwangsvollstreckung

Die Zwangsvollstreckung wird vom Gerichtsvollzieher durchgeführt. Wertsachen und Geld werden direkt mitgenommen (Taschenpfändung).

Andere Dinge, wie z. B. Möbel, werden mit dem Pfandsiegel („Kuckuck") versehen. Die gepfändeten Gegenstände werden bei Nichteinlösung innerhalb einer Frist von zirka 4 Wochen öffentlich versteigert. Neben dieser Zwangsvollstreckung in das bewegliche Vermögen können auch noch unbewegliche Vermögensteile unter die Zwangsvollstreckung fallen (Grundstücke und Gebäude). Hier erfolgt dann eine Zwangsverwaltung oder die Eintragung einer Sicherungshypothek zugunsten des Gläubigers im Grundbuch.

War die Zwangsvollstreckung nicht erfolgreich, weil kein oder nicht genügend pfändbares Vermögen vorhanden war, kann der Gläubiger eine *eidesstattliche Erklärung* des Schuldners über alle Vermögenswerte verlangen.

Auch Lohnpfändung kann vorgenommen werden, allerdings unter Belassung des für den Lebensunterhalt notwendigen Existenzminimums, welches in der Lohnpfändungstabelle nach Familienstand gestaffelt festgelegt ist.

„Darf der Gerichtsvollzieher auch so ‚lebenswichtige' Dinge wie den Fernseher pfänden?"

Überblick

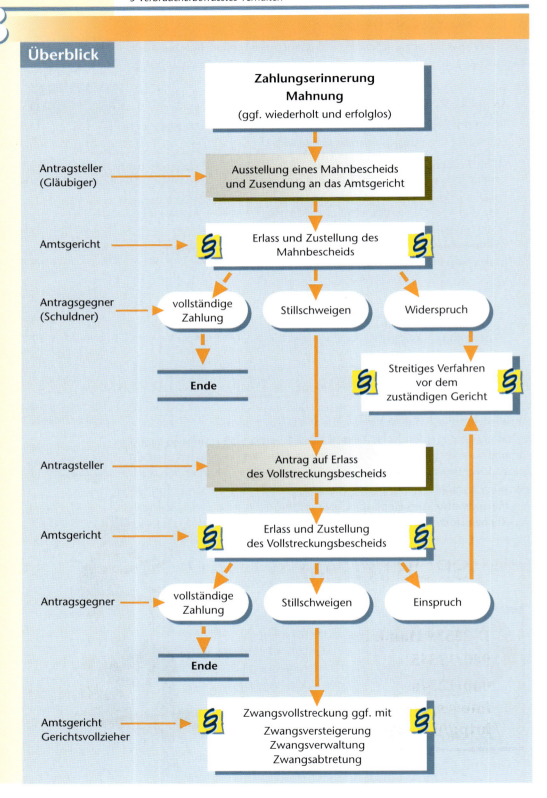

3.4 Folgen von Zahlungsverzug

Aufgaben zur Wiederholung und Vertiefung

Inhaltsbezug Seite

1. Warum ist bei der Formulierung von außergerichtlichen Mahnungen besondere Sorgfalt geboten? Was halten Sie in diesem Zusammenhang von Textbausteinen? — 115
2. Was spricht für und was gegen den Forderungseinzug durch ein Inkassounternehmen? — 115
3. Von wem und in welcher Form wird ein Mahnbescheid ausgestellt und dann erlassen? — 116
4. Wenn das Gericht die Berechtigung der Forderung beim Mahnbescheid gar nicht prüft, betätigt es sich ja nur als „besserer Postbote"! Was halten Sie von dieser Meinung? — 116
5. Sollte ein Antragsgegner, der nach seiner eigenen Meinung berechtigterweise nicht gezahlt hat, auf einen Mahnbescheid lieber schweigen oder Widerspruch einlegen? (Begründung!) — 116
6. Ein Richter möchte die Vertragsparteien zu einem Vergleich bewegen. Ist das nur Bequemlichkeit oder welches Ziel steckt dahinter? — 117
7. Welche Bedeutung hat ein Kuckuck auf einem Möbelstück? — 117
8. Versuchen Sie mit Ihrer Klasse an einer mündlichen Verhandlung Ihres Amtsgerichtes zum Zahlungsverzug teilzunehmen.
   Schauen Sie vorher auf die Methodenseite „Besuch einer Gerichtsverhandlung", S. 204.

Handlungsorientierte Themenbearbeitung

Wie auf der Eingangsseite zu diesem Kapitel beschrieben, hat Sandra Steffens sich einen Fitness-Stepper für 285,00 € bestellt.

a) Als verbraucherbewusste Bürgerin hat Sandra sich vorher eingehend informiert und auch Vergleichstests studiert.
Welche Möglichkeiten konnte sie dafür nutzen?

b) Es gibt offensichtlich viele Möglichkeiten, das Sportartikel-Versandgeschäft zu erreichen.
Können Sie die einzelnen Angaben erklären?

SPORTTIMM
fit for fun

✉ D-22339 Hamburg
☎ 040/12345
📠 040/12346
@ info@sport-timm.de
http://www.sport-timm.de

(Fortsetzung)

c Von welcher gesetzlichen bzw. freiwilligen Einhaltung von Sicherheitsstandards kann Sandra bei Sport-Timm ausgehen?

d Prüfen Sie den Punkt 5 (siehe unten) aus den AGB der Firma. Sind Sie mit dem „Kleingedruckten" zur Gewährleistung und Produkthaftung einverstanden?

e Leider ist es bei der Firma nicht möglich, einen „Finanzkauf" zu tätigen.
Wo kann Sandra in dieser Größenordnung ebenfalls einen Kleinkredit bekommen?

f Helfen Sie Sandra und erkunden Sie mindestens bei einer Sparkasse/Großbank und einer Teilzahlungsbank die jeweiligen Konditionen für einen Kleinkredit und vergleichen Sie diese.

g Sandra ist bei der Teilzahlungsbank mit zwei Raten rückständig, die sie dann aber sofort überweist. Trotzdem kündigt ihr die Bank den Kredit. Zu Recht?

h Sandra ist mit diesem Vorgehen der Bank nicht einverstanden. Helfen Sie ihr, einen entsprechenden Brief an die Bank mit Begründung zu schreiben.

 Tipps dazu finden Sie auf der Seite 174, Thema Textverarbeitung.

Alle Sportartikel werden systematisch geprüft. Viele von ihnen haben das GS-Zeichen, die Garantie für geprüfte Sicherheit.

Wir beteiligen uns an wichtigen Institutionen bei der Fortentwicklung von Sicherheitsstandards und Funktionalität von Sportgeräten:

Fachgruppe Turngeräteehersteller
 im Bundesverband der Sportartikelindustrie e. V.

Deutscher Industrie-Normausschuss für Sportgeräte **DIN**

 Internationaler Arbeitskreis für Sport- und Freizeiteinrichtungen

Internationale Akademie für Bäder-, Sport- und Freizeitbau e.V. **IAB**

i Nach vier Wochen intensivem Training – auch von ihren Freundinnen – brach ein Fußpedal wegen eines offensichtlichen Materialfehlers. Sandra verletzte sich dabei den Knöchel, und beim Stürzen ging auch noch eine Lampe zu Bruch.
Wer kommt für die Personen- und Sachschäden auf?

---

5. Reklamationen und Gewährleistung

Für offensichtliche Mängel leisten wir Gewähr, wenn uns innerhalb von 30 Tagen eine schriftliche Mängelrüge zugegangen ist, nachdem Sie die Ware erhalten haben. **Rücksendungen bitte freimachen.** Bei berechtigten Reklamationen werden Ihnen Porto- und Frachtkosten vergütet. Wir leisten nur Gewähr für Mängel, die im Zeitpunkt des Gefahrenübergangs vorliegen und zu denen auch das Fehlen zugesicherter Eigenschaften und Mengenabweichungen zählen, und zwar nur in folgender Weise:

Der Kunde hat in erster Linie Anspruch auf **Nacherfüllung**. Wir sind berechtigt nachzubessern, mangelhafte Teile zu ersetzen oder den Kunden auf **Rücktritt** (Rückgängigmachung des Vertrages) oder **Minderung** (Herabsetzung der Vergütung) zu verweisen.

Kleine Abweichungen unserer Modelle hinsichtlich Form und Farbe, insbesondere bei Nachlieferungen und technische Änderungen im Sinne von Weiterentwicklungen, gelten nicht als Mängel.

Wir, unsere Erfüllungsgehilfen und Verrichtungsgehilfen leisten keinen Schadenersatz aus vorvertraglicher, vertraglicher oder außervertraglicher (gesetzlicher) Haftung. Dies gilt auch z. B. für Schäden oder Mängel an dem Liefergegenstand selbst sowie für Schäden durch Betriebsstörung und/oder sonstige Schäden beim Kunden oder bei Dritten, welche durch von uns gelieferte Produkte oder durch den Zeitpunkt und/oder Art und Weise der Lieferung oder Gewährleistung direkt oder indirekt entstehen.

Methodenseite

Allgemeine Informationen

Rollenspiele sollen Situationen des Alltagslebens ins Klassenzimmer übertragen. Sie beschäftigen sich mit täglichen Problemen und Entscheidungen und bieten die Möglichkeit, Verhaltensweisen in bestimmten Situationen zu trainieren. Der Einsatz von Videoaufnahmen bietet sich hier auch an. Das Hineinversetzen in verschiedene Rollen soll Verständnis für die Argumentation ermöglichen, aber auch die Kreativität der Teilnehmer fördern. Anschließende Diskussionen beurteilen die gesamte Situation.

Beispiele

- Es wird eine Gerichtsverhandlung nachgespielt mit zwei streitenden Parteien, einem Richter (evtl. mit zusätzlichen Laienrichtern) und einem Protokollanten.
- Es findet eine Betriebsversammlung statt, in der der Unternehmer wegen konjunktureller Einbrüche in der Nachfrage ein Viertel seiner Belegschaft entlassen muss.
- Ein Meister spricht mit seinem Gesellen darüber, dass dieser zwar sehr gut, aber zu langsam und damit zu teuer arbeitet.
- Es findet ein Bewerbungsgespräch zwischen dem Chef bzw. dem Personalleiter und einem Gesellen statt.
- Tarifverhandlungen werden zwischen Arbeitgebervertretern und Gewerkschaftsfunktionären geführt.

Vorgehensweise

1. Vorbereitung
a) Wählen Sie das Thema aus und grenzen Sie es genau ab.
b) Benennen Sie die teilnehmenden Personen.
c) Die teilnehmenden Personen sollten genügend Zeit haben, sich mit dem zu behandelnden Thema vertraut zu machen.
d) Wählen Sie einen Raum oder verändern Sie einen Teil der Klasse so, dass auch ungefähr die Atmosphäre der Situation zum Ausdruck kommt.

2. Anwendung
a) Versetzen Sie sich in die jeweilige Lage und wählen Sie damit Ihre persönliche Einstellung.
b) Wählen Sie Ihre Argumente so aus, dass Ihr Gegenüber damit umgehen kann.
   Vermeiden Sie Agressivität. Bleiben Sie in jeder Phase der Diskussion sachlich und konstruktiv.
c) Setzen Sie sich mit der Argumentation der Gegenseite inhaltlich auseinander.
d) Machen Sie sich Notizen während des Gesprächs.
e) Das Rollenspiel kann evtl. von weiteren Schülern zum gleichen Thema wiederholt werden. Dadurch werden unterschiedliche Argumentationstaktiken dargestellt.

3. Auswertung
a) Sowohl teilnehmende als auch nicht teilnehmende Schüler notieren sich während des Rollenspiels Stichpunkte für eine spätere Diskussion.
b) Sprechen Sie anschließend über das jeweilige Rollenspiel, indem Sie konstruktive Kritik üben, indem Sie zunächst die Stärken und erst dann die Schwächen der Rollenteilnehmer ansprechen.
c) Vergleichen Sie bei mehreren Rollenspielen die einzelnen Gruppen.

3 Verbraucherbewusstes Verhalten

Methodenseite

Eine Karikatur lesen

Allgemeine Informationen

Karikaturen sind das Spiegelbild unseres aktuellen gesellschaftlichen Lebens. Durch Überzeichnen von Personen und Gegebenheiten wird die Situation z. T. wesentlich treffender gekennzeichnet als durch seitenlange Berichte. Jede Tageszeitung leistet sich bewusst Karikaturisten, um auch damit „kommentierende" Schwerpunkte zu setzen.

Beispiel

Alljährlich finden in der Bundesrepublik Tarifverhandlungen statt, die die Aufmerksamkeit breiter Bevölkerungskreise erregen. Auf der einen Seite sind viele Arbeitnehmer durch erhöhte Löhne/Gehälter und verbesserte Arbeitsbedingungen persönlich betroffen oder hegen Sympathien für die Arbeitnehmer der jeweiligen Branche. Auf der anderen Seite wird die Gefahr von Arbeitsplatzverlusten und/oder eines Konjunktureinbruchs beschworen. Dieser Widerstreit spiegelt sich in den Tarifver-

„Darf's 'ne extra volle Kelle sein?"

handlungen dadurch wider, dass die Arbeitgeber (hier der Koch mit kleinem Topf und kleiner Kelle) nur zu kleinen Zugeständnissen/Verbesserungen bereit sind, während die Arbeitnehmer (hier der Arbeiter im Blaumann mit großem Teller und großem Löffel) hohe Forderungen stellen.
Die Karikatur dürfte die Situation zu Beginn einer Tarifauseinandersetzung darstellen, wenn die jeweiligen Positionen noch sehr weit auseinander liegen. Die beiden Tarifparteien versuchen in dieser Phase natürlich ihre Position zu begründen. Der etwas sarkastisch klingende Text unter dem Bild ist wohl darauf bezogen, dass die Arbeitgeberseite meint, man habe schon ein gutes Angebot gemacht und sei an die äußere Grenze der Möglichkeiten gegangen. Dabei wissen beide Seiten aber ganz genau, dass man sich im Verlauf der Tarifauseinandersetzungen aufeinander zu bewegen muss und letztendlich einen Kompromiss suchen muss.

Vorgehensweise

1. **Vorbereitung**
   a) Karikaturen lassen sich im Klassenraum sehr gut über den Overheadprojektor/einen Beamer einsetzen, um tagesaktuelle Probleme anzusprechen.
   b) Eine Karikatur ist immer ein guter Beginn für Vorträge, um die Aufmerksamkeit der Zuhörer auf sich zu ziehen.
   c) Der Einsatz von Karikaturen muss genau durchdacht werden, um damit das Thema in seinem Kern zu treffen.
   d) Karikaturen sind keine Bildergeschichten, sondern wirken für sich allein. Deshalb sollte eine Beschränkung auf eine oder wenige erfolgen.
   e) Karikaturen können nur eingesetzt werden, wenn das inhaltliche Umfeld dem Betrachter bekannt ist.
   f) Es bietet sich für die Analyse einer Karikatur sowohl Einzel- als auch Gruppenarbeit an.
2. **Anwendung**
   a) Die Karikatur sollte genau betrachtet werden, sowohl jede Einzelheit des Bildes wie der zugehörige Text und die Bildunterschrift.
   b) Anschließend kann das inhaltliche Umfeld diskutiert werden, z. B. Politik, Gesellschaft oder Wirtschaft.
   c) Im weiteren Schritt müssen tagespolitisches Ereignis und Karikatur in Übereinstimmung gebracht werden, indem man einen Vergleich zwischen der Realität und der Überzeugung erörtert.
3. **Auswertung**
   a) Das Ergebnis sollte die Zielrichtung des Karikaturisten sein. Was will er damit aussagen?
   b) Falls in Gruppen gearbeitet wurde, können diese Ergebnisse von jeweils einem gewählten Sprecher vorgetragen werden.

4 Der Umgang mit Geld

Sachverhalt

Karin Keller beginnt im Schlosshotel in Freiburg eine Lehre als Hotelfachfrau und mietet sich ein kleines Apartment.

Selbstverständlich muss sie sich bei einer Bank ein eigenes Konto einrichten, auf das sie ihre Ausbildungsvergütung erhält und von dem sie die verschiedenen Zahlungen tätigen kann.

Natürlich spart sie auch für ein kleines Auto oder eine nette Wohnungseinrichtung.

In ihrem Beruf wird sie außerdem mit den verschiedensten Zahlungswünschen der Hotelgäste konfrontiert.

Leitfragen

Welche Möglichkeiten hat Karin Keller, ihre Miete, die Stromrechnung oder ihr Bücher-Abo zu bezahlen?

Unter welchen Bedingungen kann sie von ihrer Bank einen Kredit für die Möbelausstattung des Apartments erhalten? Bestehen Unterschiede in den Kreditkosten bei den verschiedenen Banken?

Kann sie von den Hotelgästen Zahlungen mit Kreditkarte annehmen, ohne ein Risiko einzugehen?

4 Der Umgang mit Geld

4.1 Zahlungsmöglichkeiten

4.1.1 Barzahlung

Die **Barzahlung** ist auch heute noch im Wirtschaftsleben eine weit verbreitete Zahlungsart. Der tägliche Einkauf und viele Dienstleistungsgeschäfte (z. B. Restaurant) werden noch immer bar abgewickelt. Der Kunde erhält als Nachweis eine Quittung, einen Kassenbon oder eine Rechnung.

Neben der direkten Geldübergabe gibt es auch die Möglichkeit, sich eines Boten zu bedienen. Allerdings kann Geld (gültige Banknoten und Münzen) grundsätzlich nicht mit der Post verschickt werden (auch nicht als versicherter Expressbrief).

4.1.2 Girokonto

Da heutzutage viele Zahlungen **halbbar** (nur der Zahlende oder der Zahlungsempfänger hat ein Konto) beziehungsweise **bargeldlos** (beide Vertragspartner verfügen über ein Konto) erfolgen, ist es ratsam, wenn die Beteiligten ein Girokonto eröffnen.

Folgende Schritte sind dafür erforderlich:

- Antrag auf Eröffnung eines Kontos (Formular der Bank)
- Nachweis der vollen Geschäftsfähigkeit; bei beschränkter Geschäftsfähigkeit (= jünger als 18 Jahre) ist die Zustimmung eines gesetzlichen Vertreters notwendig
- Abgabe von Unterschriftsproben aller Personen, die über das Konto verfügen dürfen (z. B. Eltern, Ehefrau bzw. Ehemann)
- Vorlage eines gültigen Personalausweises

Mit der Eröffnung eines Girokontos erhält der Kontoinhaber bestimmte Rechte, muss aber auch Pflichten erfüllen.

Karin Keller beim Bezahlen

Die Rechte des Kontoinhabers sind:

1. Teilnahme am bargeldlosen Zahlungsverkehr im In- und Ausland
2. Erteilung von Daueraufträgen
3. Teilnahme am Lastschriftverfahren
4. Teilnahme am Scheckverkehr
5. Aushändigung von Kontoauszügen
6. Ausstellung einer Bankkarte
   (mit der z. B. die meisten Zahlungsmöglichkeiten von Kapitel 4.1.5 genutzt werden können)
7. Überziehungsmöglichkeiten je nach vereinbartem Kreditlimit
   (z. B. bis zu zwei Monatsgehältern)
8. Anspruch auf Guthabenzinsen, auf einem Girokonto allerdings nur zu einem sehr niedrigen Zinssatz (z. B. 0,5 %), z. T. ohne Verzinsung

Auch beschränkt Geschäftsfähige können ein Konto eröffnen, das allerdings nicht überzogen werden kann. Meistens fallen auf diesen Konten keine Gebühren an und es muss die Erlaubnis eines Erziehungsberechtigten vorliegen.

Die Pflichten des Kontoinhabers sind:

1. Sorgfalt mit den von der Bank ausgestellten Formularen, wie Schecks, Überweisungen usw.
2. Zahlung von Gebühren für
   - laufende Buchungen (je nach Bank in unterschiedlicher Höhe)
   - Übersendung von Kontoauszügen
   - Scheckformulare und Scheckkarten
   - weitere Service-Leistungen je nach Bank
3. Zahlung von Zinsen bei Kontoüberziehung
4. Duldung von Datenübermittlung an die SCHUFA (Schutzgemeinschaft für allgemeine Kreditsicherung) bei Inanspruchnahme von Krediten (nach ausdrücklicher Zustimmung)

- *Karin Keller überlegt, ob sie nicht mit einem Sparbuch statt eines Girokontos auskommt. Helfen Sie ihr bei der Überlegung!*
- *Stellen Sie bei mindestens zwei Geldinstituten fest, welche Kontoführungsgebühren anfallen, und vergleichen Sie diese.*

4.1.3 Zahlung mit Scheck

Barscheck

Wird der Barscheck zur Abhebung vom eigenen Konto verwendet, ist der Scheckaussteller gleichzeitig Empfänger des Schecks (und des Geldes). Soll der Barscheck dagegen zur Bezahlung einer offenen Rechnung an einen Gläubiger weitergegeben werden, können zwei Probleme auftauchen:

1. Der Gläubiger ist nicht bereit den Scheck entgegenzunehmen, da er nicht weiß, ob der Scheck gedeckt ist. Die Bank jedenfalls schreibt den Betrag auf dem Konto des Überbringers nur gut mit dem einschränkenden Hinweis „Eingang vorbehalten".

2. Der Scheck kann verloren gehen und dann von jedem (auch unehrlichen) Überbringer eingelöst werden.

Verrechnungsscheck

Um Nachteile bei Verlust oder missbräuchlicher Verwendung zu vermeiden, werden Verrechnungsschecks verwendet. Diese können nur auf dem Empfängerkonto gutgeschrieben werden, eine Bareinlösung ist nicht möglich.

Jeder Barscheck kann durch die Aufschrift „Nur zur Verrechnung" in einen Verrechnungsscheck verwandelt werden. Die Aufschrift erfolgt

Die Überbringerklausel auf einem Barscheck kann nicht gestrichen werden! (Streichung gilt als nicht erfolgt!)

4 Der Umgang mit Geld

*Der **Eurocheque** mit Einlösegarantie ist 2002 abgeschafft worden. An seine Stelle sind Bank-Card und Kreditkarte getreten.*

Soweit die BIC- und IBAN-Nummer nicht schon auf Ihrem Kontoauszug aufgedruckt ist, sollten Sie sich diese bei Bedarf von Ihrer Bank mitteilen lassen.

Weitere Informationen dazu im Internet:
- *www.ecbs.org*
- *www.zahlungs-verkehrsfragen.de*

quer über die linke obere Ecke. Es ist auch üblich, statt mit der Aufschrift den Scheck mit zwei Querstrichen in der linken oberen Ecke in einen Verrechnungsscheck umzuwandeln. Umgekehrt kann ein Verrechnungsscheck aber nicht in einen Barscheck umgewandelt werden.

4.1.4 Überweisung und Lastschrift

Überweisung (Inland)

Mit einer Überweisung kann der Aussteller einen Geldbetrag von seinem Konto auf ein anderes Konto umbuchen lassen. Diese Art der bargeldlosen Zahlung bietet sich bei einzelnen Rechnungen an, die **unregelmäßig und in unterschiedlicher Höhe** anfallen.

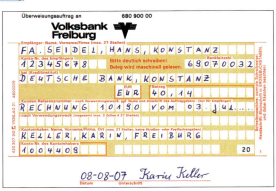

Häufig fügt der Zahlungsempfänger seiner Rechnung einen bereits vorgefertigten Überweisungsauftrag bei. Dann müssen nur noch die eigene Kontonummer, die Bankleitzahl und die Unterschrift eingetragen werden.

Die meisten Banken nehmen inzwischen an dem EZÜ-Verfahren teil (**E**lektronischer **Z**ahlungsverkehr für Einzel**ü**berweisungen). Deshalb braucht in Zukunft nur noch das erste Blatt bei der Bank eingereicht zu werden. Zahlender und Empfänger erhalten die Überweisungsmitteilung über ihren Kontoauszug.

Für regelmäßig wiederkehrende Zahlungen bieten sich zwei Sonderformen der Überweisung an, der Dauerauftrag und das Lastschriftverfahren.

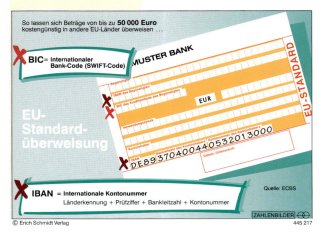

Überweisung (EU-Standardüberweisung)

Seit Mitte 2003 dürfen für Überweisungen in die meisten EU-Länder von den Banken nur noch die gleichen Gebühren erhoben werden wie im Inland. Das dazu notwendige Überweisungsformular sieht aus wie das Formular für Inlandsüberweisungen, zur Identifizierung der Bank muss zusätzlich der *Bank Identifier Code* (BIC) angegeben werden sowie die 22-stellige *International Bank Account Number* (IBAN).

4.1 Zahlungsmöglichkeiten

Dauerauftrag

Der Dauerauftrag ist sinnvoll, wenn Zahlungen **in regelmäßigen Abständen und in immer gleicher Höhe** über einen längeren Zeitraum fällig sind. Die Bank sorgt für die termingerechte Ausführung, sodass man sich selber nicht mehr darum kümmern muss.

„Welche Zahlungen sollte ich mit
■ Überweisung,
■ Dauerauftrag oder
■ Lastschrift
vornehmen?"

Lastschriftverfahren

Müssen Zahlungen geleistet werden, die in **unregelmäßigen Abständen und/oder in unterschiedlicher Höhe** anfallen, ist kein Dauerauftrag möglich. Dafür bietet sich das Lastschriftverfahren an. Die Lastschrift ist gewissermaßen die Umkehrung einer Überweisung, wobei es zwei Varianten gibt:

Das Lastschriftverfahren hat den Vorteil, dass der Empfänger die Einzugsgebühren zahlen muss. Der Zahlungspflichtige sollte aber seine Kontenbewegungen sehr genau überprüfen!

■ Einzugsermächtigung

Bei diesem Verfahren erteilt der Zahlungspflichtige (Kunde) *dem Zahlungsempfänger (Verkäufer)* eine so genannte Einzugsermächtigung (vgl. nebenstehendes Beispiel). Der Zahlungsempfänger braucht der Bank gegenüber lediglich zu erklären, dass ihm eine schriftliche Einzugsermächtigung vorliegt. Die Erklärung kann vom Zahlungspflichtigen jederzeit widerrufen werden. Bei falschen oder unberechtigten Abbuchungen kann innerhalb von sechs Wochen (ohne Begründung) Widerspruch bei der eigenen Bank eingelegt werden und der Betrag muss dann zurückgebucht werden. Die Einzugsermächtigung erlischt automatisch, wenn das zugrunde liegende Vertragsverhältnis aufgelöst wird.

Einzugsermächtigung

An die
Badenova-Energie, Freiburg

Hiermit ermächtige ich die oben genannte Firma, die monatlichen Abschlagszahlungen für Strom, Gas und Wasser von meinem nachstehenden Konto durch Lastschrift einzuziehen:

Bank: XY-Bank
Konto-Nr.: 1234567
BLZ: 660 900 99
Datum: 15. Oktober 20..

Unterschrift:
Karin Keller

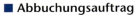

4 Der Umgang mit Geld

■ **Abbuchungsauftrag**

Bei dieser zweiten, nicht so häufig genutzten Form der Lastschrift geht der Auftrag *an die eigene Bank*, bestimmte Abbuchungsanforderungen eines Verkäufers oder Lieferanten einzulösen. Ein Widerspruch ist hier normalerweise nicht möglich.

4.1.5 Zahlung mit Karten

Die Zahlung mit „Plastikgeld" hat in den letzten Jahren enorm zugenommen. Die wichtigsten Kartenarten sind:

Bankkarte

Die Bankkarte (auch „BankCard" genannt) ist eine universell einsetzbare Karte, mit der die verschiedensten Bankgeschäfte abgewickelt werden können.

*Das **ec**-Symbol steht nicht mehr für **E**urocheque wie bisher, sondern für **E**lectronic **C**ash, und das Maestro-Symbol deutet an, dass diese Karte weltweit bei den entsprechenden Akzeptanzstellen mit diesem Zeichen eingesetzt werden kann.*

Die Geheimzahl (PIN) sollte nirgends aufgeschrieben werden, damit im Falle des Verlustes der Karte kein Missbrauch damit getrieben werden kann.

Bei der eigenen Bank können damit beispielsweise am Geldautomaten Barabhebungen vom eigenen Konto vorgenommen und (sofern mit der Bank vereinbart) die Kontoauszüge auf einem Kontoauszugsdrucker ausgedruckt werden. Wichtiger sind aber die Einsatzmöglichkeiten der Bankkarte zur Geldbeschaffung bei beliebigen Geldinstituten im In- und Ausland sowie beim täglichen Einkauf, auf Geschäftsreisen und im Urlaub.

Aus Sicherheitsgründen ist der Einsatz der Bankkarte oft nur unter Verwendung einer Geheimzahl (PIN = **P**ersonal **I**dentification **N**umber) möglich, die man als Kontoinhaber von der Bank bekommt.

Und dies sind die wichtigsten Einsatzmöglichkeiten einer Bankkarte:
(Die Symbole auf der Rückseite der Bankkarte geben an, für welche Funktionen die jeweilige Karte zugelassen ist)

■ **Bargeldbeschaffung am Geldausgabeautomaten**

Bei allen Geldinstituten mit dem nebenstehendem Symbol kann man sich am Geldausgabeautomaten (GAA) mit Bargeld versorgen. Dies ist sowohl bei der eigenen Bank, als auch bei anderen Geldinstituten im Inland oder im europäischen Ausland möglich. Eine Karte mit Maestro-Symbol ist sogar weltweit einsetzbar. In jedem Fall ist aber die Eingabe der PIN zur Identifizierung notwendig.

Während der maximale Betrag, der pro Tag abgehoben werden kann, einheitlich 1.000 € beträgt, sind die Gebühren für das Abheben des Geldes sehr unterschiedlich. Bei der eigenen Bank ist die Bargeldbeschaffung in der Regel kostenlos, ansonsten sollte man die Gebührentabelle am Geldautomaten sehr genau lesen; zum Teil sind Gebühren bis zu 2 % fäl-

4.1 Zahlungsmöglichkeiten

lig. Einige Geldinstitute haben sich aber auch zusammengeschlossen und verlangen gegenseitig keine oder nur reduzierte Gebühren.

■ **Electronic Cash**

Mit Electronic Cash können Konsumenten bei Handel und Gastronomie ihre Einkäufe bzw. Rechnungen bargeldlos bezahlen. Je nach der Bereitschaft des Händlers, die unterschiedlichen Gebühren und das Risiko des tatsächlichen Geldeingangs zu übernehmen, gibt es drei Varianten:

■ *Zwei Drittel der Umsätze im Einzelhandel werden bar bezahlt; ein Drittel mit Karte und davon bis zum 31. 12. 2006 gut die Hälfte nach dem POZ-Verfahren, das mittlerweile durch das ECC-Verfahren ersetzt wurde.*

■ **POS (Point Of Sale)**
Dies ist die Zahlung mit der Bankkarte plus PIN-Eingabe am Multifunktionsterminal durch den Kunden. Es erfolgt eine Online-Autorisierung der Kartendaten (mit Limit-Überprüfung) und eine Abfrage in einer sogenannten Sperrdatei, ob die Karte gesperrt oder sogar gestohlen ist. Diese Abfragen sind für den Händler natürlich kostenpflichtig, dafür aber ist die Zahlung garantiert.

■ **ECC (Electronic Cash mit Chip)**
funktioniert im Prinzip wie das POS-Verfahren, es wird aber nicht bei jeder Zahlung eine Autorisierung vorgenommen. Im Chip wird ein Verfügungsrahmen über einen bestimmten Betrag und einen bestimmten Zeitraum gespeichert. Nur wenn das Terminal feststellt, dass der Verfügungsrahmen ausgeschöpft oder der Zeitraum abgelaufen ist, erfolgt eine neue Autorisierung.

■ **ELV (Elektronisches Lastschriftverfahren)**
Bei diesem Verfahren muss der Kunde eine Einzugsermächtigung unterschreiben, es findet aber keinerlei Autorisierung oder Abfrage in der Sperrdatei statt, sodass der Händler dabei ein nicht unerhebliches Risiko eingeht. Die Bankkarte muss vorgelegt werden, weil anhand der gespeicherten Daten der Lastschriftbeleg (Beispiel siehe rechts) ausgedruckt wird. Anders als beim normalen Lastschriftverfahren sind dem Händler beim ELV Name und Adresse des Kunden nicht bekannt. Daher muss der Kunde seiner Bank erlauben – bei Nichteinlösung – diese Daten dem Händler mitzuteilen.

Diese Zahlungsmöglichkeiten haben für alle Beteiligten Vorteile:

Für den Kunden
- ■ Nur geringer Bargeldvorrat notwendig
- ■ Jederzeitige Zahlungsfähigkeit (ggf. Verfügung bis zum Kreditlimit)

4 Der Umgang mit Geld

Für das Geschäft
- Sicherheit des Zahlungseingangs (nur bei POS)
- Geringeres Falschgeld- und Beraubungsrisiko
- Vereinfachung des Zahlungsvorgangs
- Vermeidung von Kassenfehlbeständen

Für die Bank
- Weniger Belege
- Weniger Korrespondenz
- Kosteneinsparung (Gebührensenkung)
- Modernes Image

Ganz kostenlos ist diese Zahlungsmöglichkeit natürlich nicht. In der Regel trägt das Geschäft die Kosten für die technische Ausstattung und die bei jeder Buchung fälligen Autorisierungs- und Transaktionsgebühren. Wenn die Konkurrenzsituation es erlaubt, wird das Geschäft jedoch versuchen, diese Kosten über die Preise an die Kunden weiterzugeben.

Geldkarte

Die Geldkarte wird als ideale Ergänzung für die bargeldlose Zahlung im „Kleingeld"-Bereich angesehen. Es gibt sie als eigenständige Karte oder als Zusatzfunktion auf der Bankkarte (Chip). Sie kann jederzeit aufgeladen werden. Dazu gibt es bei den Banken entsprechende Ladegeräte, die bis zu 200,00 € vom eigenen Konto auf die Geldkarte übertragen können. Beim Zahlungsvorgang wird der Einkaufspreis von der Karte abgebucht, und der Händler kann sich turnusmäßig alle Geldkartenzahlungen auf seinem Konto gutschreiben lassen. Bei diesem Verfahren ist also keine Onlineprüfung notwendig, da schon beim Laden der Karte die Bonität des Kunden festgestellt wird.

Von einer Multifunktionskarte spricht man, wenn mehrere der folgenden Karten in einer enthalten sind:
- *Scheckkarte*
- *Kreditkarte*
- *Geldkarte*
- *Bankkarte*
- *Kundenkarte*

Diese Zahlungsmöglichkeit ist insbesondere für folgende Bereiche gedacht:
- Einzelhandelsgeschäfte
- Gastronomie
- Kioske (Zeitschriften, Tabakwaren)
- Automaten (Zigaretten, Fahrscheine, Schwimmbäder, Telefon)
- mobile Anbieter (Taxen, Heimdienste)

Die Geldkarte hat sich bisher nicht so stark durchgesetzt, wie es sich die Kreditwirtschaft eigentlich wünscht. Dies liegt u. a. daran, dass die Kunden mangels Einsatzmöglichkeiten noch nicht vom Nutzen der Geldkarte überzeugt werden konnten.

Kreditkarte

„Kann ich im Hotel ohne Bedenken Kreditkarten annehmen?"

Mit der Kreditkarte ist immer noch ein bestimmtes Image verbunden. Junge, moderne Leute, die als kreditwürdig angesehen werden – dazu reicht allerdings meist schon der Nachweis eines regelmäßigen Einkommens –, werden heftig umworben, eine Kreditkarte zu

4.1 Zahlungsmöglichkeiten

beantragen. Die Einsatzmöglichkeiten liegen im gehobenen Konsumgüter- und Dienstleistungsbereich (Modebranche, Boutiquen, Schmuckateliers, Hotels, Fluggesellschaften). Geschäfte, die Kreditkarten akzeptieren, signalisieren dies meist durch einen entsprechenden Aufkleber im Schaufenster.
Die Bezahlung mit Kreditkarte ist ähnlich einfach wie mit der Bankkarte. Bei Einkauf in einem Geschäft, das der entsprechenden Kreditkartenorganisation angeschlossen ist, braucht nur die Kreditkarte vorgelegt und der Einkaufsbeleg unterschrieben zu werden.
Diese Art der Zahlung wird durch das Zusammenspiel von vier Partnern ermöglicht, die untereinander vertraglich und geschäftlich verbunden sind:

Es gibt neuerdings eine einheitliche Telefonnummer (116 116) unter der alle Karten (z. B. bei Verlust) gesperrt werden können. Siehe auch **www.sperr-notruf.de**

① Der Kunde beantragt die Ausstellung einer Kreditkarte.
② Nach Prüfung der Kreditwürdigkeit (Bonität) des Antragstellers wird die Karte ausgestellt.
③ Der Karteninhaber kauft bei angeschlossenen Vertragsunternehmen ein (Boutiquen, Kaufhäuser, Hotels, Restaurants, Reisebüros, Fluggesellschaften, Mietwagenunternehmen).
④ Der Karteninhaber unterschreibt die Kaufbelege und erhält eine Durchschrift.
⑤ Die Vertragsunternehmen schicken die Belege an die Kreditkartenorganisation zur Abrechnung.
⑥ Die Kreditkartenorganisation legt dem Karteninhaber monatlich eine Abrechnung vor.
⑦ Der Gesamtbetrag wird vom Konto des Karteninhabers abgebucht (eine Einzugsermächtigung ist erforderlich).
⑧ Die Bank schickt den Lastschriftbeleg zusammen mit dem Kontoauszug an den Karteninhaber.

Die **Vorteile** für den Karteninhaber bestehen vor allem darin, dass er als besonders kreditwürdig angesehen wird und er jederzeit zahlungsfähig ist, ohne größere Geldbeträge oder Scheckformulare mit sich tragen zu müssen. Mit einer Kreditkarte kann man sich auch Bargeld und im Ausland Fremdwährung beschaffen. Da zwischen Kauf und Abbuchung des

Prepaid-Kreditkarte:
Eine Kreditkarte erhält man von seiner Bank nur, wenn eine entsprechende Bonität vorliegt und es keine negativen SCHUFA-Einträge gibt. Banken bieten Betroffenen neuerdings aber die sogenannten Prepaid-Kreditkarten an, bei denen man nur über zuvor ‚hochgeladene' Beträge verfügen kann (Kreditkarte auf Guthabenbasis).

131

4 Der Umgang mit Geld

Achtung:
Verbraucherschützer relativieren den Nutzen von Kunden- und Bonuskarten:
- *Die Gesamtersparnis ist meistens weniger als 1,5 %.*
- *Kunden mit Bonuskarten neigen dazu mehr auszugeben, als eigentlich geplant.*
- *Es besteht die Gefahr, dass das Kaufverhalten der Kunden ausspioniert wird.*

Kaufbetrages auf dem eigenen Konto einige Wochen liegen können, ergibt sich ein zusätzlicher Zinsgewinn.

Zu den **Nachteilen** zählt, dass man sich diesen Service durch eine Jahresgebühr von bis zu 75 € je nach Kreditkartenorganisation erkaufen muss. Auch die Gefahr, dass man seine finanziellen Möglichkeiten überschätzt, ist bei dieser Art der Zahlung größer, da man den Überblick über die laufenden Ausgaben verlieren kann. Bei Verlust der Kreditkarte ist ein Missbrauch durch Fälschung der Unterschrift möglich. Der Eigenanteil bei dem dabei entstehenden Schaden beträgt allerdings nur 50 €.

Kundenkarte

Viele große Kaufhäuser und (nationale und internationale) Kaufhausketten bieten ihren Kunden sogenannte **Kundenkarten** an, mit denen sich genauso bequem einkaufen lässt wie mit einer Kreditkarte.

Der Vorteil besteht darin, dass sie im Allgemeinen kostenlos ausgegeben werden, allerdings kann damit nur in dem jeweiligen Kaufhaus eingekauft werden. Die Kaufhäuser erhoffen sich dadurch eine stärkere Bindung der Kunden an ihr Geschäft, und sie sparen die Gebühren, die sie an die Kreditkartenorganisationen zahlen müssten.

4.1.6 Neuere Verfügungsformen

Telefonbanking

Um dem Kunden den Weg zur Bank zu ersparen und ihn auch außerhalb der regulären Öffnungszeiten bedienen zu können, bieten viele Banken das Telefonbanking an. Bei diesem Verfahren wickelt der Kunde seine Bankgeschäfte im Dialogverfahren über das Telefon ab, wobei außer den Ziffern des

Tastenfelds die Zeichen # und * verwendet werden. Voraussetzung ist, dass das Telefon auf Tonwahl (Mehrfrequenzwahl) eingestellt ist.

Nach Anwahl der Bank über eine Spezialnummer muss der Kunde seine Kontonummer und eine Geheimzahl über das Tastenfeld eingeben und jeweils mit einem Sonderzeichen abschließen. Anschließend wird ihm über eine automatische Ansage ein „Hauptmenü" (wie bei einem Computerprogramm) vorgegeben, aus dem er durch Eingabe der gewünschten Ziffer auswählen kann.

Bei einigen Menüpunkten wird ein Untermenü angesagt, aus dem wiederum durch Eingabe einer Ziffer eine Auswahl getroffen werden kann.

Telefonbanking ist praktisch eine Vorstufe des Homebankings – allerdings ohne den großen technischen Aufwand. Zielgruppen sind insbesondere Vielreisende, die die Öffnungszeiten der Banken nur schwer einhalten können, und Besitzer von Handys.

Die meisten Banken haben ein Testkonto für das Telebanking. Erfragen Sie die Nummer bei einer Bank Ihrer Wahl und testen Sie das Verfahren.

4.1 Zahlungsmöglichkeiten

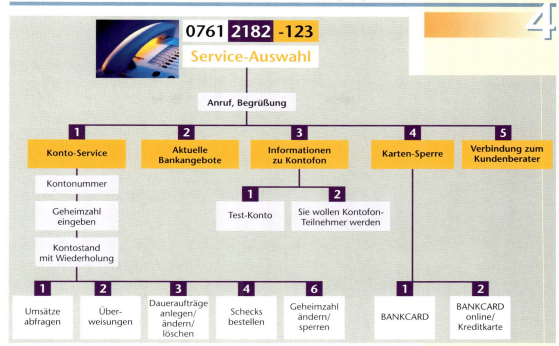

Onlinebanking

Bankkunden, die einen Internet-Anschluss haben, können bei entsprechenden Voraussetzungen bequem von zu Hause ein breites Leistungsspektrum der beteiligten Bank in Anspruch nehmen – und dies an 7 Tagen in der Woche und 24 Stunden am Tag –, meistens zu günstigeren Konditionen als bei herkömmlicher Kundenverwaltung.
Die wesentlichen Serviceleistungen sind:
- Anzeige aller Kontenbewegungen und aktueller Kontostand
- Abwicklung des gesamten Zahlungsverkehrs
- Daueraufträge verwalten (erteilen, ändern, löschen)
- Wertpapierdepot verwalten
- Abruf von aktuellen Informationen zu Geld- und Kapitalanlagen
- Mitteilungen an die Bank

Die Bildschirmgestaltung ist beim Onlinebanking oft den bekannten Papierformularen nachempfunden, sodass die Handhabung erleichtert wird. Aus Sicherheitsgründen muss man sich als Benutzer mit einer PIN anmelden und jede Kontobewegung muss mit der Eingabe einer Transaktionsnummer (TAN) als Unterschriftersatz abgeschlossen werden.

Folgende „technische" Voraussetzungen sind erforderlich:
- *PC mit Modem oder ISDN-Karte*
- *Anschlusskennung der Telekom*
- *Homebanking-Vertrag mit der Bank*
- *PIN (persönliche Identifikationsnummer) und TANs (Transaktionsnummern als Unterschriftersatz)*

Vorsicht:
- *Kriminelle fischen nach Ihren Passworten (Kunstwort: „Phishing").*
- *Antworten Sie niemals auf E-Mails, die von Ihnen PIN- oder TAN-Eingaben verlangen!*

SB-Terminals

Viele Banken statten ihre Eingangshallen oder auch ganze Zweigstellen mit Selbstbedienungsautomaten aus, an denen die wesentlichen Bankgeschäfte abgewickelt werden können. Dies hat den Vorteil, dass auch Kunden außerhalb der üblichen Geschäftszeiten „bedient" werden können, die nicht selber Telefonbanking oder Onlinebanking einsetzen möchten.

Außer der Möglichkeit, Geld abzuheben und Kontoauszüge auszudrucken, stehen im Allgemeinen alle Geschäfte zur Verfügung, die auch bei Homebanking möglich sind. Darüber hinaus wird das Angebot oft auch auf nicht banktypische Geschäfte ausgedehnt, wie Versicherungsangebote, Reservierungsmöglichkeiten und Ticketverkauf.

„Den Direktbanken gehört die Zukunft" – so hoffen jedenfalls die Bankmanager. ... und wie sieht die Wirklichkeit aus?

Direktbanken

Die Direktbanken (häufig Tochtergesellschaften bekannter Großbanken) haben keine Haupt- und keine Zweigstellen – sie sind ausschließlich über Telefon oder Onlinebanking zu erreichen. Anhand eines Vergleichs von Vor- und Nachteilen kann man sich überlegen, ob dieses Angebot für die eigene Person infrage kommt:

Vorteile	Nachteile
sehr günstige Konditionen, da keine Zweigstellen, wenig Personal und starke Rationalisierungsmöglichkeiten	hoher Aufwand für technische Abwicklung und Werbung
hohe Spezialisierung	hohe Telefonkosten für den Kunden (u. U. lange Wartezeiten bis zur Bedienung)
jederzeit erreichbar	nur standardisierte Angebote (Zahlungsverkehr und Geldanlagen)
modernes Image	nur eingeschränkte Kreditvergabe
	keine Individualität und wenig Beratung

Zahlung im Internet (E-Payment)

Kurz vor der „Kasse" findet die Shoppingtour im Internet oft ein Ende. Vielen potenziellen Käufern ist das Bezahlverfahren im Internet schlicht zu unsicher, zu kompliziert oder zu umständlich.

Wird ein Geschäft über das Internet abgeschlossen, so wirft die Frage der Zahlung oft einige spezielle Probleme auf. Einerseits soll der Vertrag

4.1 Zahlungsmöglichkeiten

möglichst ebenso schnell und einfach abgewickelt werden wie der Einkauf in einem Ladengeschäft, andererseits müssen sich gerade bei den Bezahlvorgängen beide Vertragspartner auf eine ordentliche und sichere Durchführung verlassen können.

Im „normalen" Geschäftsverkehr wird unmittelbar Ware gegen Geld getauscht (Alltagsgeschäft) oder es ist üblich, dass erst die Ware geliefert und anschließend gezahlt wird. Dies ist bei vielen Internetgeschäften umgekehrt, erst muss die Bezahlung erfolgen und dann wird die Ware geliefert.

Um hier eine gewisse „Gleichberechtigung" herzustellen, kann ein sogenannter **Treuhänder** zwischengeschaltet werden, der das Geld erst an den Lieferanten weiterleitet, wenn die Ware beim Empfänger eingetroffen ist. In Deutschland wird häufig eine der „herkömmlichen Zahlungsmodalitäten" (vgl. Kapitel 11) gewählt, die auch außerhalb des E-Commerce verwendet werden, wie Kreditkarte, Lastschrift, Nachnahme, Überweisung oder Scheck.

Für das Bezahlen eines Musik-Downloads oder einer Hausarbeit in Höhe von wenigen Euros sind die genannten Möglichkeiten viel zu aufwendig. Die folgenden Bezahlsysteme erfüllen die Anforderungen nach **Sicherheit** (Schutz gegen Missbrauch), **Einfachheit** (leichte Bedienung) und **Geschwindigkeit** (keine umständliche immer wieder neue Anmeldung und sofortige Verfügbarkeit):

Cent-Beträge:
So viel kosten „kleine" Angebote im Internet:
- Testvergleich bei der Stiftung Warentest 1 €
- Artikel aus dem Spiegel-Archiv je nach Umfang 50 Cent bis 2 €
- Songs bei PopFile 99 Cent

	click&buy	PayPal	giropay	T··Pay···
Anbieter	Wird von der schweizer Firma **Firstgate** angeboten.	PayPal ist eine Tochterfirma von **eBay** und wird deswegen vielfach genutzt.	Relativ neues Angebot der **Volks- und Raiffeisenbanken** sowie der **Postbank** und der **Sparkassen**.	Dies Verfahren wird von der **Telekom** angeboten.
Internet	www.cklickandbuy.com	www.paypal.de	www.giropay.de	www.t-pay.de
Prinzip	Kunde meldet sich mit Angabe der Bankverbindung bzw. Kreditkarte bei **ClickandBuy** an. Beim Interneteinkauf kann man dann bei Anbietern mit diesem Logo einkaufen, indem man sich mit Benutzername und Passwort anmeldet. Der Betrag wird abgebucht.	Kunde muss bei PayPal ein Konto eröffnen. Einkäufe im Internet werden diesem Konto belastet, das wiederum vom eigenen Bankkonto aufgefüllt wird. Im Betrugsfall ist der Kunde bis 500 € abgesichert. PayPal bietet „Privatkonten" und „Geschäftskonten" an.	Kunde wird nach Eingabe der BLZ auf sein Onlinebanking geleitet (das ist Voraussetzung) und kann sich dort normal anmelden. Das Überweisungsformular ist automatisch ausgefüllt und muss nur noch mit einer TAN abgeschickt werden.	Kunde muss sich bei T-Pay anmelden. Kunden der Telekom werden die Einkaufsbeträge im Internet dann der Telefonrechnung belastet. Man kann sich aber auch, wie andere Kunden, mit Bankverbindung oder Kreditkarte anmelden.
Verbreitung (nach eigenen Angaben der Anbieter)	Ca. 7 Millionen Kunden und 7000 Anbieter (u. a. Stiftung Warentest, Spiegel, Focus, RTL).	Ca. 80 Millionen Kunden in mehr als 45 Ländern.	k. A.	k. A.

Die Sicherheit ist bei allen Verfahren durch die üblichen Verschlüsselungsverfahren gewährleistet. Während die Nutzung für die Kunden kostenlos ist, müssen die Internethändler z. T. eine einmalige Anmeldegebühr, monatliche Grundgebühren und/oder eine Provision auf den Umsatz zahlen. Nur knapp 40 % der deutschen Internetshops bieten überhaupt die Möglichkeit zur Zahlung mit speziell zugeschnittenen Online-Zahlungssystemen an und die Tendenz, traditionelle Zahlungsarten zu verwenden, ist sogar noch ansteigend.

4 Der Umgang mit Geld

Überblick

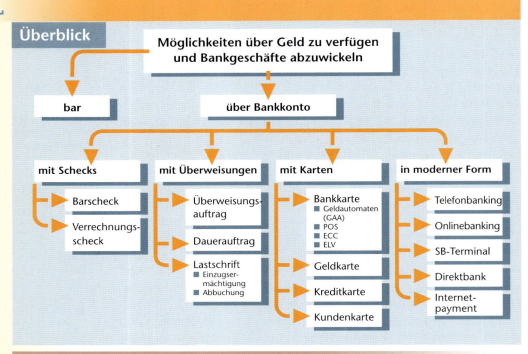

Aufgaben zur Wiederholung und Vertiefung   Inhaltsbezug Seite

1 a) Was muss bei der Eröffnung eines Kontos beachtet werden?
   b) Wozu berechtigt Sie die Eröffnung eines Kontos, welche Pflichten gehen Sie
      gegenüber der Bank ein?   124, 125

2 Arbeiten Sie den Unterschied zwischen einer Zahlung per Überweisung
   und per Scheck heraus.   125, 126

3 Arbeiten Sie an Beispielen heraus, wann es sinnvoller ist, mit Dauerauftrag
   oder mit Lastschrift zu zahlen.   127

4 Immer wichtiger im Zahlungsverkehr werden die Kreditkarten.   130-132
   a) Wie kommt man zu einer Kreditkarte?
   b) Wie kann man damit zahlen?
   c) Welche Vor- und Nachteile verbinden sich mit der Kreditkarte?

5 Mit der Bankkarte kann man an Geldautomaten auch außerhalb der Banköffnungszeiten
   Geld holen. Welche Besonderheit muss hierbei beachtet werden?   128–130

6 Was versteht man unter a) Electronic cash? b) Onlinebanking?   129, 133

7 Sie müssen einen Betrag über 180,– € zahlen.
   a) Welche Möglichkeiten haben Sie,
      wenn Sie sofort bezahlen müssen?   124-135
   b) Ergeben sich andere Zahlungsmöglichkeiten,
      wenn es sich um eine Rechnung handelt,
      die erst in 10 Tagen fällig ist?
   c) Welche Kosten verursachen die von Ihnen
      vorgeschlagenen Zahlungsmöglichkeiten?

8 Übertragen Sie folgendes Schema in Ihr Heft und
   tragen Sie in die Kästchen ein, welche Karte sich
   für den jeweiligen Kaufbereich besonders gut eignet.
   Begründen Sie Ihre Entscheidung.   128-133

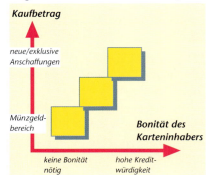

4.2 Kaufkraftschwankungen

4.2.1 Wert des Geldes (Kaufkraft)

Jeder Konsument merkt es beim Einkauf, dass mal das eine, dann das andere Produkt teurer geworden ist. Anders ausgedrückt kann man sagen, für eine bestimmte Geldmenge (z. B. das monatliche Einkommen) können nun weniger Güter eingekauft werden – die **Kaufkraft** ist gesunken. Preise und Kaufkraft verhalten sich also gegenläufig: Je höher die Preise, desto niedriger die Kaufkraft. Allgemein gilt:

„Als ich klein war, bekam ich für umgerechnet 50 Cent 10 Kaugummi, heute nur noch 8."

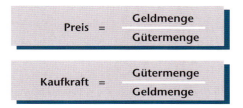

$$\text{Preis} = \frac{\text{Geldmenge}}{\text{Gütermenge}}$$

$$\text{Kaufkraft} = \frac{\text{Gütermenge}}{\text{Geldmenge}}$$

Um wie viel Prozent ist der Preis gestiegen und die Kaufkraft gesunken?

Die Kaufkraft ist in der Bundesrepublik durchaus unterschiedlich verteilt. Für die Absatz- und Standortüberlegungen der Firmen kann dies sehr bedeutsam sein. Die durchschnittliche Kaufkraft beträgt zirka 1 200,00 € monatlich pro Bürger (vom Baby bis zum Greis), ist aber in den reichsten Regionen (z. B. um Frankfurt und München) doppelt so hoch wie in den ärmsten Regionen.

Auch im Zeitvergleich hat sich die Kaufkraft stark verändert. Trotz aller Bemühungen der Deutschen Bundesbank hatte die D-Mark in den 54 Jahren ihres Bestehens gut zwei Drittel ihrer Kaufkraft eingebüßt. Dabei muss aber beachtet werden, dass ein Arbeitnehmer von seinem Lohn heute vier Mal so viel kaufen kann wie zur Zeit der Währungsreform (1948). Lohnerhöhungen sind also nicht durch den Kaufkraftverlust vollkommen aufgezehrt worden, sondern haben sich in einer Steigerung des Lebensstandards niedergeschlagen.

Vergleich der Kaufkraft

Für diese Produkte musste ein Arbeitnehmer so lange arbeiten, in Stunden (h) und Minuten (min):

Praxisbeispiele	1960	2005
Mischbrot (1 kg)	20 min	10 min
Butter (250 g)	39 min	4 min
Kaffee (250 g)	1 h 46 min	9 min
Kotelett (1 kg)	2 h 37 min	30 min
Strom (10 kWh)	30 min	9 min
Benzin (10 l)	2 h 20 min	54 min
Zeitung (1 Monat)	1 h 20 min	1 h 32 min

Quelle: HIW

4 Der Umgang mit Geld

4.2.2 Kaufkraftmessung

Damit die Preissteigerungen (Inflation) richtig beurteilt werden können, errechnet das Statistische Bundesamt in Wiesbaden den **Verbraucherpreisindex für Deutschland (VPI)**.

Für ein bestimmtes **Basisjahr** stellt man fest, welche Waren in welchen Mengen im Monat von den Haushalten eingekauft werden. Dabei werden die Single- und Rentnerhaushalte ebenso berücksichtigt wie Arbeitnehmerhaushalte mit Kindern und unterschiedlicher Einkommenshöhe sowie (groß-)städtische und ländliche Haushalte.

Die Zusammensetzung der so ermittelten Waren und Dienstleistungen nennt man **Warenkorb**. Die Preise werden monatlich von ausgewählten Berichtshaushalten an das Statistische Bundesamt gemeldet und dieses errechnet mithilfe eines Wägungsschemas (= Anteil der Waren im Korb, vgl. Grafik S. 139) die Preiserhöhungen (= Inflationsrate) und den Preisindex (Basisjahr wird = 100 gesetzt). Auf diese Weise werden Monat für Monat ungefähr 750 Waren und Dienstleistungen mit 350 000 Einzelpreisen erhoben.

Da sich Einkommen und Verbrauchsgewohnheiten im Laufe der Zeit ändern, wird der Warenkorb ca. alle fünf Jahre neu zusammengestellt. Neue Waren kommen hinzu, andere werden entsprechend dem gewandelten Lebensstandard herausgenommen.

„Ob der amtliche Warenkorb wohl auch meine Verbrauchsgewohnheiten widerspiegelt?"

Da die Erhebung der Daten für einen neuen Warenkorb einen enormen statistischen Aufwand bedeutet, verzögert sich die Veröffentlichung der Daten sehr stark (Warenkorb 2000 erst im Februar 2003).

*Seit dem Jahr 2000 wird der sogenannte **h**armonisierte **V**erbraucher**p**reis**i**ndex (HVPI) durch das Europäische Statistische Amt (Eurostat) veröffentlicht. Dieser wird einheitlich in allen EU-Staaten erhoben und unterscheidet sich nur unwesentlich vom deutschen VPI.*

*Während z. B. **1950** Kernseife, Kaffeeersatz und Brennholz wichtige Bestandteile waren,*

*kamen **1958** Suppenhühner, Schallplatten und elektrische Haushaltsgeräte in den Warenkorb.*

***1970** wurden erstmals Farbfernseher, Stereoanlagen und Geschirrspüler erfasst,*

***1976** dagegen Quarzuhren, Taschenrechner, Herren-Lederjacken und Pizza-Fertiggerichte in den Warenkorb gesteckt,*

***1980** erweitert auf Videorekorder, Walkman, Personalcomputer, Skateboard,*

***1985** auf bleifreies Benzin, Videokamera, Diätmargarine,*

***1995** aktualisiert durch Kiwi, Körnerbrot, Einwegfeuerzeug, Mikrowellenherd, CD-ROMs.*

***2000** neu aufgenommen: Digitalkamera, Internetanschluss, Pflegekosten, Pizzaservice, Fitnessstudio, CD-Rohlinge (statt Disketten).*

Neue Messlatte für die Preise

Wägungsschemata für den Preisindex für die Lebenshaltung aller privaten Haushalte
Gewichte angegeben in Promille

Warengruppe	Alt: Warenkorb 1995	Neu: Warenkorb 2000
Nahrungsmittel und alkoholfreie Getränke	131,26	103,35
Alkoholische Getränke, Tabakwaren	41,67	36,73
Bekleidung und Schuhe	68,76	55,09
Wohnung, Wasser, Strom, Gas und andere Brennstoffe	274,77	302,66
Hausrat und laufende Instandhaltung des Hauses	70,56	68,54
Gesundheitspflege	34,39	35,46
Verkehr	138,82	138,65
Nachrichtenübermittlung	22,66	25,21
Freizeit und Kultur	103,57	110,85
Bildungswesen	6,51	6,66
Hotels, Cafés und Restaurants	46,08	46,57
verschiedene Waren u. Dienstleistungen	60,95	70,23

 © Globus   Quelle: Statistisches Bundesamt

Können Sie erklären, warum der Anteil der Warengruppen und Dienstleistungen innerhalb von fünf Jahren teilweise ziemlich stark zu- oder abgenommen habt? Wie sehen die Verschiebungen wohl langfristig aus?

Mängel der Kaufkraftmessung:

- Die Entwicklung der Technik ermöglicht bei vielen Produkten **Qualitätsverbesserungen**, die meist Preiserhöhungen mit sich bringen. Solange der Warenkorb unverändert bleibt, wird damit eine Preiserhöhung registriert, die aber begründet ist, weil das Produkt einen höheren Wert besitzt.
- Um die Preissteigerungen genau feststellen zu können, müssen die Verbrauchsmengen des Basisjahres konstant gehalten werden, obwohl der **Verbrauch in Wirklichkeit nicht konstant** bleibt.
- Es handelt sich um einen **Durchschnittsverbrauch**, der nicht für jeden Haushalt gültig ist. Es hängt von den Konsumgewohnheiten des einzelnen Haushalts ab, ob die berechneten Preissteigerungen wirklich für ihn zutreffen.

Beispiel für die Berechnung des Verbraucherpreisindex

Jahr	1995	1997	1999	2000	2002	2004	2005	2006
jährliche Preiserhöhung (= Inflationsrate)	1,7	1,9	0,6	1,5	1,4	1,2	2,1	2,1
Preisindex zum Basisjahr 1995	100,0	103,3	105,0	106,6	110,2	112,8	115,2	117,3
Preisindex zum Basisjahr 2000				100,0	103,4	105,8	108,0	110,1

Damit haben sich die Preise von 1995 bis 2005 um ca. 15 % und von 2000 bis 2005 um ca. 8 % erhöht.
(Quelle Statistisches Bundesamt und eigene Berechnungen).

4 Der Umgang mit Geld

4.2.3 Inflation und Deflation

Jedes Jahr werden in einer Volkswirtschaft eine Vielzahl von Gütern und Diensten angeboten, die jeweils auch zu einem bestimmten Preis nachgefragt werden. Angebot und Nachfrage gleichen sich über den Preis aus. Solange sich dieses Verhältnis zwischen Güter- und Geldmenge nicht ändert, bleibt der Geldwert bzw. die Kaufkraft stabil.

Stabilität: Mit einer bestimmten Menge Geld kann über einen längeren Zeitraum die gleiche Gütermenge erworben werden.

Inflation: Die Preise steigen, die Kaufkraft sinkt.

Stabilität liegt vor, wenn in einem bestimmten Zeitraum die Menge der auf dem Markt angebotenen Güter und Dienste **gleich** der nachfragewirksamen Geldmenge ist.

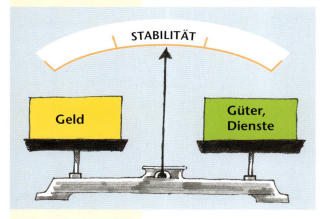

Geben nun Verbraucher, Unternehmer und/oder Staat mehr Geld als im Vorjahr aus, ohne dass die Produktion steigt, so tritt die Situation ein, dass mehr nachfragewirksames Geld als angebotene Güter am Markt vorhanden ist. Ein Ausgleich zwischen Angebot und Nachfrage kann nur durch Preissteigerungen zustande kommen. Das gleiche Ergebnis entsteht, wenn bei sinkender Produktion die Geldmenge gleich bleibt.

Inflation liegt vor, wenn die nachfragewirksame Geldmenge **größer** ist als die vorhandene Gütermenge.

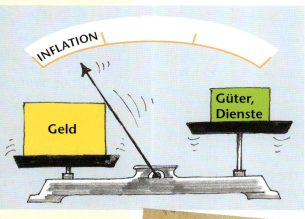

Diese Postkarte stammt aus dem Jahre 1923. Die Briefmarke zur Beförderung der Postkarte lautet auf 20.000.000.000 Mark (!!) und war fünf Tage später doppelt so teuer.

140

4.2 Kaufkraftschwankungen

Je nachdem wie schnell die Preise steigen, spricht man von einer **schleichenden Inflation** (3 bis 10 Prozent), einer **beschleunigten Inflation** (bis etwa 30 Prozent) oder bei noch höheren Inflationsraten von einer **galoppierenden Inflation**.

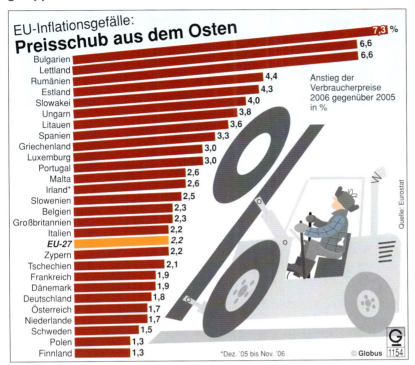

EU-Inflationsgefälle: **Preisschub aus dem Osten**

Anstieg der Verbraucherpreise 2006 gegenüber 2005 in %

Land	%
Bulgarien	7,3
Lettland	6,6
Rumänien	6,6
Estland	4,4
Slowakei	4,3
Ungarn	4,0
Litauen	3,8
Spanien	3,6
Griechenland	3,3
Luxemburg	3,0
Portugal	3,0
Malta	2,6
Irland*	2,6
Slowenien	2,5
Belgien	2,3
Großbritannien	2,3
Italien	2,2
EU-27	**2,2**
Zypern	2,2
Tschechien	2,1
Frankreich	1,9
Dänemark	1,9
Deutschland	1,8
Österreich	1,7
Niederlande	1,7
Schweden	1,5
Polen	1,3
Finnland	1,3

*Dez. '05 bis Nov. '06   Quelle: Eurostat   © Globus 1154

Wird die Volkswirtschaft mit Geld unterversorgt, so führt das dazu, dass mehr Güter produziert werden, als Geld vorhanden ist.

Deflation liegt vor, wenn die nachfragewirksame Geldmenge kleiner ist als die vorhandene Gütermenge.

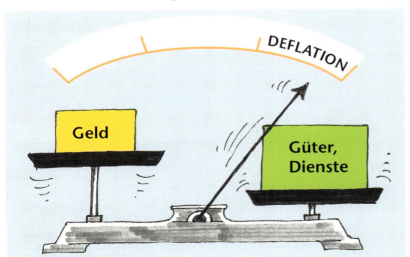

Deflation:
Die Preise sinken,
die Kaufkraft steigt.

141

4 Der Umgang mit Geld

Ursachen

Die Wirtschaftstheorie hat eine Reihe von Ursachen herausgearbeitet, die für das Entstehen des allgemeinen Preisanstiegs bzw. des Preisrückgangs verantwortlich sein können. In der Realität kommen meistens allerdings mehrere Ursachen, die gleichzeitig auftreten, zum Tragen:

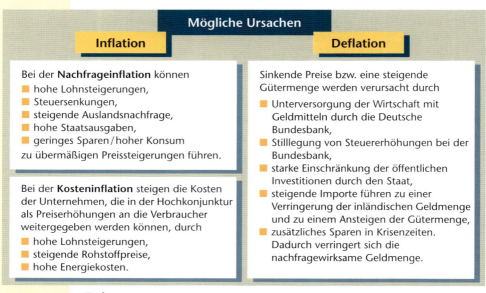

Mögliche Ursachen

Inflation

Bei der **Nachfrageinflation** können
- hohe Lohnsteigerungen,
- Steuersenkungen,
- steigende Auslandsnachfrage,
- hohe Staatsausgaben,
- geringes Sparen / hoher Konsum

zu übermäßigen Preissteigerungen führen.

Bei der **Kosteninflation** steigen die Kosten der Unternehmen, die in der Hochkonjunktur als Preiserhöhungen an die Verbraucher weitergegeben werden können, durch
- hohe Lohnsteigerungen,
- steigende Rohstoffpreise,
- hohe Energiekosten.

Deflation

Sinkende Preise bzw. eine steigende Gütermenge werden verursacht durch
- Unterversorgung der Wirtschaft mit Geldmitteln durch die Deutsche Bundesbank,
- Stilllegung von Steuererhöhungen bei der Bundesbank,
- starke Einschränkung der öffentlichen Investitionen durch den Staat,
- steigende Importe führen zu einer Verringerung der inländischen Geldmenge und zu einem Ansteigen der Gütermenge,
- zusätzliches Sparen in Krisenzeiten. Dadurch verringert sich die nachfragewirksame Geldmenge.

Folgen

Die Folgen von starken Kaufkraftschwankungen können für die Gesamtwirtschaft und auch für den Einzelnen sehr nachteilig sein:

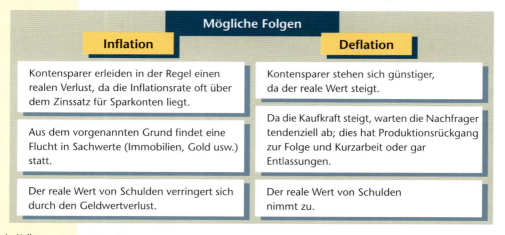

Mögliche Folgen

Inflation

Kontensparer erleiden in der Regel einen realen Verlust, da die Inflationsrate oft über dem Zinssatz für Sparkonten liegt.

Aus dem vorgenannten Grund findet eine Flucht in Sachwerte (Immobilien, Gold usw.) statt.

Der reale Wert von Schulden verringert sich durch den Geldwertverlust.

Deflation

Kontensparer stehen sich günstiger, da der reale Wert steigt.

Da die Kaufkraft steigt, warten die Nachfrager tendenziell ab; dies hat Produktionsrückgang zur Folge und Kurzarbeit oder gar Entlassungen.

Der reale Wert von Schulden nimmt zu.

Wie ist Karin Keller persönlich von Inflation betroffen? Denken Sie auch an ihr Sparbuch mit 2.500,00 € Einlage (vgl. Kapitel 4.4, Seite 153 ff.).

Maßnahmen

Um die Entsprechung von Gütermenge und Geldmenge und damit von Stabilität wieder herzustellen, gibt es grundsätzlich zwei Möglichkeiten:
1. die Konjunkturpolitik der Bundesregierung und
2. die Geldpolitik der Deutschen Bundesbank.

Beide Maßnahmen werden im Kapitel 7.5 (Seite 273 ff.) ausführlich behandelt.

4.2 Kaufkraftschwankungen

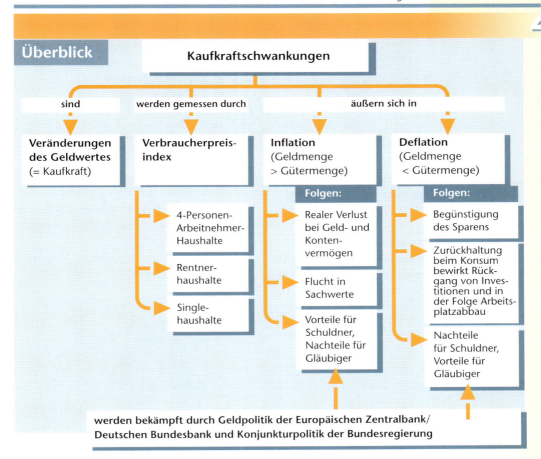

Aufgaben zur Wiederholung und Vertiefung

Inhaltsbezug Seite

1. Was versteht man unter der Kaufkraft des Geldes? — 137
2. Wie verhalten sich Kaufkraft und Preisniveau zueinander? — 137
3. Zeigen Sie am Beispiel auf Seite 139, wie die Preisindexreihe berechnet wird. — 139
4. Warum muss alle paar Jahre ein neuer Warenkorb zur Berechnung des Preisindex zusammengestellt werden? — 138
5. Erklären Sie folgenden Sachverhalt: 1975 gab ein durchschnittlicher Arbeitnehmer-Haushalt mit mittlerem Einkommen 901,00 € im Monat aus, davon 29,8 % für Nahrungs- und Genussmittel. 2006 gab derselbe Haushalt 2 984,00 € monatlich aus, aber nur 14,3 % davon für Nahrungs- und Genussmittel. Ist 2006 weniger gegessen worden, oder sind die Prozentzahlen anders zu erklären? — 138, 139
6. Erklären Sie die Begriffe Inflation und Deflation. — 140, 141
7. Welche Auswirkungen hat eine Inflation auf die Konsum- und Sparneigung der Bevölkerung, auf das allgemeine Zinsniveau, die Investitionsneigung der Unternehmen und die Lohnforderungen der Gewerkschaften? — 142
8. Welche Möglichkeiten stehen grundsätzlich zur Verfügung, um inflationäre und deflationäre Tendenzen zu bekämpfen? — 142

143

4 Der Umgang mit Geld

4.3 Außenwert des Geldes und Europäisches Währungssystem

4.3.1 Der Euro und die Europäische Wirtschafts- und Währungsunion (EWWU)

*Die Umstellung der nationalen Währungen auf den Euro war **keine Währungsreform**! Es handelte sich dabei lediglich um eine Rechenoperation (in Deutschland z. B. 1 € ≈ 2 DM). Niemand hat einen Vermögensverlust erlitten.*

Am **1. Januar 2002** haben 12 souveräne Staaten nach einer dreijährigen Umstellungsphase den Euro nicht nur als Buchgeld, sondern auch als Bargeld (Scheine und Münzen) eingeführt und sich zur **E**uropäischen **W**irtschafts- und **W**ährungs**u**nion zusammengeschlossen (EWWU). Damit sind die alten Währungen dieser Länder verschwunden, was manche mit Wehmut oder sogar Sorgen begleitet haben. Aber Europa rückt dadurch auch ein Stück näher zusammen und bekommt ein anderes politisches Gewicht.

Großbritannien, Dänemark, Schweden und die 10 neuen EU-Mitgliedsstaaten haben den Euro (noch) nicht eingeführt.

Der Euro ist kein Teuro!
Die Bundesbank hat in ihren statistischen Berichten wiederholt klargestellt, dass es durch die Einführung des Euro nicht zu wesentlichen Preissteigerungen gekommen ist. Da, wo es die Bürger besonders spüren, hat es zwar stärkere Preiserhöhungen gegeben (z. B. Kino, Restaurant u. a. Dienstleistungen), aber dies wurde durch Produkte, die billiger wurden, wieder ausgeglichen. Diese vermeintlichen Preissteigerungen werden auch als 'gefühlte Inflation' bezeichnet.

Europäische Wirtschafts- und Währungsunion (EWWU) mit Euro-Währung
Deutschland, Niederlande, Belgien, Luxemburg, Frankreich, Spanien, Slowenien, Portugal, Griechenland, Italien, Österreich, Finnland, Irland

Länder der Europäischen Union (EU), die vorerst nicht den Euro einführten
Großbritannien, Dänemark, Schweden, Estland, Lettland, Litauen, Polen, Tschechien, Slowakei, Ungarn, Bulgarien, Rumänien, Malta, Zypern

Will der EU beitreten
Türkei

Nicht-EU-Mitglieder, die ebenfalls den Euro eingeführt haben
Andorra, Monaco, Montenegro, San Marino, Vatikan

4.3 Außenwert des Geldes und Europäisches Währungssystem

Die einheitliche Währung in der EWWU soll die Wirtschaftsbeziehungen zwischen den beteiligten Ländern stabilisieren und Wettbewerbsverzerrungen zwischen den nationalen Märkten, wie sie durch unterschiedliche Wechselkurse entstanden waren, verhindern. Entscheidungen mit langfristigen Auswirkungen (z. B. Investitionen, Standortfragen, Schaffung neuer Arbeitsplätze) können nun ohne das Risiko sich ändernder Wechselkurse oder Zinssätze getroffen werden.

Außerdem erfordert eine einheitliche Währung in den EWWU-Mitgliedstaaten einen weitgehenden wirtschaftlichen Gleichlauf der nationalen Volkswirtschaften. Der Vertrag von Maastricht (Niederlande 1992), in dem die Grundlagen für die Währungsunion gelegt wurden, verpflichtet deshalb die Mitgliedsländer unter anderem, sich in ihrer Wirtschafts-, Finanz- und Währungspolitik abzustimmen und sie als „Angelegenheit von gemeinsamen Interesse" zu behandeln.

Das **Währungssystem** (= alle gesetzlichen Regelungen zur Geldverfassung) der EWWU ist durch folgende Merkmale gekennzeichnet:

- Die Währungseinheit ist der Euro und dieser ist in 100 Cent ‚gestückelt'.
- Nur die **Banknoten (Scheine)** und **Münzen** sind gesetzliches Zahlungsmittel, für sie besteht Annahmezwang (Schecks etc. können, müssen aber nicht zahlungshalber angenommen werden).

Münzen müssen bei einer Zahlung nur bis zu einer Anzahl von 50 Stück angenommen werden (also max. 100,-- €).

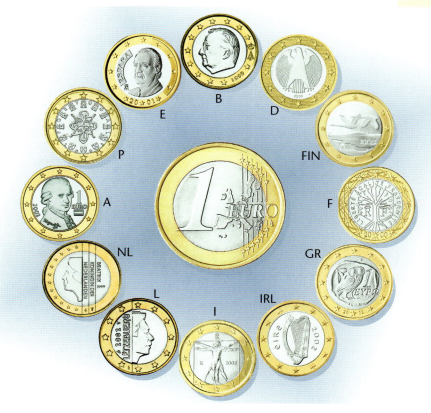

145

4 Der Umgang mit Geld

- Die **E**uropäische **Z**entral**b**ank (**EZB**) mit Sitz in Frankfurt am Main koordiniert den Druck und die Ausgabe der Banknoten und die Prägung der Münzen in den Mitgliedstaaten der EWWU und gewährleistet durch währungspolitische Maßnahmen (insbesondere Zinsentscheidungen) eine stabile Währung.

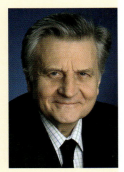

Jean-Claude Trichet, 2. Präsident der EZB

Europäische Zentralbank

- Neue Mitglieder können in die EWWU nur aufgenommen werden, wenn sie die **Konvergenzkriterien** erfüllen:

Auch die ‚alten' EU-Staaten müssen die Konvergenzkriterien einhalten. Einige Länder haben aber wiederholt dagegen verstoßen. Eine Abweichung von den Kriterien soll in Zukunft weniger streng geahndet werden, wenn es stichhaltige Gründe dafür gibt, wie z. B. in Deutschland die Kosten der Wiedervereinigung.

Konvergenzkriterien

Gesunde Staatsfinanzen
Haushaltsdefizit höchstens 3%, Gesamtschuld höchstens 60% des Sozialprodukts

Stabile Wechselkurse
Teilnahme am EWS-Wechselkursverbund seit zwei Jahren ohne Kursschwankungen

Voraussetzungen für die Aufnahme in die EWWU

Wirtschaftliche Konvergenz
Langfristige Zinsen höchstens 2 Prozentpunkte über dem Durchschnitt der drei stabilsten Länder

Stabiles Preisniveau
Inflationsrat höchstens 1,5 Prozentpunkte über dem Durchschnitt der drei stabilsten Länder

Die Europäische Kommission achtet darauf, dass alle Mitglieder auch nach der Aufnahme in die EWWU ihre Staatsfinanzen in Ordnung halten, sonst droht ein „Blauer Brief" oder sogar eine Ordnungsstrafe.

4.3 Außenwert des Geldes und Europäisches Währungssystem

■ Der Euro steht zu den Währungen anderer Länder in einem gewissen Austauschverhältnis (**Währungsparität/Außenwert**). Die freie Austauschbarkeit der Währungen (Konvertibilität) ist für den internationalen Handel und den Tourismus von größter Bedeutung.
Besonderes Augenmerk wird auf den Kurs des Euro im Verhältnis zum amerikanischen Dollar (USD) gelegt:

Das Auf und Ab des Euro gegenüber dem amerikanischen Dollar, dem englischen Pfund und dem japanischen Yen in den ersten Jahren lässt kritische Fragen nach dem Erfolg der Währungsunion laut werden:
– Kann eine Währungsunion ohne einheitliche (Wirtschafts-)Politik überhaupt funktionieren?
– Sind die Unterschiede in der Wirtschafts-, Sozial- und Finanzpolitik nicht zu groß?
– Wird sich das Problem der Arbeitslosigkeit nicht noch vergrößern?
– Wird sich die Europäische Zentralbank (EZB) dem politischen Druck der Mitgliedsstaaten dauerhaft entziehen können?

Bei längerfristiger Betrachtung besteht aber die berechtigte Hoffnung, dass die Europäische Wirtschafts- und Währungsunion zu Wohlstand und Stabilität in Europa beiträgt und damit im ureigensten Interesse der Bevölkerung liegt. Sie verbessert die Bedingungen des Wirtschaftens sowohl in den Mitgliedsstaaten als auch im internationalen Wettbewerb.

Wichtige und neueste Informationen über die EWWU und den Euro erhält man über das Internet unter den Adressen:

http://www.bundesbank.de
http://europa.eu.int/euro

4 Der Umgang mit Geld

4.3.2 Wechselkurse und Kursschwankungen

Bei Reisen ins (außereuropäische) Ausland wird deutlich, dass man mit der eigenen Währung nicht überall zahlen kann. In anderen Ländern (außerhalb der EWWU) gelten andere Währungssysteme und andere Währungseinheiten:

Länder	Währung und Stückelung	Abkürzung	Internationaler Währungscode
Dänemark	Dänische Krone (100 Øre)	dkr	DKK
Großbritannien	Pfund Sterling (100 neue Pence)	£	GBP
Japan	Yen (100 Sen)	Y	JPY
Liechtenstein	Schweizer Franken (100 Rappen)	sfr	CHF
Norwegen	Norwegische Krone (100 Øre)	nkr	NOK
Polen	Zloty (100 Groszy)	PLN	PLN
Rumänien	Leu (100 Bani)	ROL	ROL
Schweden	Schwedische Krone (1000 Øre)	skr	SEK
Schweiz	Schweizer Franken (100 Rappen)	sfr	CHF
GUS	Rubel (100 Kopeken)	SUR	RUR
Türkei	Türkisches Pfund (100 Kurus)	TL	TRL
Ungarn	Forint (100 Fillér)	HUF	HUF
USA	US-Dollar (100 Cents)	US-$	USD
Europa (EWWU)	Euro (100 Cent)	€	EUR

Will man die eigene Währung gegen eine Fremdwährung eintauschen, muss man den **Wechselkurs** kennen. Er ist entweder als Preisnotierung oder als Mengennotierung angegeben:

Preisnotierung (war bei DM üblich, auch heute noch manchmal bei Reisesorten)

Wie hoch ist der Preis für 1 Einheit/100 Einheiten der Auslandswährung in €?
Beispiel: 100 CHF kosten 68,25 €

Mengennotierung (beim Euro im Devisenhandel üblich)

Wie viele Einheiten der Auslandswährung müssen für 1 € gezahlt werden?
Beispiel: 1 € kostet 1,47 CHF

Der Wechselkurs ergibt sich an den Devisenbörsen durch Angebot und Nachfrage nach der jeweiligen Währung. Er wird börsentäglich festgelegt und wird von den Banken und auch in den Tageszeitungen (im Wirtschaftsteil) bekannt gegeben.

4.3 Außenwert des Geldes und Europäisches Währungssystem

Devisenpreise je 1 Euro

MENGENNOTIERUNG

	Geld	Brief
US Dollar	1,2118	1,2178
kanad. Dollar	1,4743	1,4863
brit. Pfund	0,6930	0,6970
Schweizer Franken	1,5613	1,5653
dän. Kronen	7,4414	7,4814
schwed. Kronen	9,4310	9,4790
jap. Yen	134,7000	135,1800
austral. Dollar	1,5772	1,5786
russ. Rubel	34,2500	35,2500
pol. Zloty	4,1160	4,1260

Reisesorten in Euro

PREISNOTIERUNG

	Ankauf	Verkauf
1 US-Dollar	0,8000	0,8500
1 kanadischer Dollar	0,6500	0,7100
1 brit. Pfund	1,3900	1,4800
100 Schweizer Franken	62,4200	65,2700
100 dän. Kronen	12,8300	13,9800
100 schwed. Kronen	9,9400	11,0400
1000 türkische Lira	0,6061	0,6536
100 ungarische Forint	0,3300	0,4600
100 tschech. Kronen	2,9100	3,5300
100 poln. Zloty	21,9830	28,5800
1 südafr. Rand	0,1100	0,1400
100 thail. Baht	1,7330	2,2880
1 austral. Dollar	0,6000	0,6800
100 jap. Yen	0,7100	0,7600

Sorten:
ausländische Banknoten und Münzen (= Bargeld), im Reiseverkehr üblich

Devisen:
Zahlungsanweisungen in fremder Währung, also Schecks, Wechsel und telegrafische Anweisungen auf Auszahlung (= Buchgeld), im internationalen Handel üblich

Geldkurs:
ist der (niedrigere) Ankaufkurs von Euro durch die Bank, sie verkauft dafür ausländische Zahlungsmittel.

Briefkurs:
ist der (höhere) Verkaufskurs von Euro durch die Bank, sie kauft dafür ausländische Zahlungsmittel.

Erkundigen Sie sich nach den neuesten Kursen für Devisen bzw. Sorten und vergleichen Sie diese mit den abgedruckten Kursen. Können Sie die Abweichungen erklären?

Umrechnungsbeispiele

1. Wie viele Schweizer Franken (sfr) erhält ein Urlauber, der in Deutschland 800 € umtauschen möchte?

   Umrechnungskurs: 65,27 € = 100 sfr
                                          800,00 € = x sfr
   Ergebnis: x = 100/65,27 * 800 = 1.225,68 sfr

   Amerkung: Es handelt sich um eine Preisnotierung und es wurde der Verkaufskurs zugrunde gelegt.

2. Ein Händler bekommt eine Rechnung für Import-Waren über 800 £ aus London. Wie hoch ist der Betrag in €?

   Umrechnungskurs: 0,6930 £ = 1 €
                                          800,00 £ = x €
   Ergebnis: x = 1/0,6930 * 800 = 1.154,40 €

   Anmerkung: Es handelt sich um eine Mengennotierung und es wurde der Geldkurs zugrunde gelegt.

Bei der Sortennotierung bezieht sich der Kurs in der Regel auf 100 Einheiten ausländischer Währung.
Ausnahmen:
- 1 $ (USA, Kanada)
- 1 £ (Großbritannien)

4 Der Umgang mit Geld

Wechselkurse können grundsätzlich auf zwei verschiedene Arten zustande kommen:

Wechselkurse	
Feste Wechselkurse	**Freie (flexible) Wechselkurse**
Zustandekommen:	Zustandekommen:
Vereinbarungen zwischen den Staaten oder deren Notenbanken	Angebot und Nachfrage auf dem Devisenmarkt (Börse)
Vorteile:	Vorteile:
Wirtschaft hat verlässliche Daten für die Kalkulation im internationalen Handel	Der Kurs spiegelt die „wahren" Tauschverhältnisse zwischen den beiden Ländern wider.
Nachteile:	Nachteile:
Anpassung an unterschiedliche wirtschaftliche Entwicklung unterbleibt und es kommt dann zu Währungsspekulationen; außerdem kann es zu einem Schwarzmarkt für Devisen kommen	Zwischen Abschluss eines Kaufvertrages und der Bezahlung kann es zu Kursänderungen kommen, die entweder die Export- oder die Importsituation der beteiligten Länder verschlechtert oder verbessert (Risiko für die Firmen)

„Kaufkraft im Ausland (globales Produkt – lokale Preise)"

Schweiz € 4,04
Russland € 1,13
Deutschland € 2,65

Während feste Wechselkurse in den meisten Ostblockstaaten existierten und heute nur noch in wenigen Staaten bestehen, die ihre Wirtschaft schützen wollen, ist die amerikanische Währung ein Paradebeispiel für freie Wechselkurse. Zwar bestimmt sich der Wechselkurs aus Angebot und Nachfrage, diese sind aber wiederum von anderen Wirtschaftsfaktoren abhängig, insbesondere:

■ **Import** (die Wirtschaft braucht ausländische Devisen zur Bezahlung der importierten Waren)
■ **Export** (die eigene Währung wird verstärkt aus den entsprechenden Ländern nachgefragt)
■ **Tourismus** (es besteht hoher Bedarf an ausländischem Geld)
■ **Währungsspekulationen** (in Erwartung von Kursänderungen entsteht ein größeres Angebot oder eine größere Nachfrage nach einer Währung)
■ **unterschiedliche Wirtschaftsdaten** (höhere Zinsen und/oder niedrige Inflationsrate locken ausländische Kapitalanleger an)
■ **politische/wirtschaftliche Turbulenzen** (Krisen in bestimmten Weltregionen, positive oder negative Wirtschaftsnachrichten)

4.3.3 Auf- und Abwertungen

Gleichgültig, ob die Wechselkurse amtlich festgesetzt werden oder sich im freien Wettbewerb bilden (floaten) können, spricht man bei einer Veränderung der Wechselkurse von **Aufwertung** (der Wert der Währung erhöht sich gegenüber anderen Währungen) oder von **Abwertung** (der Wert der Währung sinkt gegenüber anderen Währungen).

In beiden Fällen ergeben sich erhebliche Auswirkungen auf die Wirtschaft des Landes:

	Mögliche Auswirkungen	
	Aufwertung	**Abwertung**
Wechselkurse	sinken	steigen
Tourismus	steigt (ausländische Währung ist günstiger)	sinkt (ausländische Währung ist teurer)
Exporte	gehen zurück (unsere Erzeugnisse werden für Ausländer teurer)	nehmen zu (unsere Erzeugnisse werden für Ausländer billiger)
Importe	nehmen zu (ausländische Erzeugnisse werden für uns billiger)	gehen zurück (ausländische Erzeugnisse werden für uns teurer)
Arbeitsplätze	sind gefährdet	nehmen tendenziell zu
Preise	gehen tendenziell zurück	steigen tendenziell
Kapital	Kapitalexport nimmt zu (Investitionen im Ausland werden günstiger)	Kapitalimport nimmt zu (Ausländer investieren eher bei uns)

Welche Auswirkungen eine langfristige Aufwertung (hier des Euros gegenüber dem Dollar) haben kann, soll folgendes Beispiel ganz konkret zeigen:

Beispiel für eine Aufwertung

Ein amerikanisches Auto für 25 000,00 $ wird in die Bundesrepublik Deutschland importiert (der Zoll wird nicht berücksichtigt).

Vor 30 Jahren	Heute
Kurs: 1,00 $ = 2,00 €	Kurs: 1,00 $ = 1,00 €
25 000,00 $ = x	25 000,00 $ = x
x = 50 000,00 €	x = 25 000,00 €

Während früher ein amerikanisches Auto für 50 000,00 € nur von wenigen „Snobs" gekauft wurde, ist heute der Preis von 25 000,00 € für ein amerikanisches Auto ein echtes Kaufargument.

In welchen Ländern ist es günstiger/ungünstiger, seinen Urlaub zu verbringen?

4 Der Umgang mit Geld

Überblick

Währung

Europäische Wirtschafts- und Währungsunion

- Teilnehmer: 13 Länder der Europäischen Union
- Währungseinheit: Euro/Cent (als Bargeld seit 2002)
- „Hüterin der Währung": Europäische Zentralbank (EZB) in Frankfurt
- Teilnehmerstaaten müssen Konvergenzkriterien erfüllen

Umtausch in fremde Währungen

- **Wechselkurs** (Umtauschverhältnis zwischen den Währungen bildet sich durch Angebot und Nachfrage an der Devisenbörse)
- **Preisnotierung** (Preis für 1 oder 100 Einheiten fremder Währung in €)
- **Mengennotierung** (Anzahl Geldeinheiten fremder Währung für 1 €)
- **Sorten** (ausländische Noten und Münzen)
- **Devisen** (ausländische Zahlungsmittel einschließlich Schecks, Wechsel etc.)
- **Wechselkurs-Charts** (grafische Darstellung der Wechselkurse, z. B. Euro/Dollar)

Wechselkursschwankungen

- freie (flexible) Wechselkurse können frei schwanken (floaten)
- feste Wechselkurse werden staatlich festgesetzt
- Änderungen der Wechselkursparität

  - **Aufwertung** (Wert der Währung verbessert sich gegenüber den anderen Währungen)
  - **Abwertung** (Wert der Währung verschlechtert sich gegenüber den anderen Währungen)

Aufgaben zur Wiederholung und Vertiefung

Inhaltsbezug Seite

1. Wie ist der Wechselkurs einer Währung definiert (Preis- und Mengennotierung)? — 148

2. Ein Tourist besucht London und rechnet mit Ausgaben in Höhe von 500 £.
   Wie viel muss er dafür am Stuttgarter Flughafen umtauschen? — 149

3. Erklären Sie, in welchen Fällen der Geldkurs/Briefkurs bzw. Ankaufskurs/Verkaufskurs
   angewendet werden muss. — 149

4. Aus welchen Gründen befürwortet die Wirtschaft feste Wechselkurse? — 150

5. Nennen Sie wichtige Einflussfaktoren auf die Wechselkurse. — 150

6. Welche Möglichkeiten hat eine Notenbank, Einfluss auf den Wechselkurs
   zu nehmen? — 146, 147, 150

7. Welche Auswirkungen hat eine Aufwertung bzw. eine Abwertung auf das Preisniveau
   und die Arbeitsplätze eines Landes? — 151

8. Welche Vorteile haben die Bürger der EU durch die einheitliche Euro-Währung? — 144–149

9. Welche Unterschiede bestehen zwischen den Währungsreformen 1923 und 1948
   gegenüber der Währungsumstellung 1999? — 144–147

4.4 Sparen und Sparförderung

4.4.1 Gründe für das Sparen

Einkommenshöhe und Lebensstandard eines Bürgers bestimmen, wie viel er von seinem Einkommen konsumiert und wie viel er spart.

Sparfähigkeit

Die **Fähigkeit, sparen zu können**, hängt von der Einkommenshöhe und von der Preisentwicklung ab. Während Selbstständige über ein Viertel ihres verfügbaren Einkommens auf die „hohe Kante" legen können und Arbeitnehmer ca. 10 % des verfügbaren Einkommens sparen, müssen Arbeitslose sogar „entsparen", d. h. ihre Ersparnisse für ihren Lebensunterhalt aufbrauchen (Quelle: DIW).

Sparmotive

Die **Bereitschaft, sparen zu wollen**, hängt vom Lebensstandard, vom Vertrauen in die Wirtschaft und von den persönlichen Zielvorstellungen ab. Gründe für das Sparen können sein:

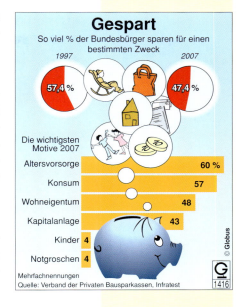

Vorsorgesparen

Absicherung gegen wirtschaftliche und soziale Notsituationen, wie beispielsweise unvorhergesehene Arbeitslosigkeit, Unfälle oder Krankheitskosten, die nicht von der Krankenkasse abgedeckt sind; dazu gehört auch das langfristige Ansparen für eine eigene Aus- oder Weiterbildung oder die der Kinder sowie für die eigene Altersversorgung.

Zwecksparen

Größere geplante Ausgaben, die nicht ohne weiteres aus dem laufenden Einkommen finanziert werden können, wie z. B. Auto, Urlaubsreise, Wohnungseinrichtung oder das eigene Haus.

„Reich wird man nicht durch das Geld, das man verdient, sondern durch das, was man nicht ausgibt."
(Henry Ford I)

Vermögensbildung

Geldanlage, besonders dann, wenn damit ein lukrativer Zinsgewinn erzielt werden kann. Dies ist insbesondere bei langfristiger Anlage der Fall. Für Arbeitnehmer zahlt der Staat als Sparanreiz unter bestimmten Voraussetzungen eine Sparprämie.

4 Der Umgang mit Geld

4.4.2 Anlagekriterien

Die Entscheidung über die Anlageform von Spargeldern hängt im Wesentlichen vom Sparmotiv ab. Dabei spielen drei **Anlagekriterien** eine wichtige Rolle.

„Das ist ja ein ‚magisches Dreieck'. Alle Kriterien können wohl mit keiner Anlageform gleichzeitig erreicht werden."

Anlagekriterien

Verfügbarkeit	Ertrag	Sicherheit
Wie schnell kann das Geld für einen gewünschten Zweck bereitgestellt werden? (Kündigungsfristen beachten!)	Welchen Ertrag (Rendite) wirft die gewählte Anlageform ab?	Welches Risiko ist mit der gewählten Anlageform verbunden?

Es gibt keine Anlageform, die alle drei Kriterien optimal erfüllt; vielfach kommt es zu Zielkonflikten.

Eine Geldanlage, die zum Beispiel jederzeit verfügbar sein soll, erbringt nicht so hohe Zinsen wie langfristig festgelegte Gelder. Die Bereitschaft, ein hohes Risiko (Kursverluste und Gewinnschmälerungen bei wirtschaftlichen oder politischen Störungen) einzugehen, wird im Erfolgsfall mit einer hohen Rendite belohnt. Umgekehrt kann kein großer Gewinn erwartet werden, wenn das Geld risikolos angelegt wird.

4.4.3 Sparformen

Welche Anlageform die Bundesbürger bevorzugen, zeigt das folgende Schaubild:

Ungleichmäßig verteilt

Die Deutschen sitzen auf einem fast unvorstellbar hohen Vermögensberg. Rund 4,5 Billionen Euro (das sind 4 500 Milliarden Euro) ist das bis Ende 2006 angehäufte Geldvermögen wert. Wäre dieses Vermögen gleichmäßig aufgeteilt, so hätte jeder Haushalt durchschnittlich 37.500 Euro und jeder ostdeutsche Haushalt 25.000 Euro. Doch von einer gleichmäßigen Verteilung kann natürlich keine Rede sein. Wenige haben viel, und viele haben wenig. Andere haben sogar nur Schulden.

Sparkonto

Eine der häufigsten Anlageformen ist das Sparbuch. Die Zinsen sind im Vergleich zu anderen Anlageformen niedrig. Zwischen Sparer und Bank werden unterschiedlich lange Kündigungsfristen bestimmt. Dabei liegt der Zinssatz umso höher, je niedriger der frei verfügbare Anteil und je länger die Kündigungsfrist ist.

Die Banken informieren ihre Kunden über die jeweiligen Zinskonditionen, die laufend der Wirtschaftsentwicklung angepasst werden:

Das gute, alte Sparbuch (in gehefteter Form) ist in der letzten Zeit bei vielen Banken durch eine Loseblatt-Sammlung abgelöst worden. Einige Banken geben statt dessen aber auch schon eine Sparkarte (mit Chip) aus. Durch diese Modernisierung wird der ständige Überblick und die Verfügung über das Sparguthaben erleichtert. Diese Änderungen in der äußeren Form bedeuten aber keine Änderungen an dem Dienstleistungsprodukt „Sparkonto".

Zinstabelle vom 23. 05. 20..

Zinssatz für Guthaben auf Girokonto	0,5	%
Zinssatz für Spareinlagen		
mit dreimonatiger Kündigungsfrist	3,0	%
mit 1-jähriger Kündigungsfrist	4,25	%
mit 2-jähriger Kündigungsfrist	4,5	%
mit 3-jähriger Kündigungsfrist	6,5	%

Die Höhe der Zinssätze richtet sich nach dem allgemeinen Zinsniveau und der Konkurrenzsituation auf dem Kapitalmarkt. Sie wird von den Geschäftsbanken festgelegt, die sich dabei an dem Basiszinssatz der Europäischen Zentralbank (EZB) orientieren.

Die in der Tabelle genannten Zinssätze sind **nominale Zinssätze**, d. h., sie müssen um die **Inflationsrate** (Prozentsatz der Preissteigerung) korrigiert werden, und erst dann erhält man den **realen Zinssatz**.

Beispiel

	Spareinlage mit dreimonatiger Kündigungsfrist	Belassen des Geldes auf einem Girokonto
Nominaler Zinssatz	3,0 %	0,5 %
− Inflationsrate	2,5 %	2,5 %
= Realer Zinssatz	+ 0,5 %	− 2,0 %

Ist die Inflationsrate höher als der Zinssatz, können die Sparer nicht einmal ihr Sparkapital erhalten, sondern es wird trotz Verzinsung von der Preissteigerung zumindest teilweise aufgezehrt. Dies ist in vergangenen Jahren immer wieder der Fall gewesen, deshalb ist es sinnvoll, andere Anlageformen zu erwägen.

Für die Abhebung vom Sparkonto gelten bei den Banken in der Regel die „Sonderbedingungen für den Sparverkehr" (das sind die AGB der Banken); danach gilt:

- Im Monat können bis zu 1.500,00 € ohne Kündigung abgehoben werden.
- Höhere Beträge müssen mit einer Kündigungsfrist von drei Monaten gekündigt werden.
- Soll ohne Kündigung über einen höheren Betrag verfügt werden, müssen Vorschusszinsen gezahlt werden.

4 Der Umgang mit Geld

Sparbrief

Ein Sparbrief ist ein **festverzinsliches Wertpapier** mit einem aufgedruckten **Nennwert** (= auf dem Wertpapier angegebener Geldbetrag) und einer Laufzeit von vier oder mehr Jahren. Die Zinsen sind höher als beim Sparkonto und über die gesamte Laufzeit gleich bleibend. Je nachdem, ob die anfallenden Zinsen jährlich ausgezahlt oder schon im Voraus vom Kaufpreis abgezogen werden, unterscheidet man zwei Typen:

Sparbrieftypen

Verzinslicher Sparbrief (Typ V)

Für diesen Sparbrief zahlt der Sparer den Nennwert und erhält jährlich die Zinsen für diesen Betrag von der Bank ausgezahlt.

Abgezinster Sparbrief (Typ A)

Bei diesem Sparbrief berechnet sich der Kaufpreis aus dem Nennwert, von dem die zukünftig anfallenden Zinsen und Zinseszinsen bereits abgezogen worden sind. Am Ende der Laufzeit wird der volle Nennwert ausgezahlt.

Beispiel (mit einem Tabellenkalkulationsprogramm berechnet):

	A	B	C	D	E	F
1			Verzinsung von Sparbriefen			
2	Nennwert	10.000 EUR				
3	Laufzeit	5 Jahre				
4	Zinssatz	8%				
5		Typ V			Typ A	
6	Jahr	Wert	Zins	Jahr	Wert	Zins
7	1	10.000,00	800,00 €	1	6.805,83 €	544,47 €
8	2	10.000,00	800,00 €	2	7.350,30 €	588,02 €
9	3	10.000,00	800,00 €	3	7.938,32 €	635,07 €
10	4	10.000,00	800,00 €	4	8.573,39 €	685,87 €
11	5	10.000,00	800,00 €	5	9.259,26 €	740,74 €
12	Rückzahlung	10.000,00			10.000,00	
13	Zinssumme		4.000,00			3.194,17

Bei **Typ V** zahlt der Käufer für den Sparbrief 10.000,00 € und erhält über die gesamte Laufzeit hinweg 4.000,00 € Zinsen (jährlich 800,00 €). Der Vorteil dieses Sparbriefes besteht darin, dass die Zinsen ausgeschüttet und anderweitig verwendet werden können. Der Käufer eines Sparbriefes vom **Typ A** zahlt 6.805,83 €. Er erhält die Zinsen nicht ausgezahlt, weil damit das Anfangskapital so lange aufgefüllt wird, bis der Nennwert erreicht ist. Der Vorteil dieses abgezinsten Sparbriefes besteht darin, dass weniger Anfangskapital aufgebracht werden muss. Der Effektivzins ist in beiden Fällen gleich hoch.

4.4 Sparen und Sparförderung

Wertpapiere

Durch die Ausgabe von Wertpapieren (**vermögensrechtlichen Urkunden**) verschaffen sich öffentliche und private Körperschaften finanzielle Mittel für ihre Aufgaben.

Die Ausgabebedingungen (Zinssatz, Ausgabekurs, Rücknahmekurs, Laufzeit) werden so gestaltet, dass der Erwerb dieser Papiere eine attraktive Anlagemöglichkeit für die Sparer darstellt.

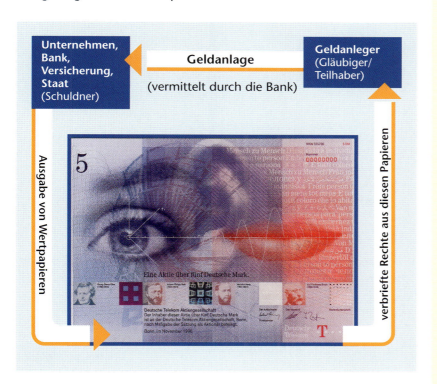

Die Wertpapiere haben einen aufgedruckten **Nennwert** oder sind nenntwertlose Stückaktien, die eine bestimmte Quote am Grundkapital einer Unternehmung repräsentieren. Sie werden an der Börse gehandelt. Je nach Konjunkturlage, Gewinnerwartungen und Angebot und Nachfrage nach diesen Papieren ergibt sich an der Börse ein vom Nennwert abweichender **Kurswert**.

Ein anlagewilliger Geldgeber kauft die Wertpapiere bei einer Bank, die mit der Ausgabe (Emission) beauftragt ist, zum Kurswert und erwirbt dadurch bestimmte Rechte.

157

4 Der Umgang mit Geld

Man unterscheidet dabei grundsätzlich zwei Arten von Wertpapieren:

```
                        Wertpapiere
         ↙                                    ↘
festverzinsliche Wertpapiere              Aktien
    = Gläubigerpapiere              = Teilhaberpapiere
```

festverzinsliche Wertpapiere = Gläubigerpapiere
- Anspruch auf regelmäßige Zinszahlung (in gleich bleibender Höhe = festverzinslich), unabhängig von der Ertragskraft der ausgebenden Körperschaft.
- Anspruch auf Rückzahlung gemäß Anleihebedingungen (in der Regel zum Nennwert), vorheriger Verkauf an der Börse zum Kurswert möglich.
- Käufer wird Gläubiger des Unternehmens. Das dem Unternehmen zufließende Geld stellt Fremdkapital dar.

Aktien = Teilhaberpapiere
- Anspruch auf Gewinnanteil (= Dividende) je nach Wirtschaftslage des Unternehmens.
- Keine Rückgabemöglichkeit an die Firma, höchstens Verkauf an der Börse zum momentan gültigen Kurswert.
- Käufer wird Miteigentümer des Unternehmens. Das dem Unternehmen zufließende Geld stellt Eigenkapital dar.
- Aus dem Mitgliedschaftsrecht ergibt sich ein Stimmrecht in der Hauptversammlung und ein Bezugsrecht bei der Ausgabe neuer Aktien.

„Sind festverzinsliche Wertpapiere oder Aktien für mich als Azubi günstiger?"

Je nachdem, welche Körperschaft das Wertpapier ausgibt, werden unterschiedliche Bezeichnungen verwendet:

Körperschaft	Wertpapier	Zweck
Bund, Länder, Bahn, Post	Anleihen	Finanzierung öffentl. Aufgaben
Gemeinden	Kommunalobligationen	Finanzierung öffentl. Aufgaben
Hypothekenbanken	Pfandbriefe	Finanzierung des Wohnungsbaus
Industrieunternehmen	Industrieobligationen	Finanzierung von Investitionen
Industrieunternehmen, Banken, Versicherungen	Aktien	Beschaffung von Eigenkapital

Gläubigerpapiere stellen eine sehr sichere Geldanlage dar, da diese Papiere durch erstrangige Hypotheken (Grundstücke und Gebäude dienen als Sicherheit) oder durch die Steuerkraft der ausgebenden Körperschaft abgesichert sind. Muss ein festverzinsliches Wertpapier wegen Geldbedarfs nicht vorzeitig verkauft werden, besteht kein Kursrisiko.

4.4 Sparen und Sparförderung

Demgegenüber besteht bei **Aktien** ein erhebliches Kursrisiko, da nicht nur die Ertragskraft der ausgebenden Firma bei den Kursbewegungen eine Rolle spielt, sondern auch allgemein wirtschaftliche und politische Entwicklungen Auswirkungen auf den Tageskurs haben. Die Höhe der Dividende ist keineswegs garantiert, sondern kann in ungünstigen Fällen sehr gering sein oder ganz ausfallen. Andererseits kann die Rendite (Effektivverzinsung) insbesondere bei erheblichen Kurssteigerungen höher sein als bei anderen Anlageformen, wie der folgende Vergleich eines Pfandbriefes mit einer Aktie zeigt.

Beispiel:
Berechnung der Effektivverzinsung mit einem Tabellenkalkulationsprogramm (ohne Berücksichtigung von Provisionen und Steuern):

	A	B	C	D	E	F
1	**Effektivverzinsung von Wertpapieren**					
3	*Pfandbrief*			*Aktie*		
4	Nennwert		100 €	Nennwert		100 €
5	Ausgabekurs		98 %	Kauf zum Kurswert		105 €
6	Zinssatz		8 %	Variable Dividende		s.u.
7	Laufzeit		6 Jahre	Verkauf zum Verkaufs-		
8	Rücknahmekurs		103 %	kurs nach 6 Jahren		157 €
9	Jahr		Zinsertrag	Jahr		Dividendenertrag
10	1		8,00 €	1		7,50 €
11	2		8,00 €	2		5,00 €
12	3		8,00 €	3		3,50 €
13	4		8,00 €	4		0,00 €
14	5		8,00 €	5		8,00 €
15	6		8,00 €	6		14,00 €
16	Zinsertrag		48,00 €	Dividendenertrag		38,00 €
17	Kursgewinn		5,00 €	Kursgewinn		52,00 €
18	Ertrag insgesamt		**53,00 €**	Ertrag insgesamt		**90,00 €**

$$\text{Effektivzinssatz} = p_{\text{eff}} = \frac{\text{Ertrag} \times 100}{\text{Kapitaleinsatz} \times \text{Laufzeit}}$$

$$p_{\text{eff}} = \frac{53 \times 100}{98 \times 6} = \underline{9{,}0\,\%} \qquad p_{\text{eff}} = \frac{90 \times 100}{105 \times 6} = \underline{14{,}3\,\%}$$

Weitere Auskünfte:
Bundesrepublik
Deutschland
– Finanzagentur –
Frankfurt/Main

www.deutsche-finanzagentur.de

Viele Anleger haben den verständlichen Wunsch nach einer breiten Risikostreuung. Dies ist bei Aktien naturgemäß erst ab einer gewissen Anlagehöhe möglich. Aus diesem Grunde sind **Investmentfonds** entstanden, die die Möglichkeiten des Kursgewinns mit einer relativen Sicherheit der

4 Der Umgang mit Geld

- Mithilfe des Kindergeldes schließen Eltern oft eine Ausbildungs- oder Aussteuerversicherung ab. Sie wird bei einem bestimmten Alter des Kindes oder bei Heirat fällig.
- Um sich den steigenden Lebenshaltungskosten anzupassen, können fast alle Lebensversicherungen **dynamisiert** werden, d. h. die Versicherungssumme steigt regelmäßig an und entsprechend die Beiträge.

Die drei Säulen der Altersversorgung

Geldanlage in breiter Streuung verbinden. Der Anleger erwirbt über eine Investmentgesellschaft Anteilsscheine (Zertifikate) an einem Fonds. Die Investmentgesellschaft ihrerseits stellt diesen Fonds je nach den Marktgegebenheiten aus einer Vielzahl von Aktien, Rentenpapieren und zum Teil auch aus Immobilien zusammen. Der Anleger braucht sich also nicht selber um eine breite Streuung zu kümmern. Andererseits sind bei der Rendite keine Spitzenwerte erreichbar.

So erfolgt die Risikostreuung:

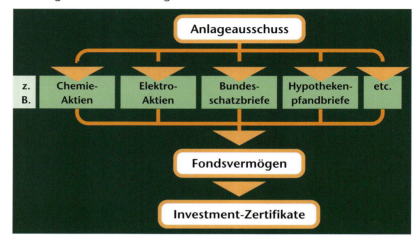

Kapitallebensversicherung

Eine Lebensversicherung dient vor allem der Alters- und Hinterbliebenenfürsorge. Häufig soll sie die Rente aus der gesetzlichen Rentenversicherung ergänzen. Während bei den meisten Versicherungen die gezahlten Prämien verloren sind, da sie zur Abdeckung entstandener Risiken eingesetzt werden, hat die Kapitallebensversicherung dagegen einen Doppelcharakter. Sie trägt einerseits dazu bei, ein Vermögen aufzubauen, und sichert andererseits dieses Sparziel auch gegen einen vorzeitigen Todesfall ab. Die Rendite solcher Versicherungen wird durch den hohen Verwaltungsaufwand der Versicherungsgesellschaften (für Provisionen, Gehälter, Verwaltung) geschmälert; dafür entstehen zum Teil Gewinnüberschüsse, die den Versicherten zugute kommen, aber für die Zukunft nicht garantiert werden können.

Kapitallebensversicherung		
	Sparanteil	Auszahlung der Versicherungssumme nach Ablauf der vereinbarten Laufzeit im Erlebensfall
	Risikoanteil	Auszahlung der Versicherungssumme im Todesfall sofort

Eine Kapitallebensversicherung will wohl überlegt sein: Viele junge Leute lassen sich vom Vertreter eine Kapitallebensversicherung „aufschwatzen". Gleichzeitig haben sie aber Schulden bei der Bank. Während die jungen Leute Geld mit 5 % bis 7 % Zinsen über die Kapitallebensversicherung ansparen, zahlen sie für den Dispokredit 10 % und mehr Zinsen. Statt das Geld in die Lebensversicherung zu stecken, sollten sie es lieber zur Schuldentilgung einsetzen.

Irgendwann kündigen viele ihre Kapitallebensversicherung, weil sie das Geld für andere Dinge brauchen. Auto, Reisen, Schuldentilgung, Möbel, Miete. Dann der Schreck: Die ersten Beiträge (bis zu 24 Monatsbeiträge und mehr) hat die Versicherungsgesellschaft für Kosten abgezwigt. Also gibt es bei einer Kündigung nach ein paar Jahren nur einen Bruchteil der eingezahlten Beiträge zurück. Oft ist es nicht mal die Hälfte, die der Einzahler zurückbekommt.

Bausparen

Das Bausparen dient einer möglichst günstigen Finanzierung von Wohneigentum (Bau, Kauf oder Erhaltung eines (Reihen-)Hauses oder einer Eigentumswohnung). Es weist einige Besonderheiten auf:

- Das Bausparen dient ausschließlich wohnungswirtschaftlichen Zwecken und ist nur dann begünstigt.
- Erst nach der Ansparung eines bestimmten Teils der Bausparsumme (meistens 40 % bis 50 %) und einer Mindestspardauer entsteht der Anspruch auf das Bauspardarlehen in Höhe der Restsumme (der Zeitpunkt der Zuteilung wird mit sogenannten Bewertungszahlen als Produkt aus Geld × Zeit ermittelt).

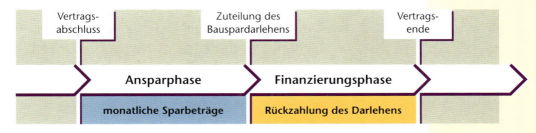

- Die Sparzinsen auf das bereits eingezahlte Sparguthaben sind zwar noch niedriger als beim Sparbuch, dafür sind dann aber die Darlehenszinsen sehr viel günstiger (3 bis 5 %, festgelegt für die gesamte Laufzeit).
- Das Darlehen muss relativ schnell getilgt werden (7 bis 12 Jahre), da aus den Einzahlungen der Bausparer die nächsten Bauwilligen bedient werden.
- Bauspardarlehen brauchen nur durch ein nachrangiges Grundpfandrecht gesichert zu werden (der erste Rang kann daher für eine Hypothek oder Grundschuld offen bleiben).
- Bausparbeiträge sind durch die Wohnungsbauprämie und/oder durch das Vermögensbildungsgesetz staatlich begünstigt.

Das Bauspardarlehen sollte bei der Finanzierung von Wohneigentum neben den Eigenmitteln und einem Hypothekendarlehen eine der drei Säulen einer soliden Finanzierung darstellen.

4 Der Umgang mit Geld

4.4.4 Sparförderung
Gesamtwirtschaftliche Bedeutung

Der einzelne Bürger spart, um seine persönlichen Ziele verwirklichen zu können. Dies hat gesamtwirtschaftlich zur Folge, dass die Spargelder für Investitionszwecke der Unternehmen zur Verfügung stehen. Gesammelt werden die Spargelder von Banken, die den Unternehmen diese als Kredite zum Kauf von Investitionsgütern (Maschinen, Werkhallen usw.) gewähren. Bei hohem Zinssatz wird viel gespart und es steht viel Geld für Investitionszwecke zur Verfügung. Die Unternehmen werden aber nur dann investieren, wenn sie die produzierten Güter am Markt gut absetzen können. Voraussetzung dafür ist, dass die Bürger einen genügend großen Teil ihres Einkommens konsumieren, also nicht sparen.

Um ein gewünschtes Verhältnis von **Konsum** und **Sparen** zu erreichen, greifen der Staat, z. B. durch die Sparförderung, und die Europäische Zentralbank (EZB), z. B. durch die Zinspolitik, in diesen Prozess ein.

Die **Sparquote** (gesamtwirtschaftliche Ersparnis in Prozent des verfügbaren Volkseinkommens) schwankt zwischen 10% und 15%. Sie ist insbesondere abhängig von der allgemeinen Wirtschaftslage, dem Zinsniveau und den Sparmotiven.

> **Ersparnisse privater Haushalte**
>
> Wie die Ergebnisse der vom Statistischen Bundesamt aufgestellten Gesamtrechnungen zeigen, sparten die privaten Haushalte im Jahr 2005 ca. 157 Mrd. Euro. Bezogen auf das private verfügbare Einkommen sind das 10,6 %. Nachdem die Sparquote bis 2002 sogar unter 10 % gesunken war, steigt sie seitdem wieder ein wenig an.

Vereinfachter Wirtschaftskreislauf

Der Staat ist aus mehreren Gründen daran interessiert, dass seine Bürger sparen:

■ Die gesamtwirtschaftlichen Ersparnisse stehen für Investitionszwecke zur Verfügung und ermöglichen damit ein Wachstum der Wirtschaft.

■ Ersparnisse können der Altersversorgung dienen und helfen Notfälle zu überwinden; die Bürger fallen nicht der staatlichen Fürsorge (z. B. der Sozialhilfe) zur Last.

■ Arbeitnehmer sollen an einer breit gestreuten Vermögensbildung teilhaben und so ihren persönlichen Freiheitsraum erweitern und ihren Lebensstandard erhöhen. Insbesondere soll die Beteiligung am Produktivvermögen der eigenen Unternehmung gefördert werden.

4.4 Sparen und Sparförderung

Die staatliche Sparförderung begünstigt vor allem Sparer mit niedrigem oder mittlerem Einkommen.

Obergrenzen für das zu versteuernde Einkommen im Förderjahr	Ledige	Verheiratete
Vermögensbildungsgesetz	17 900 €	35 800 €
Wohnungsbauprämiengesetz	25 600 €	51 200 €

Vermögensbildungsgesetz

Das 5. **Vermögensbildungsgesetz** wurde 1999 um das 3. **Vermögensbeteiligungsgesetz** ergänzt. Danach können Arbeitnehmer, die die oben genannten Einkommensgrenzen nicht überschreiten, folgende Fördermöglichkeiten in Anspruch nehmen:

Förderkorb 1:
Das Finanzamt zahlt eine Sparzulage in Höhe von 10 % für vermögenswirksame Leistungen von maximal 470 €, die in einen Bausparvertrag eingezahlt werden.

Förderkorb 2:
Zusätzlich wird die Beteiligung von Arbeitnehmern am Produktivvermögen gefördert. Die Anlage muss in einer Beteiligung an einem Unternehmen, in Aktien(fonds), Investmentfonds o. Ä. erfolgen. Die Förderung beträgt hier sogar 18 % von maximal 400 €.

Günstig ist bei dieser Art der Vermögensbildung, dass viele Tarifverträge einen Zuschuss des Arbeitgebers zu den vermögenswirksamen Leistungen vorsehen.

Die genannten Einkommensgrenzen beziehen sich auf das zu versteuernde Einkommen. D. h., dass der Bruttoverdienst weit darüber liegen kann, da je nach Familiensituation unterschiedliche Freibeträge und sonstige Aufwendungen abgezogen werden können.

Den Antrag auf Arbeitnehmer-Sparzulage stellt man zusammen mit der Steuererklärung. Die Zulage wird dann vom Finanzamt auf das Erstattungskonto überwiesen.

Arbeitnehmer-Sparzulage (Beispiel)

Vermögenswirksame Leistungen:
1. Bausparen (eigene Sparleistung) 12 × 30,00 € = 360,00 € ⎫ = 470,00 €
   (Arbeitgeberzuschuss) 12 × 9,17 € = 110,00 € * ⎭
2. Beteiligungssparen (z. B. Aktien) 12 × 33,33 € = 400,00 €

Sparleistung insgesamt 870,00 €

Förderungen:
zu 1. 9 % von 470,00 € = 42,30 €
zu 2. 18 % von 400,00 € = 72,00 € **
Förderung insgesamt 114,30 €

Anmerkungen:
- Die Förderung kann jeder Arbeitnehmer, ggf. also jeder Ehepartner, wenn beide berufstätig sind, in Anspruch nehmen.
- Die oben genannten Einkommensgrenzen sind zu beachten.
- Den Zuschuss des Arbeitgebers* erhält man nur, wenn der Tarifvertrag dies vorsieht.
- Die Sparleistungen müssen wie vorgeschrieben angelegt werden (Bausparvertrag und Aktien o. Ä.).
- Arbeitnehmer aus den neuen Bundesländern** erhalten 22 % Förderung, also maximal 88,00 €.

Wohnungsbauprämiengesetz

Wer Beiträge auf ein Bausparkonto einzahlt, kann nach dem Wohnungsbauprämiengesetz eine Prämie von 10 % auf seine Sparleistungen erhalten. Diese ist allerdings auf eine Sparleistung von höchstens 512,00 € für Ledige bzw. 1.024,00 € für Verheiratete begrenzt.

Wohnungsbauprämie kann zusätzlich zur Arbeitnehmersparzulage in Anspruch genommen werden! Der Antrag auf Wohnungsbauprämie erfolgt auf den Formularen der Bausparkasse und wird an diese zurückgeschickt. Die Gutschrift erfolgt auf dem Bausparkonto.

Wohnungsbauprämie

Sparleistung:	100,00 €/Monat =	1 200,00 €
Förderungshöchstbetrag:		1 024,00 €
Wohnungsbauprämie:	8,8 % vom Höchstbetrag =	90,11 €

Voraussetzung für dieses Beispiel:
- Arbeitnehmer ist verheiratet*
- Das zu versteuernde Einkommen liegt unter der oben genannten Einkommensgrenze für Verheiratete

* Sind beide Ehepartner berufstätig, erhöht sich die Wohnungsbauprämie nicht.

Sparerfreibetrag

Allen Steuerzahlern gewährt das Finanzamt Vergünstigungen bei der Versteuerung von Zinserträgen und Dividenden unabhängig von der Höhe ihres Einkommens. Jeder Sparer kann steuerlich 750,00 € (Ledige) bzw. 1.500,00 € (Verheiratete) als Sparerfreibetrag pro Jahr geltend machen. Hinzu kommen 51,00 € bzw. 102,00 € Werbungskosten. Zinserträge bis zu diesen Beträgen brauchen also nicht versteuert zu werden.

Die Banken müssen aber von sich aus 30 % der Erträge als sogenannte **Zinsabschlagsteuer** an das Finanzamt abführen. Da Zinserträge bis zur oben genannten Höhe steuerfrei sind, kann man seiner Bank einen **Freistellungsauftrag** erteilen, dann unterbleibt der Abzug der Steuer. Hat man den Freistellungsauftrag vergessen und die Zinserträge liegen unterhalb der Freibeträge, kann man sich die bereits gezahlte Zinsabschlagsteuer bei der nächsten Einkommenssteuererklärung vom Finanzamt zurückholen.

Welchen Betrag kann ein Lediger/Verheirateter zu 5 % maximal anlegen, ohne dass er Einkommensteuer darauf zahlen muss?

Freistellungsauftrag für Kapitalerträge
(Gilt nicht für Betriebseinnahmen und Einnahmen aus Vermietung und Verpachtung)

Hiermit erteile ich/erteilen wir[1] Ihnen den Auftrag, meine/unsere[2] bei Ihrem Institut anfallenden Zinseinnahmen vom Steuerabzug freizustellen und/oder bei Dividenden und ähnlichen Kapitalerträgen die Erstattung von Kapitalertragsteuer und die Vergütung von Körperschaftssteuer beim Bundesamt für Finanzen zu beantragen, und zwar

☐ bis zu einem Betrag von _____ € (bei Verteilung des Freibetrages auf mehrere Kreditinstitute)

☒ bis zur Höhe des für ~~mich~~/uns[1] geltenden Sparer-Freibetrages und Werbungskosten-Pauschbetrages von insgesamt ~~801 €~~/1.602 €[2].

Dieser Auftrag gilt ab dem **02.01.20..**

☒ so lange, bis Sie einen anderen Auftrag von mir/uns[1] erhalten.

☐ bis zum _____

Dieser Auftrag steht den zuständigen Finanzbehörden zu Prüfungszwecken zur Verfügung.

4.4 Sparen und Sparförderung

Überblick

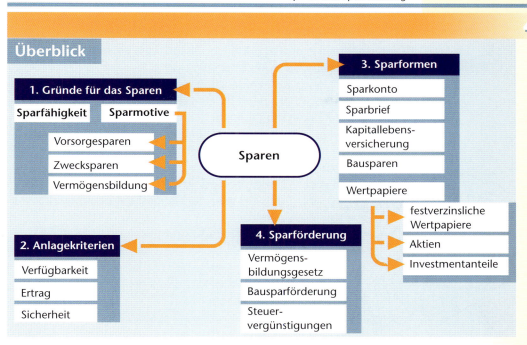

Aufgaben zur Wiederholung und Vertiefung

Inhaltsbezug Seite

1. Welche Verwendungsmöglichkeiten haben Sie für Ihr Einkommen? — 153
2. Nennen Sie drei Gründe, warum ein Bürger spart. — 153
3. Das Sparkonto ist eine der häufigsten Anlageformen. Erarbeiten Sie die Vor- und Nachteile. — 155
4. Unterscheiden Sie zwischen festverzinslichen Wertpapieren, Aktien und Investment-Zertifikaten. Erklären Sie die jeweiligen Vor- und Nachteile. — 158–160
5. Welche Vorteile hat das Bausparen? — 161
6. Welche Wirkungen hat eine hohe Sparquote für die Unternehmungen? — 162
7. Übertragen Sie die Tabelle in Ihr Heft und stellen Sie die Anlagekriterien für alle im Kapitel 4.4.3 genannten Sparformen zusammen. — 154–164

	Verfügbarkeit	Ertrag	Sicherheit
Sparbuch			
Kapitallebens-versicherung	erst bei Eintritt des Versicherungsfalles / vorzeitiger Rückkauf ist sehr ungünstig	liegt bei 4 bis 6 % / ist aber wegen des Risikoanteils schwer vergleichbar	bei seriöser Gesellschaft kein Risiko / Geldentwertung kann durch Dynamisierung umgangen werden

8. Warum fördert der Staat das Sparen? — 162
9. Welche Formen der Sparförderung gibt es? — 162-164

165

4 Der Umgang mit Geld

4.5 Verbraucherkredit

Firmen nehmen in der Regel Kredite auf, um damit Investitionen zu finanzieren, die Gewinne abwerfen sollen.

Im privaten Bereich werden dagegen Kredite zu **Konsumzwecken** aufgenommen (s. S. 110 f.). Statt für eine größere Anschaffung (z. B. Auto, Haushaltsgeräte oder Wohnungseinrichtung) vorher das dazu benötigte Geld anzusparen, wird ein Kredit aufgenommen, der am Ende der Laufzeit in einem Betrag oder während der Laufzeit in Raten zurückgezahlt wird. Oft ist nur eine geringe Anzahlung nötig.

Der Vorteil der Kreditfinanzierung besteht darin, dass der gekaufte Gegenstand sofort genutzt werden kann.

Dies ist für die Konsumenten natürlich verlockend, und Banken und Geschäfte verstärken diese Haltung mit Werbesprüchen wie: „Warum wollen Sie auf die Verwirklichung Ihrer Träume noch warten, wenn Sie schon jetzt …"

Die Grafik unten zeigt, dass sich die Bundesbürger in den letzten Jahren zunehmend verschuldet haben. Es ist nun aber nicht so, dass immer mehr verarmte Bundesbürger auf „Pump" leben müssen. Eher das Gegenteil ist der Fall. Gerade weil sie gut verdienen, können sie sich Kredite und die damit verbundenen Rückzahlungen leisten. Im Übrigen prüfen Banken die „Bonität" (Zahlungsfähigkeit) ihrer Kunden sehr genau. Nur wer die Gewähr bietet, seine Kreditschulden auch zurückzahlen zu können, bekommt überhaupt einen Kredit.

„Soll ich jetzt für meine Wohnungseinrichtung einen Kredit aufnehmen? Oder doch lieber warten und sparen?"

Je nach Verwendungszweck, Rückzahlungsmodalität und der Möglichkeit, der Bank Sicherheiten zu stellen, gibt es sehr unterschiedliche Kreditarten, die insbesondere für Arbeitnehmer und Verbraucher infrage kommen.

Neben dem **Dispositionskredit**, bei dem die Bank dem Kontoinhaber ein Kreditlimit (Betrag, bis zu dem ein Konto überzogen werden darf) einräumt, hat das **Anschaffungsdarlehen (Ratenkredit)** die größte Bedeutung.

166

4.5.1 Anschaffungsdarlehen als Beispiel

Das Anschaffungsdarlehen dient vor allem der Finanzierung langlebiger Konsumgüter, wie z. B. Autos und Möbel. Die Laufzeit beträgt zwischen 12 und 72 Monaten und die Kredithöhe bis zu 25 000,00 €. Der Zinssatz bleibt über die gesamte Laufzeit konstant. Im Allgemeinen wird eine feste monatliche Rate für die Rückzahlung vereinbart. Diese so genannte Annuität setzt sich aus einem Zinsanteil und einem Tilgungsanteil zusammen. Dabei verringert sich der Zinsanteil, der vom abnehmenden Kredit berechnet wird, immer mehr; entsprechend nimmt der Tilgungsanteil zu (vgl. Tilgungstabelle auf Seite 168).

Ein Anschaffungsdarlehen wird auch als
- Ratenkredit
- Verbraucherkredit
- Teilzahlungskredit

bezeichnet.

Die Banken verwenden dafür Darlehensverträge der folgenden Art:

4.5.2 Der Effektivzins

Die unterschiedlichen Konditionen der Banken bei der Vergabe von Krediten machen es für den Kreditnehmer unter Umständen schwer, das für ihn günstigste Angebot herauszufinden.

Neben den Zinsen müssen im Allgemeinen noch eine Bearbeitungsgebühr und eventuell eine Provision gezahlt werden. Je nach Art des Kredits wird dieser auch nicht zu 100 % ausgezahlt. Insbesondere wenn ein Kreditvermittler eingeschaltet wird, kann ein Kredit auf diese Weise teuer werden. Deshalb ist ein Preisvergleich lohnend.

*In den „**Effektivzinssatz**" werden alle Kosten eingerechnet. Wird ein Kreditvertrag mit einem variablen Zinssatz angeboten, muss der „**anfängliche effektive Zinssatz**" angegeben werden.*

Beispiel

Darlehensbetrag	15 000,– €	20 000,– €
Zinsen (0,49 % monatlich)	4 410,–	5 880,–
Bearbeitungsgebühr (2 %)	300,–	400,–
Rückzahlungsbetrag	19 710,–	26 280,–
1. Rückzahlungsrate	299,–	438,–
59 weitere Monatsraten mit je	329,–	438,–

effektiver Jahreszins 11,97 % einschließlich Bearbeitungsgebühr

4 Der Umgang mit Geld

Zum Schutz der Konsumenten schreibt die Preisangabenverordnung vor, dass dem Kreditnehmer nicht nur der nominale, sondern auch der effektive Zinssatz bekannt gegeben wird. In diesen werden **alle** Nebenkosten des Kredits (nach einer sehr komplizierten Formel) mit eingerechnet und unter Berücksichtigung der Laufzeit des Kredits vergleichbar gemacht. Auf diese Weise sind dem Kreditnehmer Preisvergleiche zwischen den verschiedenen Kreditanbietern möglich.

Für einen schnellen Preisvergleich benutzen die Banken Computerprogramme oder – wenn es sich um glatte Beträge handelt – Zins- und Tilgungstabellen.

Der folgende Tilgungsplan wurde mit einem Tabellenkalkulationsprogramm erstellt. (Vgl. Darlehensvertrag der Familie Mustermann auf Seite 167: Abweichungen beruhen auf Rundungsfehlern.)

Die SCHUFA ist meistens dabei

Bei vielen Bankgeschäften (Kontoeröffnung; Kreditantrag) muss der Kunde seine Zustimmung geben, dass seine Daten bei der SCHUFA gespeichert bzw. abgerufen werden (mit Unterschrift!). Die „Schutzgemeinschaft für allgemeine Kreditsicherheit" will damit ihre Vertragspartner vor Kreditverlusten warnen, aber auch Kunden vor übermäßiger Verschuldung schützen.

Besonders einschneidend für Verbraucher kann die Eintragung von sogenannten „Negativmerkmalen" sein (z. B. bei Zwangsvollstreckungsmaßnahmen, rückständigen Kredittilgungen oder Verbraucherinsolvenz). In solchen Fällen dürfte es für einen „vorbelasteten" Kunden schwierig sein, einen weiteren Kredit zu erhalten oder selbst ein Girokonto zu eröffnen.

Die SCHUFA ist verpflichtet, einem Betroffenen auf Antrag kostenfrei Auskunft über die zu seiner Person gespeicherten Daten zu erteilen.

TILGUNG.XLS

Tilgungsplan für einen Ratenkredit

	A	B	C
2	Kreditbetrag		10.000,00
3	Restkreditversicherung		234,70
4	Gebühren		204,69
5	Summe		10.439,39
6	Monatsrate		337,00
7	Laufzeit in Monaten		36,00
8	Zinssatz (nominal)		9,862

	Jahr	Monat	Zins	Tilgung	Rate	Restkapital
10	2004	Nov	85,79	251,21	337,00	10.188,18
11		Dez	83,73	253,27	337,00	9.934,91
12	2005	Jan	81,65	255,35	337,00	9.679,56
13		Feb	79,55	257,45	337,00	9.422,11
14	....	....	....	....	....	....
15	2006	Dez	28,76	308,24	337,00	3.190,80
16	2007	Jan	26,22	310,78	337,00	2.880,03
17		Feb	23,67	313,33	337,00	2.566,70
18		Mär	21,09	315,91	337,00	2.250,79
19		Apr	18,50	318,50	337,00	1.932,29
20		Mai	15,88	321,12	337,00	1.611,17
21		Jun	13,24	323,76	337,00	1.287,41
22		Jul	10,58	326,42	337,00	960,99
23		Aug	7,90	329,10	337,00	631,89
24		Sep	5,19	331,81	337,00	300,08
25		Okt	2,47	300,08	302,55	0,00
26	**Summen**		**1.658,16**	**10.439,39**	**12.097,55**	

4.5.3 Die Kreditsicherung

In den Prospekten der Banken und Kreditvermittler wird oft mit sofortiger Auszahlung des Kredits geworben. In der Regel muss aber mindestens eine Verdienstbescheinigung vorgelegt werden. Darüber hinaus verlangen die Banken, je nach Höhe und Zweck des Kredits, eine oder mehrere der folgenden Kreditsicherungen:

- Zunächst muss der Kreditnehmer eine **Selbstauskunft** über seine Einkünfte und sämtliche Verpflichtungen erteilen. Darüber hinaus ist es üblich, dass bei der Schutzgemeinschaft für allgemeine Kreditsicherung (**SCHUFA**) angefragt wird (vgl. Randspalte S. 168).

1. Bürgschaft: (Name und Anschrift des Bürgen)   Mathilda Mustermann
                                                   (Ehefrau)
übernimmt/übernehmen die selbstschuldnerische Bürgschaft.

2. Abtretung der Arbeitseinkünfte
Der Darlehensnehmer und der/die Bürge(n) treten hiermit den pfändbaren Teil ihrer derzeitigen und zukünftigen Ansprüche auf Arbeitseinkommen im Sinne von § 850 ZPO gegen den jeweiligen Arbeitgeber sowie ihrer Sozialleistungsansprüche gegen den jeweiligen Leistungsträger (z. B. Arbeitsamt, Krankenkasse), insbesondere Ansprüche auf Zahlung von Arbeitslosengeld, Arbeitslosenhilfe, Konkursausfallgeld, Krankengeld sowie Renten der LVA und BfA an die Bank ab. Sie verpflichten sich, der Bank alle Änderungen, die das Einkommensverhältnis betreffen, unverzüglich mitzuteilen und ihr hierüber auf Verlangen jederzeit Auskunft zu geben. Die Bank ist berechtigt, die Abtretung(en) anzuzeigen, wenn der Darlehensnehmer oder der/die Bürge(n) mit seinen/ihren Verpflichtungen aus diesem Vertrag in Rückstand gerät/geraten.

3. Sicherungsübertragung: Der Darlehensnehmer bzw. Herr/Frau
                              Mathilda Mustermann, geb. 01.01.77 (Ehefrau)
(im folgenden Sicherungsgeber genannt) übereignet der Bank hiermit folgendes Fahrzeug:

Marke/Typ	Amtliches Kennzeichen	Fahrgestell-Nr.	Datum der 1. Zulassung	Wert lt. Schwacke/KP
Opel	FR — CU 101	BVX 132174XXX120	01.01.20..	ca. TEUR 4

Sicherungsgeber und Bank sind sich darüber einig, dass das Eigentum an dem Sicherungsgut und dem Zubehör mit dem Tag des Vertragsabschlusses auf die Bank übergeht. Ist der Sicherungsgeber noch nicht Eigentümer, so tritt er hiermit seinen Anspruch auf Eigentumsübertragung an die Bank ab. Die Übergabe des Sicherungsgutes wird gemäß § 930 BGB durch die Vereinbarung ersetzt, dass es der Sicherungsgeber unentgeltlich und sorgfältig für die Bank verwahrt. Befindet sich das Sicherungsgut im Besitz eines Dritten, so tritt der Sicherungsgeber hiermit seinen Herausgabeanspruch an die Bank ab.
Der Sicherungsgeber ist verpflichtet, das übereignete Sicherungsgut für die Dauer der Übereignung in voller Höhe gegen diejenigen Gefahren, für die der Bank ein Versicherungsschutz erforderlich erscheint, zu versichern. Im Falle eines Umtausches des übereigneten Sicherungsgutes besteht Einigkeit darüber, dass die Ersatzgegenstände mit Inbesitznahme an die Bank übereignet wird.

- Bei einer **Bürgschaft** haften weitere Personen (z. B. Ehegatte, Eltern oder Freund) für die Rückzahlung des Kredits, wenn der Schuldner seinen Verpflichtungen nicht vertragsgemäß nachkommt. Selbstschuldnerisch ist eine Bürgschaft dann, wenn der Bürge genauso haftet wie der Kreditnehmer. Der Kreditgeber kann sich unmittelbar an den Bürgen wenden, wenn der Kreditnehmer nicht zahlen kann oder will.
- Bei einer **Lohn- oder Gehaltsabtretung** wird der pfändbare Teil des Einkommens an den Kreditgeber abgetreten, d. h., der Arbeitgeber muss im Fall des Ratenrückstandes einen Teil des Einkommens direkt an die Bank überweisen. Dem Kreditnehmer muss das Existenzminimum belassen werden.
- Mithilfe der **Sicherungsübereignung** wird der Kreditgeber Eigentümer des Kaufgegenstandes, und der Kreditnehmer wird nur Besitzer, er kann die gekaufte Sache nutzen. Diese Rechtskonstruktion wird häufig bei der Finanzierung eines Autos angewandt. Der Kreditgeber behält den Kfz-Brief ein, sodass der Besitzer nicht in der Lage ist, das Auto zu verkaufen. Häufig muss der Besitzer eine Vollkaskoversicherung für das Auto abschließen.

„Kann auch mein Freund für mich bürgen, wenn ich einen Kredit aufnehme?"

4 Der Umgang mit Geld

Für Ratsuchende gibt es kostenlos die sehr gute Broschüre „Was mache ich mit meinen Schulden?" mit einem großen Adressenteil von Schuldnerberatungsstellen bei:

Ministerium für Familie, Senioren, Frauen und Jugend
11018 Berlin

www.bmfsfj.de

4.5.4 Risiken der Kreditaufnahme

Die Vorschriften des BGB zum **Verbraucherdarlehen** schützen die Kunden besser vor möglichen Fallstricken bei Kreditverträgen.

Trotzdem sollte sich der Kreditnehmer bei der Inanspruchnahme eines Kredits fragen, ob er die laufenden Kreditraten (Zins und Tilgung) aus seinem Einkommen ohne wesentliche Einschränkung seiner bisherigen Lebensgewohnheiten aufbringen kann. Dazu muss er überschlagen, wie viel von den regelmäßigen Einkünften nach Abzug aller dauernden Verpflichtungen (z. B. Miete, Versicherungen, PKW) noch verfügbar bleibt.

Zu diesen Überlegungen kommt die Frage nach der Sicherheit des Arbeitsplatzes oder ob größere Ausgaben in absehbarer Zeit auf den Kreditnehmer zukommen (z. B. Ausbildungskosten für Kinder, Reparaturen).

Hat sich eine Familie finanziell übernommen und kann die eingegangenen Rückzahlungsverpflichtungen nicht mehr tragen, sollte sie sich nicht in die Arme von sogenannten „Kredithaien" begeben, die ihnen eine angeblich günstige Umschuldung anbieten. Kreditvermittler erhöhen die Kosten noch mehr, da deren Provision zu den üblichen Bankkosten noch hinzuzuzählen sind. Besser ist es in diesem Fall, sich zuerst an den Kreditgeber (Bank) oder an die **Verbraucherberatung** zu wenden. In vielen Städten gibt es spezielle **Schuldnerberatungsstellen**.

Daneben sollte überlegt werden, bei Aufnahme eines Kredits gleichzeitig eine **Restkreditversicherung** abzuschließen. Diese besondere Art der Versicherung übernimmt die Kredittilgung bei schwerer Krankheit, Unfall, Berufsunfähigkeit oder Tod. Allerdings kommt dann zu den üblichen Kreditkosten noch eine monatliche Versicherungsprämie dazu.

4.5.5 Verbraucherinsolvenz

Das Verbraucherinsolvenzverfahren soll privaten Personen oder Haushalten, die keine selbstständige wirtschaftliche Tätigkeit ausüben, durch eine Restschuldbefreiung einen Neuanfang ermöglichen. Das Verfahren kann bei (drohender) Zahlungsunfähigkeit des Schuldners eingeleitet werden und führt unter bestimmten Voraussetzungen zu einer Befreiung von der Restschuld.

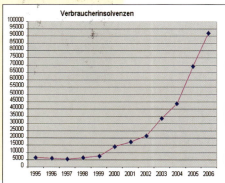

Das Verfahren gliedert sich in drei Stufen, wobei die nächste Stufe nur durchgeführt wird, wenn es auf der vorhergehenden Stufe keine Einigung gab.

1. Stufe: Außergerichtliche Schuldenbereinigung

Zunächst muss der Schuldner eine außergerichtliche Schuldenbereinigung mit seinen Gläubigern versuchen. Dazu hat er seine Vermögensverhältnisse darzulegen und einen konkreten Vorschlag zur Tilgung der aufgelaufenen Schulden zu unterbreiten.

2. Stufe: Gerichtliches Verfahren über den Schuldenbereinigungsplan

Führt das außergerichtliche Verfahren zu keiner Einigung, kann der Schuldner beim Amtsgericht Antrag auf Eröffnung des Insolvenzverfahrens stellen. Er muss dazu den (überarbeiteten) Schuldenbereinigungsplan und gegebenenfalls weitere Unterlagen und Erklärungen vorlegen. Stimmen die Gläubiger jetzt zu, braucht der Schuldner nur noch die aufgeführten Schulden zu begleichen.

3. Stufe: Vereinfachtes Verbraucherinsolvenzverfahren

Scheitert der gerichtliche Einigungsversuch, wird auf Antrag des Schuldners das Insolvenzverfahren eröffnet. Das pfändbare Vermögen des Schuldners wird durch einen Treuhänder verwertet und das Gericht kündigt die Restschuldbefreiung an. Diese wird aber erst nach einer sechsjährigen Wohlverhaltensphase wirksam. In dieser Zeit muss der Schuldner eine zumutbare Erwerbstätigkeit ausüben und er den pfändbaren Teil seines Arbeitseinkommens an den Treuhänder abführen. Danach sind dem Schuldner sämtliche zum Zeitpunkt der Eröffnung des Verfahrens bestehende Schulden erlassen.

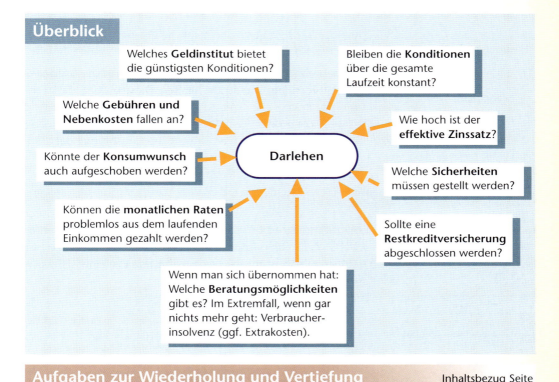

Überblick

- Welches **Geldinstitut** bietet die günstigsten Konditionen?
- Bleiben die **Konditionen** über die gesamte Laufzeit konstant?
- Welche **Gebühren und Nebenkosten** fallen an?
- Wie hoch ist der **effektive Zinssatz**?
- Könnte der **Konsumwunsch** auch aufgeschoben werden?
- Welche **Sicherheiten** müssen gestellt werden?
- Können die **monatlichen Raten** problemlos aus dem laufenden Einkommen gezahlt werden?
- Sollte eine **Restkreditversicherung** abgeschlossen werden?
- Wenn man sich übernommen hat: Welche **Beratungsmöglichkeiten** gibt es? Im Extremfall, wenn gar nichts mehr geht: Verbraucherinsolvenz (ggf. Extrakosten).

Aufgaben zur Wiederholung und Vertiefung   Inhaltsbezug Seite

1. Wie schätzen Sie die gesellschaftliche Bedeutung des „Schuldenmachens" ein?   166
2. Welche wesentlichen Angaben müssen in einem Kreditvertrag stehen?   167
3. Warum ist die Angabe des Effektivzinssatzes von so großer Bedeutung?   167
4. Erläutern Sie die Bedeutung der SCHUFA.   168

4 Der Umgang mit Geld

5 Ein Anschaffungsdarlehen über 18 000 € wird unter folgenden Bedingungen gewährt:
 – Laufzeit 36 Monate
 – Zinssatz 0,65 % pro Monat
 – Gebühren 2 % vom Kreditbetrag
 a) Wie hoch ist der nominale Zinssatz? Warum führt dieser Zinssatz
    zu falschen Schlussfolgerungen?
 b) Wie hoch ist der effektive Zinssatz berechnet nach folgender Näherungsformel:
 p_{eff} = 24 * (Monatszins + Gebühren in % / LZ in Monaten)   167, 168

6 Nennen und erläutern Sie drei Möglichkeiten der Kreditsicherung.   169

7 Sie sollen für einen Freund eine Bürgschaft über 5 000 € übernehmen.
 Welches Problem könnte auf Sie zukommen?   169

8 Welche Gefahren können mit einer Kreditaufnahme verbunden sein?   170

9 Wie kann man sich gegen unseriöse Geschäfte bei der Kreditaufnahme schützen?   170

Handlungsorientierte Themenbearbeitung

Max Keul, 19 Jahre alt, ist Auszubildender in einer Schreinerwerkstatt. Sein Girokonto hat er bei der XY-Bank in Konstanz und nutzt alle modernen Zahlungsmittel. Für den nächsten Sommerurlaub plant er eine Skandinavien-Rundreise.

a Max möchte feststellen, wie viel er von seinem monatlichen Budget für die Reise abzweigen kann. Helfen Sie ihm dabei und legen Sie für die Einnahmen und Ausgaben Durchschnittswerte zugrunde.

b Die Ersparnisse von Max reichen nicht ganz für den geplanten Urlaub und die sonstigen Ausgaben. Daher überlegt er, ob er einen Kleinkredit über 1 500,00 € aufnehmen sollte. Würde er den Kredit bekommen? Wenn ja, zu welchen (aktuellen) Bedingungen?

c Das Interrail-Ticket der Deutschen Bahn AG für Schüler, Studenten und Azubis kostet 206,00 €. Welche Möglichkeiten zur Bezahlung am Schalter hat Max?

d Für die Bezahlung der vielen kleinen Reiseutensilien setzt Max seine Geldkarte ein. Wie funktioniert diese Zahlungsmöglichkeit?

e Die empfohlene Auslandskrankenversicherung möchte er gerne über Onlinebanking überweisen. Welche Hardware- und Softwarevoraussetzungen sind dazu notwendig?

f Ein Freund hat Max für den Urlaub Reiseschecks empfohlen. Da diese Möglichkeit in diesem Buch nicht erwähnt ist, müssen Sie sich informieren! Wo und mit welchem Resultat?

g Max überlegt sich, ob er sich nicht aus Anlass seiner Reise eine Kreditkarte zulegen sollte. Können Sie ihm eine Empfehlung geben? (Vorteile? Nachteile?)

h Sein Reisebudget plant er entsprechend der Aufenthaltsdauer und der Höhe der Lebenshaltungskosten in den einzelnen Ländern. Wieso spielt Letzteres eine Rolle?

i Für Dänemark rechnet Max mit Ausgaben von 300,00 €, für Norwegen mit 250,00 € und für Schweden mit 400,00 €. Wie viel Geld in Landeswährung erhält er jeweils, wenn die neuesten Kurse zugrunde gelegt werden?

j Während seines Dänemarkaufenthaltes wird die dänische Krone abgewertet.
 – Ändert diese Tatsache etwas an seiner finanziellen Situation?
 – Wie wäre die Situation, wenn er den Umtausch des Geldes noch vor sich hätte?

k Welche Vorteile hat es für Max, dass es in vielen anderen EU-Ländern den Euro bereits gibt?

l Max hat Pech gehabt. Auf einem Bahnhof wurde ihm sein Rucksack mit der ec-Karte gestohlen. Was muss Max tun, um den Verlust möglichst klein zu halten?

4.5 Verbraucherkredit

Methodenseite

Fallstudie

Allgemeine Informationen

„Schüler lernen nicht für die Schule, sondern für das Leben!" – Besonders gut lernen sie aber *durch* das Leben selbst. Bei einer Fallstudie wird ein Ereignis aus der Arbeits- und Wirtschaftswelt zum Unterrichtsgegenstand gemacht. Es geht nicht um die theoretische Vermittlung von abstraktem Wissen, sondern um die eigenständige Bearbeitung von realen, u. U. recht komplexen Sachverhalten. Je nach Ausgestaltung und Umfang der Fallstudie muss die Problemsituation selber erkannt und einer Lösung zugeführt werden oder die Entscheidungsfindung ist anhand von Leitfragen und/oder Arbeitsaufträgen vorstrukturiert.

- Fallstudien verlangen die (exemplarische) Anwendung theoretischer Kenntnisse auf praktische Situationen.
- Sie leiten zur Arbeit mit Quellenmaterial an und verlangen nach Interpretation.
- Die Vermittlung von Lösungsstrategien steht im Vordergrund: „**Learning by doing**" (nicht die Vermittlung von theoretischem Wissen).
- Fallstudien fördern **Schlüsselqualifikationen** (Fachkompetenz, Sozialkompetenz und Methodenkompetenz).

Beispiele

Durch einen Unfall entstehen dem Einzelnen und der Gesellschaft u. U. hohe Kosten.

a) Versuchen Sie, diese Kosten anhand folgender Informationen zu ermitteln:
   - Zwei Personen wurden verletzt und müssen stationär bzw. ambulant behandelt werden.
   - Inwiefern sind die Familien der Verletzten und ihre Arbeitgeber betroffen?
   - Das Auto wurde schwer beschädigt und ein Laternenmast abgeknickt.
   - Die Polizei musste den Unfall aufnehmen und es wurde ein Krankenwagen gerufen.
   - Viele Unbeteiligte mussten in dem verursachten Stau warten.
   - Der Eiltransporter kann seinen Kunden dringend benötigte Waren nicht rechtzeitig zustellen.
b) Welches sind monetäre Kosten (die in Geld bewertet werden können) und nicht monetäre Kosten (die nicht oder nur hilfsweise in Geld bewertet werden können)?
c) Suchen Sie nach Kriterien für die Bewertung nicht monetärer Kosten.
d) Welche Kosten sind „privat" und welche „sozial" (von der Allgemeinheit zu tragen)?
e) Welche Folgen hat der Unfall für das Bruttoinlandsprodukt (BIP/vgl. Kap. 7.4, S. 252 ff.)?
f) Könnte es sein, dass vorbeugende Sicherheitsmaßnahmen u. U. günstiger sind als die Beseitigung von Unfallfolgen?

Vorgehensweise

1. **Vorbereitung**
   a) Festlegung der Arbeitszeit, der Pausen und der Räumlichkeit.
   b) Bereitstellung der Arbeitsmittel (PC möglichst mit Internetzugang, Lexika, Lehrbücher, Zeitungen, Archivmaterial etc.).
   c) Planung des Vorgehens und Verteilung der Arbeitsaufgaben innerhalb der Gruppe.

2. **Anwendung**
   a) Zusammentragen der Informationen aus allen erdenklichen Informationsquellen.
   b) Sichten, Bewerten und Systematisieren der Informationen.
   c) Diskussion von Problemen und Versuch einer eigenständigen Lösung.
   d) Fragen, die nicht geklärt werden konnten, benennen und begründen.

3. **Auswertung**
   a) Ergebnisse werden in der Gruppe zusammengetragen und aufbereitet.
   b) Präsentation der Ergebnisse.
   c) Gegebenenfalls Generalisierung (Verallgemeinerung) und Transfer (Übertragung) des gewonnenen Wissens auf vergleichbare Situationen (hier z. B. Kosten eines Arbeitsunfalls).

4 Der Umgang mit Geld

Methodenseite

Schreib- und Gestaltungsregeln für die Textverarbeitung

Allgemeine Informationen

Schriftstücke sind wie eine Visitenkarte. Sie sollen informieren und zugleich durch ihre Aufmachung und Darstellung Aufmerksamkeit erzeugen. Dabei sollte es sowohl im privaten (z. B. Bewerbung, Einspruch) als auch im geschäftlichen Bereich (z. B. Mahnung, Bestellung, Werbeschreiben) selbstverständlich sein, dass die Regeln zur Gestaltung von Schriftstücken eingehalten werden und der Text orthografisch und grammatikalisch ohne Fehler geschrieben ist.

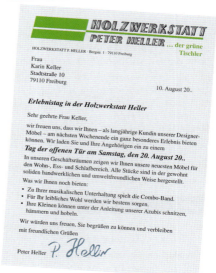

Beispiele

Die Holzwerkstatt Peter Heller lädt zu einem Tag der offenen Tür in ihre Werkstatt und Ausstellungsräume ein. Formulieren und gestalten Sie ein entsprechendes Einladungsschreiben mit persönlicher Anschrift der Kunden (Serienbrief).

Vorgehensweise

1. **Vorbereitung**
   a) Für den Aufbau und die Gestaltung von Schriftstücken gelten u. a. folgende Normen:
      - DIN 5008: Schreib- und Gestaltungsregeln für die Textverarbeitung (vom 17. Mai 2005)
      - DIN 4991: Geschäftsvordrucke (u. a. Rechnungen, Anfrage, Angebot, Bestellung)
   b) Für die korrekte Schreibweise gibt es Rechtschreibwörterbücher (z. B. Duden, Bertelsmann). Ob die Briefe schon in der neuen Rechtschreibung formuliert werden sollen, müssen Sie für sich selber bzw. innerhalb der Firma regeln.
   c) Schreiben Sie Briefe mit wiederkehrenden ähnlichen Inhalten mithilfe eines Textverarbeitungsprogramms, dann ist es sinnvoll, „Formatvorlagen" (das sind für den jeweiligen Zweck vorbereitete Vorlagen) zu erstellen.
   d) Achten Sie auf ein klares und sauberes Schriftbild. Bei Druckern bei Bedarf Tintenpatronen oder Tonerkassetten erneuern.

2. **Anwendung**
   a) Erstellen Sie zunächst einen Entwurf („Was ist zu schreiben?"). Erkundigen Sie sich dazu genauestens über den jeweiligen Sachverhalt.
   b) Überlegen Sie sich dann das Layout (= Gestaltung) des Briefes („Wie soll der Inhalt dargestellt werden?"). Firmen verwenden häufig Geschäftsbriefe mit einem einheitlichen Layout und einem Firmenlogo. Mehr Gestaltungsfreiheit haben Sie, wenn Sie eigenständig einen Brief entwerfen sollen.
   c) Gestaltungsfreiheit besteht aber nur im Rahmen der oben erwähnten Regeln, die Sie unbedingt einhalten sollten. Sie dienen nicht nur einer rationelleren Briefgestaltung, sondern gleichzeitig einer raschen Erfassung des Briefinhalts. Das Auge eines sachkundigen Lesers stört sich an ungewöhnlichen Gestaltungselementen oder gar Regelverstößen.
   d) Wichtige Gestaltungsregeln sind:
      - Einhaltung der vorgeschriebenen Ränder und Abstände (insbesondere im Anschriftenfeld)
      - Datum in der Form tt.mm.jj (25.01.07) oder 25. Januar 2007. (Auch möglich: jj-mm-tt)
      - Währungszahlen in der Form: 1.234,50 EUR
      - Nicht zu kleine Schriftgrößen und keine ausgefallenen Schriftarten wählen
      - Hervorhebungen durch Einrücken, Zentrieren, Unterstreichen, Fettschrift, Großbuchstaben, Wechsel der Schriftart
      - Regeleinhaltung bei Bezugs- und Betreffzeilen, Anrede, Grußformel, Anlagevermerk, Folgeseiten

3. **Auswertung**
   a) Überprüfen Sie die Briefgestaltung – befragen Sie ggf. Kollegen oder Bekannte dazu.
   b) Sammeln Sie Formatvorlagen für die verschiedenen Schreibanlässe, auf die Sie dann zu gegebener Zeit zurückgreifen können.
   c) Überlegen Sie, ob der Einsatz von „Textbausteinen" für Sie bzw. für die Firma infrage kommt.
   d) Gestalten Sie gleiche Briefe an verschiedene Kunden als Serienbriefe.

5 Arbeitsrecht

Hannah Groß
Hauptstraße 1
70563 Stuttgart

Stuttgart

Architekturbüro
Karl Wagner & Partner
Industriestraße 12
70565 Stuttgart

Wir suchen für unser Ingenieurbüro eine/n gelernte/n

Bauzeichner/in

für Tragwerksplanung im Hochbau.

Sie werten selbstständig statische Berechnungen aus und erstellen die dazugehörigen Konstruktionszeichnungen.

Ideale Voraussetzungen sind ein fundiertes Fachwissen, CAD-Kenntnisse, Freude am selbstständigen Arbeiten und Sie sollten nicht älter als 30 Jahre sein.

Bitte senden Sie Ihre ausführlichen Bewerbungsunterlagen an:

Architekturbüro Karl Wagner & Partner
Industriestraße 12 · 70565 Stuttgart

KW & Partner

Bewerbung

Sehr geehrter Herr Wagner,

aufgrund Ihrer Anzeige vom 20.5. d. J. bewerbe ich mich um die Stelle einer Bauzeichnerin.

Zurzeit arbeite ich als Bauzeichnerin im Architekturbüro Kammerer in Stuttgart. Dort machte ich meine Ausbildung und wurde anschließend in ein festes Arbeitsverhältnis übernommen.

Nach der Ausbildung habe ich in einem Abendkurs bei der Handwerkskammer Stuttgart den „Betriebsassistenten (HWK)" erworben. In diesem Zusammenhang legte ich auch die Prüfung für den „Computerführerschein A" ab. Im Anschluss an diesen Computerkurs besuche ich zurzeit einen CAD-Kurs, ebenfalls bei der HWK.
Er wird Ende Juli beendet sein.

Ihre ausgeschriebene Stelle interessiert mich besonders, da ich glaube, die erworbenen praktischen und theoretischen Kenntnisse dort anwenden zu können, insbesondere im Bereich CAD.

Gern würde ich mich bei Ihnen persönlich vorstellen.

Mit freundlichen Grüßen

Hannah Groß

Anlagen:
Lebenslauf mit Lichtbild
Realschulzeugnis
Gesellenbrief
Berufsausbildungszeugnis
Zeugnis „Managementassistent (HWK)", Computerschein „Business-Office"

Sachverhalt

Hannah Groß sieht die Anzeige in der Tageszeitung. Da ihr jetziger Betrieb nicht mit CAD, sondern per Hand die Zeichnungen anfertigt, reizt Hannah die neue Stelle, zumal diese auch in Stuttgart ist. Sie schreibt einen Lebenslauf und formuliert lange am Bewerbungsschreiben; denn sie weiß, dass der erste Eindruck der wichtigste ist.

Leitfragen

Was kann Hannah aus dieser Anzeige entnehmen?

Welche rechtliche Wirkung hat das Bewerbungsschreiben?

Reichen als Anlagen des Bewerbungsschreibens Kopien aus oder sollten diese besser beglaubigt werden?

Das Zeitalter der Industrialisierung im 19. Jahrhundert ist gekennzeichnet durch Arbeitsteilung, Maschinenarbeit und Massenfertigung. Diese Situation forderte eine Vielzahl von abhängigen Arbeitskräften. Aus der Landwirtschaft und unrentabel arbeitenden Handwerksbetrieben liefen in Scharen Arbeiter in die Fabriken. Da das Angebot an Arbeitskräften die Nachfrage weit übertraf, also der Produktionsfaktor „Arbeit" im Überfluss vorhanden war, nutzten die Fabrikanten diese für sie günstige Situation reichlich aus. Der zu dieser Zeit praktizierte „Wirtschaftsliberalismus" mit seiner Möglichkeit zur absolut freien Vertragsgestaltung führte aufgrund der Übermacht der Arbeitgeber zu Missständen. Die benachteiligten unselbstständigen Arbeiter wurden durch ihre anwachsende Zahl zu einem Machtfaktor, der schließlich nicht mehr vom Staat und den Unternehmern übersehen werden konnte. Die Arbeiter trotzten durch organisierte Aktionen dem Staat und den Arbeitgebern Maßnahmen ab, die sich im heutigen Arbeitsrecht in vielfältiger Form niedergeschlagen haben. Die Verbesserung der Arbeitssituation der Unselbstständigen wurde insbesondere auf zwei Wegen vorgenommen:

Wie es zum Arbeitsrecht kam

1918	Tarifvertragsordnung
1938	Arbeitszeitordnung
1949	Tarifvertragsgesetz
1951	Kündigungsschutzgesetz
1953	Arbeitsgerichtsgesetz
1957	Gesetz über Arbeitnehmererfindungen
1957	Arbeitsplatzschutzgesetz
1957	Lohnfortzahlungsgesetz
1963	Bundesurlaubsgesetz
1993	Kündigungsfristengesetz
1994	Arbeitszeitgesetz
1994	Entgeltfortzahlungsgesetz
1995	Nachweisgesetz
2002	Job-AQTIV-Gesetz[1]
2003	1. + 2. Gesetz für moderne Dienstleistungen am Arbeitsmarkt (= Hartz[2] I + II)[3]
2004	3. + 4. Gesetz für moderne Dienstleistungen am Arbeitsmarkt (= Hartz III + IV)[3]

[1] AQTIV = Aktivieren, Qualifizieren, Trainieren, Investieren, Vermitteln – Gesetz zur aktiven Arbeitsförderung
[2] benannt nach Peter Hartz, Vorsitzender der Hartz-Kommission und Personalvorstand bei VW
[3] siehe S. 49

■ **Eingriffe des Staates** durch Gesetze, wie z. B.:
   1855 Verbot des Trucksystems
         (ausschließlich Waren als Arbeitsentgelt)
   1900 In-Kraft-Treten des Bürgerlichen Gesetzbuches (BGB)
         mit Vorschriften zur sozialen Ausgestaltung von
         Arbeitsverträgen in den §§ 615–619
   1918 In-Kraft-Treten der Tarifvertragsordnungen als Grundlage
         für die Rechtswirksamkeit von Tarifverträgen
         (seit 1949: Tarifvertragsgesetz)

■ **Selbsthilfe der Arbeitnehmer** durch Gründung von Gewerkschaften und Abschluss von Tarifverträgen, wie z. B.:
   um 1845 Gründung der ersten Arbeiterbildungsvereine
            (Vorläufer der heutigen Gewerkschaften)
   1873 Erster Buchdruckertarifvertrag
   1896 Erster Bautarifvertrag

Das **Arbeitsrecht** ist als **Sonderrecht der unselbstständigen Arbeitnehmer** anzusehen.

5.1 Einzelarbeitsvertrag

Beispiel:
Die Auszubildende Hannah Groß hat ihre Gesellenprüfung mit Erfolg bestanden. Der Ausbildungsbetrieb Kammerer bietet ihr eine Stelle als Bauzeichnerin an. Es wird ein Arbeitsvertrag (= Dienstvertrag) zwischen Groß (= Arbeitnehmer) und Kammerer (= Arbeitgeber) abgeschlossen.

Zum besseren Verständnis die Erklärung der folgenden **Begriffe**:
- **Arbeitnehmer:** Person, die sich verpflichtet hat, Arbeit zu leisten. Diese Verpflichtung muss in einem Dienstvertrag festgelegt sein und zu einer persönlichen Abhängigkeit führen.
   - **Angestellte:** Personen, die kaufmännische, büromäßige oder sonst vorwiegend geistige Tätigkeiten leisten
   - **Arbeiter:** alle Personen, die nicht Angestellte sind, also nicht nur Personen, die überwiegend körperliche Arbeit leisten, sondern auch Hausgehilfen, Kellner, Büroboten, Straßenbahnschaffner
- **Arbeitgeber:** jede Person, die eine andere Person beschäftigt und diese durch Arbeit abhängig macht
- **Arbeitsvertrag:** (= Dienstvertrag)
   Der Arbeitsvertrag ist rechtlich gesehen ein Dienstvertrag, in dem Arbeitnehmer und Arbeitgeber festlegen, welchen Inhalt das Arbeitsverhältnis haben soll. Erreichen Arbeitgeber und Arbeitnehmer eine volle inhaltliche Übereinstimmung über das neue Arbeitsverhältnis, dann liegt ein Arbeitsvertrag vor.

Wie sind Sie zu Ihrem jetzigen Ausbildungsplatz gekommen? Welche anderen Möglichkeiten gibt es?

5 Arbeitsrecht

5.1.1 Anbahnung und Abschluss

Der Weg zu einem Arbeitsvertrag wird immer schwerer. Aus diesem Grund ist es wichtig, den Ablauf der Stellenausschreibung bis zur endgültigen Auswahl und Einstellung genau zu kennen.

	Aktivitäten des Arbeitgebers	Bemerkungen für Arbeitnehmer
Stellenanzeige 	In der Stellenanzeige sind normalerweise folgende **Informationen** enthalten: ■ Vorstellung des Unternehmens ■ Auskunft über die angebotene Stelle ■ Leistungsangebot ■ Anforderungen an den Bewerber	Achtung vor **Chiffre-Anzeigen**, d. h., die werbende Firma nennt nicht ihren Namen, sondern man schreibt unter einer Nummer an die Zeitung. Nur wer sich sofort zu erkennen gibt, kann sich ein seriöses Unternehmen nennen.
Vorauswahl der Bewerbungen 	Die **Beurteilung der Bewerbung** erfolgt nach folgenden Kriterien: ■ Vollständigkeit der Daten und Unterlagen ■ saubere äußere Form ■ Lückenlosigkeit des Lebenslaufs insbesondere mit lückenloser Beschreibung des beruflichen Werdegangs ■ Ausbildungszeugnisse ■ sonstige Zeugnisse oder Prüfungsbestätigungen ■ (selten) Gehaltsvorstellungen	Achten sie bei der Bewerbung auf die vollständige und saubere Beschreibung der Kriterien. Fügen Sie die notwendigen Anlagen wie Zeugnisse und sonstige Abschlüsse hinzu. Geben Sie Hinweise auf frühere Arbeitgeber **(Referenzen)**.
Persönliche Vorstellung 	Das **Vorstellungsgespräch** verfolgt mehrere Ziele: ■ persönlicher Eindruck von der Erscheinung und vom Auftreten des Bewerbers ■ Vorstellung des Unternehmens ■ Erörterung von offenen Fragen aus der Bewerbung, z. B. genaue Beschreibung des Tätigkeitsbereichs ■ Frage nach den Gehaltsvorstellungen	■ Informieren Sie sich vor dem Gespräch genauestens über die Firma (Mitarbeiterzahl, technische Ausstattung, Produktpalette, Betriebsklima, Ruf). ■ Gehen Sie mit genauen Gehaltsvorstellungen in das Gespräch (Gehaltsspanne). ■ Gehen Sie auf Ihre **Stärken** und Ihre **Wünsche** ein, begründen Sie damit das besondere Interesse an der Stelle.
Endgültige Auswahl und Einstellung 	Die **Einstellungsentscheidung** fällt aufgrund eines Vergleichs zwischen Anforderungsprofil und Bewerberprofil	Versuchen Sie sich so schnell wie möglich **mit der Firma**, deren Zielen und Image zu **identifizieren**.

178

5.1.2 Form und Inhalt

Beim Abschluss eines Arbeitsvertrages muss Folgendes erfüllt sein:
- für die **vertragsschließenden Personen**: Die vertragsschließenden Personen sind Arbeitgeber und Arbeitnehmer, beide müssen voll geschäftsfähig sein. Beschränkt Geschäftsfähige können aber nach § 113 BGB vom gesetzlichen Vertreter ermächtigt werden, rechtsgültig Arbeitsverhältnisse einzugehen.
- für die **Form des Vertrages**: Das am 21. Juli 1995 in Kraft getretene Nachweisgesetz ermöglicht dem Arbeitnehmer einen Anspruch auf eine Niederschrift. Danach hat der Arbeitgeber spätestens einen Monat nach dem vereinbarten Beginn die wesentlichen Vertragsbedingungen eines mündlich oder schriftlich geschlossenen Arbeitsvertrages schriftlich und unterschrieben nachzureichen. Auch wenn wesentliche Änderungen der Vertragsbedingungen auftreten, sind diese dem Arbeitnehmer spätestens einen Monat nach Eintritt dieser Änderung mitzuteilen. Sollte nur ein mündlicher Arbeitsvertrag vorliegen, so wird er trotzdem nicht unwirksam.

  Auch die wesentlichen Vertragsbedingungen von Ausbildungsverträgen müssen schriftlich niedergelegt werden.
- für den **Inhalt des Vertrages**: Das Nachweisgesetz schreibt vor, mindestens folgende Punkte in die Niederschrift aufzunehmen:
  - Name und Anschrift der Vertragsparteien,
  - Zeitpunkt des Beginns des Arbeitsverhältnisses,
  - bei befristeten Arbeitsverhältnissen: Beginn und Ende,
  - Arbeitsort oder, falls der Arbeitnehmer nicht nur an einem bestimmten Arbeitsort tätig sein soll, ein Hinweis darauf, dass der Arbeitnehmer an verschiedenen Orten beschäftigt werden kann,
  - Bezeichnung oder allgemeine Beschreibung der zu leistenden Tätigkeit, z. B. charakteristisches Berufsbild inklusive Vollmachten
  - Zusammensetzung und die Höhe des Arbeitsentgelts einschließlich der Zuschläge, der Zulagen, Prämien und Sonderzahlungen sowie anderer Bestandteile des Arbeitsentgelts und deren Fälligkeit,
  - vereinbarte Arbeitszeit,
  - Dauer des jährlichen Erholungsurlaubs,
  - Fristen für die Kündigung des Arbeitsverhältnisses,
  - ein in allgemeiner Form gehaltener Hinweis auf die Tarifverträge, Betriebs- oder Dienstvereinbarungen, die auf das Arbeitsverhältnis anzuwenden sind.

Das Arbeitsrecht greift stark in die inhaltliche Gestaltung ein:
- ArbZG (Arbeitszeitgesetz): Arbeitszeitregelungen, Ruhepausen;
- BUrlG (Bundesurlaubsgesetz): z. B. müssen mindestens 24 Werktage Urlaub im Jahr gewährt werden;
- JArbSchG (Jugendarbeitsschutzgesetz): z. B. ist die Urlaubsdauer für die einzelnen Altersgruppen unterschiedlich geregelt;
- MuSchG (Mutterschutzgesetz): z. B. dürfen werdende Mütter bestimmte Arbeiten nicht übernehmen.

Folgende Arbeitspapiere muss Hannah dem neuen Arbeitgeber übergeben:
- *Lohnsteuerkarte*
- *Versicherungsnachweisheft*
- *Bescheinigung über den im laufenden Kalenderjahr gewährten oder abgegoltenen Urlaub*
- *die vom Arbeitgeber bei Ende des Arbeitsverhältnisses auszustellende Arbeitsbescheinigung*
- *Zeugnis*
- *Sozialversicherungsausweis*

5 Arbeitsrecht

Aus einem Arbeitsvertrag ergeben sich:

Pflichten des Arbeitnehmers gegenüber dem Arbeitgeber	Pflichten des Arbeitgebers gegenüber dem Arbeitnehmer
▶ **Arbeitspflicht:** Der Arbeitnehmer muss die vertraglich vereinbarte Arbeit selbst leisten, er darf also keinen „Ersatzmann" schicken. Außerdem werden ihm Art, Umfang und Tempo der Arbeit vorgegeben. ▶ **Weisungsgebundenheit:** Der Arbeitnehmer muss sich an die Weisungen des Arbeitgebers halten, solange diese die vertraglich vereinbarte Arbeit betreffen. ▶ **Treuepflicht:** Der Arbeitnehmer muss über betriebliche Ereignisse und Gegebenheiten Stillschweigen bewahren. Er darf außerdem seinem Arbeitgeber ohne dessen Einwilligung keine Konkurrenz machen (Wettbewerbsverbot).	▶ **Lohnzahlungspflicht:** Der Arbeitgeber muss dem Arbeitnehmer für seine Arbeitsleistung Lohn bezahlen. ▶ **Beschäftigungspflicht:** Der Arbeitnehmer hat das Recht, gemäß dem Inhalt des Arbeitsvertrages beschäftigt zu werden. Sollte dies aus irgendeinem Grund nicht möglich sein, so erlischt nicht der Lohnanspruch. ▶ **Fürsorgepflicht:** Der Arbeitgeber muss Leben, Gesundheit und Eigentum des Arbeitnehmers schützen, Versicherungen, Steuern, Sozialabgaben abführen, Urlaub gewähren, Zeugnis schreiben, Einsicht in die Personalakte gewähren usw.

5.1.3 Befristete Arbeitsverträge

Am 1. Januar 2001 ist das Teilzeit- und Befristungsgesetz in Kraft getreten. Es soll nicht nur Flexibilität für die Unternehmen, sondern auch mehr zeitlichen Spielraum für alle Beschäftigten bringen.

■ **Teilzeitarbeit**

Das Gesetz will Teilzeitarbeit in allen Berufsgruppen, auch bei qualifizierten und leitenden Tätigkeiten ermöglichen.

„Welche Probleme können sich für mich ergeben, wenn ich ein befristetes Arbeitsverhältnis eingehe?"

- Verringerung der Arbeitszeit: Ein Arbeitnehmer, dessen Arbeitsverhältnis länger als 6 Monate bestanden hat, kann verlangen, dass seine vertraglich vereinbarte Arbeitszeit verringert wird. Dies gilt nur, wenn der Arbeitgeber mehr als 15 Personen beschäftigt (ohne Auszubildende).
- Verlängerung der Arbeitszeit: Will der teilzeitbeschäftigte Arbeitnehmer wieder länger arbeiten, so ist dies bei freien Arbeitsplätzen und gleicher Eignung zu berücksichtigen.
- Arbeit auf Abruf: Arbeitgeber und Arbeitnehmer können vereinbaren, dass der Arbeitnehmer seine Arbeitsleistung entsprechend dem Arbeitsanfall zu erbringen hat. Die Vereinbarung muss eine bestimmte Dauer der wöchentlichen/täglichen Arbeitszeit festlegen.
- Arbeitsplatzteilung: Arbeitgeber und Arbeitnehmer können vereinbaren, dass mehrere Arbeitnehmer sich die Arbeitszeit an einem Arbeitsplatz teilen. Bei Verhinderung sind die anderen Arbeitnehmer zur Vertretung verpflichtet.

■ **Befristung eines Arbeitsvertrages**

Das Gesetz unterscheidet:
- Eine Befristung des Arbeitsvertrages mit sachlichem Grund
  1. bei vorübergehendem betrieblichen Bedarf
  2. im Anschluss an eine Ausbildung zum Übergang an eine unbefristete Stelle
  3. bei Vertretung eines Beschäftigten
  4. bei Arbeiten, die nur zeitlich begrenzt möglich sind

180

5.1 Einzelarbeitsvertrag

5. bei Arbeit auf Probe (Praktikum)
6. bei Personen, die nur zeitlich begrenzt eingesetzt werden können (Schüler, Studenten, Saisonarbeiter)

- Die kalendermäßige Befristung des Arbeitsvertrages (z. B. „bis zum 31. Dez." oder „6 Monate") ohne Vorliegen eines sachlichen Grundes ist bis zur Dauer von zwei Jahren zulässig; bis zu dieser Gesamtdauer ist die höchstens dreimalige Verlängerung möglich.
- Die kalendermäßige Befristung des Arbeitsvertrages für Existenzgründer ist ohne Grund für 4 Jahre möglich; bis zu dieser Gesamtdauer von 4 Jahren ist auch die mehrfache Verlängerung eines kalendermäßig befristeten Arbeitsvertrages zulässig.
- Die kalendermäßige Befristung des Arbeitsvertrages für ältere Arbeitnehmer, die das 52. Lebensjahr vollendet haben, gilt für die Dauer von höchstens 5 Jahren.

In jedem Fall ist die Befristung schriftlich niederzulegen. Die befristeten Arbeitsverträge enden nach Ablauf der Zeit oder der Zweckerreichung. Es bedarf keiner Kündigung.

Form der Kündigung: Ordentliche und fristlose Kündigungen waren bisher auch mündlich gültig. Es gab immer wieder Streit vor Gericht, ob es sich tatsächlich um eine Kündigung handelte oder nur um ein Missverständnis. Deshalb sind Kündigungen von Arbeitsverhältnissen aller Art seit dem 1. Mai 2000 nur noch schriftlich möglich. Die **Schriftform** gilt nur für die Kündigung, nicht aber für Kündigungsgrund oder Kündigungstermin. (Ein Fax oder eine E-Mail trägt keine eigenhändige Unterschrift, ist also als Kündigung unwirksam.)

5.1.4 Beendigung des Arbeitsverhältnisses

Es gibt eine Vielzahl von Möglichkeiten, einen Arbeitsvertrag aufzuheben. Üblich ist die **ordentliche Kündigung**. Sie muss schriftlich erfolgen. Die Kündigungsfrist beträgt 4 Wochen zum Monatsende oder zum 15. eines Monats, bei Kleinbetrieben auf jeden Tag, wenn dies vereinbart wurde. Während einer vereinbarten **Probezeit** (längstens 6 Monate) beträgt die Kündigungsfrist 2 Wochen.

Längere Kündigungsfristen dürfen im Arbeitsvertrag vereinbart werden. Während der Arbeitnehmer ohne Grund ordentlich kündigen kann, unterliegt der Arbeitgeber in seiner Kündigungserklärung gewissen Vorschriften (siehe Seite 184 ff.). Will ein Arbeitgeber oder ein Arbeitnehmer eine Kündigung ohne Einhaltung der Kündigungsfristen aussprechen, so muss **fristlos** gekündigt werden. Diese Möglichkeit ist vorgesehen, damit ein unzumutbar gewordenes Arbeitsverhältnis ohne zeitliche Verzögerung aufgelöst werden kann. Eine fristlose Kündigung ist aber nur wirksam, wenn ein **wichtiger Grund** vorliegt. Als wichtige Gründe zählen alle groben Verstöße von Arbeitnehmer und Arbeitgeber gegen ihre jeweiligen Pflichten sowie Schadenersatzforderungen und Körperverletzung.

Wirtschaftliche Maßnahmen, wie die Reaktion auf eine allgemeine Wirtschaftsflaute, Rationalisierung, „Gesundschrumpfung" oder Konkurs, sind keine wichtigen Gründe.

Art der Beendigung		durch	Frist
Beendigung eines Arbeitsverhältnisses	ordentliche Kündigung	gesetzliche Regelung	4 Wochen zum 15. oder zum Ende des Kalendermonats
		vertragliche Regelung	einzelvertragliche Regelungen dürfen die gesetzlichen und tariflichen Fristen nicht unterschreiten, aber überschreiten
		tarifliche Regelung	die gesetzlichen Fristen dürfen durch Tarifvertrag unter- oder überschritten werden
	fristlose Kündigung	nur bei wichtigem Grund möglich	keine
	andere Möglichkeiten	■ wenn ein befristeter Arbeitsvertrag ausläuft ■ durch Aufhebung des Vertrages in beiderseitigem Einvernehmen ■ durch erfolgreiche Anfechtung ■ durch den Tod des Vertragspartners	

181

5 Arbeitsrecht

Inhalt der Kündigung:
Die Kündigung muss deutlich und zweifelsfrei sein. Unklarheiten gehen zulasten des Kündigenden. Der Zeitpunkt, zu dem das Arbeitsverhältnis enden soll, muss eindeutig angegeben werden. Ansonsten ist von einer ordentlichen Kündigung zum nächstmöglichen Termin auszugehen.

Fristen:
Widerspruch und Bedenken kann der Betriebsrat äußern bei
- ordentlicher Kündigung innerhalb von 1 Woche
- fristloser Kündigung innerhalb von 3 Tagen

nach Unterrichtung durch den Arbeitgeber.

Sollte ich mein Arbeitszeugnis schon mal selber vorformulieren?

Außerhalb der Kündigung ist natürlich auch eine Beendigung des Arbeitsvertrages möglich oder notwendig, so z. B.
- wenn ein befristeter Arbeitsvertrag vorliegt, der ausläuft (**befristetes Arbeitsverhältnis**);
- wenn sich beide über die Beendigung einig sind (**Aufhebungsvertrag**);
- durch den Tod des Arbeitnehmers oder Arbeitgebers;
- wenn eine der vertragsschließenden Personen den Arbeitsvertrag erfolgreich anficht.

Vor jeder ordentlichen oder fristlosen Kündigung muss der Arbeitgeber den Betriebsrat angehört haben. Ansonsten ist die Kündigung absolut unwirksam. Im Rahmen der Anhörung muss der Arbeitgeber dem Betriebsrat den Namen des Arbeitnehmers, die Art der Kündigung, den Kündigungstermin und die Kündigungsgründe mitteilen.

Wie sich der Betriebsrat nach einer solchen Mitteilung verhalten kann, ist in der folgenden Übersicht dargestellt:

Das **Arbeitszeugnis** soll bei Beendigung des Arbeitsverhältnisses dem Arbeitnehmer vom Arbeitgeber ausgehändigt werden. Darin sollen Dauer, Leistungen und Führung während der Arbeitszeit aufgeführt werden. Das Zeugnis soll klar und verständlich formuliert sein, es darf keine Missverständnisse aufkommen lassen. Es muss mit einem ordnungsgemäßen Briefkopf ausgestattet sein, mit Name und Anschrift des Ausstellers. Außerdem muss klar gekennzeichnet sein, ob es sich um ein Zwischen-, Abschluss-, Praktikanten- oder Ausbildungszeugnis handelt.

5.1 Einzelarbeitsvertrag

Art der Zeugnisse

einfaches Zeugnis	qualifiziertes Zeugnis
▸ enthält Angaben über die Person des Arbeitnehmers, Art und Dauer der Beschäftigung	▸ enthält Angaben über die Person des Arbeitnehmers, Art und Dauer der Beschäftigung. Außerdem sind äußeres Verhalten und Benehmen, z. B. Pünktlichkeit, Verhältnis zu Mitarbeitern und Vorgesetzten und Einfügen in den Betriebsablauf zu erwähnen
▸ die Art der Beschäftigung soll umfassend beschrieben werden. Typische Merkmale der Arbeit sind zu nennen	▸ hinzu kommen außerdem noch berufliche Kenntnisse, Fähigkeiten und Fertigkeiten, Geschicklichkeit, Sorgfalt, Einstellung zur Arbeit und Einsatzfreude. Es ist darauf zu achten, dass die positiven Eigenschaften besonders hervorgehoben werden

Enthält ein Zeugnis falsche Darstellungen oder unrichtige Behauptungen, kann der Arbeitnehmer die Ausstellung eines neuen Zeugnisses verlangen. Eine schlichte Korrektur ist nicht ausreichend. Notfalls kann ein Zeugnis im arbeitsgerichtlichen Verfahren überprüft werden. Die Arbeitsgerichte sind befugt, das Zeugnis unter Umständen selbst neu zu formulieren.

Es gilt der Grundsatz der Wahrheit.
Allerdings dürfen dem Arbeitnehmer dadurch keine beruflichen Nachteile entstehen.

Eine negative Beurteilung kann z. B. durch Sätze wie

„… bemühte sich …,
… im Großen und Ganzen zu unserer Zufriedenheit …,
… zeigte für die Arbeit Verständnis …,
… mit großem Fleiß …"

im Zeugnis festgehalten werden.

Das Landesarbeitsgericht Hamm schlägt eine 7-stufige Notenskala vor:

1	stets zu unserer vollsten Zufriedenheit	=	sehr gute Leistungen
2	stets zu unserer vollen Zufriedenheit	=	gute Leistungen
3	zu unserer vollen Zufriedenheit	=	vollbefriedigende Leistungen
4	stets zu unserer Zufriedenheit	=	befriedigende Leistungen
5	zu unserer Zufriedenheit	=	ausreichende Leistungen
6	im Großen und Ganzen zu unserer Zufriedenheit	=	mangelhafte Leistungen
7	zu unserer Zufriedenheit erledigen versucht	=	unzureichende Leistungen

183

5 Arbeitsrecht

Beispiele: Einfaches Zeugnis

Herr Friedbert Krause, geb. am 15. Oktober 1978 in Pforzheim, war in der Zeit vom 1. Juli 20.. bis zum 30. August 20.. in unserem Unternehmen als Maurer tätig.
Herr Krause hatte alle anfallenden Maurerarbeiten und Reparaturen durchzuführen. Auf eigenen Wunsch scheidet Herr Krause heute aus unserem Unternehmen aus.

Qualifiziertes Zeugnis (Berufsausbildung)

Frau Hannah Groß, geb. am 30. Juni 1979 in Stuttgart, trat am 1. September 20.. als Auszubildende für den Beruf „Bauzeichnerin" in unser Achitekturbüro ein. In ihrer 3-jährigen Ausbildungszeit wurde Frau Groß in allen Bereichen unseres Büros ausgebildet:

- Darstellung im Entwurfsbereich
- Bauanträge
- Werkplanung
- Detailplanung
- Massenberechnung und Leistungsverzeichnisse
- Aufmaß
- Abrechnung von Bauleistungen
- Dokumentation

Frau Groß hat die ihr übertragenen Aufgaben mit größtem Engagement und größter Gewissenhaftigkeit erledigt. Ihre rasche Auffassungsgabe ermöglichte es ihr, während ihrer Ausbildung einen breiten Wissensstand zu erreichen.
Frau Groß war vertrauenswürdig, gewissenhaft und fleißig. Durch ihr reges Interesse für ihre Arbeit gelang es ihr mühelos, die erworbenen Kenntnisse in die Praxis umzusetzen. Sie ging planvoll und überlegt vor und konnte ihre Aufgaben selbstständig durchführen.
Ihr Verhalten gegenüber den Ausbildern, Vorgesetzten, Kollegen und auch Kunden war immer freundlich und aufgeschlossen.
Am 17. Juli 20.. legte Frau Groß ihre Gesellenprüfung vor der Industrie- u. Handelskammer mit sehr gutem Erfolg ab.
Wir haben Frau Groß mit Wirkung vom 1. August 20.. als Bauzeichnerin in unser Achitekturbüro übernommen.

5.1.5 Kündigungsschutz

Da der Arbeitsplatz im Leben des Arbeitnehmers von besonderer Bedeutung ist, hat der Gesetzgeber besonders für den **Schutz des Arbeitsplatzes** Vorschriften erlassen. Bis 1914 konnten Arbeitgeber und Arbeitnehmer jederzeit kurzfristig und ohne Angabe von Gründen kündigen. Für den Arbeitnehmer und seine Familie bedeutete dies, dass er nicht ausreichend abgesichert war, einschneidende Veränderungen in Kauf

nehmen musste und möglicherweise für längere Zeit arbeitslos wurde. Um den Arbeitnehmer vor diesen Folgen zu schützen, hat der Gesetzgeber für den allgemeinen Kündigungsschutz (betrifft alle Arbeitnehmer) und den besonderen Kündigungsschutz (betrifft nur bestimmte Arbeitnehmergruppen) besondere Vorschriften erlassen.

5.1 Einzelarbeitsvertrag

Allgemeiner Kündigungsschutz

Folgende Kündigungsgründe sind möglich:

Kündigungsgründe		
die **in der Person** des Arbeitnehmers liegen	die **im Verhalten** des Arbeitnehmers liegen	die **durch betriebliche Erfordernisse** hervorgerufen werden
■ Krankheit – lange Krankheit (Kündigung nur äußerstes Mittel, wenn keine andere Maßnahme möglich) – wiederholte Krankheit (wenn wirtschaftliche Belastung des Arbeitgebers zu groß wird) ■ Leistung (mangelnde Einsatzfähigkeit) ■ mangelnde Eignung ■ mangelnde Fähigkeiten	■ Alkoholgenuss (wenn im Dienst verboten) ■ Unterlassung von Krankmeldungen ■ beharrliche Verweigerung von Überstunden ■ wiederholte Unpünktlichkeit ■ Verlassen des Arbeitsplatzes ohne wichtigen Grund ■ Beleidigungen ■ Störung des Betriebsfriedens ■ Arbeitsverweigerung (die sich auf die vereinbarte Arbeit bezieht) ■ außerdienstliches Verhalten (z. B. Straftat)	■ unaufschiebbare Rationalisierung ■ Änderung der Produktionsmethoden ■ mangelnde Auftragslage ■ Betriebsänderungen
	keine Kündigung ohne vorherige erfolglose **schriftliche Abmahnung**	**Gemäß § 1 KSchG muss jede Kündigung sozial gerechtfertigt sein.** Danach ist der Arbeitgeber verpflichtet, Dauer der Betriebszugehörigkeit, Lebensalter, Unterhaltsverpflichtung und die Schwerbehinderung zu berücksichtigen. Die Kündigung muss schriftlich erfolgen. Jede Kündigung kann auf Sozialwidrigkeit hin überprüft werden.

Sollte keiner der genannten Gründe vorliegen, so liegt es nahe, dass eine Kündigung ungerechtfertigt ist. Sollte trotzdem für den Arbeitnehmer oder Arbeitgeber die Fortsetzung des Arbeitsverhältnisses nicht zumutbar sein, kann beim Gericht die Auflösung des Arbeitsvertrages beantragt werden. Die Auflösung erfolgt aber erst durch Urteil, wobei gleichzeitig eine Abfindung vom Arbeitgeber an den Arbeitnehmer zu zahlen ist. Eine Abfindung ist auch im Falle einer Kündigung aufgrund betrieblicher Erfordernisse zu bezahlen.

Der allgemeine Kündigungsschutz gilt für Arbeitnehmer,

■ deren Arbeitsverhältnis länger als 6 Monate besteht;

■ die in Betrieben mit mehr als 10 Arbeitnehmern (ohne Auszubildende) arbeiten.

■ Teilzeitbeschäftigte Arbeitnehmer werden wie folgt berechnet:
  ■ nicht mehr als 20 Std./Woche mit 0,5
  ■ nicht mehr als 30 Std./Woche mit 0,75

5 Arbeitsrecht

Besonderer Kündigungsschutz

Wegen der besonderen persönlichen und betrieblichen Situation gewährt der Gesetzgeber bestimmten Personengruppen einen besonderen Kündigungsschutz:

Personengruppen	Ordentliche Kündigung	Fristlose Kündigung	Besonderheiten
Betriebsratsmitglieder und Jugendvertreter	generell unzulässig	nur mit Zustimmung des Betriebsrates; bei Ablehnung durch den Betriebsrat nur durch das Arbeitsgericht	Nach Beendigung der Amtszeit besteht der Kündigungsschutz noch 1 weiteres Jahr, für nicht gewählte Wahlbewerber 6 Monate
Beschäftigte während des Mutterschutzes und der Elternzeit	generell unzulässig während der Schwangerschaft und 4 Monate nach der Entbindung und 8 Wochen vor und während der Elternzeit	generell unzulässig (bei groben Verstößen darf der Arbeitgeber nur Annahme des Arbeitsangebots verweigern mit der Folge des Lohnentzuges)	**Ausnahmsweise** ist die (ordentliche oder außerordentliche) Kündigung zulässig, wenn die für den Arbeitsschutz zuständige oberste Landesbehörde vor der Kündigung diese für zulässig erklärt
Schwerbehinderte (mindestens 50 % Behinderung)	nur mit Zustimmung des zuständigen Integrationsamtes; die Kündigung muss vom Arbeitgeber schriftlich beantragt werden **Mindestfrist:** 1 Monat nach Antrag	**Mindestfrist:** 2 Wochen nach Antrag	Bei Probearbeitsverhältnissen besteht 6 Monate lang kein Kündigungsschutz
Wehr- und Zivildienstleistende	grundsätzlich nicht möglich; **Ausnahme:** dringende betriebliche Erfordernisse	möglich nur mit wichtigem Grund	
Auszubildende	generell während der Ausbildungszeit (außerhalb der Probezeit) unmöglich	möglich nur mit wichtigem Grund	Kündigung muss schriftlich erfolgen
Langjährige Mitarbeiter (Arbeiter und Angestellte)	Beschäftigungsdauer ab / Kündigungsfristen für AG 2 Jahre / 1 Monat 5 Jahre / 2 Monate 8 Jahre / 3 Monate 10 Jahre / 4 Monate 12 Jahre / 5 Monate 15 Jahre / 6 Monate 20 Jahre / 7 Monate zum Monatsende Dienstjahre vor dem 25. Lebensjahr werden nicht berücksichtigt. Der AN braucht nur die gesetzliche Kündigungsfrist einzuhalten	möglich nur mit wichtigem Grund	Eine einzelvertragliche Übernahme der tariflich kürzeren Kündigungsfristen durch nicht tarifgebundene Arbeitgeber und Arbeitnehmer ist zulässig

5.1 Einzelarbeitsvertrag

Überblick

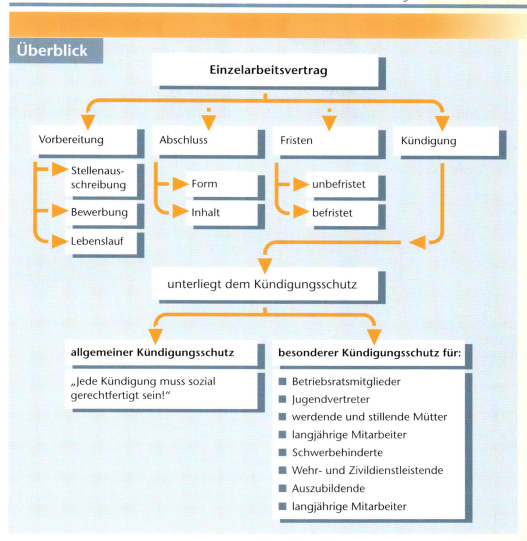

Aufgaben zur Wiederholung und Vertiefung

Inhaltsbezug Seite

1. Welche Merkmale muss ein Arbeitsvertrag besitzen? — 179
2. Nennen Sie die Pflichten, die sich aus einem Arbeitsvertrag für den Arbeitgeber und Arbeitnehmer ergeben. — 180
3. a) Welche Fristen gelten für ordentliche Kündigungen? — 181
   b) Nennen Sie Gründe für eine fristlose Kündigung. — 181
4. Unter welchen Voraussetzungen können die Fristen einer ordentlichen Kündigung unterschritten werden? — 185
5. Warum hat der Gesetzgeber vor jeder ordentlichen und fristlosen Kündigung eine Anhörung des Betriebsrats vorgeschrieben? — 182, 185
6. Erklären Sie, wann eine Kündigung sozial gerechtfertigt ist. — 185

5.2 Tarifverträge

Ein Tarifvertrag ist eine Vereinbarung zwischen Tarifvertragsparteien (= Sozialpartnern). Auf der Arbeitnehmerseite können dies nur die Gewerkschaften sein, auf der Arbeitgeberseite sind dies überwiegend für die Industrie die Arbeitgeberverbände und für das Handwerk die Landesinnungsverbände. Sie handeln die branchenbezogenen Tarifverträge aus. Darüber hinaus gibt es noch die Haustarifverträge, die zwischen Gewerkschaft und einzelnem Unternehmen ausgehandelt werden (z. B. bei VW).

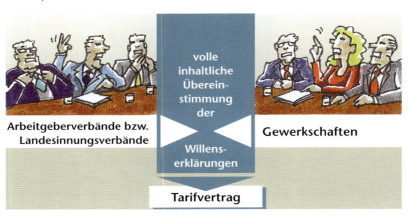

Die Funktionen eines Tarifvertrags

Schutzfunktion
Da die tarifvertraglichen Arbeitsbedingungen nicht unterschritten werden dürfen, sind Arbeitnehmer gegen einseitige Festlegungen durch die Arbeitgeber geschützt.

Ordnungsfunktion
Während der Laufzeit eines Tarifvertrags sind alle davon erfassten Arbeitsverhältnisse gleichartig geregelt.

Friedensfunktion
Arbeitskämpfe um neue Forderungen zu tarifvertraglichen Abmachungen sind während der Geltungsdauer eines Tarifvertrags ausgeschlossen.

Tarifautonomie

Die Verhandlungen über den Inhalt eines Tarifvertrages dürfen ausschließlich von den Tarifvertragsparteien durchgeführt werden, d. h. **jegliche Einflussnahme von außen** (insbesondere vom Staat) **muss unterbleiben**. Selbst bei Nichteinigung zwischen den Arbeitgeberverbänden bzw. Landesinnungsverbänden und den Gewerkschaften tritt nicht der Staat als Schlichter ein, sondern beide Parteien einigen sich auf eine Schlichtungskommission, die sich paritätisch aus Arbeitgeber- und Arbeitnehmervertretern zusammensetzt. Ihr Vorsitzender ist in der Regel eine unabhängige Persönlichkeit aus Politik oder Wirtschaft.

Friedenspflicht

Tarifverträge dürfen abgeschlossen werden, damit für eine bestimmte Dauer wirtschaftlicher Friede eintritt, d. h., der Produktionsprozess nicht durch Kampfmaßnahmen (Streik, Aussperrung) unterbrochen wird. Deshalb kann man auch sagen: **„Der Tarifvertrag ist ein Friedensvertrag."** Ohne dass im Tarifvertrag darauf Bezug genommen werden muss, beinhaltet jeder Tarifvertrag die Friedenspflicht. Ein Ausschluss der Friedenspflicht ist nicht möglich. Sollte trotzdem während der Laufzeit eines Tarifvertrages gestreikt werden, so darf die Gewerkschaft diesen „wilden Streik" nicht unterstützen, will sie nicht schadenersatzpflichtig gegenüber den Arbeitgeberverbänden werden. Ein regulärer Streik ist nur nach Ablauf des Tarifvertrages möglich.

Allgemeinverbindlichkeit

Der Tarifvertrag hat zunächst nur die Gültigkeit für die Mitglieder der Vertragsparteien. Ein Tarifvertrag kann aber auch für allgemein gültig erklärt werden, d. h. auch wenn Arbeitnehmer und Arbeitgeber nicht einer entsprechenden Organisation angehören, wirkt der allgemein verbindliche Tarifvertrag wie ein zwingendes Recht für alle Firmen der Branche, z. B. der Baubranche. In der Mehrzahl sind die jeweiligen Manteltarifverträge für allgemein gültig erklärt worden, in einigen Fällen auch die Löhne und Gehälter oder andere Teilbereiche wie z. B. die Urlaubsvergütung.

5.2.1 Tarifvertragsarten

Den Tarifvertrag unterscheidet man in drei Arten:

Tarifverträge		
Manteltarifvertrag	**Lohn- und Gehaltsrahmentarifvertrag**	**Lohn- und Gehaltstarifvertrag**
wird üblicherweise für mehr als 2 Jahre abgeschlossen	wird üblicherweise für mehr als 2 Jahre abgeschlossen	wird für 1 bis 2 Jahre abgeschlossen
Inhalt: ■ Probezeit ■ Aushilfstätigkeit ■ Kündigung ■ Zeugnisse ■ Arbeitszeit ■ Ruhepausen ■ Mehr-, Spät-, Nacht-, Sonn- und Feiertagsarbeit ■ Kurzarbeit ■ Arbeitsbefreiung bei Heirat, Geburt, Tod usw. ■ Alterssicherung ■ Urlaub ■ Unfallschutz ■ Schiedsgericht (= Einigungsstelle bei Mitbestimmung)	Inhalt: ■ Grundsätze zur Arbeits- und Leistungsbewertung ■ Lohngruppen ■ die Eingruppierung von Arbeitnehmern in die Lohngruppen	Inhalt: ■ Lohnsätze für die im Lohn- und Gehaltsrahmentarifvertrag festgelegten Lohngruppen wie z. B. – Lohn- und Gehaltshöhe pro Lohngruppe (Ecklohn = Lohn für einen 21-jährigen Facharbeiter im 3. Gesellenjahr = 100 %) – Zulagen und Zuschläge – Lohnfortzahlung – Akkordlohn – Erfolgsbeteiligung

Informationen zum Lesen einer Karikatur finden Sie auf Seite 122.

„Wieso heißt der Manteltarif eigentlich Manteltarif??"

5.2.2 Bedeutung von Tarifverträgen

Es gilt das Prinzip der **Tarifeinheit**. Dafür ist die Branchenzugehörigkeit entscheidend. Der Tarifvertrag gilt dann auch einheitlich für alle Arbeitnehmer im Betrieb, wenn sie fachfremde Arbeit ausüben, so unterliegt z. B. der Kantinenkoch in einem Metall verarbeitenden Betrieb dem Metall-Tarifvertrag.

Im Rahmen des **Gleichbehandlungsgebots** ist der Arbeitgeber, soweit er einer Tarifbindung unterliegt (z. B. Mitglied im Arbeitgeberverband oder Innung), verpflichtet, den Tarifvertrag unterschiedslos und unabhängig von der Gewerkschaftszugehörigkeit auf alle Arbeitnehmer des Betriebes anzuwenden. Ausnahme: Ein bestimmter Personenkreis wird im Geltungsbereich des Tarifvertrages ausgeschlossen oder seine Tätigkeitsbeschreibung wurde im Tarifvertrag nicht berücksichtigt.

In der Regel unterliegen leitende Angestellte nicht dem Tarifvertrag.

Der Tarifvertrag ist an geeigneter Stelle im Betrieb auszuhängen.

Vorteile eines Tarifvertrages für die Tarifvertragsparteien

Der Arbeitnehmer hat die Vorteile,
- dass ihm Mindestarbeitsbedingungen gesichert werden, die nicht unterschritten werden dürfen (**Unabdingbarkeit**), z. B. Mindestlohn, Mindesturlaub und Urlaubsgeld,
- dass er mit anderen Arbeitnehmern gleichgestellt wird, d. h. für gleiche Arbeit und Verantwortung gleichen Lohn erhält, oder bei Arbeitsplatzwechsel im gleichen Bereich gleiche Gehalts- und Arbeitsbedingungen garantiert sind.

Der Arbeitgeber hat die Vorteile,
- dass er durch feste Lohn- und Gehaltstarife die Kosten besser kalkulieren kann,
- dass durch gleiche Lohnzahlungen auch bei der Konkurrenz zumindest auf dem Arbeitskräftemarkt nicht zu hohe Schwankungen entstehen,
- dass durch die Friedenspflicht Produktionsunterbrechungen nahezu ausgeschlossen sind.

5.2.3 Arbeitskampf

Tarifverhandlungen finden immer dann statt, wenn Tarifverträge ausgelaufen oder gekündigt sind. Es finden neue Verhandlungen zwischen Arbeitgeberverband und Gewerkschaft statt.

Einigung: Einigen sich die Parteien, tritt ein neuer Tarifvertrag in Kraft.

keine Einigung: Einigen sie sich aber nicht, so werden die Verhandlungen für gescheitert erklärt.

Verhandlungen gescheitert: Nach dem Scheitern kann durch Arbeitgeberverband (bzw. Landesinnungsverband) und Gewerkschaft eine Schlichtungskommission bestimmt werden, die einen Schlichtungsvorschlag erarbeitet.

Einsetzen einer Schlichtungskommission

Schlichtungsvorschlag: Der Schlichtungsvorschlag ist meist ein Kompromiss zwischen den hohen Forderungen der Gewerkschaften und den niedrigen Angeboten der Arbeitgeberverbände.

Einigung: Nehmen beide Parteien den Schlichtungsvorschlag an, so tritt der neue Tarifvertrag in Kraft.

keine Einigung: Wird die Schlichtung nicht angenommen, so muss die Gewerkschaft zunächst einmal eine Urabstimmung über Kampfmaßnahmen vornehmen.

Urabstimmung über Streik: Nur wenn eine bestimmte Anzahl der Gewerkschaftsmitglieder (meist 75 %) zustimmen, kann ein Streik durchgeführt werden, d. h., die Arbeitnehmer versuchen durch „Nichtarbeit" die Produktion zu stoppen und damit ihre Forderungen durchzusetzen.

Streik: Während eines Streiks bekommen die streikenden Gewerkschaftsmitglieder Streikgeld, das sich nach der Höhe des Monatsbeitrages richtet, der an die Gewerkschaft bezahlt wird. Damit die Streikkassen der Gewerkschaften nicht zu sehr belastet werden, wird ein Streik meist als **Schwerpunktstreik** durchgeführt, d. h., es werden nur einige wichtige Unternehmen (Zulieferer) bestreikt, um so einen gesamten Wirtschaftszweig lahm zu legen.
Davon müssen folgende Begriffe abgegrenzt werden:
Warnstreik: kurze Arbeitsunterbrechung von wenigen Stunden in bestimmten Betrieben zur Unterstützung der Verhandlungen.
Generalstreik: Streik aller Arbeitnehmer über bestimmte Zeit.
Streikposten sind streikende Arbeitnehmer, die verhindern wollen, dass Arbeitswillige ihrer Arbeit nachgehen.

Aussperrung: Der Arbeitgeber wehrt sich gegen den Streik mit der **Aussperrung**, d. h., er schließt alle Arbeitnehmer (ob Gewerkschaftsmitglied oder nicht) von der Arbeit aus und verweigert damit auch die Lohnzahlung. Die Aussperrung bedeutet nicht automatisch die Kündigung. Nach Beendigung der Aussperrung wird der ursprüngliche Arbeitsvertrag fortgesetzt (**Wiedereinstellungspflicht**). Die Aussperrung kann sich auf bestreikte und auf nicht bestreikte Betriebe beziehen.

neue Verhandlungen: Die Kampfmaßnahmen zielen auf neue Verhandlungen zwischen den Parteien. Führen solche Verhandlungen zu einem Ergebnis, so muss der Streik beendet werden, wenn bei einer dann folgenden Urabstimmung eine bestimmte Mitgliederzahl (meist 25 %) für die Beendigung ist.

Urabstimmung über Beendigung des Streiks

neuer Tarifvertrag: Es gilt die Friedenspflicht während der Laufzeit dieses Tarifvertrages.

5 Arbeitsrecht

Überblick

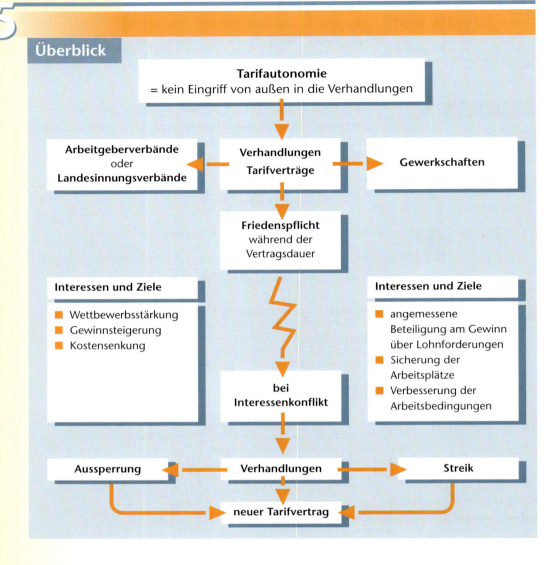

Aufgaben zur Wiederholung und Vertiefung   Inhaltsbezug Seite

1. Was versteht man unter
   a) Tarifautonomie?   188
   b) Friedenspflicht?   188
   c) Allgemeinverbindlichkeit?   189
2. a) Welche Arten von Tarifverträgen gibt es?   189
   b) Nennen Sie die jeweiligen Inhalte.   189
3. Welche Vorteile haben Arbeitgeber und Arbeitnehmer aus einem Tarifvertrag? 190
4. Beschreiben Sie den Ablauf vom Scheitern der Tarifverhandlungen über Streik, Aussperrung bis zum Abschluss eines neuen Tarifvertrages. 191

5.3 Betriebsvereinbarung

Bei einzelnen Arbeitgebern und Belegschaften besteht oft der Wunsch, generelle Regelungen im Betrieb vorzunehmen, um so den täglichen Arbeitsablauf reibungsloser zu gestalten. In diesem Fall sieht das Betriebsverfassungsgesetz vor, dass Arbeitgeber und Betriebsrat **Betriebsvereinbarungen** schriftlich abschließen können. Sie können gültige tarifliche Abschlüsse oder gesetzliche Regelungen (z. B. Mitbestimmung) nicht außer Kraft setzen.

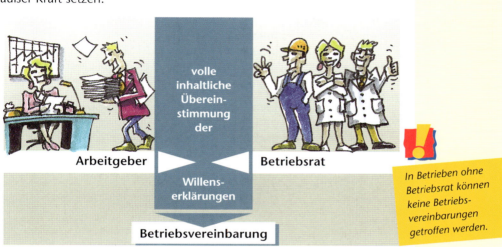

In Betrieben ohne Betriebsrat können keine Betriebsvereinbarungen getroffen werden.

Betriebsvereinbarungen werden immer Bestandteil des Arbeitsvertrages, indem z. B. der Satz im Arbeitsvertrag steht: „Im Übrigen gelten die betrieblichen Regeln!" oder aber auf die Betriebsvereinbarungen im Arbeitsvertrag direkt hingewiesen wird. Deshalb sollte jeder Arbeitnehmer, also auch der Auszubildende, nach evtl. vorhandenen Betriebsvereinbarungen fragen, um später nicht von Arbeitszeitvereinbarungen, Urlaubsregelungen usw. überrascht zu werden.

5 Arbeitsrecht

Überblick

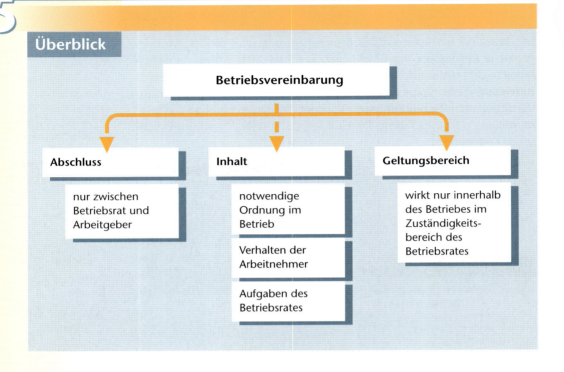

Aufgaben zur Wiederholung und Vertiefung

Inhaltsbezug Seite

1. a) Wann ist es sinnvoll, eine Betriebsvereinbarung abzuschließen?   193
   b) Wer schließt sie ab?
2. Welche Inhalte sollte eine Betriebsvereinbarung üblicherweise enthalten?   193

Betriebsvereinbarung

Zwischen der
Geschäftsleitung und dem Betriebsrat der
Firma Ernst Wagner GmbH & Co., Bergstraße 198, 79155 Freiburg

wird folgende Betriebsvereinbarung gemäß § 3 des Manteltarifvertrages für die Arbeitnehmer im Einzelhandel (gültig ab 1. Februar 1989) abgeschlossen:

§ 1 Zielsetzung
Geschäftsleitung und Betriebsrat stimmen darin überein, dass die wöchentliche Arbeitszeitverkürzung auf 37,5 Stunden ab 1. Januar 1991 nicht zu einer Leistungsverdichtung oder zu mehr Überstundenleistung führen darf. Die Personalplanung wird daher auf der Grundlage der 37,5-Stunden-Woche erstellt.

§ 2 Geltungsbereich
Diese Betriebsvereinbarung gilt für alle Arbeitnehmer im Sinne des Betriebsverfassungsgesetzes einschließlich Auszubildenden des Betriebes.

§ 3 Arbeitszeit
Bei Vollzeitbeschäftigten wird die Kürzung der Arbeitszeit generell am Freitag vorgenommen, und zwar um 2 1/2 Stunden pro Woche.

Die Kernarbeitszeit am Freitag ist die Zeit von 9:00 Uhr bis 13:00 Uhr.

Bei Teilzeitbeschäftigten wird ein finanziell entsprechender Ausgleich gezahlt. Hiervon abweichende Regelungen sind in Absprache mit der Geschäftsleitung möglich.

5.4 Interessenvertretung der Arbeitnehmer

Die Idee von der Partnerschaft und Mitwirkung der Arbeitnehmer im sozialen, personellen, wirtschaftlichen und technisch-organisatorischen Bereich der Unternehmung fand ihren Niederschlag vor allem im **Betriebsverfassungsgesetz**.

Danach werden **Beteiligungsrechte** eingeräumt:
- den Arbeitnehmern,
- ihren Interessenvertretungen (Betriebsrat, Jugendvertretung) und
- sonstigen Organen der Betriebsverfassung (Einigungsstelle, Betriebs- und Jugendversammlung).

Das Personalvertretungsgesetz gilt für Arbeitnehmer im öffentlichen Dienst und hat ähnliche Funktionen wie das Betriebsverfassungsgesetz.

Wo steht das?

Betriebsverfassungsgesetz
Mitbestimmungs-Ergänzungsgesetz
Mitbestimmungsgesetz
Montan-Mitbestimmungsgesetz
Sprecherausschussgesetz
Drittelbeteiligungsgesetz

5 Arbeitsrecht

5.4.1 Interessenvertretung des einzelnen Arbeitnehmers am Arbeitsplatz

Jeder Arbeitnehmer hat das Recht, sich über das Geschehen in der Unternehmung zu informieren und Einfluss darauf zu nehmen:

- direkt (durch unmittelbare Wahrnehmung der Interessen, z. B. Unterrichtung, Anhörung, Erörterung, Beschwerden, Personalakteneinsicht) im Rahmen der Mitwirkung oder
- indirekt (durch Wahl des Betriebsrates, Teilnahme an Betriebsversammlungen usw.) im Rahmen der Mitbestimmung.

Mitbestimmung durch Arbeitnehmer				
Informationsrechte		Anhörungs- und Beratungsrechte		
aktives Informationsrecht	passives Informationsrecht	Anhörung	Beschwerden	Beratung
auf Verlangen muss Auskunft gegeben werden, z. B. ■ Zusammensetzung des Lohnes ■ Beurteilung der Leistung ■ Aufstiegschancen ■ Einsicht in die Personalakte	unaufgeforderte Informationen über bestimmte Sachlagen, z. B. ■ Arbeitsablauf ■ Unfall- und Gesundheitsgefahren	Abgabe von Anregungen, Anträgen, Einwendungen, Stellungnahmen	über ungerechte Behandlungen und sonstige Benachteiligungen	mit dem Arbeitgeber soziale, wirtschaftliche und personelle Fragen diskutieren

Diese Form der individuellen Mitbestimmung gilt für Unternehmungen mit und ohne Betriebsrat.

Die Mitwirkung und Mitbestimmung spielt sich aber überwiegend auf der Ebene „Geschäftsleitung – Betriebsrat" ab. Kommt einmal keine Lösung zustande, so kann die Einigungsstelle angerufen werden, deren Entscheidung verbindlich ist.

Die **Einigungsstelle** besteht aus einer beliebigen Anzahl von Personen, die je zur Hälfte vom Arbeitgeber und vom Betriebsrat benannt werden. Hinzu kommt ein unparteiischer Vorsitzender, auf den sich beide Seiten einigen müssen. Kann man sich hierüber nicht einigen, bestimmt das Arbeitsgericht den Vorsitzenden.

Arbeitgeber- und Arbeitnehmerseite müssen versuchen eine Einigung herbeizuführen, der Vorsitzende muss sich zunächst der Meinung enthalten. Erst bei Nichteinigung entscheidet der Vorsitzende mit seiner Stimme. Die Kosten muss der Arbeitgeber tragen, ebenso den Lohnausfall.

5.4 Interessenvertretung der Arbeitnehmer

5.4.2 Interessenvertretung im Betrieb

Betriebsrat

Der Betriebsrat besteht aus mehreren frei gewählten Betriebsangehörigen, die die Arbeitnehmerinteressen gegenüber dem Arbeitgeber vertreten. Die Anzahl der Betriebsratsmitglieder ergibt sich aus der ständigen Mitarbeiterzahl in der Unternehmung:

Alle deutschen und ausländischen Arbeitnehmer über 18 Jahre sind **wahlberechtigt**; nicht wahlberechtigt sind dagegen alle Gesellschafter, der Chef sowie seine direkten Verwandten und alle leitenden Angestellten (z. B. Prokuristen).

Wählbar sind nur solche Arbeitnehmer, die mindestens 6 Monate dem Betrieb angehören. Damit im Betriebsrat Arbeiter und Angestellte, Frauen und Männer gerecht vertreten werden, soll sich ihr zahlenmäßiges Verhältnis auch im Betriebsrat widerspiegeln. Die **Wahlen** zum Betriebsrat finden alle 4 Jahre statt und sind geheim.

Der Betriebsrat hat die **Aufgabe**, zum Wohl der Arbeitnehmer und des Betriebes mit dem Arbeitgeber vertrauensvoll zusammenzuarbeiten. Er soll Interessenkollisionen weitgehend vorbeugen und bestehende Konflikte und Spannungen ausgleichen.

Zahl der Betriebsräte	Zahl der Arbeitnehmer
1	5–20
3	21–50
5	51–100
7	101–200
9	201–400
11	401–700

usw. (siehe § 9 BetrVfG)

Ab 200 Arbeitnehmer muss ein Betriebsrat freigestellt werden

Vereinfachtes Wahlverfahren für Kleinbetriebe (§ 14a BetrVfG)
In Betrieben mit in der Regel fünf bis fünfzig wahlberechtigten Arbeitnehmern wird der Betriebsrat in einem zweistufigen Verfahren gewählt. Auf einer ersten Wahlversammlung wird der Wahlvorstand gewählt. Auf einer zweiten Wahlversammlung wird der Betriebsrat in geheimer und unmittelbarer Wahl gewählt. Diese Wahlversammlung findet eine Woche später statt.

Mitbestimmung durch den Betriebsrat

Mitbestimmungsrechte in sozialen Angelegenheiten (§ 87 BetrVfG)	**Mitwirkungsrechte** in personellen Angelegenheiten	**Mitwirkungsrechte** in wirtschaftlichen Angelegenheiten
Der Betriebsrat hat, soweit eine gesetzliche oder tarifliche Regelung nicht besteht, in folgenden Fällen mitzubestimmen: 1. Betriebsordnung und Arbeitnehmerverhalten 2. Beginn, Ende und Verteilung der täglichen Arbeitszeit, Pausen 3. Urlaubsplan 4. Einführung von technischen Einrichtungen zur Überprüfung von Verhalten und Leistung der Arbeitnehmer 5. Unfallverhütung 6. Sozialeinrichtungen im Betrieb 7. betriebliche Entlohnungsgrundsätze und -methoden 8. Akkord- und Prämiensätze 9. betriebliches Vorschlagswesen	Der Betriebsrat ist bei der Durchführung einer Maßnahme zu beteiligen: 1. Einstellung, Ein- und Umgruppierung, Versetzung (§ 99 BetrVfG) 2. Durchführung betrieblicher Bildungsmaßnahmen (§ 98 BetrVfG) 3. Kündigungen (§ 102 BetrVfG)	Arbeitgeber muss Betriebsrat unterrichten, sich mit ihm beraten und gemeinsam entscheiden (§ 106 BetrVfG): 1. wirtschaftliche und finanzielle Lage 2. Produktions- und Absatzlage 3. Investitionen und Rationalisierungen 4. Arbeitsmethoden 5. Stilllegen, Verlegen und Zusammenschließen von Betrieben 6. Änderung der Betriebsorganisation 7. Gestaltung des Arbeitsplatzes (§ 90 BetrVfG)

5 Arbeitsrecht

Jedes Vierteljahr hat der Betriebsrat eine **Betriebsversammlung** einzuberufen, wobei der Betriebsratsvorsitzende die Betriebsversammlung leitet. Sie besteht aus den Arbeitnehmern des Betriebes, ist nicht öffentlich und findet während der Arbeitszeit ohne Verdienstausfall statt. Auch der Arbeitgeber muss dazu eingeladen werden. Beauftragte der im Betrieb vertretenen Gewerkschaften können beratend teilnehmen.

- Der Betriebsrat muss einen Bericht über seine Tätigkeit abgeben und muss sich der Diskussion mit den Arbeitnehmern stellen.
- Der Arbeitgeber hat an diesem Ort die Möglichkeit, seine Meinung zu aktuellen Themen, z. B. zur wirtschaftlichen und sozialen Lage des Betriebes, abzugeben. Diese Informationspflicht kann einmal im Jahr von den Arbeitnehmern erzwungen werden.

Beschlüsse dürfen auf der Betriebsversammlung nicht gefasst werden.

Jugend- und Auszubildendenvertretung

Damit auch die besonderen Interessen der Jugendlichen im Betrieb vertreten werden, sieht das Betriebsverfassungsgesetz eine Jugendvertretung vor, wenn mindestens 5 Arbeitnehmer unter 18 Jahren oder Auszubildende unter 25 Jahren im Betrieb arbeiten.

Die Anzahl der Jugendvertreter:

5– 20	jugendliche Arbeitnehmer und Auszubildende	1 Jugendvertreter
21– 50	jugendliche Arbeitnehmer und Auszubildende	3 Jugendvertreter
51–150	jugendliche Arbeitnehmer und Auszubildende	5 Jugendvertreter
151–300	jugendliche Arbeitnehmer und Auszubildende	7 Jugendvertreter
	siehe § 62 BetrVfG	

Oliver K., 22 Jahre, Auszubildender:

„Obwohl viele meiner Freunde (und meine Freundin) eher skeptisch waren, wollte ich mitreden und möglichst auch mitentscheiden, lieber handeln als behandelt werden. Das war auch in der Schule so. Und im Beruf ist es nicht weniger wichtig. Also habe ich für die Jugend- und Auszubildendenvertretung kandidiert."

Wahlberechtigt sind alle deutschen und ausländischen Arbeitnehmer unter 18 Jahren und Auszubildenden unter 25 Jahren. **Gewählt werden** dürfen allerdings alle Arbeitnehmer, die das 25. Lebensjahr noch nicht vollendet haben. Können mehrere Jugendvertreter gewählt werden, so sollen sich sowohl die unterschiedlichen Beschäftigungsgruppen als auch das zahlenmäßige Verhältnis der Geschlechter in der Jugendvertretung widerspiegeln. Die Jugendvertreter werden alle 2 Jahre neu gewählt.

Aufgabe der Jugendvertretung ist es, Fragen der persönlichen Belange besonders innerhalb der Berufsausbildung in den Betriebsrat zu tragen, aber auch speziell die Einhaltung von JArbSchG und BBiG, Unfallverhütungsvorschriften, Tarifverträgen, Betriebsvereinbarungen und sonstigen die Jugendlichen betreffenden Verordnungen und Vereinbarungen zu kontrollieren.

5.4.3 Mitbestimmung im Aufsichtsrat

Wichtige Entscheidungen in Großunternehmen wirken sich in besonderem Maße auf die Arbeitnehmerschaft aus. Deshalb wurde in der Bundesrepublik Deutschland seit Anfang der Fünfzigerjahre die Mitbestimmung der Arbeitnehmer in den Unternehmungen bis zum Mitbestimmungsgesetz 1976 immer weiter ausgebaut. Den größten Einfluss haben die Arbeitnehmervertretungen in den Aufsichtsräten der Kapitalgesellschaften (AG und GmbH).

Drittelbeteiligungsgesetz
(früher: Betriebsverfassungsgesetz von 1952)

Dieses Gesetz sieht Mitbestimmung von Arbeitnehmerseite vor für Aktiengesellschaften und GmbHs mit weniger als 2000 Arbeitnehmern, die nicht zum Montanbereich gehören. Der Aufsichtsrat besteht hier zu zwei Dritteln aus Kapitalvertretern und zu einem Drittel aus Arbeitnehmervertretern. Ein Arbeitsdirektor ist im Vorstand nicht vorgesehen.
Für alle GmbHs und AGs als Familiengesellschaften mit weniger als 500 Mitarbeitern findet die Mitbestimmung keine Anwendung.

Mitbestimmungsgesetz von 1976

Dieses Gesetz gilt für alle Unternehmungen, die nicht dem Montanbereich angehören und mehr als 2000 Arbeitnehmer beschäftigen. Im Aufsichtsrat sitzen sich Arbeitnehmer- und Kapitalvertreter in gleicher Anzahl gegenüber. Die Gesamtzahl der Aufsichtsratmitglieder richtet sich in diesen Großunternehmungen nach der Zahl der Belegschaftsmitglieder:

bis 10 000 Arbeitnehmer	12 Aufsichtsratmitglieder
bis 20 000 Arbeitnehmer	16 Aufsichtsratmitglieder
über 20 000 Arbeitnehmer	20 Aufsichtsratmitglieder

Die Besonderheiten dieses Modells liegen darin, dass einer der Arbeitnehmervertreter im Aufsichtsrat „leitender Angestellter" sein muss und dass der Aufsichtsratsvorsitzende, der immer von der Kapitalseite gestellt wird, in „Patt-Situationen" eine zweite Stimme hat.
Auch in diesen mitbestimmten Unternehmungen gehört dem Vorstand ein Arbeitsdirektor an. Im Gegensatz zum Montanmodell bestimmt der Aufsichtsrat mit Mehrheit den Arbeitsdirektor.

Montanmitbestimmungsgesetz von 1951

Dieses Gesetz gilt nur für Unternehmen des Bergbaus und der Eisen und Stahl erzeugenden Industrie. Der Aufsichtsrat ist in dieser Mitbestimmungsform „paritätisch" besetzt, d. h. aus Arbeitnehmern und Kapitalvertretern je zur Hälfte.
Dazu wird noch ein **Neutraler** gewählt, der in „Patt-Situationen" die Entscheidung trifft, was in der Praxis bisher allerdings sehr selten notwendig war. Als Besonderheit sieht das Gesetz im Vorstand einen „Arbeitsdirektor" vor. Zu seinen Aufgaben gehören insbesondere die Personalabteilung, Tariffragen, Aus- und Weiterbildung, Arbeits- und Sozialrecht und Arbeitssicherheit. Der Arbeitsdirektor darf nach dem Montanmitbestimmungsgesetz nicht gegen die Mehrheit der Arbeitnehmervertreter im Aufsichtsrat gewählt werden.

Euro-Betriebsrat

Große Unternehmen in der EU müssen seit 1996 einen Europäischen Betriebsrat einrichten. Das gilt für Firmen mit mehr als 1000 Beschäftigten, die mindestens 150 Mitarbeiter in einem zweiten EU-Land beschäftigen. Die Mitglieder des Euro-Betriebsrats werden nicht gewählt, sondern von den Betriebsräten der verschiedenen Konzernstandorte in den Euro-Betriebsrat delegiert.

5 Arbeitsrecht

Überblick

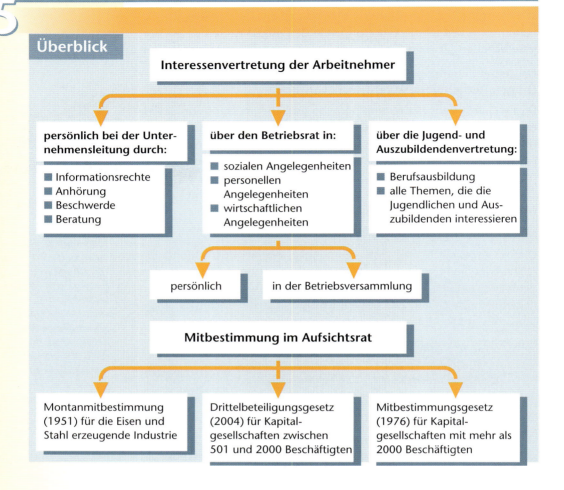

Aufgaben zur Wiederholung und Vertiefung   Inhaltsbezug Seite

1. Welche Ziele verfolgt das Betriebsverfassungsgesetz?   195
2. Beantworten Sie jeweils für Betriebsrat und Jugend- und Auszubildendenvertretung die folgenden Fragen:
   a) Wer ist wahlberechtigt?   197, 198
   b) Wer ist wählbar?
   c) In welchen Zeitabständen wird gewählt?
3. Welche Aufgaben haben:
   a) Betriebsrat,   197
   b) Jugend- und Auszubildendenvertretung?   198
4. a) Welche Mitbestimmungsrechte hat der Arbeitnehmer?   196
   b) Welche Mitbestimmungsrechte hat der Betriebsrat?   197
5. Erarbeiten Sie die Unterschiede zwischen den drei Mitbestimmungsmodellen hinsichtlich folgender Punkte: 197-199
   a) Hat die Größe der Unternehmung Einfluss auf die Mitbestimmungsrechte?
   b) Welcher Seite gehört der „Neutrale" bzw. Vorsitzende des Aufsichtsrats an, und welchen Einfluss hat er auf die Abstimmung?

5.5 Arbeitsgericht

Das Arbeitsgericht ist sachlich nur zuständig für Rechte, die mit dem Arbeitsleben in Verbindung stehen. Es entscheidet über Rechtsstreitigkeiten aus:

- Arbeitsverträgen/Ausbildungsverträgen
- Tarifverträgen
- Mitbestimmung und Mitwirkung
- Betriebsvereinbarungen

Einen Arbeitsgerichtsprozess darf jeder führen, der volljährig und voll geschäftsfähig ist. Man kann sich durch seinen Rechtsanwalt oder durch seine Gewerkschaft, Innung oder seinen Verband vertreten lassen.

Der Beklagte kann sich schriftlich zur Sach- und Rechtslage äußern. Diese Klageerwiderung dient als Grundlage für eine mündliche **Güteverhandlung**, die immer einem Prozess vorgeschaltet ist. Darin wird vom zuständigen Arbeitsrichter der Versuch einer vorgerichtlichen gütlichen Einigung unternommen.

Was müssen Sie beachten, wenn Sie einer Gerichtsverhandlung beiwohnen möchten?

Viele Klagen finden hier bereits ihre Lösung, ohne dass Gerichtskosten entstehen. Eine solche Lösung kann folgendermaßen aussehen:

- **Zurücknahme** der Klage durch den Kläger
- **Anerkenntnis** der Klage durch den Beklagten
- **Vergleich** zwischen den streitenden Parteien

Kommt es zu keiner gütlichen Einigung, so findet eine **Gerichtsverhandlung** statt, die mit einem Urteil endet.

Eine Berufung leitet das Verfahren weiter an das **Landesarbeitsgericht**, bei weiterer Revision ist das **Bundesarbeitsgericht** in Erfurt zuständig. Beim Landes- und Bundesarbeitsgericht herrscht Anwaltszwang.

www.bundesarbeitsgericht.de

Das Gericht wird jeweils durch einen Arbeitnehmer- und Arbeitgebervertreter ergänzt.

Streitige Verhandlung (wenn Güteverhandlung scheitert):

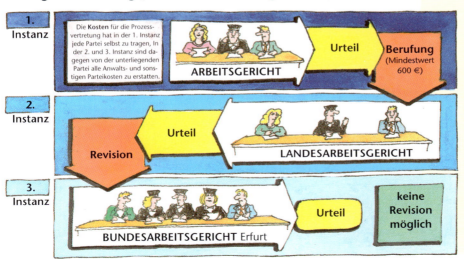

5 Arbeitsrecht

Überblick

Aufgaben zur Wiederholung und Vertiefung

Inhaltsbezug Seite

1. Für welche Rechtsstreitigkeiten ist das Arbeitsgericht sachlich zuständig? 201
2. Was ist der Unterschied zwischen Güteverhandlung und Gerichtsverhandlung? 201
3. Wie verläuft eine streitige Verhandlung bis in die letzte Instanz? 201

Handlungsorientierte Themenbearbeitung HOT

Lesen Sie folgende Anzeige: Vgl. auch Seite 174, „Textverarbeitung"

a Sie bewerben sich mit
  – einem Lebenslauf
  – einem Bewerbungsschreiben

b Sie bekommen diese Stelle. Die Firma hat einen Betriebsrat. Musste er vor der Einstellung gehört werden?

c Welcher Tarifvertrag ist für Sie gültig?

Nach einem Jahr Tätigkeit kommt die „Bauflaute", und wegen mangelnder Aufträge kündigt der Chef 10 Mitarbeitern.

d Welche Rolle spielt hier der Betriebsrat?

e Wann ist eine Kündigung sozial gerechtfertigt?

f Ein Mitarbeiter klagt gegen seine Entlassung und will bis zur Entscheidung weiterbeschäftigt werden. Wie ist die Rechtslage?

g Aufgrund der Kündigungen streiken alle 100 Mitarbeiter spontan. Es liegt ein gültiger Tarifvertrag vor. Wie ist die Rechtslage?

h Wie kann der Arbeitgeber auf diesen Streik reagieren?

i Mit Ihrer Leistung ist Ihr Chef sehr zufrieden und eine Kündigung wurde vonseiten des Arbeitgebers nicht diskutiert. Trotzdem ist Ihnen Ihr Arbeitsplatz jetzt zu unsicher. Sie bewerben sich bei einer anderen Bauunternehmung und haben Erfolg. Sie kündigen und bitten Ihren Chef um ein qualifiziertes Zeugnis. Formulieren Sie ein solches Zeugnis auf einem Formbrief mit dem Briefkopf der Bauunternehmung iL-Bau.

Anzeige:

Wir suchen zur Unterstützung unseres qualifizierten Maurerteams einen

Maurer

Wenn Sie engagiert und motiviert sind, sind Sie bei der iL-Bau am richtigen Platz!
Weitere Voraussetzung ist ein Berufsabschluss mit Gesellenbrief.
Schicken Sie Ihre Bewerbung mit Lebenslauf, Zeugnissen usw. an:
iL-Bau, Talstraße 10, 76228 Karlsruhe, Tel. 0721-9 75 31

Methodenseite

Informationssuche im Internet

Allgemeine Informationen

Im **W**orld **W**ide **W**eb (WWW) des Internets können Sie Informationen zu allen erdenklichen Bereichen des menschlichen Lebens erhalten (z. B. Bildung, Wirtschaft, Unterhaltung). Das Internet verbindet weltweit Tausende von Rechnern, die möglicherweise genau die Informationen speichern, die Sie gerade benötigen. Viele Firmen und Institutionen sind heute mit einer Homepage (Eingangsseite) im Internet vertreten, um sich zu präsentieren und ihre Leistungen anzubieten.

Beispiel

Sie suchen eine Stelle nach Beendigung Ihrer Ausbildung? Sie wollen sich verändern? Bei der Agentur für Arbeit werden Sie auch fündig! Sie müssen aber nicht unbedingt zur nächsten Arbeitsagentur fahren und Sie brauchen auch nicht die (manchmal ungünstigen) Öffnungszeiten einzuhalten. Schauen Sie ins Internet unter der Adresse:

 www.arbeitsagentur.de

Dort haben Sie z. B. unter dem Link „Zur Jobbörse" die Möglichkeit, sich alle angebotenen Stellen Ihres Berufes und Ihrer Region anzeigen zu lassen (mit der Adresse der Arbeitgeber).

Vorgehensweise

1. **Vorbereitung**
a) Die Schule muss einen Internetzugang haben.
b) Sprechen Sie mit Ihrem Lehrer ab, unter welchen Voraussetzungen und wann Sie diesen Zugang von welchen Computern aus nutzen können.

2. **Anwendung**
Sie haben verschiedene Möglichkeiten, im Internet zu suchen:
a) Viele Internetadressen werden in Tageszeitungen, (Computer-)Zeitschriften oder im Rundfunk bzw. im Fernsehen veröffentlicht. Firmen, Verbände und Institutionen werben mit ihrer Internetadresse. Sie brauchen diese Adresse dann nur noch im Adressfeld Ihres Browsers einzugeben.
b) Es gibt spezielle „Suchmaschinen", mit deren Hilfe man über Stichworte die gesuchten Informationen finden kann. Es werden dann alle Internetseiten angezeigt, die Informationen zu den eingegebenen Begriffen enthalten. Eine Sammlung der bekanntesten Suchmaschinen finden Sie unter der Adresse www.klug-suchen.de.
c) Haben Sie bereits eine Internetseite aufgerufen, befinden sich darin in der Regel „Links". Das sind Stichworte (meistens unterstrichen oder andersfarbig dargestellt), auf die man klicken kann, woraufhin dann automatisch auf eine andere Internetseite mit entsprechenden weiteren Informationen verzweigt wird.

3. **Auswertung**
Sie erhalten im Internet meistens eine Fülle von Informationen und weiteren Links, sodass es schwer fällt, die Spreu vom Weizen zu trennen. Gehen Sie nicht allen Links nach! Geben Sie bei der Suchmaschine lieber ein weiteres Stichwort ein, um gezieltere Informationen zu erhalten.

5 Arbeitsrecht

Methodenseite

Arbeiten mit Gesetzestexten

Allgemeine Informationen

Jeder Bürger wird durch die Gesetze eines Landes geleitet. Fast jeder Handlung liegt ein Gesetz zugrunde. Allerdings sollte man wissen, dass Gesetze immer auch das tägliche Leben widerspiegeln.

Beispiele

- Jedem Kauf liegen im Kaufvertragsrecht die zugehörigen Gesetze aus dem Bürgerlichen Gesetzbuch (BGB) zugrunde.
- Jede Ausbildung muss sich am Berufsbildungsgesetz und Jugendarbeitsschutzgesetz ausrichten.
- Jeder Arbeitsvertrag (auch mündlich) wird im Zweifel an den Gesetzen des Arbeitsrechtes gemessen.
- Jedes Problem mit der Sozialversicherung lässt sich auf einzelne Gesetze, z. B. des Sozialgesetzbuches, zurückführen.

> (2) Die Jugendvertreter haben Stimmrecht, soweit die zu fassenden Beschlüsse des Betriebsrats überwiegend jugendliche Arbeitnehmer betreffen.
>
> (3) Die Jugendvertretung kann beim Betriebsrat beantragen, Angelegenheiten, die besonders jugendliche Arbeitnehmer betreffen und über die sie beraten hat, auf die nächste Tagesordnung zu setzen. Der Betriebsrat soll Angelegenheiten, die besonders jugendliche Arbeitnehmer betreffen, der Jugendvertretung zur Beratung zuleiten.
>
> **§ 68. Teilnahme an gemeinsamen Besprechungen.** Der Betriebsrat hat die Jugendvertretung zu Besprechungen zwischen Arbeitgeber und Betriebsrat beizuziehen, wenn Angelegenheiten behandelt werden, die besonders jugendliche Arbeitnehmer betreffen.
>
> **§ 69. Sprechstunden.** In Betrieben, die in der Regel mehr als fünfzig jugendliche Arbeitnehmer beschäftigen, kann die Jugendvertretung Sprechstunden während der Arbeitszeit einrichten. Zeit und Ort sind durch Betriebsrat und Arbeitgeber zu vereinbaren. § 39 Abs. 1 Satz 3 und 4 und Abs. 3 gilt entsprechend. An den Sprechstunden der Jugendvertretung kann der Betriebsratsvorsitzende oder ein beauftragtes Betriebsratsmitglied beratend teilnehmen.
>
> **§ 70. Allgemeine Aufgaben.** (1) Die Jugendvertretung hat folgende allgemeine Aufgaben:
> 1. Maßnahmen, die den jugendlichen Arbeitnehmern dienen, insbesondere in Fragen der Berufsbildung, beim Betriebsrat zu beantragen;
> 2. darüber zu wachen, daß die zugunsten der jugendlichen Arbeitnehmer geltenden Gesetze, Verordnungen, Unfallverhütungsvorschriften, Tarifverträge und Betriebsvereinbarungen durchgeführt werden;
> 3. Anregungen von jugendlichen Arbeitnehmern, insbesondere in Fragen der Berufsbildung, entgegenzunehmen und, falls sie berechtigt erscheinen, beim Betriebsrat auf eine Erledigung hinzuwirken. Die Jugendvertretung hat die betroffenen jugendlichen Arbeitnehmer über den Stand und das Ergebnis der Verhandlungen zu informieren.
>
> (2) Zur Durchführung ihrer Aufgaben ist die Jugendvertretung durch den Betriebsrat rechtzeitig und umfassend zu unterrichten. Die Jugendvertretung kann verlangen, daß ihr der Betriebsrat die zur Durchführung ihrer Aufgaben erforderlichen Unterlagen zur Verfügung stellt.
>
> **§ 71. Jugendversammlung.** Die Jugendvertretung kann vor oder nach jeder Betriebsversammlung eine Betriebsjugendversammlung im Einvernehmen mit dem Betriebsrat einberufen. § 43 Abs. 2 Satz 1 und 2, §§ 44 bis 46 und § 65 Abs. 2 Satz 2 gelten entsprechend.
>
> **Zweiter Abschnitt. Gesamtjugendvertretung**
>
> **§ 72. Voraussetzungen der Errichtung, Mitgliederzahl, Stimmengewicht.** (1) Bestehen in einem Unternehmen mehrere Jugendvertretungen, so ist eine Gesamtjugendvertretung zu errichten.

Vorgehensweise

1. **Vorbereitung**

   Zunächst einmal muss der vollständige Sachverhalt exakt und ohne persönliche Meinung formuliert werden. Was ist passiert? Wie ist es dazu gekommen? Welche neue Situation liegt vor?

2. **Anwendung**

   Danach sollte das Gesetz (keine Interpretation) zur Beurteilung herangezogen werden. Die einzelnen Merkmale des Gesetzes müssen herausgefiltert werden. Jetzt muss ein Vergleich stattfinden zwischen dem tatsächlichen Sachverhalt und dem gesetzlichen Tatbestand.

3. **Auswertung**

   Aus diesem Vergleich leitet man dann die Rechtsfolge ab, d. h., liegt ein Verstoß gegen ein Gesetz vor oder nicht? Wenn ein Verstoß festgestellt wird, ist zu beurteilen, welche Konsequenz damit verbunden ist, z. B. Verurteilung auf Erfüllung einer Forderung oder auf Unterlassung einer Behauptung. Ist damit eventuell eine Strafe in Form eines Schadenersatzes verbunden?

6 Entlohnung der Arbeit

Sachverhalt

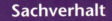

Herr Egon Rudolf und Sylvia Simon arbeiten in einer Textilfabrik in Lörrach. Herr Simon ist Meister und kümmert sich hauptsächlich um den Einsatz der Arbeitskräfte je nach Auftragslage und um eine geordnete Produktion.

Frau Simon hat eine Lehre als Schneiderin absolviert und ist jetzt als Zuschneiderin und Näherin in der Textilfabrik tätig. Viele ihrer Arbeiten werden im Akkord erledigt.

Leitfragen

Warum erhält Herr Rudolf ein Gehalt, das sich nach seiner Anwesenheit in der Firma orientiert, Frau Simon aber nach ihrer konkreten Arbeitsleistung?

Wie wird der „Schwierigkeitsgrad" der Arbeit dieser beiden Mitarbeiter bestimmt?

Herr Rudolf ist schon ein wenig älter, hat Frau und Kinder und viel Erfahrung in seinem Beruf – Frau Simon ist jung und tatkräftig und ohne Familie. Sind all das Gesichtspunkte, die bei der Entlohnung eine Rolle spielen sollten?

Mit welchen Zulagen und Abzügen müssen die beiden Mitarbeiter bei ihrem Lohn rechnen?

Sollte die Textilfabrik ihre Produktion in ein Billiglohnland verlagern, um (Lohn-)Kosten zu sparen?

6 Entlohnung der Arbeit

6.1 Lohnformen

Unter Lohn versteht man im weitesten Sinne das für die menschliche Arbeit gezahlte Entgelt. Im engeren Sinne unterscheidet man:
- **Lohn** = Entgelt für überwiegend körperliche Arbeitsleistung der Arbeiter
- **Gehalt** = Entgelt für überwiegend geistig schöpferische Arbeit der Angestellten

Damit eine Volkswirtschaft leistungsstark sein und bleiben kann, ist es notwendig, dass jeder Arbeitnehmer der Überzeugung ist, dass er seiner Leistung entsprechend bezahlt wird. Deshalb müssen bei der Berechnung des Lohns

a) die körperliche und geistige Anforderung der Arbeit,
b) die tatsächlich erbrachte Arbeitsleistung

im Mittelpunkt stehen.

Löhne und Gehälter sind Entgelte, die der Arbeitnehmer für seine geleistete Arbeit erhält. Um allen Arbeitsbereichen und Vorstellungen gerecht zu werden, hat man in der Praxis ein differenziertes System mit unterschiedlichen Lohnformen entwickelt.

6.1.1 Zeitlohn

Mit dem Zeitlohn wird die Dauer der Arbeitszeit entlohnt. Beim Arbeiter gilt im Normalfall der Stundenlohn, es wird also die Arbeitsstunde bezahlt. Der Angestellte bekommt in der Regel ein Monatsgehalt, und zwar jeden Monat den gleichen Geldbetrag; gleichgültig, was er geleistet hat oder wie viele Arbeitstage der Monat hat.

Berechnungsbeispiel:
Ein Arbeiter arbeitet 8 Stunden am Tag. Er erhält 8,00 € pro Stunde. Wie viel verdient er im Monat mit 22 Arbeitstagen?

Bruttolohn	=	Arbeitsstunden	×	Stundenlohnsatz
1408,00 €	=	176 Stunden	×	8,00 €/Stunde

Anwendung

Zwischen dem gezahlten Lohn und der erbrachten Leistung besteht nur wenig Beziehung. Deshalb wendet man den Zeitlohn dort an, wo

- überwiegend Qualitätsarbeit anfällt oder Sorgfalt und Gewissenhaftigkeit im Mittelpunkt stehen (z. B. Kassierer, Buchhalter),
- Maschinen das Arbeitstempo vorschreiben (z. B. Fließfertigung),
- der Arbeitnehmer keinen Einfluss auf die Arbeitsmenge hat (z. B. Verkäuferin, Telefonistin, Lagerarbeiter),
- ein übersteigertes Arbeitstempo zu Unfällen und Maschinenschäden führen würde (z. B. durch Nichtbeachten von Sicherheitsvorschriften).

Vor- und Nachteile des Zeitlohns:

Vorteile für den Arbeitgeber	Nachteile für den Arbeitgeber
Einfache Lohnabrechnung	Die erbrachte Arbeitsleistung des Arbeitnehmers ist nur schwer kontrollierbar, eine Kontrolle verursacht zusätzliche Kosten
Weniger Ausschuss und geringerer Materialverbrauch	
Die Maschinen werden geschont, da der Arbeitgeber die Maschinengeschwindigkeit vorgeben kann	Der Arbeitgeber ist auf die Zuverlässigkeit seiner Mitarbeiter angewiesen
	Es besteht kein Anreiz für kurzfristig notwendige Leistungssteigerungen

Vorteile für den Arbeitnehmer	Nachteile für den Arbeitnehmer
Fester Verdienst für einen bestimmten Zeitraum	Leistungsunterschiede einzelner Arbeitnehmer werden nicht berücksichtigt
Weniger Arbeitsunfälle	
Weniger Stress und Überforderung des menschlichen Körpers	Außergewöhnliche Arbeitsbelastung wird nicht gesondert entlohnt

6.1.2 Leistungslohn

Der Leistungslohn bezieht die Entlohnung auf die Leistung des Arbeitnehmers. Er kann ausschließlich auf die Leistung bezogen sein (z. B. beim Akkordlohn) oder als Aufschlag zum Grundlohn (z. B. auf den Zeitlohn oder den Akkordlohn) in Form einer Prämie oder von Zulagen und Zuschlägen gezahlt werden.

Akkordlohn

Der Akkordlohn orientiert sich in der Bezahlung an der Herstellung eines Stückes. Der Stundenlohn eines Arbeitnehmers schwankt deshalb je nach Anzahl der Stücke, die er pro Stunde herstellt. Zur Berechnung haben sich in Handwerk und Industrie diese zwei Methoden durchgesetzt:
- der Stückgeldakkord (Bezahlung pro Stück) und
- der Stückzeitakkord (bezahlt wird die Zeiteinheit, die pro Stück vergeben wird).

Stückgeldakkord

Ein ganz bestimmter Geldbetrag wird beim Stückgeldakkord für eine bestimmte hergestellte Menge (z. B. Stück, laufender Meter, m², m³, Festmeter) bezahlt.

Berechnungsbeispiel:
Frau Sylvia Simon näht an einem Tag 80 Hosenteile zusammen. Sie arbeitet 8 Stunden pro Tag und erhält pro Stück 0,90 €. Welchen Lohn bekommt sie für das Nähen der Hosen?

Bruttolohn	= erarbeitete Menge	× Geldakkordsatz (= Geldfaktor)
72,00 €	= 80 Stück	× 0,90 €

Die Anzahl der Stunden spielt hier keine Rolle.

Stückzeitakkord

Bei Stückzeitakkord wird für die Herstellung eines Stückes, m², m³ usw. die Zeit vorgegeben, die bei normaler Leistung notwendig ist. Wird die Vorgabezeit unterschritten, so erhöht sich der Stundenverdienst des Arbeitnehmers.

Berechnungsbeispiel:
Es wird wieder davon ausgegangen, dass Frau Simon an einem Tag 80 Hosenteile zusammennäht, die Vorgabezeit ist mit 6 Minuten pro Stück veranschlagt, der Stundenlohn beträgt 9,00 €.

$$\text{Minutenfaktor} = \frac{\text{Grundlohn pro Stunde}}{60 \text{ Minuten}} = \frac{9,00 \text{ €}}{60 \text{ Minuten}} = 0,15 \text{ €/min}$$

(In der Praxis wird häufig der Dezimalminutenfaktor verwendet, d. h., eine Stunde wird in 100 Dezimalminuten zerlegt.)

Bruttolohn	= erarbeitete Menge	× Vorgabezeit	× Minutenfaktor
72,00 €	= 80 Stück	× 6 min/Stück	× 0,15 €/min

Wenn Frau Simon es schafft, an einem Tag 90 Hosen zu nähen, so erhöht sich ihr Bruttolohn:

Bruttolohn	= erarbeitete Menge	× Vorgabezeit	× Minutenfaktor
81,00 €	= 90 Stück	× 6 min/Stück	× 0,15 €/min

Stückgeldakkord und Stückzeitakkord unterscheiden sich nicht im Ergebnis. Der Stückzeitakkord hat sich aber in der Industrie durchgesetzt, da bei Tariferhöhungen nicht alle Stücklohnsätze wie beim Stückgeldakkord, sondern nur der Minutenfaktor neu berechnet werden muss, während die Vorgabezeit unverändert bleibt. Die Vorgabezeit wird durch Zeitstudien oder Schätzungen bestimmt.

Da nun ein Akkordarbeiter z. B. durch körperliches Unwohlsein auch weniger als die Normalleistung erbringen kann und ihm damit weniger Bruttolohn als im Durchschnitt errechnet ausgezahlt wird, ist heute im Allgemeinen ein **garantierter Mindestlohn** (Zeitlohn) tariflich festgelegt. Dieser wird auch bei geringerer Leistung bezahlt. Der tarifliche Akkordlohn als Entgelt für die Normalleistung setzt sich folgendermaßen zusammen:

	für 1 Stunde	für 8 Stunden
garantierter Mindestlohn (Zeitlohn im Tarifvertrag festgelegt)	7,50 €	60,00 €
+ **Akkordzuschlag** (ca. 20 % des Mindestlohnes)	+ 1,50 €	+ 12,00 €
= **Grundlohn** (= Akkordrichtsatz)	= 9,00 €	= 72,00 €

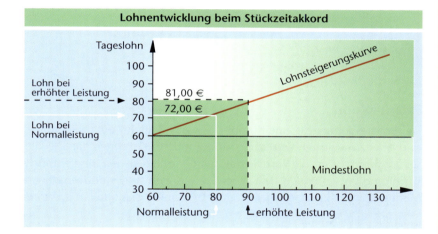

Einzel- und Gruppenakkord

Beide besprochenen Akkordformen können als Einzel- und Gruppenakkord gezahlt werden. Während der Einzelakkord sich auf die Leistungen einer einzelnen Person bezieht, wird der Gruppenakkord angewendet, wenn mehrere Arbeiter gemeinsam an einem Werkstück arbeiten. Ein Mehrverdienst wird dann auf alle Beteiligten aufgeteilt. Vorteilhaft für den Arbeitgeber ist, dass sich die beteiligten Arbeiter gegenseitig motivieren und kontrollieren.

Anwendung

Der Akkordlohn bietet sich an, wenn
- der Arbeitgeber die Arbeitsleistung des Arbeitnehmers beeinflussen will,
- der Arbeitnehmer die Möglichkeit haben will, seine eigene Arbeitsleistung und seinen Lohn zu beeinflussen.

6 Entlohnung der Arbeit

Vor- und Nachteile des Akkordlohns:

Vorteile für den Arbeitgeber	Vorteile für den Arbeitnehmer
Es findet eine leistungsgerechte Entlohnung statt	Arbeitnehmer kann Leistung und Lohnhöhe selbst beeinflussen
Einfache Ermittlung der Lohnkosten pro Stück sowohl für die Nachkalkulation wie für die Vorkalkulation	Da in der Regel der Akkordrichtsatz 15 % bis 25 % über dem Zeitlohnsatz liegt, wird der Arbeitnehmer im Akkord besser bezahlt
Produktionssteigerung wird angeregt	Es findet eine leistungsgerechtere Entlohnung statt

Nachteile für den Arbeitgeber	Nachteile für den Arbeitnehmer
Quantität (Menge) geht vor Qualität (Güte)	Gesundheitliche Schäden durch übersteigertes Arbeitstempo
Für zusätzliche Qualitätskontrollen fallen Kosten an	Erhöhte Unfallgefahr
Die Berechnung des Geldakkordsatzes bzw. der Vorgabezeit ist kostenaufwendig	

Erkundigen Sie sich in Ihrer Firma, welche Arbeitnehmergruppen welche Lohnformen bekommen.

Prämienlohn

Der Prämienlohn stellt eine Kombination aus Zeitlohn oder Akkordlohn und einer zusätzlichen Vergütung für besondere Leistungen dar. Ziel dieser Lohnform ist es, die Vorteile des Zeitlohnes mit denen der Leistungsvergütung zu verbinden. Mit einer Prämie wird also eine feststellbare Mehrleistung belohnt, die der Arbeiter bei reinem Zeitlohn bzw. Akkordlohn ohne Prämie wahrscheinlich nicht erbracht hätte.

Prämienarten

Prämien werden für eine Vielzahl von besonderen Leistungen gewährt, die vom Arbeitnehmer erbracht werden können. Im Allgemeinen unterscheidet man die folgenden Grundformen:

- **Quantitätsprämie:** Die durch schnelleres Arbeiten erreichte Mehrleistung wird belohnt.
- **Qualitätsprämie:** Die Güte (Funktionstüchtigkeit, Genauigkeit) einer Ware wird belohnt.
- **Terminprämie:** Die Einhaltung von Terminen wird belohnt, da bei Überschreiten möglicherweise Strafen zu zahlen sind oder Nachteile erlitten werden (vgl. Leistungspflicht, Seite 81 ff.).
- **Nutzungsprämie:** Die hohe Ausnutzung (weniger Abfall) eines Werkstoffes wird belohnt.
- **Ersparnisprämie:** Der sparsame Verbrauch von Hilfs- und Betriebsstoffen sowie von Energie wird belohnt.
- **Sorgfaltsprämie:** Bei sehr teuren und technisch komplizierten Maschinen wird eine sorgfältige Behandlung belohnt.

6.1 Lohnformen

Berechnungsbeispiel (hier Quantitätsprämie):

Die normale Arbeitszeit für das Zusammennähen der Teile für eine Hose beträgt 6 Minuten. Wird eine Hose schneller als in 6 Minuten genäht, so beträgt die Prämie zusätzlich 30 % vom Stundenlohn pro eingesparte Stunde. Der Stundenlohnsatz beträgt 9,00 €. Statt in 8 Stunden näht Frau Simon die 80 Hosen in 6 Stunden. Sie spart damit 2 Stunden pro Tag ein. Wie viel verdient sie tatsächlich in diesen 6 Stunden?

Normalleistung: 80 Stück in 8 Stunden, Stundenlohn 9,00 €

72,00 €	**= 8 Stunden × 9,00 € Stundenlohn**

Höhere Leistung: 80 Stück in 6 Stunden, Stundenlohn 9,00 €
Prämie 30 % zusätzlich vom Stundenlohnsatz

54,00 €	**= 6 Stunden × 9,00 € Stundenlohn**
+ 5,40 €	**= 30 % Prämie für 2 eingesparte Stunden à 9,00 €**
= 59,40 €	

Diese 59,40 € bekommt Frau Simon für 6 Stunden. Danach kann sie sofort mit einer neuen Arbeit beginnen, die ihr mindestens 2 × 9,00 € = 18,00 € einbringt. So verdient sie an diesem Tag mindestens 77,40 €.

Vor- und Nachteile des Prämienlohns:

Vorteile für den Arbeitgeber	Vorteile für den Arbeitnehmer
Kosten des Arbeitgebers können gesenkt werden (z. B. weniger Betriebsstörungen durch Sorgfaltsprämie, weniger Reklamationen durch Qualitätsprämie)	Zusätzliche Leistungen werden durch Prämienzahlungen berücksichtigt

Nachteile für den Arbeitgeber	Nachteile für den Arbeitnehmer
Es ist schwierig, die richtige Prämienhöhe festzusetzen: ■ Bei zu hohen Prämien sind die zusätzlichen Lohnkosten höher als die Einsparungen (z. B. Material, Energie) ■ Zu niedrige Prämien bieten keinen Leistungsanreiz	Der Wert der Mehrleistung kommt dem Arbeitnehmer nicht allein zugute, sondern wird nach bestimmtem Schlüssel zwischen Betrieb und Arbeitnehmer aufgeteilt

6 Entlohnung der Arbeit

6.1.3 Beteiligungslohn

Erarbeitet ein Betrieb im Laufe eines Jahres einen hohen Gewinn, so werden in manchen Unternehmungen nicht nur der Arbeitgeber, sondern auch die Arbeitnehmer am Jahresgewinn beteiligt.

Die einzelnen Beteiligungsmodelle sind sehr unterschiedlich, so finden wir heute vor allem:

- **Investivlohn (Kapitalbeteiligung):** Der Mitarbeiter bekommt z. B. Aktien der Unternehmung, es werden Beteiligungsfonds gebildet, es werden Einzahlungen in eine Lebensversicherung oder in eine Pensionskasse gemacht. Dem Arbeitnehmer steht also das Geld nicht für den Konsum zur Verfügung. Mit den Aktien und der Pensionskasse will der Arbeitgeber zwar den Arbeitnehmer beteiligen, aber gleichzeitig auch das Geld in der Unternehmung belassen, damit es für Investitionen zur Verfügung steht.
- **Gewinnbeteiligung:** Der Gewinnanteil wird dem Arbeitnehmer ausbezahlt und steht ihm zur freien Verfügung.

Die Einführung des Beteiligungslohnes soll beim Arbeitnehmer bezwecken, dass er sich mehr mit der Unternehmung identifiziert („meine Firma"), ihr mehr Arbeitsleistung und Arbeitslust entgegenbringt. Der Arbeitgeber hofft damit auf größere Leistungsfähigkeit und höhere Produktivität.

Vorteile des Beteiligungslohns	
gesellschaftspolitisch	**betriebswirtschaftlich**
Arbeitnehmer bilden Vermögen	Bindung an die Firma (weniger Fluktuation)
bessere Mitbestimmung als Kapitalgeber oder Miteigentümer	Verbesserung des Betriebsklimas
	Erhöhung der Arbeitszufriedenheit (Motivation)
	Erhöhung der Arbeitsproduktivität

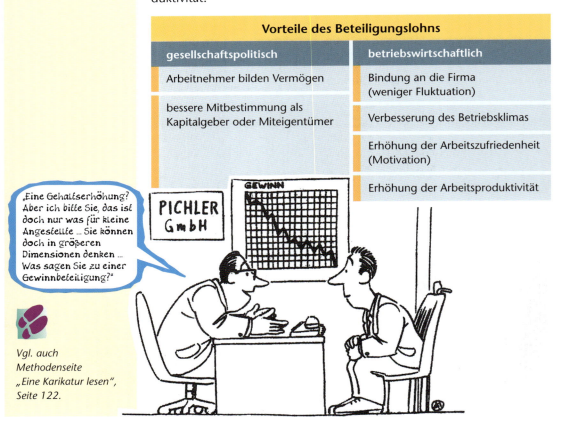

„Eine Gehaltserhöhung? Aber ich bitte Sie, das ist doch nur was für kleine Angestellte ... Sie können doch in größeren Dimensionen denken ... Was sagen Sie zu einer Gewinnbeteiligung?"

Vgl. auch Methodenseite „Eine Karikatur lesen", Seite 122.

6.1 Lohnformen

Überblick

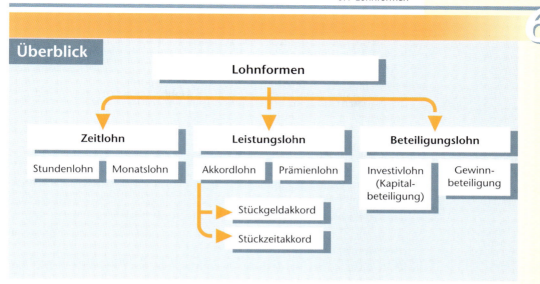

Aufgaben zur Wiederholung und Vertiefung

Inhaltsbezug Seite

1. Welcher Unterschied besteht zwischen Zeitlohn und Leistungslohn? — 206, 207
2. Nennen Sie die Vorteile, die sich für Arbeitnehmer und Arbeitgeber bei Zahlung des Zeitlohnes ergeben. — 207
3. Wann ist es sinnvoll, a) Zeitlohn zu zahlen? b) Akkordlohn zu zahlen? — 206, 207
4. Stückgeldakkord:
Ein Arbeiter bekommt für die Herstellung eines Stückes 12,5 ct.
Wie viel Stück muss er pro Tag herstellen, wenn er brutto 60,00 € verdienen will? — 208
5. Stückzeitakkord:
Die Unternehmensleitung stellt von Stückgeldakkord auf Stückzeitakkord um. Sie setzt für die Herstellung eines Stückes 1 Minute fest. Sie zahlt einen Stundenlohn von 10,00 €. Wird der Arbeiter besser oder schlechter bezahlt als in Aufgabe 4? Nehmen Sie eine Berechnung vor. — 208
6. Nennen Sie Beispiele, in welchen Fällen eine Prämie sinnvoll ist. — 210, 211
7. Soll der Arbeitnehmer durch Beteiligungslohn Teilhaber der Unternehmung werden? Nehmen Sie Stellung. — 212
8. Welche Lohnform ist in den abgebildeten Fällen jeweils sinnvoll? (Begründung!) — 206-212

6 Entlohnung der Arbeit

6.2 Gerechte Entlohnung

Jedem Arbeitnehmer einen Lohn zu bezahlen, der sowohl ihm als auch dem Arbeitgeber gerecht erscheint, ist schwierig. Es gibt deshalb viele Möglichkeiten, den Lohn zu berechnen. Bei der Festsetzung des Lohns, der trotzdem für beide Seiten annehmbar sein muss, müssen die folgenden Merkmale als Grundbestandteil der Lohnfindung angesehen werden.

6.2.1 Arbeitsleistung

Leistung entsteht, wenn der Arbeitnehmer körperliche Kraft, Geschicklichkeit und geistige Fähigkeiten sinnvoll im Betrieb einsetzt. Je komplizierter die Aufgaben sind, umso stärker werden die geistigen Fähigkeiten des Arbeitnehmers gefordert. Diese setzen sich zum einen Teil aus Begabung und Verantwortungsbereitschaft, zum anderen Teil aus der fachlichen Berufsausbildung zusammen.

Jeder Arbeitsplatz ist deshalb danach zu bewerten, welche Schwierigkeiten dort zu bewältigen sind, d. h., welche Anforderungen er an den Arbeitnehmer stellt. So sind die Anforderungen an unterschiedlichen Arbeitsplätzen verschieden: Beton mischen, Steckdose montieren, Hi-Fi-Anlagen reparieren, Baupläne zeichnen, Bauunternehmung leiten.

Der Arbeitnehmer muss deshalb bei seiner Bewerbung durch Zeugnisse, Lebenslauf und andere Unterlagen zeigen, dass er den Leistungsanforderungen des Arbeitsplatzes, der einer bestimmten Lohn- bzw. Tarifgruppe zugeordnet ist, gerecht werden kann. Man spricht deshalb auch von einer **anforderungsabhängigen Lohndifferenzierung**.

6.2.2 Arbeitsbewertungsverfahren

Arbeitsplatzbeschreibung

Damit ein Arbeitsplatz bewertet werden kann, muss die dort zu leistende Arbeit zunächst einmal systematisch beschrieben werden. Die Beschreibung erfasst sowohl das Arbeitssystem wie auch die Arbeitssituation.
Die daraus ermittelten Anforderungen bilden die Grundlage für die Arbeitsbewertung.
Darunter ist zu verstehen:

Arbeitssystem

Arbeitssituation

Arbeitsplatzbewertung

Um das Arbeitsentgelt je nach Schwierigkeit der Arbeit differenzieren zu können, müssen die Aufgaben bewertet werden. Die Anforderungen an einen Arbeitsplatz müssen festgelegt werden, indem man sie beschreibt, beurteilt, schätzt, misst. Die Anforderungsarten müssen so ausgewählt werden, dass damit über den Schwierigkeitsgrad der Arbeit Rückschlüsse auf die unterschiedliche Entlohnung möglich werden.
Zwei Methoden sind üblich:

Summarische Arbeitsbewertung

Diese Methode sieht den Arbeitsplatz als Ganzes und stellt als einzige Anforderung die Ausbildung, die der Arbeitsplatz erfordert – gleichgültig, was der Arbeitnehmer für eine Ausbildung tatsächlich hat. Allgemein können die auf Seite 216 folgenden Lohngruppen beschrieben werden, die sich in allen Tarifverträgen in ähnlicher Form wieder finden.

6 Entlohnung der Arbeit

Für die Eingruppierung gelten folgende Lohngruppenmerkmale und Lohngruppenschlüssel (aus einem Manteltarifvertrag der Holz und Kunststoff verarbeitenden Industrie):

*Der festgesetzte Lohn eines 21-jährigen Facharbeiters wird als **Ecklohn** bezeichnet. Er wird 100 % gesetzt (hier: Lohngruppe 5). Die anderen Lohngruppen werden dann entsprechend dem Schlüssel berechnet.*

Merkmale	Schlüssel
Lohngruppe 1 Einfache Arbeiten von geringer Belastung, die ohne einschlägige Vorkenntnisse (ohne besondere Ausbildung oder Anlernung) nach kurzer Einweisung ausgeführt werden können	86 %
Lohngruppe 2 Einfache Arbeiten von geringer Belastung, die mit geringen Vorkenntnissen nach kurzer Einarbeitung ausgeführt werden können, ebenso Arbeiten der Lohngruppe 1, jedoch unter erschwerten Belastungen	88,5 %
Lohngruppe 3 Arbeiten, die geringe Sach- und Arbeitskenntnisse voraussetzen und ohne besondere Anlernung oder Übung nach kurzer Einarbeitung ausgeführt werden können	91 %
Lohngruppe 4 Arbeiten, die eine längere Anlernzeit (bis zu 6 Monaten) und damit bestimmte Fertigkeiten und notwendige Kenntnisse über Werkstoffe und Betriebsmittel voraussetzen	96 %
Lohngruppe 5 Arbeiten, die neben beruflicher Handfertigkeit und den für die Tätigkeit erforderlichen Kenntnissen über Werkstoffe und Betriebsmittel ein Können erfordern, wie es entweder durch eine fachentsprechende Berufslehre oder durch eine entsprechende Anlernung und Übung erworben wird	100 %
Lohngruppe 6 Selbstständige, schwierige und verantwortungsvolle Facharbeiten, deren Anforderungen über die für Lohngruppe 5 erforderlichen Merkmale hinausgehen	115 %
Lohngruppe 7 Hochwertige Facharbeiten, die hervorragendes Können, Selbstständigkeit, dispositive und umfassende verantwortungsvolle Tätigkeit erfordern und entsprechende theoretische Kenntnisse voraussetzen	125 %

6.2 Gerechte Entlohnung

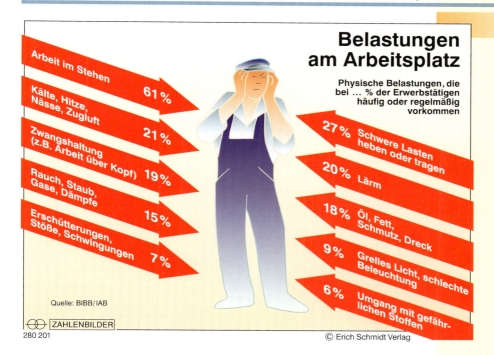

Belastungen am Arbeitsplatz

Physische Belastungen, die bei ... % der Erwerbstätigen häufig oder regelmäßig vorkommen

- Arbeit im Stehen 61 %
- Kälte, Hitze, Nässe, Zugluft 21 %
- Zwangshaltung (z.B. Arbeit über Kopf) 19 %
- Rauch, Staub, Gase, Dämpfe 15 %
- Erschütterungen, Stöße, Schwingungen 7 %
- Schwere Lasten heben oder tragen 27 %
- Lärm 20 %
- Öl, Fett, Schmutz, Dreck 18 %
- Grelles Licht, schlechte Beleuchtung 9 %
- Umgang mit gefährlichen Stoffen 6 %

Quelle: BIBB/IAB
ZAHLENBILDER
280 201
© Erich Schmidt Verlag

Analytische Arbeitsbewertung

Die analytische Methode stellt nicht den ganzen Arbeitsplatz, sondern bestimmte Beanspruchungen und Anforderungen an einen Arbeitsplatz in den Mittelpunkt.

Folgende Merkmale werden dabei einzeln untersucht und bewertet und erst danach zu einer Gesamtbeurteilung des Arbeitsplatzes zusammengezogen:

1. Können
   a) geistiges Können: Kenntnis, Ausbildung, Erfahrung
   b) körperliches Können: Geschicklichkeit, Handfertigkeit
2. Verantwortung für eigene und fremde Arbeit, die Sicherheit anderer und für Maschinen und Werkstücke und andere Arbeitsmittel
3. geistige und körperliche Belastungen
4. Belastungen durch Umwelteinflüsse, wie z. B. durch Schmutz, extreme Temperaturen, Nässe, Lärm usw.

Für jede Anforderungsart wird eine Kennzahl ermittelt. Diese Kennzahlen werden zu einer Summe addiert und ergeben dann den Arbeitswert für einen bestimmten Arbeitsplatz. Je höher die Summe, desto höher die Lohngruppe und der Lohn.

A Welche Beanspruchungen und Anforderungen sind an den Arbeitsplatz von Frau Simon zu stellen?

6.2.3 Soziale Aspekte

Bisher wurde dargestellt, dass Leistung und bestimmte Anforderungen an den Arbeitsplatz die Lohnhöhe beeinflussen. Bei der Festlegung des Gesamtlohnes kommen heute meist noch soziale Aspekte hinzu. Sie sind inzwischen schon fester Bestandteil von Tarifverträgen geworden. So werden folgende Überlegungen, die dem Leistungsprinzip widersprechen, berücksichtigt:

Europäische Union:
Der „kleine Unterschied" beim Lohn
Frauenverdienst in % des Männerverdienstes
(gemessen am Bruttostundenverdienst im Industrie- und Dienstleistungssektor)

Land	%
Slowenien	89,0
Polen	86,0
Ungarn	85,5
Schweden	84,7
Frankreich	83,4
Belgien	82,8
Litauen	82,5
Finnland	82,0
Italien	81,2
Luxemburg	81,1
Portugal	80,3
Dänemark	80,0
Lettland	79,2
Niederlande	76,4
Tschechien	75,5
Spanien	75,0
Griechenland	74,5
Deutschland	74,4
Irland	73,7
Österreich	73,6
Estland	73,4
Zypern	71,9
Slowakei	70,9
Großbritannien	69,7

Quelle: Eurostat, für Malta keine Angabe, Stand 2002, © Globus 0297

- Der Familienstand (ledig/verheiratet) sowie die Kinderzahl sind häufig Gründe für unterschiedliche Bezahlung, d. h., ein Verheirateter mit 5 Kindern verdient mehr als ein Lediger. Damit werden unterschiedliche finanzielle Belastungen in der Familie ausgeglichen.
- Besondere Anlässe im Jahr werden dem Arbeitnehmer vergütet, z. B. Urlaubsgeld und Weihnachtsgeld, ohne dass er dafür Leistungen erbracht hat.
- Ungünstige Arbeitszeiten werden dem Arbeitnehmer gesondert vergütet, wie z. B. Sonn- und Feiertagsarbeit, Nachtarbeit und Überstunden.
- Der Akkordlohn hätte eigentlich zur Folge, dass bei Krankheit kein Lohn bezahlt würde. Um diese soziale Härte zu mindern, gibt es bei der Akkordarbeit immer einen garantierten Mindestlohn (es handelt sich also um Zeitlohn).
- Bei falscher Akkord- bzw. Prämienbewertung hat der Arbeitnehmer ein Reklamationsrecht gegenüber einer paritätisch besetzten Kommission aus Arbeitgeber und Arbeitnehmer.

Diese sozialen Aspekte sind notwendig, um bestimmte Gruppen von Arbeitnehmern (z. B. ältere Arbeitnehmer, kinderreiche Familien) nicht zu benachteiligen, da auch sie noch einen wesentlichen Beitrag für unsere Volkswirtschaft leisten und insbesondere schon geleistet haben.

Der **Bundesangestelltentarif (BAT)**, nach dem sich viele im nicht-öffentlichen Dienst orientieren, berücksichtigt bei der Festsetzung des Gehalts das Lebensalter und den Familienstand. Seit 1. 10. 2005 heißt er Tarifvertrag für den öffentlichen Dienst (TVöD).

Erläutern Sie die Karikatur. Siehe auch S. 122.

6.2 Gerechte Entlohnung

Überblick

Ein „gerechter Lohn"
kann sich unter Berücksichtigung folgender Faktoren ergeben:

Arbeitsleistung

Wird der Arbeitnehmer
den Anforderungen des
Arbeitsplatzes gerecht?

Arbeitswert

Welche Anforderungen
sind in welchem Umfang
an einem bestimmten
Arbeitsplatz überhaupt
gefragt?

Ermittlung mithilfe von:

▶ **Arbeitsplatzbeschreibung**

▶ **Arbeitsplatzbewertung**
(analytisch oder
summarisch)

Soziale Aspekte

Welche Rolle
dürfen/müssen Alter,
Familienstand,
Kinderzahl, Geschlecht
spielen?

Aufgaben zur Wiederholung und Vertiefung
Inhaltsbezug Seite

1. Erkunden Sie in Ihrem Betrieb das Verfahren der Lohnfindung.

2. Welche Gesichtspunkte sollten in einer Arbeitsplatzbeschreibung berücksichtigt werden? 215

3. Welches Bewertungsverfahren (summarisch oder analytisch) möchten Sie bei sich selber
angewendet wissen? (Begründung!) 215, 217

4. Diskutieren Sie folgende Fragen und Probleme: 218

   ■ Soll ein lediger Arbeitnehmer bei gleicher Arbeit den gleichen Lohn erhalten
   wie sein verheirateter Kollege mit drei Kindern?

   ■ Soll ein junger leistungsstarker Angestellter genauso entlohnt werden
   wie der ältere, aber erfahrene Kollege?

   ■ Sollte bei gleicher Position die Ausbildung (hier Hochschulstudium,
   dort mittlere Reife mit Lehre) bei der Entlohnung eine Rolle spielen?

   ■ Woran liegt es, dass Frauen im Durchschnitt weniger verdienen als Männer?
   Wie könnte diese Art von Diskriminierung beseitigt werden?

6 Entlohnung der Arbeit

6.3 Lohnabrechnung

6.3.1 Zulagen, Zuschläge und Zuwendungen

Alle Einnahmen, die ein Arbeitnehmer aufgrund seines Arbeitsverhältnisses hat, ergeben seinen Bruttolohn:

Grundlohn (tariflich oder einzelvertraglich vereinbart)

+ Zulagen
- Leistungszulagen
- Erschwerniszulage
- Gefahrenzulage

+ Zuschläge
- Überstundenzuschläge
- Sonn- und Feiertagszuschläge*)
- Nachtarbeitszuschläge*)

+ Zuwendungen
- Urlaubsgeld
- Weihnachtsgeld
- Arbeitgeberanteil zur Vermögensbildung
- Geburt, Heirat*)
- Jubiläum

= Bruttolohn

Der so errechnete Bruttolohn ist Berechnungsgrundlage für die gesetzlichen Abzüge. Allerdings sind die mit einem Stern (*) gekennzeichneten Zuwendungen, sofern sie nicht bestimmte Freigrenzen überschreiten, steuer- und sozialversicherungsfrei.

6.3.2 Abzüge

Der Arbeitgeber ist verpflichtet, die gesetzlichen Lohnabzüge einzubehalten und die Lohn- und Kirchensteuer an das Finanzamt sowie die Sozialversicherungsbeiträge an die Krankenkasse abzuführen. Zurzeit wird auch noch der Solidaritätszuschlag zur Finanzierung der deutschen Einheit einbehalten. Darüber hinaus können noch weitere (freiwillige) Abzüge vorgenommen werden, je nach persönlicher Situation des Arbeitnehmers:

Der Solidaritätszuschlag ist wiederholt Gegenstand der politischen Diskussion.
Die Frage ist, ob und, wenn ja, wann er wieder gekürzt oder ganz abgeschafft wird.

6.3 Lohnabrechnung

Bruttolohn				
− **Lohnsteuer**	■ Die Höhe kann mithilfe von Monatslohntabellen oder PC-Programmen zur Lohnabrechnung bestimmt werden ■ Sie richtet sich nach den Angaben zur Steuerklasse auf der Lohnsteuerkarte (vgl. Kapitel 7.6, Seite 286 ff.)			
− **Solidaritätszuschlag**	■ 5,5 % von der Lohnsteuer			
− **Kirchensteuer**	■ Sie wird vom Staat für die Kirchen von Mitgliedern der großen Religionsgemeinschaften eingezogen ■ Je nach Bundesland beträgt die Kirchensteuer 8 % oder 9 % von der Lohnsteuer			
− **Sozialversicherung**	Dazu gehören:*	Beitragssatz	AG-Anteil	AN-Anteil
	■ Rentenversicherung	19,90 %	9,95 %	9,95 %
	■ Krankenversicherung	Ø 14,80 %	7,40 %	7,40 %
	■ Sonderbeitrag zur KV	0,90 %	—	0,90 %
	■ Pflegeversicherung (PV)	1,70 %	0,85 %	0,85 %
	■ Zuschlag zur PV für Kinderlose	0,25 %	—	0,25 %
	■ Arbeitslosenversicherung	4,20 %	2,10 %	2,10 %
	Summe	41,75 %	20,30 %	21,45 %
	(* Prozentsätze 2007)			
− **sonstige Abzüge**	Das können sein: ■ Vermögenswirksame Sparleistung nach dem Vermögensbildungsgesetz (vgl. Kapitel 4.4.4, Seite 162) ■ Lohnpfändung aufgrund eines rechtskräftigen Urteils unter Beachtung der Pfändungsgrenzen ■ Lohnabtretungen, die unmittelbar an Dritte überwiesen werden ■ Lohnverrechnungen (z. B. eines bereits erhaltenen Vorschusses)			
= **Auszahlungsbetrag**	Dieser wird dem Arbeitnehmer heutzutage überwiegend bargeldlos auf ein Konto überwiesen.			

6.3.3 Lohnabrechnung

Jeder Arbeitnehmer erhält monatlich eine schriftliche Lohnabrechnung. Diese kann entweder manuell, eigenständig mit einer Tabellenkalkulation, einem Lohnabrechnungsprogramm oder über eine Steuerberatungsfirma erstellt werden.

6 Entlohnung der Arbeit

Berechnungsbeispiel:

Fall: Fritz Köhler, Mechaniker in der Textilfabrik, ledig, katholisch, Steuerklasse I, bekommt einen Stundenlohn von 12,00 €. Er arbeitet im Juni an 21 Arbeitstagen insgesamt 168 Stunden, er macht zusätzlich 12 Überstunden, die mit 25 % Zuschlag vergütet werden. Darin enthalten sind 2 Nachtarbeitsstunden, die mit zusätzlich 25 % Zuschlag bezahlt werden. Monatlich zahlt Köhler 40,00 € vermögenswirksam auf seinen Bausparvertrag ein. Der Arbeitgeber unterstützt dieses Sparen mit 10,00 €.

Lohn-/Gehaltsabrechnung

Diese Abrechnung gilt als Verdienstbescheinigung.
Bitte aufbewahren.

Firma Mustermann
76137 Karlsruhe   Hohler Weg 11

Firma   11   Blatt   1
Monat   8/05 Freibetrag

Köhler, Fritz
Am Stadtgraben 13
76137 Karlsruhe

19130570K002
SV-Nummer

Lohnart	Bezeichnung	Art*	Anzahl	Satz	%-Zuschlag	Betrag
100	Stundenlohn	P/P	184,00	12,00		2.208,00
109	Überstunden 125% pfl.	P/P	12,00	12,00	125,00	180,00
123	Nachtzuschlag 25% frei	F/F	2,00	12,00	25,00	6,00
175	V W L - AG-Anteil	P/P				10,00
	Summe der Bruttobezüge:					2.404,00
990	V W L - Abzug	A				40,00-
	Summe der pers. Be-/Abzüge:					40,00-

*Art: (P)= pflichtig (F)= frei (A)= Be-/Abzug (*)= ohne Berechnung

Summen des Monats
Steuerpfl.Bruttolohn Lohnsteuer Kirchensteuer Solidaritäts-Zu Sozialver.Brutto Kranken-Vers. Renten-Vers. Arbeitsl.-Vers.
    2.398,00   374,75   33,72   20,61   2.398,00   189,44   233,81   77,94

Lst KV RV AV PV   Std/Tage-1   Std/Tage-2   Std/Tage-3   PV incl.Zuschlag Durchschnitt-1 Durchschnitt-2 Durchschnitt-3
30   30 30 30 30   26,38

Summen des Jahres AOK Karlsruhe (14,00%)
Gesamt-Bruttolohn Steuerfr.Bezüge Sonst.steuerpf. Steuerpfl.Brutto Sozialver.Brutto Lohnsteuer Kirchensteuer Solidaritäts-Zu.
    4.250,00   9,00   4.241,00   4.241,00   593,25   46,77   32,62
Kranken-Vers.   Renten-Vers.   Arbeitsl.-Vers.   Ges.gesetzl.Abz   Pflege-Vers.   Vermögensbild.   Kindergeld
    335,04   413,50   137,84   1.612,29   46,66   80,00

Persönliche Daten
Personal-Nummer   Gruppe   Kostenstelle   Eintrittsdatum St. Kind   Kfs.
        1   3/ 0   0   1.07.05   1   0,0   2   Gesamt-Brutto   2.404,00
SV-Schlüssel   Krankenkasse
    1111   AOK Karlsruhe (14,00%)   Gesetzliche Abzüge   956,65-
Urlaubsanspruch in Tagen   genommen neuer Anspruch   Url-Verg-Anspruch   Netto-Verdienst   1.447,35
              LJ 30,00   3,00   27,00   Persönliche Be-/Abzüge   40,00-
                                                                                Barauszahlung   1.407,35

222

6.3 Lohnabrechnung

Überblick

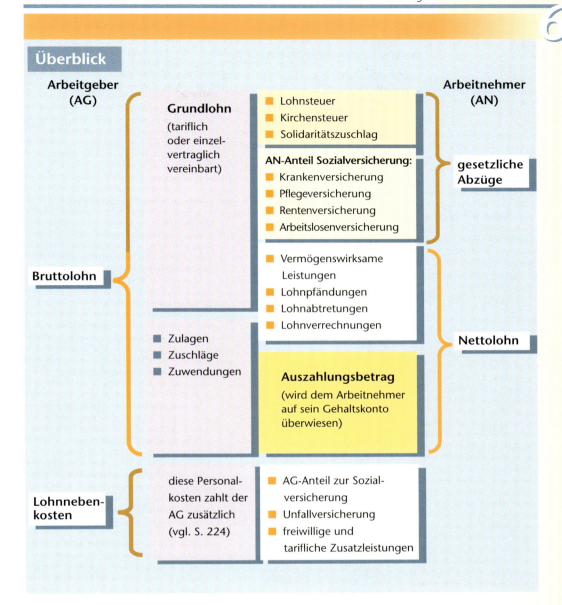

Aufgaben zur Wiederholung und Vertiefung

Inhaltsbezug Seite

1. Erläutern Sie ausgehend vom Grundlohn, wie sich durch Zulagen und Abzüge der Auszahlungsbetrag ergibt. — 220

2. Wodurch entsteht die Differenz zwischen Nettolohn und Auszahlungsbetrag? — 221

3. Erstellen Sie manuell oder mithilfe einer Tabellenkalkulation eine Lohnabrechnung für den verheirateten Arbeitnehmer Emil Meyer (2 Kinder). Sein Bruttogehalt beträgt 1 690,00 €; er ist in Steuerklasse III eingestuft; an den vermögenswirksamen Leistungen beteiligt sich der Arbeitgeber mit 20 %. — 222

6.4 Wirtschaftliche Aspekte der Entlohnung

6.4.1 Lohnnebenkosten

Lohnnebenkosten sind die Anteile der Lohnkosten, die neben dem vereinbarten Bruttolohn für den Arbeitgeber zusätzlich anfallen.
Dazu zählen folgende Kosten:

- **Arbeitgeberanteil zur Sozialversicherung**
    - der Arbeitgeberanteil (= 50 %) zur Kranken-, Renten-, Arbeitslosen- und Pflegeversicherung
    - der gesamte Beitrag zur Unfallversicherung
- **tarifliche und gesetzliche Leistungen**
    - bezahlte Feiertage
    - Urlaubs- und Weihnachtsgeld
    - Lohnfortzahlung im Krankheitsfall
    - Erziehungsgeld
- anteilige oder volle **Zahlung sozialer Aufwendungen** zur
    - sozialen Sicherung, z. B. Lebensversicherung, Pensionskasse, Vermögensbildungsgesetz
    - gesundheitlichen Förderung, z. B. Erholungsaufenthalt, ärztliche Beratung und Behandlung durch Betriebsarzt
    - Familienunterstützung, z. B. Betriebskindergarten, freier Hausarbeitstag für Frauen
    - Bildung, z. B. Lehrgänge, Bildungsurlaub, Bibliothek, kulturelle Veranstaltungen
    - Freizeitgestaltung, z. B. Sportverein, Betriebsausflug
    - Lebenshaltung, z. B. Kantine, Werkswohnung, Arbeitskleidung, Fahrtkostenersatz
    - Ehrungen, z. B. Geschenke anlässlich Jubiläum, Hochzeit, Geburt
    - Identifikation mit der Firma, z. B. Mitarbeiterbeteiligung

6.4 Wirtschaftliche Aspekte der Entlohnung

Die wirtschaftlichen Auswirkungen des hohen Lohnniveaus, insbesondere der Lohnzusatzkosten für Arbeitnehmer und Arbeitgeber, können unterschiedlich bewertet werden.

1. Der Standort Deutschland ist einer der teuersten der Welt. Damit sinkt die Wettbewerbsfähigkeit deutscher Firmen und führt deshalb zu Entscheidungen, die Produktion von Deutschland in Billiglohnländer zu verlegen. Besonders Osteuropa ist in den letzten Jahren in den Blickpunkt deutscher Firmen gerückt.
2. Innerhalb deutscher Firmen dienen die Lohnnebenkosten zur Einbindung der Mitarbeiter. Sie sollen die Identifikation, Motivation und Leistung und damit die Qualität der Arbeitsergebnisse steigern helfen. Damit soll gleichzeitig auch das Kostenbewusstsein der Mitarbeiter geschärft werden.
3. Es gibt Untersuchungen von Wirtschaftsforschungsinstituten, die feststellen, dass die Bundesrepublik beim Vergleich ökonomisch wichtiger Größen (wie „reale Lohnstückkosten" und „effektive Besteuerung") durchaus günstig abschneidet. Eine größere Standortschwäche wird eher in dem hohen Steuerniveau und in der starken Regulierung(swut) gesehen.

6.4.2 Veränderung der Produktivität

Unternehmen sind natürlich bestrebt, ihr Leistungsergebnis ständig zu verbessern, das heißt, den Ertrag im Vergleich zum Einsatz der Produktionsmittel (insbesondere der Arbeit) zu steigern.

Die Arbeitsproduktivität ist definiert als

$$\text{Arbeitsproduktivität} = \frac{\text{erzeugte Menge}}{\text{eingesetzte Arbeit}}$$

*Bei Lohnverhandlungen spielt die **Arbeitsproduktivität** eine große Rolle. Steigt sie, so fordern die Gewerkschaften bei Lohnverhandlungen entsprechend höhere Löhne. Ein hohes Lohnniveau ist aber für die Unternehmen ein weiterer Grund für Entlassungen und zur Rationalisierung – ein Teufelskreis?*

Wird die eingesetzte Arbeit aus Kostengründen reduziert (Arbeitszeitverkürzung, Kurzarbeit, Entlassungen), so würde natürlich zunächst eine geringere Menge erzeugt. Bei günstiger Absatzlage würde das Unternehmen aber versuchen, durch Einsatz modernerer Maschinen – sprich durch Rationalisierung – die gleiche Menge wie zuvor oder sogar noch mehr zu produzieren. Geringerer Arbeitseinsatz und/oder erhöhte Produktionsmenge heißt aber nichts anderes, als dass die Arbeitsproduktivität gestiegen ist.

Der Produktivitätsanstieg war in den Anfangsjahren der Bundesrepublik sehr viel größer als heute, hat sich aber in den verschiedenen Branchen sehr unterschiedlich entwickelt.

6 Entlohnung der Arbeit

6.4.3 Nominal- und Reallohnentwicklung

Zur richtigen Beurteilung der Kaufkraft und des Preisindexes müssen diese Zahlen ins Verhältnis zum Lohnniveau gesetzt werden. Nur dieses Verhältnis zeigt an, ob der Lebensstandard eines Bürgers sich verbessert oder verschlechtert hat. Um diese Aussage richtig zu deuten, muss weiterhin eine Unterscheidung der Löhne in Nominallohn und Reallohn vorgenommen werden.

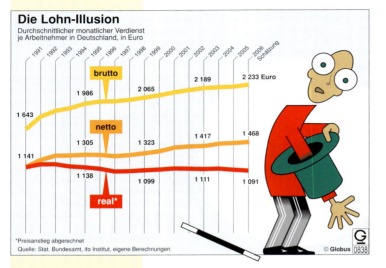

Nominallohn

Dies ist der ausgezahlte Lohn zum Nennwert (Nominal kommt von „nomen" = Name). Wie viel sich der Arbeitnehmer damit kaufen kann, bestimmen die Preise der Güter und Dienstleistungen.

*Steigen die Löhne wesentlich stärker als die Inflation, werden die Unternehmer natürlich versuchen, die erhöhten Lohnkosten auf die Preise abzuwälzen (was ihnen bei einem erhöhten verfügbaren Einkommen auch gelingen wird). Damit schließt sich der Kreis zur sogenannten **Lohn-Preis-Spirale**!*

Reallohn

Er stellt die wirkliche (= reale) Kaufkraft dar. Steigt z. B. der Nominallohn genauso an wie die Preise, so ist der Reallohn gleich geblieben.
Lohn und Lohnsteigerungen müssen im Zusammenhang mit den Preisen und Preissteigerungen gesehen werden. Es ist für Lohnverhandlungen deshalb wichtig, die Preissteigerung des letzten Jahres zu berücksichtigen, um auch wirklich hinterher mehr Nettolohn zu bekommen.

"Ich hätte ja gerne eine großzügige Lohnerhöhung – wenn ich nicht wüsste, dass dann wieder mit Preissteigerungen zu rechnen wäre."

Nominallohn steigt – Reallohn steigt
Diese Entwicklung bedeutet, dass die Löhne, mit denen die Güter und Dienstleistungen finanziert werden, in der gleichen Zeit sogar noch stärker angestiegen sind als die Preise. Es findet damit eine Kaufkraftsteigerung statt, d. h., die Reallöhne steigen.

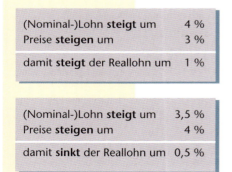

Nominallohn steigt – Reallohn sinkt
Diese Entwicklung bedeutet, dass die Preise für Güter im Laufe der Zeit stärker gestiegen sind als die Löhne. Die Kaufkraft und damit die Reallöhne sinken, weshalb auch von einer Wohlstandsminderung gesprochen wird.

6.4 Wirtschaftliche Aspekte der Entlohnung

Überblick

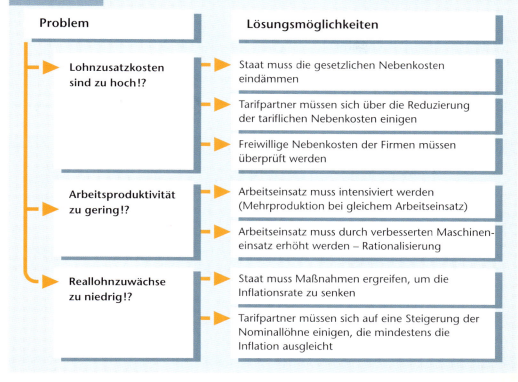

Aufgaben zur Wiederholung und Vertiefung

Inhaltsbezug Seite

1. Gibt es einen Zusammenhang zwischen der Höhe der Lohn(neben)kosten und der internationalen Wettbewerbsfähigkeit? — 225
2. Welche positiven Wirkungen können von hohen Lohnnebenkosten ausgehen? — 225
3. Nennen Sie Maßnahmen, mit denen die Arbeitsproduktivität gesteigert werden kann. — 225
4. Welche Bedeutung haben sinkende Reallöhne für den Einzelnen/für die Gesamtwirtschaft? — 226
5. Der Lohn ist entweder zu hoch oder zu niedrig – es kommt eben auf den Blickwinkel an. — 225-227
   Wessen Sicht wird durch die folgenden Darstellungen jeweils wiedergegeben?

Arbeitskosten 2.613 € **Bruttolohn** 2.100 € **Nettolohn** 1.380 €

(Durchschnittswerte für einen Industriearbeiter nach Berechnungen des Statistischen Bundesamtes)

6. Was will der Zeichner mit der nebenstehenden Karikatur aussagen?

 Schauen Sie auch auf die Methodenseite 122. Dort finden Sie genauere Hinweise zum Lesen einer Karikatur.

6 Entlohnung der Arbeit

Handlungsorientierte Themenbearbeitung

Fallstudie Die Sportgeräte-GmbH aus Esslingen stattet Fitness-Center, Kurkliniken und Vereine mit Fitnessgeräten aus. Die Firma beschäftigt 75 Mitarbeiter, von denen sich 33 im Angestelltenverhältnis befinden, die anderen 42 sind Arbeiter.

 Tipps für die Bearbeitung einer Fallstudie finden Sie auf Seite 173.

Die Firma befindet sich in einem Umstrukturierungsprozess. Der bisherige Lohnbuchhalter ist ausgeschieden, und es stellt sich die Frage, ob die Stelle neu ausgeschrieben werden soll (**Alternative I**) oder ob die Lohnbuchhaltung außer Haus („Outsourcing") an einen Steuerberater gegeben werden soll (**Alternative II**).

Die Umsetzung der beiden Alternativen ist mit folgenden Kosten verbunden:

Alternative I

- Monatsgehalt für einen Lohnbuchhalter **1.925,00 €**
- Lohnzusatzkosten 80 % **1.540,00 €**
- Monatliche Kosten für Miete und Büroeinrichtung **625,00 €**
- Monatliche Materialkosten, Hard- und Software(-pflege) **162,50 €**

Alternative II

- 12 Gehaltsabrechnungen
  je Angestellten **312,50 €**
  je Arbeiter **392,50 €**
- Pauschale für 13. Monatsgehalt, Urlaubsgeld und Änderungsmeldungen
  je Mitarbeiter **190,00 €**
- Zusätzliche Vertragsbedingungen:
  - Vertragsdauer mindestens 5 Jahre
  - Preise können den veränderten wirtschaftlichen Verhältnissen angepasst werden
  - Abrechnungsunterlagen müssen 10 Tage vorher vorliegen
  - Daten werden über Datenträgeraustausch zur Verfügung gestellt

Weitere Entscheidungskriterien

- Termingerechte und korrekte Ausführung der Abrechnungen
- Problemloser Zugriff auf die Lohn- und Gehaltsdaten
- Soweit Kapazität bei der eigenen DV-Anlage vorhanden ist, sollte diese ausgenutzt werden.

a Welche Lohnzusatzkosten sind in den veranschlagten 80 % sicher, welche könnten darin enthalten sein?

b Erkundigen Sie sich in Ihrem Betrieb (und ggf. beim Finanzamt oder einer Krankenversicherung), wie das Verfahren der Abführung der einbehaltenen Steuern und Sozialversicherungsbeiträge abläuft (Termine, Formulare usw.).

 Tipps und Hinweise für eine Expertenbefragung finden Sie auf Seite 62.

c Erkundigen Sie sich bei einem Steuerberater oder bei einer Bank, wie das Verfahren des Datenträgeraustausches erfolgt oder ob ggf. eine Online-Verbindung möglich ist.

d Berechnen Sie für beide Alternativen die jeweils anfallenden Kosten pro Jahr.

e Stellen Sie die errechneten Kosten mithilfe einer Tabellenkalkulation grafisch als Kuchendiagramm einander gegenüber.

 Hierzu finden Sie auf Seite 349 eine passende Methodenseite.

f Warum sollte die Entscheidung über die beiden Alternativen nicht allein aufgrund der errechneten Kosten fallen (**quantitatives** Entscheidungsmerkmal)?

g Welche weiteren **qualitativen** Entscheidungsmerkmale würden Sie heranziehen? Sie können selbstverständlich auch eigene, Ihnen wichtig erscheinende Merkmale verwenden.

h Welche Alternative ist unter Berücksichtigung der qualitativen Merkmale die günstigere?
Welche endgültige Entscheidung treffen Sie jetzt? (Begründung!)

7 Soziale Marktwirtschaft

Sachverhalt

Herr Bernd Struwe ist Kfz-Mechatroniker in einer Autowerkstatt in Stuttgart. Seine Frau Monika arbeitet halbtags als Krankenschwester. Das Ehepaar hat zwei schulpflichtige Kinder, Kathrin und Johann. Das Einkommen der Familie erlaubt einen gewissen Wohlstand.

Die vielen Änderungen in der Wirtschafts- und Sozialpolitik der Bundesrepublik Deutschland verfolgt die Familie Struwe mit großem Interesse, da sie selber davon in vielfältiger Weise betroffen ist. Dazu gehört selbstverständlich, dass die Tageszeitung – und insbesondere der Wirtschaftsteil – regelmäßig gelesen wird.

Leitfragen

Wie sieht es mit der Arbeitsplatzsicherheit des Ehepaars Struwe aus?

Welche Kosten der Krankheitsfürsorge muss die Familie zukünftig selber tragen?

Wird die gesetzliche Alterfürsorge (Rente) in der Zukunft ausreichen?

Welche Chancen haben die beiden Kinder im Schulwesen, bei der Ausbildung und später im Beruf?

Wie wird sich die Öffnung der Märkte in der Europäischen Union auswirken?

Welche Chancen ergeben sich durch die Einführung des Euro?

7 Soziale Marktwirtschaft

7.1 Markt als Koordinator von Angebot und Nachfrage

7.1.1. Marktarten

Wir alle sind heute keine Selbstversorger mehr wie einst Robinson Crusoe auf seiner einsamen Insel. Denn die Güter, die wir zum Lebensunterhalt benötigen, bekommen wir meist nicht von der Natur gebrauchsfertig geliefert. So sind wir auf das **Angebot** von Industrie-, Handwerks-, Landwirtschafts- und Dienstleistungsunternehmen angewiesen. Unser Wille und unsere finanziellen Möglichkeiten, die angebotenen Güter zu kaufen, werden als **Nachfrage** bezeichnet.

Treffen Angebot und Nachfrage – auf ein bestimmtes Gut bezogen – zusammen, so sprechen wir von einem **Markt**. Dieses Zusammentreffen kann zu einer bestimmten Zeit an einem festen Ort erfolgen, wie z. B. auf dem Wochenmarkt, dem Jahrmarkt, dem Weihnachtsmarkt oder auf Messen und an der Börse. Aber auch alle anderen Angebots- und Nachfragebeziehungen eines Wirtschaftssektors werden als Markt bezeichnet, so gibt es z. B. den Holzmarkt, den Kupfermarkt, den Ölmarkt, den Agrarmarkt, den Arbeitsmarkt usw. Darüber hinaus spricht man bei der Betrachtung aller Angebots- und Nachfragebeziehungen in Deutschland vom deutschen, in Europa vom europäischen und in der Welt vom Weltmarkt.

7.1 Markt als Koordinator von Angebot und Nachfrage

Die „sachlichen" Märkte entwickeln sich sehr unterschiedlich. Während der Gütermarkt z. T. mit Waren überschwemmt wird und damit auch die Preise entsprechend sinken (z. B. Computer, Taschenrechner), wird der Immobilienmarkt immer enger und damit die Grundstücke und Häuser immer teurer. Auch die Lage auf dem Arbeitsmarkt entwickelt sich kritisch, da immer mehr Maschinen die Menschen in der Produktion ersetzen und immer mehr in Billiglohnländern produziert wird. Der Finanzmarkt, d. h. Nachfrage nach und Angebot von Krediten, ist stark abhängig von der Zinsentwicklung.

Marktarten			
sachlich	**zeitlich**	**räumlich**	**funktionell**
was wird auf dem Markt angeboten?	wann findet der Markt statt?	wo findet der Markt statt?	liegt der Markt vor oder nach der Produktion?
■ Gütermarkt ■ Dienstleistungsmarkt ■ Arbeitsmarkt ■ Finanzmarkt ■ Immobilienmarkt ■ Agrarmarkt	■ täglicher Markt ■ Wochenmarkt ■ Jahresmarkt	■ Weltmarkt ■ EU-Binnenmarkt ■ deutscher Binnenmarkt ■ baden-württembergischer Markt	■ Beschaffungsmarkt ■ Absatzmarkt ■ Investitionsgütermarkt

Die Einteilung der Märkte nach zeitlicher Wiederholung ist wichtig für Nachfrager und Anbieter, um beim Einkauf und Verkauf richtig disponieren zu können. Beispiele: der sich jährlich wiederholende Flohmarkt, Wochenmarkt oder der täglich stattfindende Bauernmarkt.

Betrachtet man den Markt aus Sicht der Unternehmung oder des Handwerksbetriebes, so gibt es den Markt vor und nach der Produktion. Auf dem **Beschaffungsmarkt** werden Güter, Arbeitnehmer und Kapital angeboten, auf dem **Absatzmarkt** insbesondere Güter und Dienstleistungen.

Durch den Zusammenschluss europäischer Länder zur Europäischen Union (EU) sind viele nationale Märkte zu einem europäischen Binnenmarkt zusammengewachsen, und hier wiederum spielt der Agrarmarkt eine besondere Rolle.

Gleichgültig welche Güter wann und wo gehandelt werden, es gilt:

Anzeigenblätter geben sehr anschaulich die verschiedenen Märkte wieder:

315	Geldmarkt
444	Verkaufsangebote Computer
038	Stellenangebote verschiedene
710	Tiermarkt
170	Mietgesuche Büro/Geschäft
601	Autogesuche
054	Stellengesuche Bauberufe

Markt = Zusammentreffen von Angebot und Nachfrage

7 Soziale Marktwirtschaft

7.1.2 Verhalten der Marktteilnehmer

Anbieter und Nachfrager treten auf dem Markt mit grundsätzlich verschiedenen Zielsetzungen auf. Die Anbieter wollen möglichst viele Güter zu einem möglichst hohen Preis verkaufen, um so einen maximalen Gewinn zu erzielen. Die Nachfrager wollen dagegen ihre Güter möglichst billig einkaufen, um mit ihrem Einkommen möglichst viele Bedürfnisse befriedigen zu können.

Je nachdem, wie viele Marktteilnehmer sich auf der Angebots- und Nachfrageseite gegenüberstehen, ist es sehr unterschiedlich, ob die eigenen Interessen auch wirklich am Markt durchgesetzt werden können.

Im Griechischen heißt viele = poly, wenige = oligos, einer = monos

Polypol

Stehen auf dem Markt sehr viele Anbieter und sehr viele Nachfrager einander gegenüber, so spricht man von einem Polypol. Auf diesem Markt muss sich jeder der allgemeinen Marktsituation anpassen, da keiner eine so große Marktmacht besitzt, dass er allein den Preis diktieren könnte – es herrscht „vollständige Konkurrenz". Der Wochenmarkt, auf dem viele Obstbauern ihre Äpfel anbieten und viele Familien Äpfel kaufen wollen, ist ein gutes Beispiel für diese Marktform.

Angebotsoligopol

Stehen sich auf dem Markt nur einige Anbieter, aber viele Nachfrager gegenüber, so handelt es sich um ein (Angebots-)Oligopol. Während der einzelne Nachfrager keine Marktmacht besitzt, liegt das Besondere an dieser Marktsituation darin, dass sich das Verhalten eines einzelnen Anbieters auf das Verhalten der anderen Anbieter auswirkt. Dabei können die Anbieter folgende Strategien verfolgen:

1. Ein Anbieter versucht, die anderen im Preis zu unterbieten („ruinöser Wettbewerb"), um so die Nachfrager dazu zu bewegen, bei ihm einzukaufen. Diese Situation ist für die Käufer so lange günstig, bis die anderen Anbieter aufgrund zu hoher Verluste aus dem Markt verdrängt sind und ein verbleibender Anbieter zum Monopolisten wird.
2. Die Anbieter sprechen den Preis ab („Gentlemen's Agreement" bzw. „Frühstückskartell") und werden dadurch gemeinsam zu einem Monopolisten, der den Preis zum Nachteil der Käufer diktieren kann. Diese Art von Kartell ist in Deutschland verboten.
3. Statt sich über einen niedrigen Preis gegenseitig zu ruinieren, verlagern die Anbieter den Wettbewerb auf andere marktpolitische Instrumente, wie Kundendienst, Qualität usw.

Typische Beispiele für die Marktform Oligopol sind die großen Mineralölfirmen, Touristikunternehmen, Fluggesellschaften und die Automobilindustrie, bei denen man immer wieder die verschiedenen Strategien beobachten kann.

Kartellamt gegen zu teures Benzin

Das Bundeskartellamt hat wegen missbräuchlich überhöhter Benzinpreise an den Autobahnen Bußgeldbescheide gegen zwei Mineralölfirmen verhängt.

Monopol

Beim (Angebots-)Monopol steht einer Vielzahl von Nachfragern ein einziger Anbieter gegenüber. Ein monopolistischer Anbieter hat zwar keine Konkurrenten, er ist aber – wenn er Gewinnmaximierung betreibt – nicht unabhängig von der Reaktion der Nachfrager. Ein zu hoher Preis könnte die Nachfrage nach dem Produkt drastisch sinken lassen, wenn die Käufer die Möglichkeit haben, auf Ersatzprodukte auszuweichen oder unter Umständen auch ganz auf das Produkt zu verzichten. Der Monopolist wird den Preis also so austarieren (= ins Gleichgewicht bringen), dass er einen maximalen Gewinn (= Umsatz minus Kosten) erzielt; dieser Preis wird aber in der Regel über dem Preis liegen, der sich im Polypol bei vollständiger Konkurrenz ergeben würde.

Monopole entstehen häufig, wenn eine Firma ein Patent besitzt oder aufgrund technisch vorteilhafter Produktion andere Mitbewerber ausgeschaltet hat. Andererseits werden natürlich andere Anbieter in den Markt drängen, wenn sie sehen, dass dort hohe Gewinne erzielt werden können.

In einigen Wirtschaftsbereichen tritt der Staat als monopolistischer Anbieter auf oder beeinflusst die Preise: zum Beispiel bei öffentlichen Verkehrsmitteln, Parkplätzen und -häusern, Rundfunk und Fernsehen, Briefpost, Theater und Museen. Dabei zeigt sich, dass die Preise für diese öffentlichen Güter in den letzten Jahren weitaus stärker angestiegen sind als der Durchschnitt der Verbraucherpreise.

„Der Staat als Preistreiber! Die anderen Lebenshaltungskosten haben sich in dieser Zeit um durchschnittlich nur 15,8 % erhöht!"

7 Soziale Marktwirtschaft

7.1.3 Preisbildung unter Wettbewerb

Auf einem Markt mit vielen Anbietern und vielen Nachfragern und vollständigem Marktüberblick bei allen Beteiligten gilt:

Die Nachfrage nach einem Gut …	Das Angebot eines Gutes …
… ist umso höher, je niedriger der Preis ist, und umso niedriger, je höher der Preis ist.	… ist umso höher, je höher der Preis ist, und umso niedriger, je niedriger der Preis ist.

und

Dies lässt sich sehr gut am Beispiel des Wochenmarktes und der Nachfrage nach Äpfeln bzw. dem Angebot von Äpfeln veranschaulichen:
Bei einem niedrigen Preis werden nicht so viele Händler bereit sein, Äpfel überhaupt anzubieten. Steigt der Preis aber, so sehen mehr Händler eine Chance einen Gewinn zu erzielen (= **Angebotskurve**). Umgekehrt werden viele Käufer Äpfel kaufen, wenn der Preis niedrig ist. Steigt der Preis, wird die Nachfrage sinken, da sich jetzt nicht mehr so viele Leute die teuren Äpfel leisten wollen (= **Nachfragekurve**).
Es gibt aber nur einen Preis, bei dem die angebotene Menge gleich der nachgefragten Menge von Äpfeln ist (= **Gleichgewichtspreis**). Liegt der Preis *unter* diesem Gleichgewichtspreis, ist die Nachfrage größer als das Angebot und kann nicht befriedigt werden. In dieser Situation können die Händler also mehr Äpfel zu einem höheren Preis anbieten: der Preis bewegt sich auf den Gleichgewichtspreis zu. Liegt der Preis dagegen *über* dem Gleichgewichtspreis, besteht ein Angebotsüberschuss. Die Händler würden auf einem Teil der Äpfel sitzen bleiben, wenn sie nicht mit dem Preis heruntergehen.

Die tabellarischen Werte lassen sich grafisch so veranschaulichen:

„Bei *dem* Preis lagere ich die Äpfel im Keller ein!"

Preisbildung auf dem Wochenmarkt

Preis in €	angebotene Menge in kg	nachgefragte Menge in kg	Umsatz in € (Preis × Verkaufsmenge)
0,35	50	550	17,50
0,43	100	500	43,00
0,53	150	450	79,50
0,65	200	400	130,00
0,77	250	350	192,50
0,93	300	300	279,00
1,10	350	250	275,00
1,29	400	200	258,00
1,50	450	150	225,00
1,79	500	100	179,00
2,20	550	50	110,00

Gleichgewichtspreis → (bei 0,93)

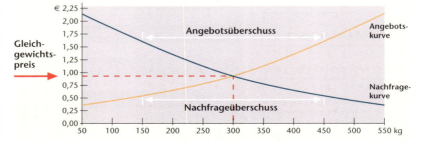

234

7.1 Markt als Koordinator von Angebot und Nachfrage

Preise spielen in einer Marktwirtschaft eine entscheidende Rolle:
- Sie zeigen durch ihre Höhe an, ob ein Gut knapp (und damit teuer) oder reichlich vorhanden (und damit billig) ist.
- Sie stimmen die Nachfragewünsche der Käufer und die Produktionspläne der Anbieter aufeinander ab.
- Der Gleichgewichtspreis „räumt den Markt", d. h., zu diesem Preis wird von einem Gut gerade so viel angeboten, wie auch nachgefragt wird.
- Beim Gleichgewichtspreis wird ein maximaler Umsatz für dieses Gut erreicht (vgl. Umsatzspalte in der Tabelle von Seite 234).

Wie bereits erwähnt, gilt dieser Markt-Preis-Mechanismus nur unter der Marktform der vollständigen Konkurrenz (viele Anbieter und viele Nachfrager). Es müssen aber noch einige weitere Bedingungen erfüllt sein, damit dieser Mechanismus tatsächlich so wirken kann; man spricht dann von einem **vollkommenen Markt**:

1. Es muss ein einheitliches Produkt vorliegen.
   (Das heißt beispielsweise für den Wochenmarkt: Es gibt nur eine einheitliche Sorte von Äpfeln und die Kunden dürfen z. B. nicht durch den Zusatz „Bio" zum Kauf gerade dieser Äpfel veranlasst werden.)
2. Der Markt muss für alle Beteiligten vollständig überschaubar sein.
   (Die Hausfrau muss wissen bzw. ohne große Probleme feststellen können, welcher Händler seine Äpfel am günstigsten anbietet.)
3. Es darf zwischen Anbietern und Nachfragern keine Bevorzugungen geben, die nicht durch den Preis bestimmt sind.
   (Ein Kunde darf einen Händler also nicht deswegen vorziehen, weil dieser immer so freundlich und zu einem netten Plausch bereit ist, weil er die Äpfel kostenlos in einem Spankorb mitgibt oder gar nach Hause liefert oder nur weil der Händler seinen Obststand gleich ganz vorne auf dem Marktplatz hat.)

Das Beispiel des Wertpapierhandels an der **Börse** kommt dem Idealbild eines vollkommenen Marktes noch am nächsten.

Tatsächlich sind diese Bedingungen in den meisten Fällen so nicht gegeben. Kunden verhalten sich oft „unvernünftig" (nicht rational) und kaufen eine Ware zum Beispiel wegen eines bestimmten Namens (Markenartikel) und nehmen dafür einen höheren Preis in Kauf. Firmen betreiben Werbung und bieten einen bestimmten Service an, um die Kunden an sich zu binden. Oft wird auch das Produkt oder seine Verpackung so verändert, dass es vom Kunden nicht mehr mit entsprechenden Produkten anderer Firmen verglichen werden kann. Diese Maßnahmen bewirken, dass man es in der Praxis fast immer mit einem **unvollkommenen Markt** zu tun hat.

7 Soziale Marktwirtschaft

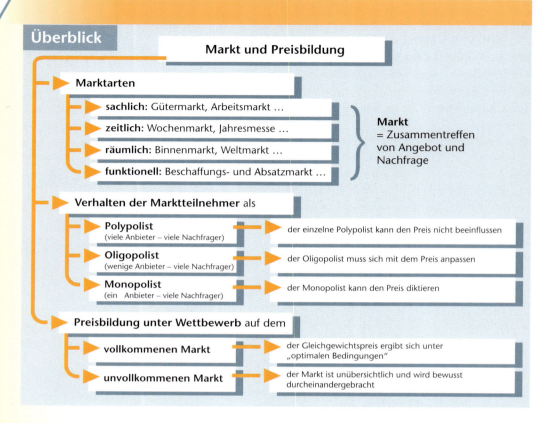

Aufgaben zur Wiederholung und Vertiefung
Inhaltsbezug Seite

1 a) Was versteht man unter einem „Markt"? b) Nennen Sie einige Beispiele für Märkte. 230, 231

2 Nach welchen Strategien können Oligopolisten auf dem Markt vorgehen? 232

3 Welche Gefahren für den Verbraucher können von einem Monopol ausgehen? 233

4 Welcher Zusammenhang besteht zwischen der Anzahl der Marktteilnehmer und der Marktmacht, die diese Teilnehmer ausüben können? 232, 233

5 Erläutern Sie den Verlauf der Angebots- und der Nachfragekurve auf dem vollkommenen Markt. 234

6 Welche Voraussetzungen müssen gegeben sein, damit von einem „vollkommenen" Markt gesprochen werden kann? 235

7 Können Sie sich ein „unnormales Nachfrageverhalten" vorstellen, bei dem die Kunden umso mehr kaufen, je teurer die Ware ist? 235

8 In welchem Ausmaß wird sich die nachgefragte Menge Brot ändern, wenn der Preis steigt oder sinkt? Begründen Sie Ihre Vermutung! 234

9 Was versteht man unter a) einem Gleichgewichtspreis,
b) einem Angebotsüberschuss (= Nachfragedefizit),
c) einem Nachfrageüberschuss (= Angebotsdefizit)? 234

10 Suchen Sie Beispiele für fast gleichartige Waren, bei denen die Anbieter durch bestimmte Maßnahmen erreichen, dass diese Waren nicht mehr ohne weiteres als gleichartig erkannt werden. 235

11 Wieso können sich die meisten Fachgeschäfte in der Innenstadt gegenüber den Supermärkten auf der grünen Wiese behaupten, obwohl dort fast alle Waren preisgünstiger sind? 235

12 Die Stiftung Warentest hat festgestellt, dass die Preise für ein bestimmtes Staubsaugermodell zwischen 85,00 € und 120,00 € schwanken. Welche Schlussfolgerungen ziehen Sie daraus? 235

7.2 Wettbewerbsstörungen

Der Wettbewerb zwischen Unternehmen ist der Motor jeder Marktwirtschaft. Nur durch den Wettbewerb ist die freie Preisbildung am Markt gewährleistet. Zunehmender Konkurrenzdruck, auch auf dem europäischen Binnenmarkt und dem Weltmarkt, veranlasst Unternehmen dazu, den Wettbewerb durch Zusammenarbeit einzuschränken (**Kooperation**) oder durch Zusammenschluss ganz auszuschalten (**Konzentration**) – zum Schaden der Konkurrenten und der Kunden.

7.2.1 Ursachen von Wettbewerbsstörungen

Die wettbewerbsstörende Kooperation oder Konzentration kann auf unterschiedlichen Wirtschaftsebenen erfolgen:

Horizontale Zusammenarbeit

Unternehmen der **gleichen** Produktionsstufe schließen sich zusammen:
Vorteile: weniger Konkurrenz, kostengünstiger Einkauf, Rationalisierungsmöglichkeiten

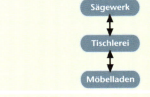

Vertikale Zusammenarbeit

Unternehmen von **nachgelagerten** Produktionsstufen schließen sich zusammen:
Vorteile: bessere Planbarkeit, kostengünstige Produktion, gesicherter Absatz

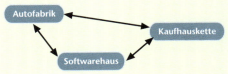

Gemischte Zusammenarbeit

Unternehmen **verschiedener** Branchen schließen sich zusammen:
Vorteile: Risikoausgleich bei konjunkturellen Schwankungen, Risikoausgleich bei strukturellen Veränderungen

Kartelle

Kartelle werden gebildet durch vertragliche Vereinbarungen von Unternehmungen der gleichen Produktionsstufe (**horizontaler Zusammenschluss**). Die beteiligten Unternehmungen bleiben rechtlich völlig selbstständig, verpflichten sich aber, auf bestimmten Gebieten ihre wirtschaftliche Selbstständigkeit einzuschränken und mit den Kartellmitgliedern zusammenzuarbeiten.

Die Vertragspartner vereinbaren mündlich oder schriftlich die Einhaltung bestimmter Absprachen über Preise, Lieferbedingungen, Zahlungsbedingungen, Kalkulationsverfahren, Rationalisierungen, regionale Marktaufteilung oder Kapazitätsanpassung bei Konjunkturrückgängen.

Das **Gesetz gegen Wettbewerbsbeschränkungen** (GWB = Kartellgesetz) verbietet grundsätzlich Kartellbildung, da hierdurch der Wettbewerb unter den Anbietern beschränkt und somit der Verbraucher durch das abgestimmte Verhalten der Hersteller benachteiligt werden kann. Ausnahmen von diesem Verbot werden in Kapitel 7.2.3 genannt.

Von einem „Frühstückskartell" spricht man, wenn ein verbotenes Kartell in geheimer Absprache getroffen wird. Dies kann auch schon durch abgestimmtes Verhalten zustande kommen. Der Nachweis durch das Kartellamt ist dann besonders schwierig!

Konzerne und Trusts

Konzerne sind Zusammenfassungen von rechtlich selbstständigen Unternehmungen zu einer wirtschaftlichen Einheit durch einheitliche Leitung oder gegenseitige Beteiligung. Man unterscheidet auch hier zwischen **horizontalen** und **vertikalen** Konzernen. Daneben gibt es noch Mischkonzerne, bei denen zwischen den beteiligten Unternehmungen keine horizontale oder vertikale Verbindung besteht (z. B. Puddingpulver und Möbel).

Wirtschaftliche Zusammenschlüsse durch gegenseitige Beteiligung führen zu Mutter- und Tochter- bzw. zu Schwestergesellschaften. Die Mehrheitsbeteiligung einer Gesellschaft an einer oder mehreren anderen bewirkt, dass eine Mutter- und eine oder mehrere Tochtergesellschaften entstehen. Eine solche Muttergesellschaft, die auch als Dachgesellschaft eines Konzerns anzusehen ist, nennt man **Holding**. Beteiligungen von mehr als 25 % führen zu gegenseitiger Einflussnahme. Hier spricht man von Schwestergesellschaften.

Als **Trusts** bezeichnet man Zusammenschlüsse von Unternehmungen, die ihre rechtliche und wirtschaftliche Selbstständigkeit aufgegeben haben. Sie entstehen durch Verschmelzung (= **Fusion**). Entweder wird eine Unternehmung von einem Trust völlig übernommen, oder es wird eine neue Gesellschaft gegründet, in welche mehrere, früher selbstständige Unternehmungen aufgenommen werden.

Verhalten des Staates

Der größte „Sünder" gegen den freien Wettbewerb ist der Staat selber – und gerade hier greift das Kartellgesetz nicht, da es nur für die private Wirtschaft gilt. Ausgestattet mit hoheitlicher Gewalt, beschränkt der Staat den Wettbewerb in vielen Wirtschaftszweigen:

7.2 Wettbewerbsstörungen

- Festsetzung der Preise bei der öffentlichen Strom-, Gas- und Wasserversorgung
- Massive Subventionen im Bergbau (Kohle und Stahl) und in der Landwirtschaft
- Festsetzung bzw. Beeinflussung der Beiträge in der Kranken- und Rentenversicherung
- Erhebung von Einfuhrzöllen zum Schutz der heimischen Wirtschaft
- Eingriffe in die Wohnungswirtschaft

Öffentlich kontrollierte Betriebe unterliegen nicht dem permanenten Anpassungsdruck, der privatwirtschaftliche Unternehmen im harten Wettbewerb zur Verbesserung ihrer Leistungen zwingt. Erwirtschaften die Staatsfirmen Verluste, ist dies oft weniger tragisch – der Fehlbetrag wird einfach aus Steuergeldern finanziert.

In den letzten Jahren hat sich der Staat allerdings aus vielen Wirtschaftsbereichen zurückgezogen: Die betroffenen Unternehmen sind privatisiert und damit dem Wettbewerb ausgesetzt worden (Beispiele: VEBA, VW, Telekom, Postbank, Lufthansa und andere öffentliche Versorgungs-, Entsorgungs- und Verkehrsunternehmen).

Internationalisierung und Globalisierung der Märkte

Mit der **Internationalisierung der Märkte** ist vor allem die weltweite Öffnung der Märkte nach innen und außen gemeint. Diese Tatsache ist durchaus zwiespältig zu betrachten: einerseits werden dadurch neue Waren und Dienstleistungen angeboten, andererseits wird der Wettbewerb der Starken gegen die Schwachen noch gefördert. Zwar soll durch die Harmonisierung der Rechtsvorschriften in der EU der Wettbewerb auf europäischer Ebene gesichert werden, aber viele Konzerne (z. B. Automobilhersteller, Mineralölfirmen) agieren weltweit und können sich dadurch staatlichen Kontrollen leichter entziehen.

Auch der Familie Struwe kommt der internationale Handel zugute:
- *Kiwis aus Neuseeland*
- *Erdbeeren aus Südafrika*
- *Rindfleisch aus Argentinien*
- *Textilien made in Singapur*
- *Computer aus Taiwan*
- *Rekorder aus Japan*

← *Beispiel für einen multinationalen Konzern*

Multi VW   Quelle: Der Spiegel

239

■ Der Umsatz der 200 größten Weltkonzerne macht fast ein Drittel des aufsummierten Bruttoinlandsproduktes aller Länder aus.

■ Der Umsatz des größten Weltkonzerns – Mitsubishi – übertrifft das BIP von Indonesien, dem viertgrößten Land der Erde.

Im krassen Gegensatz dazu steht der Beschäftigungseffekt dieser Konzerne, die nur ein Prozent der weltweit arbeitenden Bevölkerung beschäftigen.

Im Zusammenhang mit der Internationalisierung spielt auch der Begriff der **Globalisierung** eine entscheidende Rolle. Damit wird nicht nur der internationale Austausch von Waren und Dienstleistungen angesprochen, sondern es soll auch darauf hingewiesen werden, dass die Wirtschaftsräume – insbesondere durch die neuen Kommunikationssysteme – immer „enger" zusammenrücken.

Durch die verstärkte Konkurrenz der Volkswirtschaften untereinander stellt sich natürlich auch die Frage nach der Attraktivität des Wirtschaftsstandortes Deutschland. Den Ängsten, die mit dem Begriff der Globalisierung in Deutschland verbunden sind, stehen positive Aspekte gegenüber:

Globalisierung

positive Aspekte	negative Aspekte
■ Erweiterte Absatzchancen in aufstrebenden Volkswirtschaften	■ Wirtschaftsstandort Deutschland ist nicht attraktiv genug
■ Produktion im jeweiligen Abnehmerland	■ Zu hohe Unternehmenssteuern und Lohnzusatzkosten in Deutschland
■ Bessere Reaktionsmöglichkeiten in Bezug auf die Besonderheiten der Länder	■ Abwanderung von Unternehmen in Billiglohnländer
■ Gründung von Gemeinschaftsunternehmen von deutschen und ausländischen Unternehmen (Joint Ventures)	■ Steuerflucht in Länder mit keiner oder nur niedriger Steuer
■ Export von Know-how (Patente/Lizenzen)	■ Weltweit operierende Konzerne üben wirtschaftlichen (und auch politischen) Druck aus
■ Wegfall von Handelsschranken und freizügiger Kapitalverkehr	■ Ungenügender Sozialschutz in vielen Ländern (Kinderarbeit)
■ Hoher Anpassungsdruck durch internationalen Wettbewerb	■ Vernachlässigung des Umweltschutzes

Die Globalisierung ist nicht etwa ein Naturereignis, sondern die Folge von gewollten politischen Entscheidungen. In Europa sorgte seit den fünfziger Jahren die **Europäische Union** (**EU**) für Handel ohne Hindernisse. Weltweit steht das **Allgemeine Zoll- und Handelsabkommen** (**GATT**) und als Nachfolgeorganisation die **Welthandelsorganisation** (**WTO**) für zunehmend freien Handel.

7.2.2 Auswirkungen von Wettbewerbsstörungen

Der Markt kann seine Aufgaben nur erfüllen, wenn der Wettbewerb zwischen konkurrierenden Anbietern wirksam ist. Im Folgenden sind einige Auswirkungen genannt, die sich im Falle von Absprachen und Marktbeherrschung ergeben können:

- **Überhöhte Preise**
  Preisabsprachen oder eine marktbeherrschende Stellung erlauben es Unternehmen, höhere Preise zu fordern, als bei funktionierendem Wettbewerb möglich wäre. Höhere Preise führen bei den Unternehmen zu höheren Gewinnen, wenn die Käufer nicht ausweichen können. Höhere Gewinne wiederum festigen die Marktmacht der Unternehmen zusätzlich, wodurch sich eine Tendenz zur Monopolisierung ergibt.

- **Ausschaltung von Konkurrenz**
  Marktbeherrschendes Verhalten kann andere Unternehmen dieser Branche so sehr in Bedrängnis bringen, dass diese aufgeben müssen. Dies ist oft die Gelegenheit für den Marktführer, die anderen Unternehmen zu „schlucken".

- **Einseitige Einflussnahme**
  Konzerne können versuchen, Einfluss auf die wirtschaftspolitischen Instanzen eines Landes zu nehmen, um einseitig ihre Interessen durchzusetzen.

- **Erhaltung unwirtschaftlicher Betriebe**
  Betriebe, die unter normalem Wettbewerb wegen Unwirtschaftlichkeit aufgeben müssten, werden am Leben erhalten und bekommen unter Umständen noch Subventionen oder nutzen Steuererleichterungen aus.

Natürlich gibt es auch Gründe, die – insbesondere aus der Sicht der Unternehmen – für mehr Kooperation und Konzentration sprechen. So haben zum Beispiel zusammengeschlossene Unternehmen eine größere Kapitalbasis und damit in der Regel eine bessere Verhandlungsposition gegenüber Banken. Kostenintensive Abteilungen (z. B. Forschung und Entwicklung oder Kundendienstnetz) können gemeinsam betrieben werden. Auch das Argument der Sicherung und Erhaltung von Arbeitsplätzen wird ebenso genannt wie das Argument der internationalen Wettbewerbsfähigkeit.

„Da kann ich nichts machen. Das ist keine unzulässige Absprache, das ist ihre Art zu grüßen."

Diese Gründe sind zwar zum Teil durchaus anzuerkennen, aber der „Wettbewerb als Motor der Wirtschaft" hat für die Gesamtwirtschaft eine größere Bedeutung als die Vorteile im Einzelfall.

7.2.3 Maßnahmen gegen Wettbewerbsstörungen

Das **Bundeskartellamt** in Berlin trägt die Verantwortung für die Einhaltung des Gesetzes gegen Wettbewerbsbeschränkungen (Kartellgesetz). Zur Durchsetzung der Befugnisse stehen dem Kartellamt Bußgelderhebungen und sogar Schadensersatzklagen zur Verfügung. Soweit sich Wettbewerbsstörungen nur innerhalb eines Bundeslandes auswirken, stehen diese Befugnisse den Landeskartellbehörden zu.

Zusätzlich wurde eine sogenannte **Monopolkommission** aus unabhängigen Experten aus Wissenschaft und Praxis gebildet. Diese Kommission hat die Aufgabe, regelmäßig die Entwicklung der Unternehmenskonzentration in der Bundesrepublik zu beobachten und in besonderen Fusionsfällen Stellung zu nehmen.

Kartellverbot (§ 1–3 GWB)

Grundsätzlich sind in Deutschland (und in der gesamten EU) Kartelle verboten. Wird durch Vereinbarungen zwischen Unternehmen oder durch abgestimmtes Verhalten der Wettbewerb nicht wesentlich behindert, sind Ausnahmen von diesem Verbot zulässig. Die Zulässigkeit wird aber nicht mehr vom Kartellamt geprüft und genehmigt, sondern die Unternehmen müssen in eigener Verantwortung darüber entscheiden. Solche Kartelle können zum Beispiel sein:

- Normen- und Typenkartelle
- Kalkulations- und Leistungsbeschreibungskartelle
- Exportkartelle

- Konditionenkartelle
- Rabattkartelle
- Spezialisierungskartelle
- Kooperationskartelle

- Rationalisierungskartelle
- Strukturkrisenkartelle
- Importkartelle
- Exportkartelle mit Regelungen für das Inland

Missbrauchsaufsicht (§ 19 ff. GWB)

Wettbewerbsverstöße durch den Missbrauch von Marktmacht durch marktbeherrschende Unternehmen sollen verhindert werden. Dieser Missbrauch kann zum Beispiel darin bestehen, dass

- **Konkurrenten behindert werden**

  (z. B. Verdrängung durch Dumpingpreise, Liefer- und Bezugssperren, Nichtaufnahme in Wirtschaftsverbände),

- **die Marktgegenseite ausgebeutet wird**

  (z. B. Forderung überhöhter Preise, Angabe von „Mondpreisen", Preisbindungen, ungünstige Geschäftsbedingungen, Ausschluss vom Markt).

Fusionskontrolle (§ 35 GWB)

Fusionen – also Zusammenschlüsse, bei denen die beteiligten Unternehmen ihre Selbstständigkeit ganz oder teilweise aufgeben – werden durch das Bundeskartellamt kontrolliert und können unter bestimmten Bedingungen verboten werden. Noch problemloser als bei Kartellen ermöglichen Fusionen Preis- und Gebietsabsprachen oder andere Wett-

---

Kartellamt ahndet Preisabsprachen für Fernsehzeitschriften

Nach einer Preiserhöhungsrunde konnte das Kartellamt dem Springer-, Burda- und dem Bauerverlag nachweisen, dass sie verbotenerweise die Preise von Fernsehzeitschriften abgesprochen hatten, und verhängte ein Bußgeld von 12,5 Mio. € für die beteiligten Verlage.

Ein Handelsriese entsteht

Im deutschen Handel entsteht mit dem Zusammenschluss von Metro, Kaufhof und Asko ein Branchengigant mit 32,5 Mrd. € Inlandsumsatz und 185.000 Mitarbeitern. „Das Verschmelzungsvorhaben bietet die einzigartige Chance, die Wettbewersposition der Metro-Gruppe in einem Quantensprung zu verbessern", sagte der Metro-Chef vor der Presse.

bewerbsbeschränkungen. Zwar sind nicht alle Fusionen von vornherein wettbewerbsschädlich. Sie sind jedoch dann gefährlich, wenn in einem Markt nicht mehr genügend Anbieter vorhanden sind oder ein einzelner Anbieter eine zu große wirtschaftliche Vormachtstellung erlangt.

Fusionen müssen dem Kartellamt angezeigt werden, wenn im letzten Geschäftsjahr vor dem Zusammenschluss

1. die beteiligten Unternehmen insgesamt weltweit Umsatzerlöse von mehr als 500 Millionen € erzielt haben **und**
2. mindestens ein beteiligtes Unternehmen im Inland Umsatzerlöse von mehr als 25 Millionen € erzielt hat.

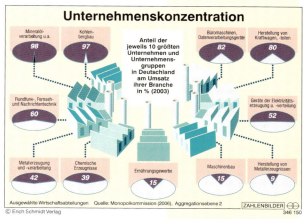

Das Bundeskartellamt kann den Zusammenschluss von Unternehmen untersagen, wenn zu erwarten ist, dass dadurch eine marktbeherrschende Stellung entsteht oder verstärkt wird (Beispiel: geplante, aber untersagte Übernahme von Anteilen des Springer-Verlages durch den Burda-Verlag). Ausnahmen:

- wenn die Unternehmen nachweisen, dass dadurch Wettbewerbsverbesserungen eintreten und dass diese Verbesserungen die Nachteile überwiegen (vgl. Fusion von Metro, Kaufhof und Asko)
- wenn der Bundesminister für Wirtschaft trotz eines Fusionsverbots durch das Kartellamt die Erlaubnis erteilt, um dadurch gesamtwirtschaftliche Vorteile zu erlangen (vgl. Fusion von den damaligen Daimler-Benz und dem Wehrtechnik- und Luftfahrtkonzern MBB)

Autobahntankstellen

Die Benzinpreise an den Autobahnen sind den Wettbewerbshütern immer wieder ein Dorn im Auge. Nach Meinung des Kartellamtes nutzen die Mineralölkonzerne ihre monopolartige Stellung an den Autobahnen aus. Der Literpreis an den Autobahntankstellen darf nicht mehr als 3 ct über dem Durchschnitt der fünf nächstgelegenen Tankstellen liegen.

Europäisches und internationales Wettbewerbsrecht

Immer stärker löst das **europäische Wettbewerbsrecht** das deutsche Kartellrecht ab. Es besteht bereits ein EU-Kartellrecht, an das das nationale Kartellrecht schrittweise angepasst werden muss. Der EU-Vertrag verbietet alle Vereinbarungen zwischen Unternehmen oder aufeinander abgestimmtes Verhalten, wodurch der Wettbewerb behindert werden könnte. Auch Missbrauch einer marktbeherrschenden Stellung ist verboten.

Eine **internationale Wettbewerbsordnung**, die insbesondere die multinationalen Konzerne kontrollieren könnte, wird es wohl angesichts der unterschiedlichen wettbewerbspolitischen Vorstellungen der Regierungen auf absehbare Zeit nicht geben. Allenfalls kann man darauf hoffen, dass sich ein gewisser „Verhaltenskodex" durchsetzt, da die weltweiten Konzerne sehr auf ihr Image bedacht sind und großes Aufsehen vermeiden wollen (vgl. die geplante Versenkung einer Ölplattform in der Nordsee durch den Mineralölkonzern Shell sowie der Kampf der Amazonas-Indianer gegen den Texaco-Konzern wegen einer riesigen Erdölkatastrophe im Urwald).

Übermächtige Chemiekonzerne

Einer Studie der UNCTAD zufolge haben die weltweit operierenden Chemiemultis eine übermächtige Marktposition, die sie auch weidlich ausnutzen. Nach dieser Studie sind „Marktabsprachen eine typische Eigenschaft der chemischen Industrie". Insbesondere die Länder der Dritten Welt, die zwar einen Großteil der Rohstoffe liefern, deren Chemieproduktion aber sehr gering ist, werden durch die kartellartigen Absprachen benachteiligt.

7 Soziale Marktwirtschaft

Überblick

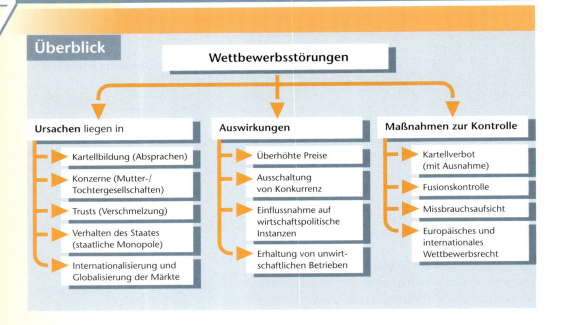

Aufgaben zur Wiederholung und Vertiefung

Inhaltsbezug Seite

1. Begründen Sie, warum sich Kartelle und Marktwirtschaft grundsätzlich ausschließen. 237
2. Stellen Sie anhand des GWB fest, was unter den folgenden Kartellen zu verstehen ist:
   a) Normenkartell, b) Konditionenkartell, c) Strukturkrisenkartell
   Sind diese Kartelle erlaubt, anmelde- oder genehmigungspflichtig? 242
3. In welcher Form werden Kartelle abgeschlossen? 237
4. Übertragen Sie die nachfolgende Tabelle in Ihr Heft und tragen Sie ein, inwieweit die rechtliche bzw. wirtschaftliche Selbständigkeit bei der jeweiligen Konzentrationsform erhalten bzw. aufgegeben ist. 237, 238

	Kartell	Konzern	Trust
wirtschaftliche Selbstständigkeit			
rechtliche Selbstständigkeit			

5. Auf der einen Seite erlässt der Staat Gesetze gegen Wettbewerbsbeschränkungen, auf der anderen Seite ist er selber einer der größten Sünder wider den freien Wettbewerb. Wie ist dieser Widerspruch zu erklären? 238, 239
6. Welche Ängste und welche Erwartungen erwecken die Stichworte „Internationalisierung" und „Globalisierung"? 239, 240
7. Nennen Sie vier Auswirkungen von Wettbewerbsstörungen. 241
8. a) Welche Möglichkeiten hat das Kartellamt, um Wettbewerbsstörungen zu verhindern?
   b) Welche Gründe sprechen dafür, dass eine wettbewerbsschädliche Fusion trotzdem durch den Wirtschaftsminister genehmigt wird? 242
9. Wie sind europäische und internationale Maßnahmen gegen Wettbewerbsstörungen in ihrer Wirksamkeit zu beurteilen? 243
10. Interpretieren Sie die nebenstehende Karikatur.

Wenn Sie wissen wollen, wie man eine Karikatur in vollem Umfang „liest", sehen Sie vorher auf der Methodenseite 122 nach.

244

7.3 Bedeutung des Staates in der sozialen Marktwirtschaft

Wie die Rechtsordnung das Zusammenleben der Menschen in ihren rechtlichen Beziehungen festlegt und die Sozialordnung die Sozialleistungen des Staates gegenüber dem Bürger rechtlich regelt, so wird in einer Wirtschaftsordnung der rechtlich-organisatorische Rahmen für das Zusammenwirken der Wirtschaftssubjekte (Haushalte, Unternehmungen, Staat) in einer Volkswirtschaft grundsätzlich festgehalten. Die Wirtschaftsordnung stellt somit einen der wesentlichen Grundpfeiler jeder Gesellschaftsordnung dar, in der die drei Bereiche Wirtschaft, Recht und Soziales in einer engen gegenseitigen Beziehung stehen.

Bei der Ausgestaltung der Wirtschaftsordnung eines Landes gibt es grundsätzlich zwei Richtungen:

Wirtschaftsordnungen

Marktwirtschaft

Die Koordination der Konsum- und Produktionswünsche wird ganz oder teilweise vom Markt übernommen.

- Modell der idealtypischen Wirtschaftsordnung: **freie Marktwirtschaft**
- Reale Wirtschaftsordnung: **soziale Marktwirtschaft**

Dies ist die Wirtschaftsordnung, die sich in der Bundesrepublik Deutschland (BRD) nach dem Zweiten Weltkrieg herausgebildet hat.

Planwirtschaft

Die Koordination der Konsum- und Produktionswünsche wird ganz oder teilweise von zentralen Planungsbehörden übernommen.

- Modell der idealtypischen Wirtschaftsordnung: **Zentralverwaltungswirtschaft**
- Reale Wirtschaftsordnung: **sozialistische Planwirtschaft**

Dies war die Wirtschaftsordnung der ehemaligen Deutschen Demokratischen Republik (DDR) und anderer Ostblockstaaten.

7.3.1 Grundaussagen der Verfassung

Zwar schreibt das Grundgesetz (GG) der Bundesrepublik Deutschland keine bestimmte Wirtschaftsordnung vor, aber aus vielen Artikeln ergibt sich, welche wirtschaftlichen Grundfreiheiten den Bürgern unseres Staates gewährt werden:

Allgemeine (wirtschaftliche) Handlungsfreiheit (Art. 2 Abs. 1 GG)

Das allgemeine Persönlichkeitsrecht des Grundgesetzes schließt die Handlungs- und Vertragsfreiheit ein. Damit ist auch die Garantie verbunden, dass die unternehmerische Entscheidungsfreiheit Vorrang vor staatlichen Lenkungsmaßnahmen hat. Einschränkungen dieses Grundrechts sind nur möglich, wenn gegen die Rechte anderer, gegen die verfassungsmäßige Ordnung oder das Sittengesetz verstoßen wird. In diesem Artikel ist also auch das Recht des Staates begründet, gegen wettbewerbswidrige Ausnutzung der Freiheitsrechte (z. B. Kartellabsprachen) vorzugehen und sittenwidrige Verträge (z. B. Wucher) zu unterbinden.

Gleichheitsgrundsatz (Willkürverbot) (Art. 3 Abs. 1 GG)

Im Hinblick auf diesen Artikel ist der Staat im wirtschaftlichen Bereich verpflichtet, alle Maßnahmen so zu gestalten, dass einzelne Wirtschaftssubjekte weder benachteiligt noch bevorzugt werden. Dies schließt aber nicht aus, dass sachlich gebotene Differenzierungen vorgenommen werden können (so zahlt z. B. ein Bürger mit hohem Einkommen relativ mehr Steuern als ein Geringverdienender).

Vereinigungs- und Koalitionsfreiheit (Art. 9 GG)

Für jedermann und für alle Berufe wird das Recht gewährt, zur Wahrung und Förderung der Arbeits- und Wirtschaftsbedingungen Vereinigungen zu bilden. Aufgrund dieses Rechts dürfen also (Wirtschafts-)Vereine, Gewerkschaften und Unternehmensverbände gebildet werden. Die Aufgabe der Tarifpartner ist es, in freier Absprache Löhne und Arbeitsbedingungen festzulegen, ohne dass der Staat eingreift.

Freizügigkeit (Art. 11 GG)

Jeder Bürger hat das Recht, seinen Aufenthalt innerhalb des Bundesgebietes und seinen Wohnsitz frei zu wählen. Dazu gehört auch das Recht zur Gründung einer Firma („Niederlassungsfreiheit"). Gesetzliche Einschränkungen können gemacht werden, wenn keine ausreichende Lebensgrundlage vorhanden ist und der Allgemeinheit dadurch besondere Lasten entstehen würden.

Berufs- und Gewerbefreiheit (Art. 12 GG)

Alle Deutschen haben das Recht, Beruf und Arbeitsplatz frei zu wählen. Dem steht nicht entgegen, dass der Staat Ausbildungsverordnungen für anerkannte Berufe erlässt und die Zulassung zu bestimmten Berufen (z. B. Lebensmittelverkäufer, Apotheker) mit Auflagen versieht.

Eigentum, Sozialbindung und Enteignung (Art. 14 GG)

Der Staat sichert das Privateigentum (auch über die Produktionsmittel) und das Erbrecht zu. Eine Enteignung ist nur zum Wohle der Allgemeinheit möglich und nur gegen eine angemessene Entschädigung. Da das Eigentum aber auch der Sozialbindung unterliegt, hat der Staat z. B. das Recht, Bau-, Raumordnungs- und Naturschutzvorschriften zu erlassen, die zwangsläufig in das Eigentumsrecht einzelner Bürger eingreifen. Aufgrund dieses Artikels findet auch das Mitbestimmungsrecht der Arbeitnehmer dort seine Grenzen, wo die Entscheidungsfreiheit der Eigentümer unzulässig eingeschränkt würde.

Sozialisierung (Art. 15 GG)

Erstaunlicherweise sieht das Grundgesetz auch die Überführung von Grund und Boden, Naturschätzen und Produktionsmitteln in Gemeineigentum oder andere Formen der Gemeinwirtschaft vor. Von diesem Verfassungsrecht ist in der Bundesrepublik allerdings nie Gebrauch gemacht worden. Dieser Artikel ist historisch begründet, da nach den schlimmen Erfahrungen mit dem Dritten Reich die Möglichkeiten zur Sozialisierung offen gehalten werden sollten. In der Bundesrepublik ist man eher den umgekehrten Weg der Privatisierung von Gemeineigentum gegangen.

Ein Wohnhaus steht dem Bau einer Bundesstraße im Wege. Diskutieren Sie in Ihrer Klasse die Situation aus der Sicht des Eigentümers und des Staates (Allgemeinheit).

Im Rahmen dieser Verfassungsrechte ist der Staat frei, die Wirtschaftsordnung zu gestalten. Alle Gesetze und staatlichen Eingriffe in das Wirtschaftsleben müssen sich an diese Rechtsnormen halten und können gegebenenfalls von ordentlichen Gerichten – bis hin zum Bundesverfassungsgericht – überprüft werden.

Andererseits ist dem Gesetzgeber und der Regierung die Freiheit gelassen, eine den jeweiligen Erfordernissen angemessene Wirtschaftspolitik zu betreiben. Auch alle Maßnahmen der Globalsteuerung (Konjunktur-, Finanz- und Strukturpolitik) zur Erzielung eines gesamtwirtschaftlichen Gleichgewichts sind verfassungskonform, da sie sich im Wesentlichen auf die öffentlichen Haushalte beziehen.

Artikel 20 Absatz 1 Grundgesetz

Die Bundesrepublik Deutschland ist ein demokratischer und sozialer Rechtsstaat.

Dieses Sozialstaatsprinzip erfordert die Ausgestaltung eines sozialen Sicherungssystems, das jedem eine ausreichende Lebensgrundlage und Hilfe in Notlagen (z. B. Arbeitslosigkeit) gewährt. Das soziale Netz der Sozialversicherungen ist Teil dieses Sicherungssystems.

Aus allen zuvor genannten verfassungsrechtlichen Bestimmungen und allgemein anerkannten Grundsätzen hat sich in der Bundesrepublik Deutschland die Wirtschaftsordnung der **sozialen Marktwirtschaft** herausgebildet.

7.3.2 Grundwerte und Merkmale der sozialen Marktwirtschaft

Grundidee und Leitgedanken

Die Grundgedanken der sozialen Marktwirtschaft beruhen auf den Ideen des **Liberalismus**. Danach ist es um den Wohlstand einer Nation gut bestellt, wenn sich die wirtschaftlichen Kräfte frei entfalten können. Nach dem Grundsatz des Laissez-faire (franz.: lasst es laufen) sollte sich der größte Nutzen für alle Bürger einstellen, wenn man der Wirtschaft freien Lauf gewährt und der Staat sich jeglicher Regulierung enthält. Ein bekannter Vertreter dieses klassischen Wirtschaftsliberalismus war der Engländer **Adam Smith** (1723-1790). In seinem Buch „Der Wohlstand der Nationen" legte er dar, wie das Streben des Einzelnen nach Gewinn und Eigennutz zugleich dem Wohle der Allgemeinheit dient.

Vertreter des **Ordoliberalismus**, wie z. B. der Wirtschaftsprofessor **Walter Eucken** (1891-1950), haben aber erkannt, dass die Unternehmer in einer solchen Wirtschaftsordnung die Tendenz haben, den Wettbewerb durch Absprachen (also Kartellbildung) zum Schaden der Allgemeinheit zu beschränken oder auszuschalten. Um das zu verhindern, muss der Staat eingreifen und für einen funktionierenden Wettbewerb sorgen.

Diese Ideen wurden nach dem Zweiten Weltkrieg in der Bundesrepublik Deutschland vom damaligen Wirtschaftsminister und späteren Bundeskanzler **Ludwig Erhard** (1897-1977) und dem Kölner Wirtschaftsprofessor **Alfred Müller-Armack** (Staatssekretär im Wirtschaftsministerium) aufgegriffen und die Wirtschaftsordnung der sozialen Marktwirtschaft eingeführt. Die Bundesrepublik erholte sich unter dieser Wirtschaftsform sehr schnell von den verheerenden Folgen des Krieges – diese Zeit wird daher oft auch als „Wirtschaftswunder" der Fünfziger- und Sechzigerjahre bezeichnet. Dabei kam es auch zum Ausbau eines dicht geknüpften sozialen Netzes.

Eine Wirtschaftsordnung ist aber nicht etwa ein statisches Gebilde, sondern muss ständig in seiner Wirkung überprüft und weiterentwickelt werden. So wurden in Deutschland u. a. die Mitbestimmungsgesetze für mehr Demokratie in der Wirtschaft verabschiedet, die Renten wurden dynamisiert und damit an die Steigerung der Arbeitseinkommen gekoppelt, das Stabilitätsgesetz sollte für mehr Beschäftigung sorgen und das Vermögensbildungsgesetz für Teilhabe der Arbeitnehmer am allgemeinen Wohlstandszuwachs. In den letzten Jahren ist die Zerstörung der natürlichen Umwelt durch das Verhalten der Wirtschaftssubjekte stärker ins Bewusstsein der Öffentlichkeit getreten. Offensichtlich ist der Markt nicht allein in der Lage, dieses Problem zu lösen, da die Umwelt als „freies Gut" betrachtet wird, das keinen Preis hat. Hier sind Wissenschaft und Wirtschaft gefordert, die Wirtschaftsordnung in Richtung **ökologisch-soziale Marktwirtschaft** weiterzuentwickeln.

Adam Smith

„Jeder Mensch ist stets darauf bedacht, die ersprießlichste Anwendung allen Kapitals, über das er zu verfügen hat, ausfindig zu machen. Tatsächlich hat er nur seinen eigenen Vorteil und nicht den der Gesellschaft im Auge; aber natürlich, oder vielmehr notwendigerweise, führt ihn die Erwägung seines eigenen Vorteils gerade dahin, dass er diejenige Kapitalbenutzung vorzieht, die zugleich für die Gesellschaft höchst ersprießlich ist ..."

Ludwig Erhard

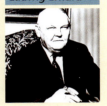

„Das Wesen der Marktwirtschaft besteht hauptsächlich darin, dass der Wirtschaftsprozess, d. h. Produktion, Güter- und Einkommensverteilung, nicht durch obrigkeitlichen Zwang gelenkt, sondern innerhalb eines wirtschaftspolitisch gesetzten Ordnungsrahmens durch die Funktion freier Preise und den Motor eines freien Leistungswettbewerbs selbstständig gesteuert wird.
Freiheit, Selbstverantwortung und persönliche Initiative bei der Berufswahl, Erwerbstätigkeit und im Konsum sowie eine leistungsbedingte Einkommensverteilung sind die Antriebskräfte, die in der Marktwirtschaft zu einem Höchstmaß an Produktion und Steigerung des Wohlstandes der gesamten Bevölkerung führen. Die Marktwirtschaft ist damit diejenige Wirtschaftsordnung, die ein Maximum an Produktivität, Wohlstandsvermehrung und persönlicher Freiheit verbindet."

Merkmale

Die soziale Marktwirtschaft ist eine nach sozialen Gesichtspunkten gesteuerte Marktwirtschaft, in der der Staat durch gezielte Maßnahmen eingreift, um Unzulänglichkeiten der Selbststeuerung des Marktes auszugleichen. Setzen diese Eingriffe den Marktmechanismus nicht außer Kraft, spricht man von **marktkonformen** (z. B. Subventionen für die Modernisierung einer Heizanlage), andernfalls von **marktkonträren** Maßnahmen (z. B. Festlegung von Mindestpreisen für landwirtschaftliche Produkte).
Die wesentlichen Merkmale der sozialen Marktwirtschaft sind:

Privateigentum

Dieses umfassendste Recht – über eine Sache verfügen zu können – garantiert dem Einzelnen weitgehende wirtschaftliche Freiheit. Insbesondere das Eigentumsrecht über Produktionsmittel sorgt dafür, dass das Kapital so eingesetzt wird, dass es den größtmöglichen Ertrag erbringt. Nur wer Gefahr läuft, durch Verluste sein eingesetztes Kapital zu verlieren, wird risikobewusst handeln und Verschwendung vermeiden. Da der Gebrauch des Eigentums zugleich dem Wohle der Allgemeinheit dienen soll (GG Art. 14), sind Einschränkungen durch Gesetze notwendig.

Preisbildung auf dem Markt

Die Preise für Güter und Dienstleistungen bilden sich durch Angebot und Nachfrage am Markt (vgl. Kapitel 7.1, Seite 230 ff.). In diesen Preisbildungsprozess greift der Staat insbesondere mithilfe der **Fiskalpolitik** (Steuerpolitik) ein. So unterstützt der Staat bestimmte Branchen oder Firmen (Angebotsseite) mit Subventionen (Finanzhilfen) oder ermöglicht erhöhte Abschreibungen. Die Nachfrage der privaten Haushalte kann durch Erhöhung oder Senkung von Steuern beeinflusst werden.
Die Preise auf dem Arbeitsmarkt (Löhne und Gehälter) sind letztlich das Ergebnis von Macht und Gegenmacht der Gewerkschaften und der Unternehmensverbände. Hierzu hat der Staat im Tarifvertragsgesetz (TVG) im Rahmen der **Ordnungspolitik** die Leitlinien vorgegeben, mischt sich aber selbst nicht in die Verhandlungen ein.

Freier Wettbewerb

Der Wettbewerb ist der Motor der Wirtschaft. Durch den Wettbewerb wird sichergestellt, dass der Verbraucher die beste Qualität zum günstigsten Preis kaufen kann. Um ihn funktionstüchtig zu erhalten, hat der Staat im Rahmen der Ordnungspolitik eine Vielzahl von Gesetzen erlassen und kontrolliert deren Einhaltung:
- **Gesetz gegen Wettbewerbsbeschränkungen** (GWB) zur Einschränkung bzw. Verhinderung von Kartellen und Unternehmenszusammenschlüssen
- **Gesetz gegen den unlauteren Wettbewerb** (UWG), um beispielsweise unfaire Werbemethoden zu verhindern

Gesetze gegen Verfälschungen und Einschränkungen des Wettbewerbs

- **Gewerbeordnung** (GO), damit u. a. bestimmte Erwerbstätigkeiten nur ausgeführt werden, wenn ein Nachweis der erforderlichen Fachkenntnisse vorliegt
- **Verbraucherschutzregelungen im BGB**, um Verbraucher vor allzu starker Benachteiligung zu schützen

Sozialstaatlichkeit

Die eigenverantwortliche Daseinsvorsorge (Sparen, private Versicherung) wird ergänzt durch ein breit gefächertes System der sozialen Sicherung. Dazu gehört in erster Linie:
- Sozialversicherung als Pflichtversicherung mit ihren fünf Säulen: der Renten-, Kranken-, Pflege-, Arbeitslosen- und der Unfallversicherung
- Ergänzend werden unter bestimmten Voraussetzungen z. B. Elterngeld, Kindergeld, Wohngeld, Ausbildungsbeihilfe oder Sozialhilfe gewährt
- Bestimmten Bevölkerungsgruppen gewährt der Staat Hilfen bei der privaten Vermögensbildung (Hilfe zur Selbsthilfe), indem er z. B. das Sparen durch Prämien belohnt oder Steuerbegünstigungen für den Hausbau gewährt
- Durch die Gestaltung des Einkommenssteuertarifs (höhere Einkommen werden prozentual höher besteuert als niedrige Einkommen) soll eine „gerechte" Einkommensverteilung erreicht werden
- Zur Sozialstaatlichkeit gehören auch die Humanisierung der Arbeitswelt, die betriebliche Mitbestimmung, die Sicherheit des Arbeitsplatzes und die verschiedenen Schutzgesetze (z. B. JArbSchG, KSchG, MuSchG, SchwbG).

Rolle des Staates

Der Staat sorgt für den gesetzlichen Ordnungsrahmen, indem er Gesetze erlässt und für ihre Einhaltung sorgt.

Er tritt aber auch selbst als Unternehmer auf (Bahn, Post, Elektrizitätswerke) oder sichert sich beispielsweise seinen Einfluss dadurch, dass er große Aktienanteile in Händen hält (in der BRD zurzeit zirka 9 %).

Der Staat stellt öffentliche Einrichtungen, wie z. B. Krankenhäuser, Schwimmbäder, Schulen und Universitäten, zur Verfügung.

Außerdem versucht er die Wirtschaftsentwicklung bei Unzulänglichkeiten durch konjunkturelle Maßnahmen (**Konjunkturpolitik**) oder strukturelle Maßnahmen (**Strukturpolitik**) zu stabilisieren.

Die großen Umweltprobleme, die insbesondere von den Industrienationen verursacht werden, sollen durch eine entsprechende **Umweltpolitik** entschärft werden. Dazu gehören z. B. die staatliche Förderung der Solartechnik, die Begrenzung von schädlichen Emissionen, steuerliche Begünstigung von schadstoffarmen Autos und Kraftstoffen.

Insgesamt umfasst die Wirtschaftsordnung der sozialen Marktwirtschaft damit eine Vielzahl von Grundsätzen und Maßnahmen, die den Bürgern eine Lebensgestaltung nach eigenen Vorstellungen mit (mindestens) ausreichender Wirtschaftsgrundlage ermöglichen.

Man muss aber auch feststellen, dass einige der Ziele nicht oder nur zum Teil erreicht werden konnten. Diese Probleme werden im Kapitel 7.5 (Seite 257) besprochen. Die Wirtschafts- und Sozialpolitik bleibt gefordert, neue Lösungen für diese Probleme im Rahmen der bestehenden Wirtschaftsordnung zu suchen.

7.3 Bedeutung des Staates in der sozialen Marktwirtschaft

Überblick

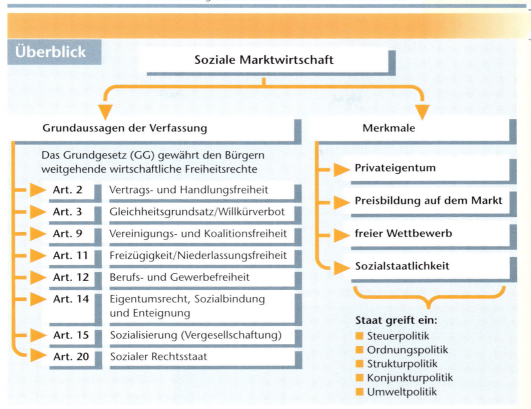

Aufgaben zur Wiederholung und Vertiefung

Inhaltsbezug Seite

1. Erläutern Sie die Grundgedanken der sozialen Marktwirtschaft. — 248
2. Auf welchen Grundaussagen unserer Verfassung beruht unsere Wirtschaftsordnung? — 246, 247
3. Um die Mietbelastungen für einkommensschwache Familien niedrig zu halten, kann der Staat eine Höchstmiete festlegen oder Wohngeld gewähren.
   a) Begründen Sie, ob diese Maßnahmen marktkonträr oder marktkonform sind.
   b) Sind diese Maßnahmen überhaupt mit unserer Wirtschaftsordnung vereinbar? — 249
4. Nennen und erläutern Sie die fünf Merkmale der sozialen Marktwirtschaft. — 249, 250
5. Die industrielle Entwicklung in Deutschland im 19. Jahrhundert vollzog sich in einer sehr liberalen Wirtschaftsordnung ohne wesentliche Eingriffe des Staates. Erläutern Sie, wie die damaligen Probleme in der sozialen Marktwirtschaft gelöst werden:
   – schlechte Arbeitsbedingungen
   – Kinderarbeit
   – lange Arbeitszeiten, wenig Urlaub
   – niedrige Löhne (z. T. unter dem Existenzminimum) — 249, 250
6. Welches Verhalten der Unternehmer soll mit der nebenstehenden Karikatur kritisiert werden? — 250

7.4 Bruttoinlandsprodukt als wirtschaftliche Messgröße

Die wirtschaftliche Leistung einer Volkswirtschaft setzt sich aus den vielen Einzelleistungen der in ihr beschäftigten Menschen in den verschiedensten Wirtschaftsbereichen zusammen. Es scheint unvorstellbar, dass die Summe dieser Einzelleistungen ermittelt werden könnte. Das folgende Beispiel zeigt aber, wie dieses Problem gelöst werden kann:

> Getreide wird zu Mehl gemahlen, und daraus wird Brot gebacken. Auf jeder Produktionsstufe wird das Produkt „mehr wert", und die Summe der Wertschöpfung entspricht dem Verkaufspreis des fertigen Produktes an den Endverbraucher (im Beispiel 10 000,00 €). Den privaten Haushalten fließt die Wertschöpfung in Form von Löhnen für die Arbeitnehmer und in Form von Gewinnen für die Unternehmer als Einkommen zu.

Wertschöpfung der einzelnen Produktionsstufen

Getreideerzeugung durch einen Landwirt

Wertschöpfung:
- Löhne 2500,00 €
- Gew. 800,00 €

Getreide im Wert von 3 300,00 €

Der Landwirt baut Getreide an (das Saatgut hat er kostenfrei vom Vorjahr) und zahlt an seine Angestellten Löhne in Höhe von 2 500,00 €. Da er das Getreide für 3 300,00 € an die Getreidemühle verkauft, bleibt ihm selbst ein Gewinn von 800,00 €. Der Landwirt hat neue Werte in Höhe von 3 300,00 € geschaffen (= Wertschöpfung auf der Stufe der Urproduktion).

Mehlerzeugung durch eine Mühle

Wertschöpfung:
- Löhne 1 800,00 €
- Gew. 600 €

Getreide als Vorleistung 3 300,00 €

Mehl im Wert von 5 700,00 €

Die Mühle mahlt das Getreide zu Mehl. Der Müller zahlt 1 800,00 € Löhne und streicht durch den Verkauf des Mehls 600,00 € Gewinn ein. Die Wertschöpfung beträgt auf dieser Stufe der Verarbeitung 2 400,00 € und nicht etwa 5 700,00 €, da das Getreide als Vorleistung eingeht und nicht doppelt gezählt werden darf.

Broterzeugung durch einen Bäcker

Wertschöpfung:
- Löhne 3 100,00 €
- Gewinn 1 200,00 €

Mehl als Vorleistung 5 700,00 €

Brot im Wert von 10 000,00 €

Der Bäcker backt aus dem Mehl Brot, zahlt dafür 3 100,00 € Löhne und erzielt beim Verkauf des Brotes an die Endverbraucher 1 200,00 € Gewinn. Seine Wertschöpfung beträgt also 4 300,00 €.

Auch Herr Struwe trägt durch seine Arbeit zur volkswirtschaftlichen Wertschöpfung und damit zum BIP bei, und zwar in Höhe seines Lohnes.

7.4.1 Entstehung – Verwendung – Verteilung

Die Summe aller Güter (Waren und Dienstleistungen), die in einer Volkswirtschaft in einem Jahr (von Inländern und bei uns lebenden Ausländern) erzeugt werden, heißt **Bruttoinlandsprodukt** (**BIP**).

Man kann das Bruttoinlandsprodukt auf drei verschiedene Arten ermitteln:

Wo erarbeitet? → Entstehungsrechnung

Bei der Entstehungsrechnung wird die gesamtwirtschaftliche Wertschöpfung dadurch bestimmt, dass man alle durch Produktion neu geschaffenen Werte in einem Wirtschaftsbereich zusammenfasst. Um Doppelzählungen auszuschließen, müssen vom Produktionsergebnis jeden Wirtschaftsbereiches die Werte aller bezogenen Roh-, Hilfs- und Betriebsstoffe sowie aller fremden Dienstleistungen abgezogen werden. Der sich hieraus ergebende Nettoproduktionswert entspricht der Wertschöpfung dieses Wirtschaftsbereiches.

Wie verteilt? → Verteilungsrechnung

Das Bruttoinlandsprodukt kann auch dadurch bestimmt werden, dass alle Entgelte für die zur Verfügung gestellten Produktionsfaktoren (Löhne, Gehälter, Unternehmergewinne, Zinsen, Dividenden und Mieten), die auf den verschiedenen Produktionsstufen gezahlt worden sind, zusammengezählt werden. In Höhe dieser Zahlungen sind neue Werte geschaffen worden (Wertschöpfung). Die Summe aus Arbeitnehmerentgelt und Unternehmens- und Vermögenseinkommen heißt **Volkseinkommen**. Rechnet man noch die Produktions- und Importabgaben sowie die Abschreibungen (durch die Abnutzung der Produktionsanlagen bedingte Kosten) hinzu, so ergibt sich wiederum das Bruttoinlandsprodukt.

Da sich aus statistischen Gründen nicht feststellen lässt, ob das Kapitaleinkommen und das Einkommen aus Vermietung und Verpachtung Arbeitnehmern oder Unternehmern zugeflossen ist, werden die Einkunftsarten Zinsen, Mieten und Pachten der Unternehmerseite zugeschlagen. Der immer wieder auftauchende Streit, welches Einkommen in den letzten Jahren stärker gestiegen ist, kann also nicht endgültig geklärt werden. Fest steht, dass sich der Anteil der beiden großen Einkommensgruppen über Jahrzehnte bei einem Verhältnis von zirka 70 % (Einkommen aus unselbstständiger Arbeit) zu 30 % (Einkommen aus Unternehmertätigkeit und Vermögen) eingespielt hat.

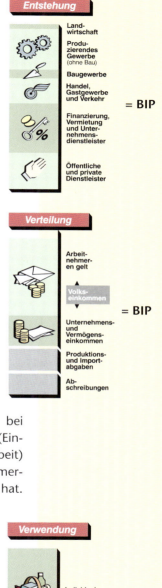

Bruttoinlandsprodukt
− Produktions- und Importabgaben
− Abschreibungen
= Volkseinkommen
− Direkte Steuern
+ Transferzahlungen
= **Verfügbares Volkseinkommen**

Wofür verwendet? → Verwendungsrechnung

Der größte Teil des Sozialproduktes fließt in den privaten Verbrauch. Der Teil, der von den Unternehmen beansprucht wird, stellt (Neu-)Investitionen dar. Diese Investitionen sind für das Wachstum einer Wirtschaft besonders wichtig. Ist der private Verbrauch oder der Kollektivkonsum zu hoch (das heißt, es wird zu wenig gespart), stehen nicht genug Mittel für die Investitionen zur Verfügung. Mit dem Kollektivkonsum sind die Personal- und Sachkosten des Staates gemeint, aber auch die Investitionen (z. B. Schulen, Universitäten, Straßen) und die Ausgaben für das Militär. Außerdem muss ein Teil des Sozialproduktes zur Finanzierung des Außenbeitrages herangezogen werden, wenn nämlich die Importe größer waren als die Exporte.

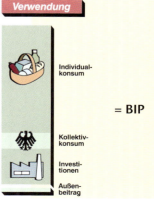

7.4.2 Nominales und reales BIP

Eines der wirtschaftspolitischen Ziele des Stabilitätsgesetzes lautet „stetiges und angemessenes Wirtschaftswachstum". Das Bruttoinlandsprodukt und seine Komponenten können herangezogen werden, um zu beurteilen, ob dieses Ziel erreicht worden ist.

Beispiel für die Berechnung des realen Bruttoinlandsprodukts

BIP nominal 2005	2241 Mrd. €
BIP nominal 2006	2303 Mrd. €
= Zunahme des BIP nominal	62 Mrd. € = 2,8 %
− Preissteigerungsrate	2,0 %
= Zunahme des BIP real	0,8 %

Diese Beispielrechnung verdeutlicht, dass ein Teil der Zunahme des BIP in der Grafik allein dadurch entstanden ist, dass die Preise im gleichen Zeitraum um 2,0 % gestiegen sind. Wird die gemessene (nominale) Steigerung um den Preisanstieg korrigiert, erhält man die wirkliche (reale) Steigerung von 0,8 %.

Eine Zunahme des BIP gegenüber dem Vorjahr bedeutet, dass in diesem Jahr mehr geleistet worden ist. Da die Berechnung des BIP zu Marktpreisen erfolgt, könnte es aber sein, dass die Steigerung ganz oder zum Teil auf Preiserhöhungen zurückzuführen ist. Um eine falsche Beurteilung auszuschließen, muss das **nominale BIP** um die Preissteigerungsrate korrigiert werden, dadurch erhält man das **reale BIP**.

7.4.3 Problematik des BIP als Wohlstandsmaßstab

Zwar ist das Bruttoinlandsprodukt tatsächlich ein Indikator für einen gewachsenen Wohlstand in der Bundesrepublik sowohl im zeitlichen Vergleich (Steigerung in den letzten zehn Jahren real um mehr als 25 %) als auch im internationalen Vergleich (die Bundesrepublik gehört zu den zehn wohlhabendsten Ländern). Andererseits sind in diesem Wohlstandsindikator wichtige Bereiche nicht berücksichtigt:

- Die sogenannten **sozialen Kosten**, die nicht in € ausgedrückt werden können, die aber von der Gesamtgesellschaft zu tragen sind, müssten eigentlich bei der Berechnung des BIP abgezogen werden. Dazu gehört beispielsweise die Zerstörung der natürlichen Umwelt durch Raubbau und Landschaftsverbauung.
- **Krankheitskosten**, die durch Lärm, Schmutz und Unfälle entstehen, dürften nicht erhöhend, sondern müssten vermindernd auf das BIP wirken.
- Arbeiten im **privaten Haushalt**, die unentgeltlich vor allem von Hausfrauen und Müttern geleistet werden, sowie Arbeiten im Rahmen der Nachbarschaftshilfe, ehrenamtliche Tätigkeiten, aber auch die Schwarzarbeit sind ebenfalls nicht im BIP enthalten.

Das BIP ist eine Durchschnittsgröße und sagt nichts über die Verteilung des Wohlstandes aus. Große Ausschläge nach oben (Reichtum) und damit zwangsläufig auch nach unten (Armut) sind eher ein Zeichen für eine ungerechte Wirtschaftsordnung.

Auch der Vergleich des Bruttoinlandsproduktes mit anderen Ländern und hier besonders mit den Entwicklungsländern ist aus folgenden Gründen problematisch:

- In weniger entwickelten Ländern werden viele bäuerliche und handwerkliche Arbeiten und Dienstleistungen überhaupt nicht erfasst.
- Die Einkommens- und Vermögensverteilung ist oft sehr ungleich.
- Die Bedürfnisstruktur ist klimatisch bedingt sehr unterschiedlich.
- Der international übliche Vergleichsmaßstab, nämlich der US-Dollar, kann großen Währungsschwankungen unterliegen, außerdem haben Entwicklungsländer oft sehr schwache Währungen.

Die Lebensqualität sollte nicht nur durch einen in € bewerteten Indikator wie das BIP angegeben werden, sondern durch weitere (nicht quantifizierbare) soziale Indikatoren in verschiedenen gesellschaftlichen Bereichen:

- **Gesundheitswesen:** Säuglingssterblichkeit, Arztdichte, Anzahl der Krankenhausbetten
- **Bildungswesen:** Schulpflicht, Schulgeldfreiheit, Lehrer-Schüler-Verhältnis, Forschungsförderung, kulturelle Entwicklung
- **Erwerbstätigkeit:** Berufschancen, Arbeitszufriedenheit, Arbeitslosigkeit, Arbeitsunfälle, Arbeitszeiten, Urlaubslänge, Aufstiegsmöglichkeiten, Einkommens- und Vermögensverteilung
- **Ordnungsrahmen:** persönliche Freiheitsrechte, Beteiligungsrechte (im Arbeitsleben und in der Politik), Aufklärungsquote bei Straftaten, soziale Sicherheit
- **Umwelt:** Wasserversorgung, Luftqualität, Wohnqualität, Verkehrsinfrastruktur (z. B. Bus- und Straßenbahnnetz, Autobahnen)

Weltbank definiert Wohlstand neu

Die reichsten Nationen der Welt sind die Schweiz, Dänemark, Schweden und die USA. Die deutsche Wohlstandsgesellschaft rangiert nur an 5. Stelle. Zu diesem Schluss kommt eine Studie der Weltbank, die sich um eine differenziertere Definition des Begriffs „Wohlstand" bemüht. Neben dem Pro-Kopf-Einkommen werden auch natürliche Ressourcen, Humankapital und produziertes Vermögen berücksichtigt.

Auch eine gute Ausbildung bedeutet Wohlstand

7 Soziale Marktwirtschaft

Überblick

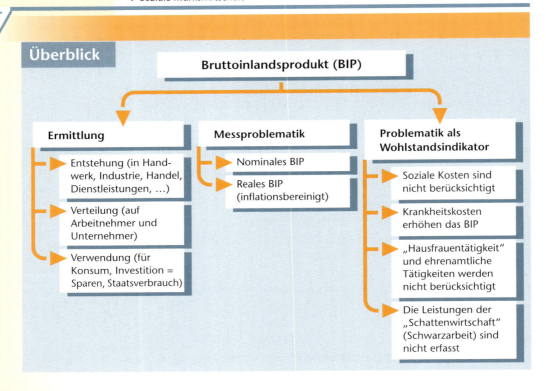

Aufgaben zur Wiederholung und Vertiefung

Inhaltsbezug Seite

1. Erläutern Sie an einem eigenen Beispiel den Wertschöpfungsprozess. — 252
2. a) In welchen Wirtschaftsbereichen wird das Inlandsprodukt erarbeitet?
   b) Auf welche Bevölkerungsgruppen wird das Inlandsprodukt verteilt?
   c) Wofür wird das Inlandsprodukt verwendet? — 252, 253
3. Wie wird das „verfügbare Einkommen" ermittelt? — 253
4. Welchen Einfluss haben Preissteigerungen auf die Entwicklung des Bruttoinlandsproduktes? — 254
5. Nennen Sie Leistungen, die keinen Marktpreis haben und die deshalb nicht im Inlandsprodukt erfasst sind. — 255
6. Benennen Sie in dem Kreislaufschema die Geldströme und die Güterströme, die zwischen den einzelnen Sektoren dieses Kreislaufmodells fließen.

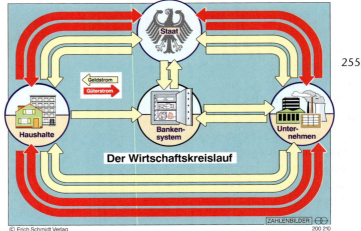

7.5 Probleme der sozialen Marktwirtschaft

7.5.1 Soziale Sicherungssysteme

Die soziale Marktwirtschaft hat gezeigt, dass diese Wirtschaftsordnung den Menschen einen nie geahnten Wohlstand und hohe Lebensqualität bescheren kann. Das erzielte Wirtschaftswachstum eröffnete sogar große Spielräume für eine staatliche Sozial- und Umverteilungspolitik.

Das System der sozialen Sicherung gliedert sich folgendermaßen:

Private und staatliche Vorsorge			
Sparen	**Versicherung**	**Versorgung**	**Fürsorge**
eigene Anlage von Geldkapital	Anspruch auf Leistungen aufgrund zuvor eingezahlter Beiträge	aufgrund einer „Vorleistung"	nach dem Grad der Bedürftigkeit
Private Vermögensbildung (z. T. mit staatlicher Unterstützung) ■ Prämiensparen ■ Bausparen ■ Aktien ■ Wertpapiere	Private Versicherungen (freiwillig) ■ Lebens- ■ Kranken- ■ Unfall- ■ Haftpflicht-versicherung	Gesetzliche Sozialversicherung (Pflicht), Mischfinanzierung aus ■ eigenen Versicherungsbeiträgen ■ Beiträgen der Arbeitgeber ■ Steuern	■ Beamtenversorgung ■ Kriegsopferversorgung	■ Sozialhilfe ■ Wohngeld

Subsidiaritätsprinzip: „so viel Eigenverantwortung wie möglich"

Solidaritätsprinzip: „nur so viel staatliche Hilfe wie nötig"

In einem freiheitlichen Wirtschaftssystem ist es zunächst Pflicht jedes Einzelnen, Vorsorge für die Wechselfälle des Lebens zu treffen. Die eigenverantwortliche Vorsorge wird aber ergänzt durch ein breit gefächertes System der sozialen Sicherung. Welche Leistungen dies im Einzelnen sind, geht aus der nebenstehenden Grafik hervor.

Einige „indirekte" soziale Leistungen gehen aus der Übersicht nicht hervor. Dazu gehört zum Beispiel die steuerliche Umverteilung des Einkommens, Maßnahmen zur Humanisierung der Arbeitswelt und die verschiedensten Schutzgesetze.

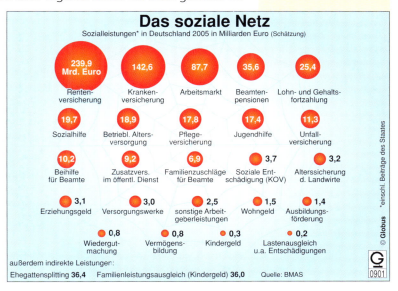

7 Soziale Marktwirtschaft

Die sozialen Leistungen des Staates sind natürlich nicht zum Nulltarif zu haben. In einer Zeit, in der es vielen Bürgern so gut ging, dass sie durchaus in der Lage waren, die Vorsorge für die Zukunft selber zu finanzieren, ist das soziale Netz noch enger geknüpft und sind die Leistungen ausgedehnt worden. Dies verursacht heute gravierende Probleme:

Kosten des Sozialsystems

Im Sozialbudget des Bundesarbeitsministers sind alle Sozialleistungen, die in Deutschland gewährt werden, zusammengetragen – von der Rente bis zum Wohngeld, vom Kindergeld bis zur Jugendhilfe, von der Lohnfortzahlung im Krankheitsfall bis zur betrieblichen Altersversorgung, vom Arbeitslosengeld bis zur Sozialhilfe. Die Kosten und die Finanzierung dieses engmaschigen Netzes werden in Zukunft noch problematischer, als sie derzeit ohnehin schon sind:

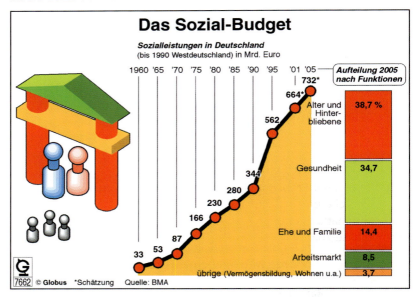

Der Anteil des Sozialbudgets am BIP beträgt ca. 34 %. Mit anderen Worten: Jeder dritte erwirtschaftete Euro wird in der Bundesrepublik für Soziales ausgegeben. Der Betrag von ca. 660 Mrd. € ist ca. sieben Mal so groß wie vor 30 Jahren.

- ■ Trotz wiederholter Anstrengungen konnten die Kosten des Gesundheitswesens bisher nicht in den Griff bekommen werden. Ständige Beitragserhöhungen und Zuzahlungen sind von den rasant ansteigenden Kosten wieder aufgefressen worden.
- ■ Der Alterungsprozess der Bevölkerung beschleunigt die Ausgabensteigerung durch die zusätzliche Altenpflege.
- ■ Die Beiträge zur Sozialversicherung betragen derzeit zirka 40 %. Die Hälfte davon trägt der Arbeitnehmer, dessen Nettoeinkommen sinkt. Die andere Hälfte zahlt der Arbeitgeber, der diese Beträge als Lohnzusatzkosten verkraften muss.
- ■ Die „neue Armut" eines nicht unerheblichen Teils der Bevölkerung macht Ausgaben für die Sozialhilfe notwendig, die die Finanzkraft der Kommunen sprengt.
- ■ Der Staat hat in besseren Zeiten keine Rücklagen für die öffentlich Bediensteten (Beamte) gebildet.

Ist jede einzelne der genannten Entwicklungen schon schwer genug zu bewältigen, so kommt noch hinzu, dass vereinigungsbedingte Kosten verkraftet werden müssen und die Wirtschaft nicht im erwarteten Maße wächst und damit die Finanzierungsspielräume überall enger werden.

Rentenproblematik

Die Rentenversicherung – der „dickste Knoten" im sozialen Netz – wird nach einem Umlageverfahren (besser bekannt unter dem Namen **„Generationenvertrag"**) finanziert. Nur ein konstantes Verhältnis von Einnahmen und Ausgaben kann die Einhaltung des Rentenniveaus garantieren. Da sich aber die Schere – immer weniger „Junge" müssen immer mehr „Alte" finanzieren – in Zukunft weiter öffnet, gibt es nur zwei Möglichkeiten, will man das derzeitige Verfahren beibehalten: Das Rentenniveau sinkt und/oder die Beiträge steigen. Beide Alternativen bergen erheblichen politischen Sprengstoff.

Der Rentenzahler der Zukunft

Zu dieser grundsätzlichen Problematik der Rentenversicherung kommen noch weitere Probleme:

- Die Rentenversicherung ist zu einem erheblichen Teil mit so genannten „versicherungsfremden" Ausgaben belastet.
- Lange Ausbildungszeiten, hohe Arbeitslosigkeit und Beschäftigung unterhalb der Versicherungspflicht verursachen Beitragsausfälle.
- Um der hohen Abgabenlast zu entgehen, weichen viele Beschäftigte in die Schwarzarbeit aus. Die sogenannte „Schattenwirtschaft" wird in Deutschland auf 10 bis 15 % des BIP geschätzt.

Angesichts dieser Probleme gibt es eine Reihe von Vorschlägen, wie die Rentenversicherung in Zukunft aussehen müsste. Wahrscheinlich ist, dass eine Kombination von mehreren der dargestellten Lösungsansätze politisch durchsetzbar ist.

Der „Generationenvertrag" besagt: Was eine Generation von der älteren erhalten hat, schuldet sie später der jüngeren. Gleichzeitig darf sie später von der jüngeren Generation fordern, was sie der älteren gegeben hat.

Rentenproblematik: mögliche Lösungsansätze

Reform der staatlichen Rentenversicherung		staatliche Grundsicherung	Kapitalstockverfahren
- Erhöhung der Zahl der Beitragszahler - Senkung der Rentenansprüche - Erhöhung der Lebensarbeitszeit - verringerte Anrechnung von Ausbildungszeiten - weniger Frührentner	- Umstellung auf Kapitaldeckungsverfahren - Kapitalaufbau durch entsprechende Erhöhung des Beitragssatzes	- Grundsicherung für alle Bürger (Existenzminimum) - Finanzierung aus Steueraufkommen - Versicherungspflicht für zusätzliche private Absicherung	- private Absicherung durch Ansparen - Kapitalstock ist Bestandteil des privaten Vermögens - freie Wahl des Versicherers - Versicherungspflicht möglich - Sicherung des Existenzminimums z. B. durch Sozialhilfe

Ergänzung durch

| Zusatzversicherungen | Betriebsrente | privates Vermögen | Immobilienbesitz |

7.5.2 Harmonisierung in der EU

Ziele und Institutionen der EU

Die Europäische Union (EU) ist gerade ein halbes Jahrhundert alt und hat doch die wirtschaftliche und politische Lage in Europa entscheidend verändert – und zwar so, dass jeder einzelne Bürger davon nicht unerheblich betroffen ist.

Mit der Schaffung eines einheitlichen europäischen Binnenmarktes der zwölf Mitgliedstaaten erreichte die EU 1993 einen vorläufigen Höhepunkt. Mit den Beschlüssen von Maastricht wird ab 1996 eine engere Wirtschaftspolitik angestrebt (gemeinsame niedrige Inflationsrate und niedrigere Staatsverschuldung, Angleichung der Zinssätze und Währungsstabilität). Seit 1999 gibt es eine europäische Zentralbank (EZB) und den Euro als Buchgeld – seit 2002 auch als Bargeld.

Die obersten **Ziele** der Einigungsbemühungen sind:
- Wahrung und Festigung des Friedens
- wirtschaftliche Einigung zum Nutzen aller in der EU lebenden Bürger durch Schaffung eines wirtschaftlichen Großraumes
- Streben nach politischer Einheit
- Stärkung und Förderung des sozialen Zusammenhalts in der Gemeinschaft

Harmonisierung im Binnenmarkt

Der Gründungsvertrag der Europäischen Wirtschaftsgemeinschaft von 1957 sah die Errichtung eines alle Mitgliedstaaten umfassenden gemeinsamen Marktes vor. 1968 kam es zur Aufhebung aller Binnenzölle (Zollunion), aber erst 1985 einigten sich alle Mitgliedstaaten darauf, ab 1993 einen echten gemeinsamen Binnenmarkt zu schaffen. Dabei ging es um die Beseitigung der materiellen, technischen und steuerlichen Hindernisse, die dem freien Verkehr zwischen den mittlerweile 27 EU-Ländern im Wege standen.

Beseitigung rechtlicher Hindernisse:

- **Einführung der sogenannten „Unionsbürgerschaft":** Jeder Bürger kann in dem Land, in dem er seinen Wohnsitz hat, an den Europawahlen, aber auch an den Kommunalwahlen teilnehmen ([noch] nicht an den Wahlen zu den Parlamenten).
- **Einführung eines Euro-Ausweises:** Die Gestaltung und die Rechtsvorschriften für die Ausstellung eines europäischen Passes sollen vereinheitlicht werden, wie beim Führerschein inzwischen schon geschehen.
- **Wahrnehmung von Bürgerrechten:** Nach dem sogenannten Diskriminierungsverbot müssen Staatsbürger anderer EU-Staaten genauso behandelt werden wie Inländer. Dies betrifft insbesondere die Arbeits- und Schutzbestimmungen. Aber auch beim Zugang zu staatlichen Bildungseinrichtungen und Ausbildungsförderung muss gleiches

---

- Nennen Sie die 15 alten und die 12 neuen Mitgliedstaaten der EU.
- Welches sind die jeweiligen Hauptstädte?
- Welche Besonderheiten des jeweiligen Landes kennen Sie (Baudenkmäler, Flagge, Nationalhymne, Berge und Flüsse, Währung, Regierungsform, bekannte Autoren, Politiker usw.)?

So funktioniert die EU
Die **Kommission** ist das ausführende Organ der EU. Sie führt die Entscheidungen des Ministerrats aus und macht Vorschläge für die gemeinschaftliche Politik.
Der **Ministerrat** ist das gesetzgebende Organ der EU. Er setzt sich aus den Außen-, Agrar-, Finanz- und Wirtschaftsministern zusammen. Die Verordnungen gelten für die Mitgliedstaaten wie Gesetze.
Das **Europäische Parlament**, hat beratende Funktion und Kontrollaufgaben. Darüber hinaus hat es Mitspracherecht in der Finanz- und Haushaltspolitik und Mitwirkungsrechte bei der Gesetzgebung.
Der **Europäische Gerichtshof** wacht über die Einhaltung der Gemeinschaftsverträge sowie der vom Ministerrat erlassenen Verordnungen.

7.5 Probleme der sozialen Marktwirtschaft

Recht für alle gewährt werden. Männer und Frauen müssen gleich behandelt werden.

- **Anrufung von Gerichten:** Jeder, der sich in seinen Rechten als Bürger der Europäischen Gemeinschaft beeinträchtigt fühlt, kann die ordentlichen Gerichte seines Landes anrufen. Steht das nationale Recht dem EU-Recht aber entgegen, muss dies vor dem Europäischen Gerichtshof verhandelt werden.

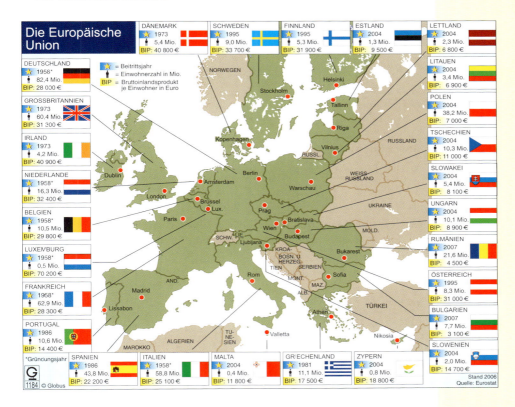

Beseitigung materieller Hindernisse:

- **Wegfall von Grenzkontrollen für Personen und Güter:** Beim Grenzübertritt finden in der Regel keine Kontrollen statt. Zumindest für Verbraucher ist die „Einkaufsfreiheit" im gemeinsamen Binnenmarkt Wirklichkeit geworden.
- **Angleichung der sozialen Sicherungssysteme:** Die Mitgliedsländer haben die sogenannte „Europäische Sozialcharta" verabschiedet, die eine Auflistung der wichtigsten sozialpolitischen Forderungen und Verpflichtungen enthält. Sobald die EU-Kommission die sozialen Mindeststandards erarbeitet hat, sollen die Bestimmungen in der gesamten EU Gültigkeit erlangen.
- **Niederlassungs- und Beschäftigungsfreiheit für alle EU-Bürger in allen Mitgliedsländern:** Selbstständige können sich in jedem Mitgliedsland niederlassen; diese Regelung gilt auch für Handwerker,

Eurodesk und IJAB bieten interessante Informationen für junge Leute.

www.eurodesk.de
www.ijab.de

7 Soziale Marktwirtschaft

wenn sie mindestens sechs Jahre einen Betrieb geführt haben. Die Arbeitsaufnahme ist für jeden EU-Bürger in jedem Mitgliedsland ohne besondere Formalitäten möglich.

- **Anerkennung von Ausbildungs- und Berufsabschlüssen:** Hier gibt es noch Unterschiede bei der Anerkennung der nationalen Diplome; das Abitur und die meisten beruflichen Ausbildungen werden aber in den Gemeinschaftsländern anerkannt.

Beseitigung technischer Hindernisse:

- Anpassung von Produktionsvorschriften und Normen
- Angleichung von Sicherheits-, Gesundheits-, Umwelt- und Verbraucherschutzbestimmungen
- Einheitliche Lebensmittelgesetzgebung bei Zusatz- und Konservierungsstoffen sowie bei Verpackung und Etikettierung

Beseitigung steuerlicher Hindernisse:

- **Wegfall von Zöllen:** Zwischen den Ländern der EU sind keine Zölle oder mengenmäßigen Beschränkungen erlaubt; gegenüber Drittländern gilt ein einheitlicher Zolltarif und ein einheitliches Zollrecht.
- **Einheitlicher Prozentsatz für die Mehrwertsteuer:** Dieses Ziel wird sicher nicht so schnell erreicht werden, da sich die Prozentsätze zurzeit von 2 % bis 25 % bewegen und die Finanzminister natürlich auf die jeweiligen Einnahmen angewiesen sind.
- **Freizügigkeit im Geld- und Kapitalverkehr:** Dies ist notwendig für die Freizügigkeit im Waren-, Dienstleistungs- und Personenverkehr. Würde man sie einschränken, wäre auch der freie Leistungsaustausch nicht möglich.
- **Weiterentwicklung der Europäischen Wirtschafts- und Währungsunion (EWWU):** Die Stationen zu einer einheitlichen europäischen Währung sind im Vertrag von Maastricht festgelegt (vgl. dazu Kapitel 4.3, Seite 144 ff.).

A Welche Perspektiven in Europa sehen Sie für die einzelnen Familienmitglieder der Familie Struwe?

Europäischer Binnenmarkt

Chancen	Risiken
■ Mehr Arbeitsplätze	■ Konzentrationsprozesse
■ Mehr und billigere Waren	■ Preissteigerungen
■ Mehr Wettbewerb	■ Abschottung gegenüber Drittländern
■ Wirtschaftswachstum	■ Mehr Bürokratisierung
■ Einsparungen bei Staatsaufträgen	■ Regionale Ungleichgewichte

Die Harmonisierung der vielen Gesetze und Verordnungen in den fünfzehn Mitgliedsländern ist ein zeitraubender Vorgang. Viele wichtige Bereiche sind bisher noch nicht vollendet worden (z. B. Unternehmensrecht, Aufhebung von [staatlichen] Monopolen, Umweltschutzbestimmungen), andere Bereiche werden wahrscheinlich immer unter nationaler Hoheit bleiben (z. B. Finanzpolitik).

Harmonisierung im Agrarmarkt

Der gemeinsame Agrarmarkt spielte von Anfang an eine Sonderrolle in der EU, galt es doch hoch industrialisierte und stärker landwirtschaftlich strukturierte Volkswirtschaften zu integrieren. In keinem anderen Bereich europäischer Politik haben die Mitgliedstaaten in gleichem Umfang auf ihre Souveränität verzichtet.

„Also, wir fahren geradeaus!"

Die Preis- und Marktordnung der EU soll den Landwirten ein „angemessenes" Einkommen gewährleisten, indem ihnen **Preis- und Absatzgarantien** gegeben werden. Diese Garantien ermöglichen es den Bauern, ihre Produktion (Getreide, Fleisch, Milch) ohne großes Risiko auszudehnen. Durch die vom Staat garantierten – aber eigentlich zu hohen – Preise ergibt sich tendenziell eine Begrenzung der Nachfrage nach Agrarprodukten. Als Folge von beiden Einflüssen liegt das Angebot an landwirtschaftlichen Produkten weit über der Nachfrage, und es kommt zu den sattsam bekannten „Butter-, Fleisch-, Getreidebergen" und „Milch- und Weinseen".
Das System des Agrarmarktes hat gravierende **Nachteile**:
- Die Agrar-Marktordnung führt zwangsläufig zu Überschüssen.
- Die begünstigten Exporte der Überschüsse auf dem Weltmarkt führen zu Konflikten mit den Handelspartnern, die z. T. mit Strafzöllen auf Industrieprodukte drohen.
- Den (Klein-)Bauern beschert dieses System nicht den gewünschten Einkommenserhalt.
- Die ökologische Belastung durch die intensiv betriebene Landwirtschaft wird von der Bevölkerung mehr und mehr als nicht tolerierbar angesehen.

Um das Problem der Überschüsse in den Griff zu bekommen, werden neue Wege beschritten. Die Agrarpreise werden nur noch leicht erhöht, um die Erzeugung nicht noch mehr anzukurbeln; dadurch erhalten die Landwirte die richtigen Preissignale und können die Erzeugung mehr am tatsächlichen Bedarf ausrichten. Weiter wurden Garantiemen-

Schwerpunkte der EU-Agrarpolitik	
50er-Jahre	■ Wirtschaftliche Unabhängigkeit ■ Versorgungssicherheit
60er- und 70er-Jahre	■ Beseitigung der Einkommensunterschiede ■ Erhaltung des bäuerlichen Familienbetriebes
80er- und 90er-Jahre	■ Überschussbeseitigung ■ Umweltschutz ■ Übergang von Preisstützungen zu Direktzahlungen
1. Jahrzehnt im 21. Jahrhundert	■ Entkopplung der Direktzahlungen von der Produktion ■ Bindung an Standards = Umweltschutz, Tierschutz, Lebensmittelsicherheit

7 Soziale Marktwirtschaft

- Nur 3 % des BIP wird in der Landwirtschaft erwirtschaftet.
- Nur 8 % aller Beschäftigten sind dort tätig.
- Über 50 % des EU-Haushalts jedoch fließen in die Landwirtschaft.
- Allerdings werden die Angaben seit 2006 eingefroren und steigen bis 2013 nur noch mit der Inflationsrate.

genregelungen eingeführt, sodass die Preis- und Abnahmegarantie nur noch bis zu bestimmten Anlieferungsmengen gilt. Der Verringerung der Anbauflächen dienen Flächenstilllegungsprämien und Schlachtprämien für die Reduzierung der Tierhaltung. Für die Landwirte wurde eine spezielle Vorruhestandsregelung getroffen. Weil diese Maßnahmen das Einkommen der Bauern stark reduzierten, wurden die sogenannten **Direktzahlungen** eingeführt. Diese Einkommenshilfen sind an die Größe der bewirtschafteten Höfe und die Menge des Nutzviehs gekoppelt.

Der EU-Agrarrat hat eine Wende in der **G**emeinsamen **A**grar**p**olitik (GAP) eingeleitet, die seit 2005 auch in der Bundesrepublik umgesetzt wird.

- Die Direktzahlungen werden weitgehend von der Höhe der jeweiligen Produktion abgekoppelt und durch einheitliche **Betriebsprämienregelungen** ersetzt.
- Soweit Direktzahlungen noch geleistet werden, werden sie an die **Einhaltung von Standards** in den Bereichen Umweltschutz, Tierschutz und Lebens- und Futtermittelsicherheit gekoppelt.
- Mit den eingesparten Mitteln aus den Direktzahlungen soll die **Förderung des ländlichen Raumes** verbessert werden.

7.5.3 Staatsquote

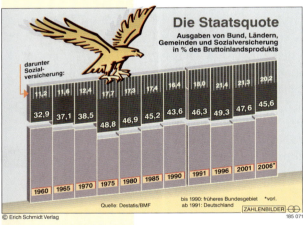

Einerseits wachsen die Ansprüche an den Staat immer mehr, andererseits wird über die hohe **Staatsquote** (= Anteil der Staatsausgaben am Bruttoinlandsprodukt) geklagt. Sie beträgt derzeit fast 50 % – angesichts der vielen Aufgabenfelder, die das staatliche „Mammut-Unternehmen" bearbeitet, ist das aber nicht verwunderlich.

Klar ist, dass das soziale Netz, die Infrastrukturmaßnahmen, der Schutz der Umwelt und Investitionsanreize (insbesondere in den neuen Bundesländern) finanziert werden müssen. Die hohe Staatsquote birgt aber vielfältige Probleme, von denen im Folgenden einige angesprochen werden sollen:

Öffentliche Verschuldung

Reichen die Einnahmen nicht aus, um sämtliche Ausgaben zu decken, darf der Staat zur Finanzierung langfristiger Investitionen (z. B. Straßen, Krankenhäuser, Schwimmbäder) Kredite aufnehmen. Dies geschieht durch die Ausgabe von Wertpapieren (z. B. Bundesanleihen, Bundesschatzbriefe). Durch die Zinszahlungen wird der finanzielle Spielraum in zukünftigen Haushaltsplänen eingeengt.

Andererseits wird die kommende Generation auf diese Art und Weise an der Finanzierung der Vorhaben, von denen sie ja auch Nutzen hat, beteiligt. Gleichwohl ist staatliche Finanzdisziplin das Gebot der Stunde. Die hohe Staatsverschuldung führt in einen Teufelskreis: Mit den Haushaltsdefiziten wachsen die Staatsschulden und die Zinslasten, und mit den steigenden Zinslasten vergrößern sich wiederum die Haushaltsdefizite.

Abgabenlast

Können die öffentlichen Kredite nicht mehr ausgedehnt werden, muss sich der Staat auf seine originäre Einnahmequelle besinnen, die Steuern – und das tut er auch ausgiebig. Die **Abgabenquote** (= Anteil der Steuern und Sozialabgaben am BIP) ist seit 1960 dramatisch gestiegen und heute mit über 40 % entschieden zu hoch. Insbesondere die Unternehmen klagen über die hohe Besteuerung und die Sozialkosten (Lohnzusatzkosten). Diese Tatsache wird auch immer wieder als schwerwiegender Standortnachteil für Deutschland genannt. Wenn also Kredite und Steuern auf der Einnahmenseite des Staates zu hoch sind, führt kein Weg an einer Kürzung bei den Ausgaben vorbei, wenn man zu soliden Finanzverhältnissen zurückfinden will.

Subventionen

Ein großer Ausgabenposten sind die Subventionen. Sie dienen in der sozialen Marktwirtschaft grundsätzlich nur der Hilfe zur Selbsthilfe. Zeitlich befristet und im Zeitablauf abnehmend sollen sie dazu beitragen, den ständigen Strukturwandel in der Wirtschaft zu erleichtern, zu fördern und regionale Unterschiede sowie soziale Härten auszugleichen.

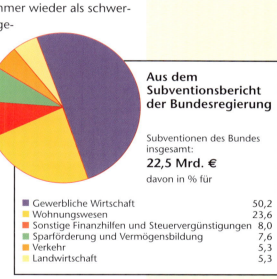

Wenn Ausgabenkürzungen notwendig sind, stellt sich natürlich die Frage, wo man ansetzen soll. Politisch am unproblematischsten ist die „Rasenmäher-Methode", in dem alle sozialen Gruppen prozentual gleichmäßige Kürzungen hinnehmen müssen.

Einmal gewährte Subventionen haben aber eher die Tendenz, zu einem ständigen „Füllhorn" zu werden, und sind langfristig ein Hemmnis für den Strukturwandel. Erhaltungssubventionen, die aus übergeordneten politischen Erwägungen zum Beispiel für den Bergbau und die Landwirtschaft gewährt werden, führen meistens zu Überkapazitäten (Kohle, Stahl, Werften, Agrarprodukte), die dann mit weiteren Subventionen abgebaut und stillgelegt werden müssen.

Privatisierung

Öffentliche Betriebe stehen nicht, wie die privaten Erwerbsbetriebe, unmittelbar unter dem Druck, Gewinne zu erzielen – gegebenenfalls müssen die Verluste aus Steuermitteln gedeckt werden. Eine Möglichkeit zur Effizienzsteigerung und zur Entlastung des staatlichen Bereichs besteht in der Privatisierung öffentlicher Betriebe.

Durch Rücküberführung öffentlicher Aufgaben auf private Unternehmer („Entstaatlichung") können Selbstständigkeit, Eigeninitiative, Bürgersinn und Eigenverantwortung gestärkt werden. Dabei wird unterstellt, dass Privatunternehmen auf Dauer bessere Leistungen zu günstigeren Preisen anbieten können. Die Gründe dafür liegen in einer flexibleren Personalwirtschaft, im Fehlen von starren haushaltsrechtlichen Vorschriften, im Kosten- und Wirtschaftlichkeitsdenken, im Rationalisierungsdruck, in modernen Managementtechniken und in einer erhöhten Motivation der Mitarbeiter.

Viele (Monopol-)Betriebe des Staates sind schon privatisiert worden (Telekom, Lufthansa) und weitere Anstrengungen werden in dieser Richtung unternommen. Auf der anderen Seite darf nicht übersehen werden, dass der Staat seine Vorsätze vergisst, wenn zum Beispiel die staatlichen Landesbanken marode Firmen aufkaufen, oder die landeseigenen Stromversorger überforderte Müllentsorgungsfirmen.

Grundsätzlich kommen für eine Privatisierung infrage:
- *Bahn, Post*
- *Arbeitsämter*
- *Wasserversorgung*
- *Stromunternehmen*
- *Schwimmbäder*
- *Theater*
- *Verkehrsbetriebe*
- *Müllabfuhr*

7.5.4 Ziele und Zielkonflikte in der Wirtschaftspolitik

Die wirtschaftspolitischen Ziele, die Bundes- und Landesregierungen verfolgen müssen, sind im § 1 des „Gesetzes zur Förderung der Stabilität und des Wachstums der Wirtschaft" (**Stabilitätsgesetz** – StabG) festgelegt:

„Bund und Länder haben bei ihren wirtschafts- und finanzpolitischen Maßnahmen die Erfordernisse des gesamtwirtschaftlichen Gleichgewichts zu beachten. Die Maßnahmen sind so zu treffen, dass sie im Rahmen der marktwirtschaftlichen Ordnung gleichzeitig zur Stabilität des Preisniveaus, zu einem hohen Beschäftigungsstand und außenwirtschaftlichen Gleichgewicht bei stetigem und angemessenem Wirtschaftswachstum beitragen." (§ 1 StabG)

Das „Magische Viereck"

1. Ziel: Vollbeschäftigung (hoher Beschäftigungsstand)

Vollbeschäftigung würde bestehen, wenn alle **arbeitsfähigen** und **arbeitswilligen** Personen in einem Beschäftigungsverhältnis stehen würden. Als **arbeitsfähig** bezeichnen wir alle, die arbeiten können und dürfen. Kinder, denen das Gesetz eine Beschäftigung verbietet, alte Menschen, die nach Abschluss ihres Arbeitslebens Rente oder Pension beziehen, und Schwerbehinderte, deren Behinderung eine Beschäftigung unmöglich macht, zählen wir also nicht zu den Arbeitslosen, denn sie sind nicht arbeitsfähig.

Ebenso wenig bezeichnen wir Personen als arbeitslos, die **freiwillig nicht berufstätig** sind. Hierzu gehören z. B. Schüler und Studenten, die zugunsten einer besseren Ausbildung ihren Start ins Berufsleben hinausschieben, Hausfrauen, die ihre Arbeitskraft für die Familie einsetzen, aber auch „Drückeberger", die Arbeitswilligkeit vorgeben, um in den Genuss staatlicher Unterstützung zu kommen, was ihnen aber meist nur für kurze Zeit gelingt.

In der Geschichte der Bundesrepublik Deutschland gab es immer Arbeitslose. Denn hundertprozentige Vollbeschäftigung (0 % Arbeitslose) ist nicht möglich, wie aus der Betrachtung der verschiedenen Arten der Arbeitslosigkeit ersichtlich wird:

- **konjunkturelle Arbeitslosigkeit** durch Produktionseinschränkungen in allen Wirtschaftszweigen aufgrund eines allgemeinen Nachfragerückgangs
- **strukturelle Arbeitslosigkeit** durch Schrumpfen einzelner Wirtschaftszweige (z. B. in der optischen Industrie oder in der Textilindustrie, wo die Produktion zunehmend ins Ausland verlagert wird)
- **saisonale Arbeitslosigkeit** durch jahreszeitliche Einflüsse in verschiedenen Wirtschaftszweigen (z. B. Landwirtschaft, Fremdenverkehr, Baugewerbe)
- **Fluktuationsarbeitslosigkeit** bei Arbeitsplatzwechsel (verursacht durch Kündigungsfristen, Zeiten für die Suche nach neuen Arbeitsplätzen, Einstellungstermine)

Strukturveränderungen sind in einer sich vorwärts entwickelnden Wirtschaft selbstverständlich, die Auswirkungen der Jahreszeiten sind nur zum Teil auszuschließen und eine gewisse Fluktuation (Stellenwechsel) ist gesamtwirtschaftlich sinnvoll. Die hieraus resultierende Arbeitslosigkeit ist also bis zu einem gewissen Grad in Kauf zu nehmen. Dennoch muss versucht werden, sie niedrig zu halten, um einen möglichst **hohen Beschäftigungsstand** zu erreichen.

*Von einem hohen Beschäftigungsstand (Vollbeschäftigung) spricht man, wenn die Arbeitslosenquote unter 2 % liegt. Ist die Quote höher, liegt **Unterbeschäftigung** bzw. **Arbeitslosigkeit** vor. Bei einer sehr niedrigen Quote und einer gleichzeitig großen Zahl offener Stellen spricht man von **Überbeschäftigung**.*

2. Ziel: Preisniveaustabilität

Als Preisniveau bezeichnet man die durchschnittliche Höhe der Güterpreise, die in Indexzahlen gemessen wird. **Stabilität des Preisniveaus** ist daher auch gegeben, wenn einzelne Güterpreise steigen, allerdings müssen dafür andere fallen, sodass die Preise im Durchschnitt „stabil" bleiben.

Steigerungen des Preisniveaus (= Geldwertminderungen) haben für die verschiedenen an der Wirtschaft beteiligten Gruppen unterschiedliche Auswirkungen: So sinkt z. B. der Lebensstandard des Verbrauchers, weil dieser sich immer weniger Güter leisten kann, solange die Einkommen konstant bleiben. Stark betroffen werden auch die Kontensparer, da der Wert ihrer Ersparnisse abnimmt. Dagegen haben die Schuldner Vorteile, denn der sinkende Geldwert verringert auch den Wert ihrer Schulden. Letztlich werden also durch Preisniveausteigerungen soziale Ungerechtigkeiten hervorgerufen. Da diese politisch nicht erwünscht sein können, liegt die Bedeutung des Ziels „Preisniveaustabilität" auf der Hand.

Absolute Preisniveaustabilität können wir allerdings nicht erreichen, weil viele Preise vom Ausland beeinflusst sind (z. B. Steigerung der Rohstoffpreise). So muss versucht werden das Preisniveau so stabil wie möglich zu halten, d. h., eine **relative Preisniveaustabilität** ist anzustreben.

3. Ziel: außenwirtschaftliches Gleichgewicht

Die Bundesrepublik Deutschland ist wirtschaftlich in starkem Maße von anderen Staaten (Volkswirtschaften) abhängig, da sie die meisten Rohstoffe im Ausland kaufen muss. Um diese bezahlen zu können, muss ein großer Teil der daraus erzeugten Produkte wieder in andere Länder verkauft werden.

Der Wert der Ausfuhren (Exporte) und der Einfuhren (Importe) sollte möglichst gleich groß sein (außenwirtschaftliches Gleichgewicht). Denn bei einem **Importüberschuss** (mehr Import als Export) würde das nötige Geld fehlen, um alle Einfuhren bezahlen zu können, sodass Kredite im Ausland aufgenommen werden müssten. Bei einem **Exportüberschuss** käme zu viel Geld ins Inland, die nachfragewirksame Geldmenge könnte aufgebläht werden und zur Inflationsgefahr führen. Ein geringer Exportüberschuss kann unter Umständen wünschenswert sein als Reserve für die Begleichung anderer Auslandsverpflichtungen (Entwicklungshilfe, Beiträge an internationale Organisationen wie UNO, Internationaler Währungsfonds usw.).

Bei welcher Inflationsrate man von einer (relativen) Preisniveaustabilität sprechen kann, hängt sehr von der „Inflationsmentalität" eines Volkes ab. Angesichts der Erfahrungen in Deutschland mit zwei großen Inflationen in diesem Jahrhundert (1920/23 und 1945/48) wird eine Rate von 2 bis 3 % als noch erträglich angesehen. Andere Länder, wie z. B. Italien, USA oder Mexiko, legen hier weitaus höhere Maßstäbe an.

7.5 Probleme der sozialen Marktwirtschaft

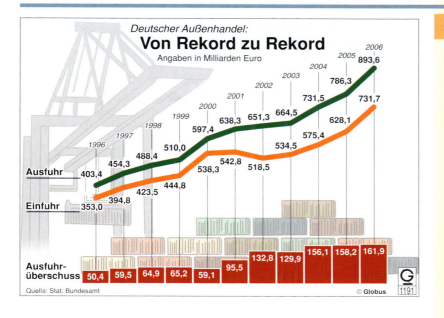

Als Maßstab, ob das Ziel „außenwirtschaftliches Gleichgewicht" erreicht ist, eignet sich die **Leistungsbilanz**. Sie ist die Summe aus den Salden von **Handelsbilanz, Dienstleistungsbilanz** und **Übertragungsbilanz**.

4. Ziel: stetiges und angemessenes Wirtschaftswachstum

Von Wirtschaftswachstum spricht man, wenn das reale Bruttoinlandsprodukt (um Preissteigerungen bereinigt) gegenüber dem Vorjahr wächst, d. h. der „Wohlstand" zugenommen hat. Dieses Wachstum erfolgt in aller Regel aber nicht gleichmäßig, sondern die verschiedenen Indikatoren schwanken unterschiedlich stark und sind teilweise auch rückläufig.

Das Auf und Ab der wirtschaftlichen Entwicklung nennt man **Konjunkturschwankungen** bzw. **Konjunkturzyklen**.

Die Konjunkturentwicklung wird langfristig anhand des BIP gemessen. Kurzfristig werden insbesondere zur Prognose in die Zukunft viele andere Indikatoren herangezogen:
- Aufträge und Produktion
- Kapazitätsauslastung
- Verbraucherpreise
- Reallohnentwicklung
- Zinsentwicklung
- Aktienindex
- Arbeitslosenquote
- Investitionen
- Handelsbilanz

7 Soziale Marktwirtschaft

Es geht bei der Konjunkturentwicklung nicht immer nur um wirtschaftliche Fakten, sondern es ist auch sehr viel Psychologie (Wertungen und Einstellungen) im Spiel. Die Rede eines Notenbankpräsidenten, der Zusammenbruch einer Bank, die Veröffentlichung eines Wirtschaftsgutachtens, die Meinungsäußerung eines Arbeitgeber- oder Gewerkschaftsfunktionärs können manchmal Auslöser für eine konjunkturelle Kehrtwendung sein.

Auch Herr und Frau Struwe bangen gelegentlich um ihre Arbeitsplätze. Suchen Sie nach Erklärungen, warum es relativ viele Arbeitslose gibt, obwohl die Produktion gut läuft.

Die wellenförmigen Bewegungen der Konjunktur, die sich meistens nach 4 bis 7 Jahren wiederholen, werden in vier Phasen unterteilt, die (idealtypisch) folgende Merkmale aufweisen:

- Im **Konjunkturaufschwung** (Expansion) steigt die Nachfrage, die wiederum eine erhöhte Produktion zur Folge hat. Die Unternehmen erwarten bessere Gewinnchancen, investieren und stellen zusätzliche Arbeitskräfte ein. Die Löhne, aber auch die Preise und Zinsen beginnen zu steigen, die Sparneigung nimmt ab.
- In der **Hochkonjunktur** (Boom) herrscht Vollbeschäftigung oder sogar Arbeitskräftemangel, sodass die Einkommen und damit die kaufkräftige Nachfrage, aber auch die Preise und die Zinsen stark steigen. Da die Produktion aufgrund der Neuinvestitionen auf Hochtouren läuft, zeichnet sich eine Überproduktion und Marktsättigung ab.
- Im **Konjunkturabschwung** (Rezession) schätzen die Unternehmen aufgrund schlechter Absatzerwartungen die weitere Wirtschaftsentwicklung pessimistisch ein. Es werden höchstens noch Ersatzinvestitionen getätigt, die Produktion wird zurückgefahren und Arbeitskräfte werden entlassen. Das niedrigere Einkommen hat eine geringere Nachfrage bei gleichzeitig höherem Sparen zur Folge. Preise und Zinsen sinken.
- Im **Konjunkturtief** (Depression) stagnieren Nachfrage, Produktion, Löhne, Gewinne und Zinsen auf niedrigem Niveau. Die Investitionsneigung ist – trotz niedriger Zinsen, aber wegen schlechter Absatzerwartungen – sehr gering; es gibt viele Entlassungen und Firmenzusammenbrüche. Die Arbeitslosigkeit ist hoch und ebenso die Ersparnis – aus Zukunftsangst.

Leider verläuft die Konjunktur in der Realität nicht immer so wie der hier beschriebene „klassische" Verlauf. So kam es in den letzten Jahren trotz geringem Wachstum und hoher Arbeitslosigkeit zu Preissteigerungen (Stagnation + Inflation = **Stagflation**). Ein ganz unerwartetes Phänomen ist auch die Tatsache, dass trotz hoher Produktionstätigkeit die Arbeitslosigkeit nicht oder nur geringfügig zurückging (= **jobless growth**).

Ziel der Wirtschaftspolitik ist es, das Auf und Ab der Konjunktur zu verstetigen und mittel- und langfristig ein **angemessenes** Wirtschaftswachstum zu erreichen, d. h. nicht unbedingt ein größtmögliches, sondern ein Wachstum, das andere wirtschaftliche Ziele (wie z. B. die Preisstabilität oder Schutz der natürlichen Umwelt) nicht gefährdet.

Im Laufe der letzten Jahre kamen zu den ursprünglichen Zielen der Wirtschaftspolitik noch zwei weitere hinzu:

5. Ziel: lebenswerte Umwelt

Die Umwelt galt bisher als ein freies Gut, auf das weder die Bevölkerung noch Industrie und Gewerbe Rücksicht nahmen.

Wirtschaftliche Aktivitäten, wie z. B. Produktion, Landwirtschaft und Verkehr, wirken aber in vielfältiger Weise auf die Umwelt ein, wie folgende Beispiele zeigen:
- Haltbarmachung der Lebensmittel mit Chemikalien
- konzentrierte Bearbeitung des Bodens
- ungefilterte Abgabe von Abgasen in die Luft
- Einleitung von Abwässern in Flüsse, Seen und Meere
- Lagerung giftiger Abfälle in Deponien
- Lärmbelästigung durch Straßenverkehr, Baumaßnahmen usw.

Lebenswerte Umwelt

Diese Erkenntnisse beeinflussten das Statistische Bundesamt Überlegungen anzustellen, eine „umweltökonomische Gesamtrechnung" zu entwickeln. Darin werden nicht nur die wirtschaftlichen Folgen der Inanspruchnahme der Umwelt, sondern der Zustand der Umwelt selbst und deren Veränderung beschrieben.

Ziel dieser neuen Denkweise ist es,
- die Beurteilung der Erfolge der Marktwirtschaft realistischer zu sehen;
- dem Staat Argumente aufgrund von Zahlen an die Hand zu geben, um bestimmte Maßnahmen zu begründen, wie z. B.
  - Ökosteuern oder Ökoabgaben für Eingriffe in die Natur nach dem Verursacherprinzip,
  - Einführung von Umweltlizenzen für Emissionen (Verschmutzungen),
  - Ausbau des Haftungsrechts (z. B. bei Verschmutzung),
  - Umweltschutzforschungen.

6. Ziel: gerechte Einkommens- und Vermögensverteilung

Es gibt sicherlich in der Bundesrepublik Deutschland eine ungleiche Einkommens- und Vermögensverteilung. Ob sie ungerecht ist, darüber lässt sich trefflich streiten, je nach dem Verteilungsziel:

Gerechte Einkommens- und Vermögensverteilung

- **Egalitätsprinzip:** Das Einkommen und Vermögen soll gleichmäßig verteilt werden.
- **Bedarfsprinzip:** Die Einkommens- und Vermögensverteilung soll sich an sozialen Bedürfnissen ausrichten.
- **Leistungsprinzip:** Die Einkommens- und Vermögenshöhe soll sich an erbrachten Leistungen orientieren.

In der Bundesrepublik Deutschland finden wir eine Kombination aus diesen drei Zielen. Einerseits wird die Leistung bezahlt (z. B. tariflich ausgehandelter Akkordlohn), andererseits werden die sozialen Bedürfnisse berücksichtigt (z. B. Arbeitslosengeld, Sozialversicherung, Ausbildungsförderung, Wohngeld), und weiterhin wird eine steuerliche Umverteilung von oben nach unten vorgenommen (z. B. 45 % Einkommensteuer für Großverdiener, 15 % für Kleinverdiener und 0 % für Kleinstverdiener). Je nach Zielsetzung der Regierung, die für die Gesetze und Verordnungen verantwortlich ist, gibt es unterschiedliche Schwerpunkte der Verteilungsgrundsätze (z. B. Senkung des Spitzensteuersatzes im Rahmen der Steuerreform oder Erhöhung des Kindergeldes für Bezieher niedriger Einkommen).

Zielkonflikte

Ideal wäre es, wenn sowohl die vier im Stabilitätsgesetz genannten als auch die beiden weiteren Ziele gleichzeitig erreicht werden können. In der Praxis ergeben sich dabei aber zum Teil unüberwindliche Zielkonflikte.

Vollbeschäftigung

Preisstabilität

- Als schwer vereinbar haben sich nach den bisherigen Erfahrungen die Ziele Vollbeschäftigung und Preisstabilität erwiesen. Wächst die Wirtschaft, so steigen auch die Preise. Andererseits steigen bei guter Beschäftigung die Löhne, was wiederum (über die höhere Nachfrage) Preiserhöhungen zur Folge hat.

stabile Preise

Wirtschaftswachstum

- Ein ganz neues Phänomen in der Wirtschaftspolitik ist die Tatsache, dass die Preissteigerungen sich auch ohne nennenswertes Wirtschaftswachstum einstellen (Stagflation). Lange Zeit glaubte man auch, dass durch ein „bisschen" Inflation das Wachstum gefördert werden könnte. Dies ist aber ein Irrglaube, da die Inflation das Wachstum wieder „auffrisst".

Wirtschaftswachstum

Vollbeschäftigung

- Nach der Theorie sollte das Wachstum automatisch mit mehr Beschäftigung gekoppelt sein. Dass dies in der Realität nicht der Fall ist, könnte mit der Tatsache zu tun haben, dass die Löhne nicht nach unten flexibel sind und dies die Neigung der Unternehmer zur Rationalisierung noch verstärkt – diese Meinung ist aber durchaus umstritten. In Deutschland kommt hinzu, dass sich das Arbeitskräfteangebot vergrößert hat: verstärkt arbeitssuchende Frauen, Zuwanderungen von außen usw.

Wirtschaftswachstum, Vollbeschäftigung

lebenswerte Umwelt

- Wirtschaftswachstum und Vollbeschäftigung gefährden tendenziell die Umwelt („ökonomischer Fortschritt verursacht ökologische Probleme"). Hohe Produktion bedeutet in aller Regel hohen Energieverbrauch mit allen negativen Folgeerscheinungen, hohen Verbrauch an nicht erneuerbaren Rohstoffen und hohe Emissionen von Schadstoffen. Bekannte Reizworte zu diesem Thema sind: Treibhauseffekt, Ozonloch, Waldsterben, Smogalarm, Giftmülldeponien, Gewässer- und Bodenverseuchung. Die Regierung versucht den Konflikt zwischen Ökonomie und Ökologie durch den Erlass von Grenzwerten und Vorschriften über Klär- und Filteranlagen und Recyclingmaßnahmen zu entschärfen. Besser als diese nachträglichen Maßnahmen ist es aber, wenn schon von vornherein ein Produktionsverfahren gewählt wird, bei dem weniger Rohstoffe und weniger Energie benötigt werden und weniger Emissionen entstehen.

Es grenzt also fast schon an Magie, wenn alle Ziele des Stabilitätsgesetzes gleichzeitig erreicht werden können. Deshalb spricht man bei der Verfolgung dieser vier Ziele vom „magischen Viereck" bzw., wenn die zwei weiteren Ziele hinzugenommen werden, vom „magischen Sechseck".

Je nachdem, ob sich Ziele behindern, fördern oder unabhängig sind, spricht man von Zielkonflikt, Zielharmonie, Zielneutralität.

7.5.5 Instrumente zur Beeinflussung der Wirtschaft

Konjunkturpolitik

Unser Wirtschaftssystem, die soziale Marktwirtschaft, führt stetiges Wirtschaftswachstum nicht automatisch herbei, vielmehr leben wir entweder in Aufschwungphasen mit steigenden Preisen oder in Abschwungphasen mit Arbeitslosigkeit.

In beiden Fällen muss der Staat in die Wirtschaft eingreifen, denn er hat nach dem Stabilitätsgesetz die Aufgabe, mithilfe konjunkturpolitischer Mittel Schwankungen so weit wie möglich auszuschalten, um so ein möglichst stetiges Wachstum zu erreichen. Die staatlichen Eingriffe sind hierbei so zu treffen, dass der einzelne Unternehmer oder Verbraucher seine wirtschaftlichen Entscheidungen weiterhin selbst treffen kann.

Der Staat darf lediglich gesamtwirtschaftliche Größen beeinflussen, man spricht daher auch von **Globalsteuerung**. Hierbei findet eine Arbeitsteilung zwischen den staatlichen Institutionen statt. Während die Bundesregierung versucht, die gesamtwirtschaftliche Nachfrage (Konsum, Investitionen) mithilfe der **Steuer- oder Fiskalpolitik** zu stabilisieren, ist es das alleinige und unabhängige Recht der Europäischen Zentralbank und der Deutschen Bundesbank, dies mit der **Geldpolitik** zu unterstützen.

Die Siebziger- und frühen Achtzigerjahre waren in der Bundesrepublik Deutschland wie auch in anderen westlichen Industrieländern von einem Rückgang des Wirtschaftswachstums und zunehmender Arbeitslosigkeit gekennzeichnet. Zwar sollten groß angelegte Beschäftigungsprogramme nach dem Muster der nachfrageorientierten Konjunkturpolitik den Aufschwung herbeiführen, doch hielt sich die wirtschaftliche Erholung – trotz hoher Staatsausgaben – in engen Grenzen.

Nachfrageorientierte Konjunkturpolitik

Bei voll ausgelasteten Produktionsanlagen, Vollbeschäftigung und steigenden Preisen muss der Staat „**bremsen**", d. h., er muss Maßnahmen ergreifen, die eine Senkung der gesamtwirtschaftlichen Nachfrage bewirken sollen, um so die Preissteigerungen in den Griff zu bekommen. Umgekehrt muss er bei geringer Auslastung der Produktionsanlagen und Arbeitslosigkeit „**ankurbeln**", d. h., er muss sich um eine Erhöhung der gesamtwirtschaftlichen Nachfrage bemühen, damit er positive Beschäftigungswirkungen erzielt.

Der Staat sollte also dem Verhalten der anderen Wirtschaftssubjekte (private Haushalte und Unternehmungen) entgegensteuern, indem er eine **antizyklische** Fiskalpolitik betreibt. Hierzu hat er eine Reihe von **ausgaben- und steuerpolitischen Mitteln**, wie Steuererhöhungen bzw. -senkungen, Gewährung bzw. Streichung von Unterstützungszahlungen und Subventionen, Erhöhung bzw. Einschränkung der staatlichen Kreditaufnahme.

Angebotsorientierte Konjunkturpolitik

Die Kritiker des **nachfrageorientierten Ansatzes** führen vor allem ins Feld, dass eine verstärkte staatliche Kreditaufnahme eine Erhöhung des Zinsniveaus nach sich ziehen kann und damit einen Rückgang von Investitionen der Unternehmen bewirkt. Auch Steuererhöhungen führen zu einem Rückgang des verfügbaren Einkommens und damit zu einem Nachfrageausfall. Es reicht also nicht, die globale Größe „Nachfrage" (insbesondere die des Staates) zu erhöhen, wenn nicht gleichzeitig die Bedingungen auf der Angebotsseite verbessert werden.

Um dies zu erreichen, müssen einerseits die Kosten für Investitionen der Unternehmen gesenkt und damit die Rentabilität der Produktion erhöht werden, andererseits müssen die wirtschaftlichen Rahmenbedingungen insgesamt verbessert werden.

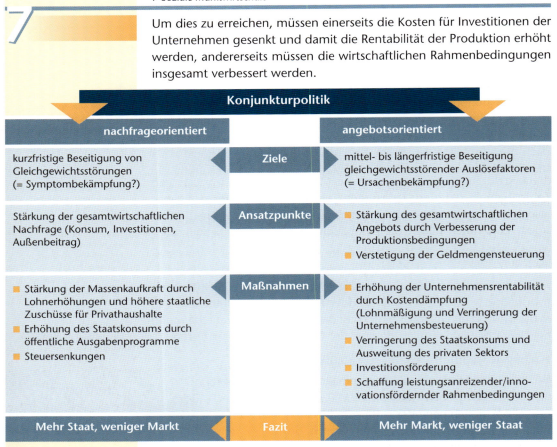

Wesentliche Unterschiede in den Zielsetzungen der beiden Strategien bestehen darin, dass mit dem **nachfrageorientierten Ansatz** eine Initialzündung gegeben werden soll, um kurzfristig das gesamtwirtschaftliche Gleichgewicht wiederherzustellen, während bei dem **angebotsorientierten Ansatz** nicht so schnell Wirkungen erzielt werden können und sich das Gleichgewicht eher mittelfristig einstellt.

Die Wirtschaftspolitik der letzten fünfzehn bis zwanzig Jahre war eindeutig auf die Verbesserung der wirtschaftlichen Rahmenbedingungen ausgerichtet. So hat das Beschäftigungsförderungsgesetz u. a. zu einer Erleichterung der Befristung von Arbeitsverträgen geführt. Mehrere Steuerreformen am Ende des letzten Jahrhunderts brachten eine erhebliche Entlastung der höheren Einkommen. Die Gesundheits- und Rentenreformen haben zu einem Rückgang bei den Lohnnebenkosten geführt. Hier ist auch das Pflegegesetz zu erwähnen, bei dem der Arbeitgeberanteil durch die Streichung eines Feiertages kompensiert wird. Durch das neue Kündigungsschutzgesetz wurde der Kündigungsschutz in Kleinbetrieben gelockert. Alle diese Maßnahmen stehen unter dem Stichwort „Sicherung des Wirtschaftsstandortes Deutschland".

Der von Unternehmensverbänden geforderte weitere Abbau des Sozialstaates wird, insbesondere von den Gewerkschaften, nicht unwiderspro-

7.5 Probleme der sozialen Marktwirtschaft

chen hingenommen. In Umkehrung der Argumentation von oben wird darauf hingewiesen, dass die Unternehmen trotz bester Rahmenbedingungen nicht investieren würden, wenn keine günstigen Absatzchancen zu erwarten seien. Zudem sei das verfügbare Einkommen der Konsumenten dann durch die zusätzlichen Belastungen beschnitten, und ebenso dürfte ein großer Teil der Staatsnachfrage wegen der fehlenden Steuereinnahmen ausfallen.

Geldpolitik

Die Maßnahmen der Konjunktursteuerung greifen besser, wenn sie durch geld- und währungspolitische Maßnahmen der **E**uropäischen **Z**entral**b**ank (EZB) unterstützt werden. Die EZB wird dabei von den nationalen Notenbanken (in Deutschland der Deutschen Bundesbank) unterstützt. Zusammen bilden die Europäische Zentralbank und die nationalen Notenbanken das **E**uropäische **S**ystem der **Z**entral**b**anken (ESZB), auch kurz Eurosystem genannt.

Die Europäische Zentralbank ist eine von den Regierungen **unabhängige Institution**, die die Aufgabe hat, die Währung zu sichern („Hüterin der Währung"), indem sie auf die Geldmenge, die sich im Umlauf befindet, Einfluss nimmt. Sie muss dafür sorgen, dass der im Rahmen des Wachstums ansteigenden Gütermenge eine entsprechende Geldmenge gegenübersteht. Eine stabile Währung lässt sich nur herstellen, wenn Inflation und Deflation – ein Missverhältnis zwischen Güter- und Geldmenge – ausgeglichen werden. Die EZB muss also versuchen, Geld aus dem Markt zu nehmen oder in den Markt zu „pumpen". Hierzu stehen ihr verschiedene Möglichkeiten zur Verfügung, die sie **einzeln** oder **aufeinander abgestimmt** anwenden kann.

Offenmarktpolitik

Mit der Offenmarktpolitik beeinflusst das Eurosystem die in Umlauf befindliche Geldmenge. Das Eurosystem beleiht für eine bestimmte Frist Wertpapiere der Banken. Dadurch fließt Geld zu den Geschäftsbanken und in die Wirtschaft. Umgekehrt wird den Banken und der Wirtschaft Geld entzogen, wenn die abgebende Bank die Wertpapiere nach Ablauf der Frist wieder zurücknehmen muss. Die EZB bietet diese Geschäfte in zwei Formen an: Während die sogenannten **Hauptfinanzierungsgeschäfte** den eher kurzfristigen Geldbedarf der Banken decken (wöchentlicher Abschluss für 14 Tage), laufen **Basistendergeschäfte** mittelfristig über drei Monate (bei monatlicher Abschlussmöglichkeit). Gesteuert wird die Nachfrage nach diesen Geldern durch den Hauptrefinanzierungszinssatz, dem neuen Leitzins.

Die Auswirkungen geldpolitischer Impulse auf die Wirtschaft

Zentralbank
Veränderungen der Notenbankzinsen, z.B. Senkung des Pensionssatzes, Senkung des Hauptrefinanzierungssatzes.

Geldmarkt
Geldmarktzins zwischen Banken sinkt, weil Refinanzierung bei der Notenbank verbilligt.

Geschäftsbanken
Geschäftsbanken kaufen höherverzinsliche Anlagen, wie z.B. Anleihen, und senken Kredit- und Einlagenzinsen.

Kapitalmärkte
Wertpapierkurse steigen (d.h. die Renditen festverzinslicher Wertpapiere sinken)

Nichtbanken
Nachfrage nach relativ „billigen" Krediten und Gütern steigt, Geldmenge nimmt zu.

Gütermärkte
Nachfragesteigerung und ggf. Angebotserhöhung oder steigende Preise (Inflation).

275

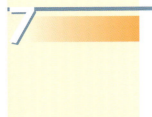

Die Basistendergeschäfte entsprechen den früher üblichen Diskontgeschäften der Deutschen Bundesbank. Auch wenn es das Diskontgeschäft im Eurosystem nicht mehr gibt, können sich Banken bei der Bundesbank nach wie vor mithilfe von Handwechseln refinanzieren, dies aber nicht mehr zu Vorzugskonditionen, sondern nur noch zu marktüblichen Zinsen.

Ständige Fazilitäten

Da der Geldbedarf der Banken kurzfristig hohen Schwankungen unterliegt, können sie sich „über Nacht" kurzfristig bei der EZB Geld zu dem etwas höheren Spitzenrefinanzierungssatz beschaffen. Auch dieser Kredit wird auf Pfandbasis abgewickelt.

Andererseits können die Banken aber auch überschüssige Liquidität für einen Tag bei der EZB anlegen. Der dafür gewährte Zinssatz (Einlagenzinssatz) liegt unter dem Hauptrefinanzierungszinssatz.

Mindestreserve

Da die Bankkunden nie gleichzeitig auf ihre Guthaben zugreifen, stehen den Banken erhebliche liquide Mittel zur Verfügung. Einen bestimmten Prozentsatz (zurzeit 2 %) der Kundeneinlagen müssen die Banken bei der EZB zu marktüblichen Zinsen anlegen. Durch Änderungen der Höhe der Mindestreserve kann die EZB somit die in Umlauf befindliche Geldmenge beeinflussen. Die Banken müssen die vorgeschriebene Mindestreserve aber nur im Monatsdurchschnitt einhalten, so dass sie bei Liquiditätsschwankungen über die Mindestreserve ausgleichen können.

Sozialpolitik

Sozialpolitik ist im weitesten Sinne Gesellschaftspolitik, die die grundgesetzlich geschützten Menschenrechte gewährleistet. Sie darf sich nicht damit abfinden, nachträglich hier und da Notfälle und soziale Schäden zu korrigieren, sondern sie muss mit ihren Zielen und Maßnahmen zukunftsorientiert dazu beitragen, dass ein hohes Maß an sozialer Gerechtigkeit und sozialer Sicherheit für die Bürger entsteht.

Praktisch alle Lebensbereiche sind in unserer Gesellschaft von den Auswirkungen der Sozialpolitik durchdrungen. Drei große Bereiche sollen im Folgenden dargestellt werden:

1. Bei der **sozialen Sicherung** geht es um die Begrenzung und Absicherung von Risiken, denen der Einzelne und seine Angehörigen im Erwerbs- und Privatleben ausgesetzt sind:
   - Krankheit/Invalidität
   - Pflegebedürftigkeit
   - Arbeitslosigkeit
   - Ruhestand

   Diese „Risiken des Lebens" können auch privat abgesichert werden. Da aber von vielen Bürgern nicht genügend Vorsorge getroffen wird, zwingt der Staat die meisten Bürger zur Mitgliedschaft in der gesetzlichen Sozialversicherung.

Auch in der Familie Struwe vergeht kaum ein Tag, an dem nicht über Arbeitslosigkeit, Renten, Lohnfortzahlung, BAföG, Berufsausbildung, Kündigungsschutz, Wohnungsbauförderung usw. gesprochen wird. Ob im persönlichen Gespräch, in der Schule, am Arbeitsplatz, in der Freizeit oder in den Medien, das Thema „Sozialpolitik" geht alle an, gleich ob Mann oder Frau, ob Alt oder Jung.

*Sozialgesetzgebung ←
(vgl. Kapitel 1.6, Seite 40 ff.)*

2. Beim **sozialen Ausgleich** steht die Solidarität mit den wirtschaftlich Schwächeren im Vordergrund. So belastet der Staat Besserverdienende mit höheren Steuern als Einkommensschwache. Bürger, deren Einkommen unter dem Existenzminimum liegt, können Sozialhilfe beantragen. Mithilfe staatlicher Förderung sollen Arbeitnehmer (unterhalb bestimmter Einkommensgrenzen) in die Lage versetzt werden, eigenes Vermögen zu bilden. Mit dem Kindergeld greift der Staat Familien mit Kindern unter die Arme. Die Beträge pro Kind steigen mit der Anzahl der Kinder an.

3. Im Ausbildungsbereich und im Wirtschaftsleben soll durch sozialpolitische Maßnahmen **Chancengleichheit und Gleichberechtigung** hergestellt werden. So können bedürftige Schüler und Studenten Ausbildungsbeihilfe bekommen. Arbeitnehmer können sich auf der Grundlage von Arbeitsförderungsmaßnahmen weiterbilden und ggf. umschulen lassen.

In den Betriebsräten und Aufsichtsräten haben Arbeitnehmer abgestufte Rechte, ihre Arbeitsumwelt mit zu gestalten. Weiterhin gibt es eine Reihe von Gesetzen, die den **Schutz der Arbeitnehmer und Konsumenten** zum Inhalt haben. Diese gesetzlichen Regelungen werden zunehmend durch Grundsatzentscheidungen der Gerichte ergänzt (was naturgemäß nicht von allen Beteiligten begrüßt wird).

→ *Steuer/Finanzpolitik* (vgl. Kapitel 7.6, Seite 279 ff.)
→ *Sozialhilfe*
→ *Vermögensbildungsgesetz*
→ *Bausparförderungsgesetz* (vgl. Kapitel 7.6, Seite 279 ff.)
→ *BAföG* (vgl. Kapitel 1.3, Seite 19 ff.)
→ *Arbeitsförderung* (vgl. Kapitel 1.3, Seite 19 ff.)
→ *Betriebsverfassungsgesetz*
→ *Arbeitsschutzgesetze* (vgl. Kapitel 1.5, Seite 31 ff.)
→ *Verbraucherschutzgesetze* (vgl. Kapitel 3.3, Seite 107 ff.)

Die soziale Sicherung, von der hier die wichtigsten Bereiche aufgeführt wurden, verursacht natürlich hohe Kosten. Die Ausgaben für die soziale Sicherung bilden im Bundeshaushalt den größten Posten. Aufgebracht werden diese Mittel zum großen Teil von den Begünstigten selber in Form von Gebühren und Beiträgen, von den Unternehmen in den Lohnnebenkosten und von der staatlichen Gemeinschaft in Form von Steuern. Möglich sind diese sozialpolitischen Regelungen nur, wenn zwischen den Bürgern eine **Solidargemeinschaft** besteht, d. h. wenn die Mehrheit der Bürger bereit ist, im Notfall die Lasten des Einzelnen mit zu tragen. Damit aber aus dieser Solidargemeinschaft kein „Selbstbedienungsladen" wird, muss das sogenannte **Subsidiaritätsprinzip** hinzukommen, wonach die staatliche Gemeinschaft nur die Aufgaben übernimmt, die der Einzelne, seine Familie oder eine private soziale Organisation nicht übernehmen können.

Zusätzlich zur Konjunkturpolitik, zur Geldpolitik und Sozialpolitik gibt es noch das Instrument „**Steuerpolitik**". Dies wird ausführlich im nächsten Kapitel dargestellt.

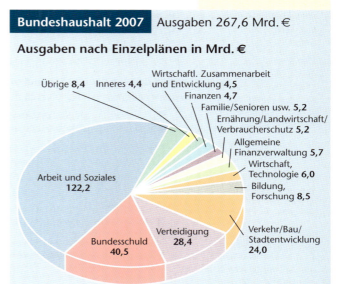

Bundeshaushalt 2007 Ausgaben 267,6 Mrd. €
Ausgaben nach Einzelplänen in Mrd. €

- Übrige 8,4
- Inneres 4,4
- Wirtschaftl. Zusammenarbeit und Entwicklung 4,5
- Finanzen 4,7
- Familie/Senioren usw. 5,2
- Ernährung/Landwirtschaft/Verbraucherschutz 5,2
- Allgemeine Finanzverwaltung 5,7
- Wirtschaft, Technologie 6,0
- Bildung, Forschung 8,5
- Verkehr/Bau/Stadtentwicklung 24,0
- Verteidigung 28,4
- Bundesschuld 40,5
- Arbeit und Soziales 122,2

7 Soziale Marktwirtschaft

Überblick

Probleme der sozialen Marktwirtschaft

Das **soziale Sicherungssystem** ist gefährdet durch	▪ **hohe Kosten**, insbesondere im **Gesundheitswesen** ▪ **Bevölkerungsungleichgewicht** insbesondere bei den **Renten** ▪ hohe Ausgaben der Kommunen für **Sozialhilfe**
Die **Harmonisierung in der EU**	▪ hat bereits viele Hindernisse im **Binnenmarkt** beseitigt ▪ steckt beim **Agrarmarkt** in einer dauerhaften Krise
Die **Staatsquote** ist zu hoch, die Ursachen der Probleme sind u. a.	▪ die hohe **öffentliche Verschuldung** ▪ die hohe **Abgabenlast** der Bürger ▪ die **Subventionen** für die Wirtschaft ▪ die „halbherzigen" **Privatisierungen**

Die **Ziele** der Wirtschaftspolitik sind	▪ Vollbeschäftigung ▪ Preisniveaustabilität ▪ außenwirtschaftliches Gleichgewicht	lt. Stabilitätsgesetz = „magisches Viereck"	Zwischen diesen Zielen kann es zu Zielkonflikten kommen
	▪ stetiges und angemessenes Wirtschaftswachstum ▪ lebenswerte Umwelt ▪ gerechte Einkommens- und Vermögensverteilung	neu hinzugekommene Ziele	

Die **Instrumente**, um die Ziele zu erreichen, sind	▪ **Konjunkturpolitik** (nachfrage- oder angebotsorientiert) ▪ **Geldpolitik** (Diskont-, Offenmarktpolitik) ▪ **Sozialpolitik** (soziale Sicherung, sozialer Ausgleich, Chancengleichheit, Schutz der Arbeitnehmer) ▪ **Steuerpolitik**

Aufgaben zur Wiederholung und Vertiefung

Inhaltsbezug Seite

1. Auf welche Weise sorgt – bzw. sollte! – der einzelne Bürger und die Staatsgemeinschaft für die Wechselfälle des Lebens vor? — 257

2. Nennen Sie die Gründe für die „Kostenexplosion" im Sozialsystem. — 258

3. Erläutern Sie, inwiefern der sogenannte „Generationenvertrag" gefährdet ist. — 259

4. Nennen Sie mindestens fünf Beispiele für vorteilhafte Regelungen in der EU, von denen Sie auch persönlich profitieren können. — 261, 262

5. Welche Vorschläge gibt es, um die zu hohe Staatsquote zu reduzieren? — 264, 265

6. Welches sind die erstrebenswerten Zielgrößen bei den Zielen Vollbeschäftigung, Preisniveaustabilität, Wachstum und außenwirtschaftliches Gleichgewicht? — 266-270

7. Nennen Sie Beispiele für Zielharmonie und Zielkonflikte in der Wirtschaftspolitik. — 272

8. Was ist „magisch" am wirtschaftspolitischen Viereck bzw. Sechseck? — 272

9. a) Welche Wirkung hat eine Erhöhung der Massenkaufkraft auf die Wirtschaftsentwicklung?
   b) Gibt es Unterschiede in der Beurteilung aus nachfrage- bzw. angebotsorientierter Sicht? — 273, 274

10. Welche wichtige Aufgabe im Rahmen der gesamten Wirtschaftspolitik liegt nicht bei der Regierung? — 275

11. Nennen Sie wichtige Bereiche der Sozialpolitik. — 276, 277

7.6 Finanzierung der staatlichen Aufgaben

Das Zusammenleben von Menschen in einem Staat erfordert die Finanzierung vielfältiger öffentlicher Aufgaben und Maßnahmen, die der Einzelne nicht allein (z. B. Straßenbau) oder nur zu ungleich höheren Kosten (z. B. Bildung) erbringen kann.

Einerseits nehmen die Bürger das breit gefächerte Leistungsangebot des Staates gerne in Anspruch und verlangen nach immer mehr Leistungen, andererseits zahlt kein Bürger gerne Steuern und andere öffentliche Abgaben, die der Staat zur Finanzierung seiner Aufgaben erhebt.
Je nach Einkommen, Konsumgewohnheiten und sozialem Status (Kinderzahl, Alter) werden die Bürger sehr unterschiedlich mit Steuern und anderen Abgaben belastet.

7.6.1 Arten der Staatseinnahmen

Steuern

Die Abgabenordnung (AO) definiert Steuern als Geldleistungen, die der Bürger ohne Anspruch auf Gegenleistung an den Staat zahlen muss. Aus dieser Definition lassen sich **fünf Merkmale einer Steuer** ableiten:

- Steuern sind Zwangsabgaben,
- sie begründen keinen Anspruch auf Gegenleistung,
- sie sind nicht zweckgebunden,
- sie dienen nicht ausschließlich der Erzielung von Einnahmen (z. B. „Ökosteuer"),
- sie sind in Geld und nicht etwa in Naturalien zu entrichten.

Bundesgesetzblatt

	Teil 1	Z 1997 A
1976	Ausgegeben zu Bonn am 23. März 1976	Nr. 29

Abgabenordnung (AO 1977)
Vom 16. März 1976

§ 3
Steuern, steuerliche Nebenleistungen

(1) Steuern und Geldleistungen, die nicht eine Gegenleistung für eine besondere Leistung darstellen und von einem öffentlich-rechtlichen Gemeinwesen zur Erzielung von Einnahmen allen auferlegt werden, bei denen der Tatbestand zutrifft, an den das Gesetz die Leistungspflicht knüpft; die Erzielung von Einnahmen kann Nebenzweck sein. Zölle und Abschöpfungen sind Steuern im Sinne dieses Gesetzes.

(2) Realsteuern sind die Grundsteuer und die Gewerbesteuer.

Zurzeit werden in der Bundesrepublik über 40 verschiedene Steuern erhoben. Diese bringen dem Staat (Bund, Länder und Gemeinden) Einnahmen in Höhe von fast 450 Milliarden €. Die Ergiebigkeit der Steuern ist aber sehr unterschiedlich. Während die sieben wichtigsten Steuern fast 85 % des gesamten Steueraufkommens ausmachen, erbringen die „kleinen" Steuern den Rest, und dies bei einem enormen Verwaltungsaufwand. Einige dieser Bagatellsteuern sind bereits abgeschafft: Wechsel-, Börsenumsatz- und Gesellschaftsteuer sowie die Verbrauchsteuern auf Salz, Zucker, Tee und Leuchtmittel. Der Wegfall der genannten Verbrauchsteuern ist Teil der Steuerharmonisierung innerhalb des EU-Binnenmarktes.

7 Soziale Marktwirtschaft

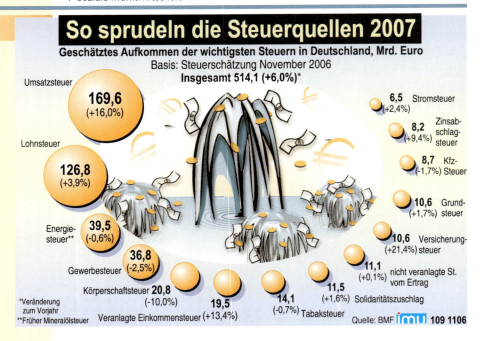

Zölle

sind Abgaben, die auf Waren im grenzüberschreitenden Verkehr erhoben werden. Zum einen dienen diese als Einnahmequelle des Staates bei im Inland begehrten Gütern (Kaffee) oder als Schutz der heimischen Wirtschaft.

Zwar herrscht innerhalb der EU weitgehend Zollfreiheit, aber für Agrarprodukte zum Beispiel, die in die EU importiert werden, müssen Abschöpfungszölle zur Angleichung des Preisniveaus gezahlt werden (vgl. Kapitel 7.5.2, Seite 263).

Gebühren

werden erhoben für öffentliche Leistungen, die der Staat für den einzelnen Bürger erbringt (individuelle Leistungen), wobei Gebühr und öffentliche Leistung sich im Wert nicht entsprechen müssen.

Gebühren werden beispielsweise erhoben für die Müllabfuhr, für öffentliche Beglaubigungen, für die Ausstellung eines Passes oder für die Eintragungen ins Grundbuch oder ins Handelsregister.

Beiträge

werden erhoben für öffentliche Leistungen, die der Staat allen oder einer bestimmten Gruppe von Bürgern zur Verfügung stellt (= kollektive Leistungen).

Auch wenn die Leistung vom Einzelnen nicht oder nur teilweise in Anspruch genommen wird, muss er die Beiträge in voller Höhe zahlen. Dies ist beispielsweise bei Erschließungsbeiträgen für Grundstücke (Kanalisation, Stromversorgung) der Fall.

280

Einnahmen aus Staatsunternehmen

Der Staat betätigt sich selber als Unternehmer (z. B. Salzgitter AG) oder ist an Firmen beteiligt (z. B. Volkswagen AG). Der erzielte Gewinn steht dem Staat natürlich ganz oder anteilig zu. Andererseits führt er die hoheitliche Aufsicht über Bahn AG und Bundesbank, deren Gewinne an den Staat abgeführt werden müssen.

Sonderabgaben

Neben den regulären Steuern gibt es noch eine Reihe von steuerähnlichen Abgaben, die auf bestimmte Waren oder Leistungen erhoben werden oder an bestimmte wirtschaftliche Gegebenheiten anknüpfen. Dazu gehören auch Ergänzungsabgaben, die aus konjunkturpolitischen Gründen erhoben werden, oder der Solidaritätszuschlag zur Finanzierung der deutschen Wiedervereinigung.

Kreditaufnahme

Soweit die Ausgaben die Einnahmen übersteigen, muss der Staat Kredite aufnehmen. Welche Probleme damit zusammenhängen, sind in Kapitel 7.5.3, Seite 264, unter dem Stichwort „Öffentliche Verschuldung" dargestellt.

Die Erhebung einer Feuerwehrabgabe und des Kohlepfennigs wurde inzwischen als verfassungswidrig erklärt. Diese Beispiele zeigen, dass der Staat bei der Suche nach Einnahmequellen gelegentlich über das Ziel hinausschießt.

7.6.2 Erhebung der Staatseinnahmen

Bei der Erhebung der Steuern knüpft der Staat an sehr verschiedene Steuertatbestände an, um genügend Geld in seine Kassen zu bekommen, zum Beispiel:
- Autofahren: Kfz-Steuer, Mineralölsteuer
- Geldverdienen: Lohn- und Einkommenssteuer
- Konsumieren: Umsatzsteuer
- Sich vergnügen und genießen: Biersteuer, Vergnügungssteuer, Wettsteuer, Tabaksteuer, Hundesteuer u. v. a. m.

Aufgrund des **vertikalen Finanzausgleichs** stehen den Gebietskörperschaften (Bund, Länder und Gemeinden) bestimmte Steuern alleine zu, aber einige sehr ergiebige Steuern werden nach politisch ausgehandelten Schlüsseln aufgeteilt (Gemeinschaftssteuern). Insbesondere zur Stärkung der neuen Bundesländer ist der Anteil der Länder an der Umsatzsteuer erhöht worden. Die Gemeinden in den alten Bundesländern beteiligen sich an diesem Ausgleich durch eine höhere Gewerbesteuerumlage.

Durch den **horizontalen Finanzausgleich** zwischen den Bundesländern ist geregelt, dass steuerstarke Länder einen Teil ihrer Einnahmen an steuerschwache Länder abführen. Manche Bundesländer sind aufgrund ihrer Größe, Lage und Infrastruktur in ihrer Wirtschaftskraft stärker und haben dadurch höhere Steuereinnahmen. Andere Bundesländer sind beispielsweise sehr ländlich strukturiert, haben eine wenig oder nur sehr einseitig ausgerichtete Industrie, die unter Umständen noch subventionsbedürftig ist (Werften in Bremen, Rostock, Stralsund, Stahlindustrie im Saarland, in Sachsen).

7 Soziale Marktwirtschaft

Lebensmittel, Bücher, Zeitschriften und andere „kulturelle" Güter und Dienste unterliegen einem ermäßigten MWSt-Satz. Was ist der Grund dafür?

Indirekte Steuern werden auch als „heimliche" Steuern bezeichnet. Beim Einkaufen zahlt man indirekte Steuern, ohne sich dieser Tatsache bewusst zu sein. Der Käufer zahlt diese Steuer durch einen Preisaufschlag an den Verkäufer, und dieser leitet die Steuer an das Finanzamt weiter. Die Höhe der im Laufe eines Monats oder Jahres gezahlten Steuer bleibt dabei unbekannt. Die ergiebigste indirekte Steuer ist die Umsatzsteuer mit 19 % (bzw. 7 % ermäßigter Satz) auf fast alle Waren und Dienstleistungen. Die Vielzahl der Steuern wird im Allgemeinen nach drei verschiedenen Merkmalen eingeteilt:

Einteilung der Steuern

Was wird besteuert?	Wer besteuert?	Wie wird besteuert?
Der Steuergegenstand	**Die Erhebungshoheit**	**Nach der Erhebungsart**
Besitzsteuern (besteuert wird der Besitz oder das Einkommen = werdender Besitz) – Lohn- und Einkommenssteuer – Kapitalertragssteuer – Körperschaftssteuer – Gewerbesteuer – Grundsteuer **Verkehrssteuern** (besteuert werden rechtliche und wirtschaftliche Vorgänge) – Grunderwerbssteuer – Kfz-Steuer – Vergnügungssteuer – Hundesteuer – Versicherungssteuer **Verbrauchssteuern** (besteuert wird die Höhe des Verbrauchs bestimmter Waren im Inland) – Mineralölsteuer – Tabaksteuer – Kaffee-/Teesteuer – Biersteuer – Getränkesteuer	**Bundessteuern** (beansprucht der Bund für sich allein) – Mineralölsteuer – Tabaksteuer – Versicherungssteuer **Ländersteuern** (erhalten die Bundesländer) – Vermögenssteuer – Kfz-Steuer – Lotteriesteuer – Biersteuer – Grunderwerbssteuer **Gemeindesteuern** – Grundsteuer – Hundesteuer – Getränkesteuer – Gewerbesteuer **Gemeinschaftssteuern** (die ergiebigsten Steuern werden nach bestimmten Prozentschlüsseln auf die drei Gebietskörperschaften verteilt) – Lohn-/Einkommensteuer – Umsatzsteuer – Körperschaftssteuer **Kirchensteuer** (wird vom Staat für die Kirchen einbehalten und an diese abgeführt)	**Direkte Steuern** (werden vom Steuerpflichtigen direkt an das Finanzamt gezahlt) – Lohn- und Einkommensteuer (die Tatsache, dass der Arbeitgeber die Steuer an das Finanzamt überweist, stellt nur eine Erleichterung der Steuereinziehung dar) – Vermögenssteuer – Grundsteuer – Hundesteuer **Indirekte Steuern** (werden in den Warenpreis einkalkuliert; der Unternehmer zahlt die Steuer, „wälzt" sie aber über den Preis auf die Kunden ab) – Umsatzsteuer – Mineralölsteuer – Tabaksteuer

Die **direkten Steuern** dagegen werden im Allgemeinen unter Berücksichtigung der persönlichen Verhältnisse des Steuerzahlers erhoben. Sie werden direkt beim Steuerpflichtigen erhoben und können von der Gehaltsmitteilung oder dem Einkommensteuerbescheid abgelesen werden.

282

7.6 Finanzierung der staatlichen Aufgaben

7.6.3 Verwendung der Staatseinnahmen

Mithilfe der Steuern und sonstiger öffentlicher Abgaben finanziert der Staat wichtige Maßnahmen:

Finanzierung öffentlicher Aufgaben

Aus den Haushaltsplänen, die die drei Gebietskörperschaften (Bund, Länder und Gemeinden) regelmäßig aufstellen, lässt sich ersehen, wozu die Einnahmen verwendet werden.

Öffentliche Aufgaben		
Bund	**Länder**	**Gemeinden**
■ Auswärtige Angelegenheiten ■ Entwicklungshilfe ■ Verteidigung ■ Verkehrswesen/Straßenbau (Autobahnen, Bundesstraßen) ■ Wissenschaft und Forschung ■ Wirtschaftsförderung (Subventionen für bestimmte Branchen und Regionen)	■ Hochschulen/ Universitäten ■ Gesundheitswesen ■ Jugend/Sport ■ Verkehrswesen/Straßenbau (Landstraßen) ■ Sozialer Wohnungsbau ■ Sozialeinrichtungen ■ Öffentliche Sicherheit (Polizei)	■ Bau- und Wohnungswesen ■ Schulen ■ Theater, Schwimmbäder usw. ■ Straßenbau (Gemeindestraßen) ■ Öffentliche Einrichtungen (Kläranlagen, Feuerwehr)

Finanzierung konjunkturpolitischer Maßnahmen

Aufgrund des Stabilitätsgesetzes kann der Staat zur Beeinflussung der Konjunktur Steuern erhöhen oder senken oder seine Staatsausgaben (z. B. Subventionen) entsprechend dem konjunkturellen Bedarf antizyklisch anpassen (vgl. Kapitel 7.5.5, Seite 273 ff.).

Finanzierung sozialpolitischer Maßnahmen

Durch die Gestaltung des Steuertarifs nimmt der Staat Einfluss auf die Einkommensverteilung. So zahlen Besserverdienende prozentual mehr Steuern als Schlechterverdienende. Einkommen bis zum Existenzminimum bleiben steuerfrei. Für Kinder werden zusätzlich Freibeträge gewährt.

Steuern als Lenkungsinstrument

Mithilfe von Steuern versucht der Staat das Konsumverhalten seiner Bürger zu beeinflussen. So soll mit einer Erhöhung der Tabaksteuer das Rauchen eingeschränkt werden, eine drastische Erhöhung der Mineralölsteuer könnte bewirken, dass mehr Bürger auf öffentliche Verkehrsmittel umsteigen. Mithilfe von Ökosteuern (z. B. auf Einwegflaschen) soll ein umweltbewussteres Verhalten erreicht werden.

7.6.4 Besteuerung des Einkommens

Herr Bernd Struwe ist Kfz-Mechatroniker. Neben seinem monatlichen Gehalt zahlt ihm der Arbeitgeber einen Zuschuss zu den Fahrtkosten zwischen Wohnung und Geschäft. Aus Anlass des 25-jährigen Firmenjubiläums erhielt Herr Struwe 500 €. In seinem Haus vermietet er eine kleine Wohnung im Dachgeschoss an einen Studenten. Einen Teil seiner Ersparnisse hat er auf einem Sparkonto angelegt, wofür er Zinsen erhält. Wegen der besseren Rendite hat er auch Wertpapiere gekauft, von denen er einige mit Gewinn verkaufen konnte. Die Familie Struwe hofft auf das große Los und spielt gelegentlich Lotto, wobei auch schon einmal ein stattlicher Gewinn heraussprang.

Welche seiner Einnahmen muss Herr Struwe versteuern?

Sieben Einkommensarten

Welche Einnahmen steuerrechtlich als **Einkünfte** zählen, die der Einkommensteuer unterliegen, ist im Einkommensteuergesetz erschöpfend aufgezählt:

Einkünfte aus:	Dazu gehören insbesondere:
1. Land- und Forstwirtschaft	Landwirtschaft, Forstwirtschaft, Weinbau, Obst- und Gemüseanbau, Tierzucht
2. Gewerbebetrieb	Industrieunternehmen, Handwerksbetriebe, Handelsbetriebe, Gaststätten, Agenturen
3. selbstständiger Arbeit	freiberufliche Tätigkeit (Ärzte, Rechtsanwälte, Architekten, Steuerberater)
4. nichtselbstständiger Arbeit	Löhne, Gehälter, Gratifikationen
5. Kapitalvermögen	Zinsen, Dividenden
6. Vermietung und Verpachtung	Miet- und Pachteinnahmen von Grundstücken, Häusern und Wohnungen
7. sonstige Einkünfte	Renten, Spekulationsgewinne (bei Immobilien und Wertpapieren)

Hat jemand Einnahmen aus mehreren Einkunftsarten, so muss er die **Summe der Einkünfte** versteuern. Die Summe der Einkünfte wird noch um eine ganze Reihe von Abzugsbeträgen reduziert, bevor sich das zu versteuernde Einkommen ergibt.

Andererseits gibt es Einnahmen, die unter keine dieser Einkunftsarten fallen und folglich steuerfrei bleiben. Dazu gehören unter anderem:

- **Lotto- und Totogewinne** (die Erträge, die später aus der Anlage dieser Gewinne fließen, müssen allerdings versteuert werden!)
- **Lohnersatzleistungen**, wie z. B. Krankengeld, Mutterschaftsgeld (diese Leistungen bleiben selbst zwar steuerfrei, erhöhen aber den Steuersatz für die sonstigen regulären Einkünfte = Progressionsvorbehalt)

7.6 Finanzierung der staatlichen Aufgaben

- **Sozialleistungen**, wie z. B. Sozialhilfe, Wohngeld, Erziehungsgeld
- **Leistungen aus einer Krankenversicherung**, aus einer Pflegeversicherung und aus der gesetzlichen Unfallversicherung
- **Leistungen** nach dem Bundeskindergeldgesetz
- **Stipendien** für Schüler und Studenten
- **Trinkgelder**

Steuerklassen

Besteuerungsgrundlage für die zu zahlende Einkommensteuer ist das Jahreseinkommen. Da dies in der genauen Höhe erst nach Ablauf des Jahres festgestellt werden kann, wird die Einkommensteuererklärung in der Regel für das vorherige Jahr abgegeben. Da der Staat aber nicht so lange auf seine Einnahmen warten will, muss jeder Steuerpflichtige auf die zu erwartende Steuerschuld eine Vorauszahlung leisten. Das Verfahren dazu ist unterschiedlich gestaltet, je nachdem, ob der Steuerpflichtige Einkünfte aus selbstständiger oder unselbstständiger Tätigkeit bezieht.

Die im Laufe des Jahres einbehaltene **Lohnsteuer** der unselbstständigen Arbeitnehmer soll möglichst genau der tatsächlich zu zahlenden Steuer entsprechen, deshalb werden Monatslohnsteuertabellen verwendet. Bei diesen Tabellen sind die verschiedenen Freibeträge eingerechnet.

Steuerzahlungen von Unselbstständigen	Steuerzahlungen von Selbstständigen und Gewerbetreibenden
Bei Arbeitnehmern, die nur Einkünfte aus unselbstständiger Arbeit beziehen (dies ist die überwiegende Zahl der Steuerzahler), stellt die vom Arbeitgeber einbehaltene Lohnsteuer diese Vorauszahlung dar. Das Finanzamt bedient sich also beim Steuereinzug der Hilfe der Arbeitgeber. Dieser muss die Lohnsteuer einbehalten und regelmäßig an das Finanzamt abführen. Die Lohnsteuer stellt somit nur eine besondere Erhebungsform der Einkommensteuer dar. Bezüglich der Höhe besteht kein Unterschied; in beiden Fällen gelten die Regelungen des Einkommensteuergesetzes.	Bei diesem Personenkreis gibt es niemanden, den das Finanzamt beauftragen könnte, die Steuer einzuziehen. Daher wird unterstellt, dass das Einkommen dieser Steuerzahler im laufenden Jahr so hoch ist wie im abgelaufenen Kalenderjahr. Auf dieses geschätzte Einkommen müssen vierteljährliche Steuervorauszahlungen an das Finanzamt abgeführt werden. Ist das tatsächliche Einkommen höher, ist der Steuerzahler aber nicht verpflichtet, dies dem Finanzamt zu melden. Umgekehrt kann er die Anpassung seiner Zahlungen beantragen, wenn er nachweist, dass sein Einkommen im laufenden Jahr geringer ausfällt.
Lohnsteuerabzugsverfahren	**Veranlagungsverfahren**

285

7 Soziale Marktwirtschaft

Da die Höhe der Einkommensteuer vom Lebensalter und der familiären Situation des Steuerpflichtigen beeinflusst wird, ist die Lohnsteuertabelle in sechs **Steuerklassen** unterteilt:

Steuerklasse I: Ledige, Geschiedene, Verwitwete und dauernd getrennt Lebende (Steuerklasse der „Alleinstehenden")

Steuerklasse II: Ledige, Geschiedene, Verwitwete und dauernd getrennt Lebende, in deren Wohnung mindestens ein Kind lebt, für das ein Haushaltsfreibetrag beantragt werden kann

Steuerklasse III: Verheiratete, deren Ehegatte keinen Arbeitslohn bezieht oder in Steuerklasse V eingereiht ist

Steuerklasse IV: Verheiratete, wenn beide Ehegatten Arbeitslohn beziehen

Steuerklasse V: Verheiratete, deren Ehegatte in Steuerklasse III eingereiht ist

Steuerklasse VI: Hat ein Arbeitnehmer ein zweites Arbeitsverhältnis, dann benötigt er für dieses eine eigene Lohnsteuerkarte mit der Steuerklasse VI

In welche Steuerklasse würden Sie Bernd und Monika Struwe einordnen (vgl. Eingangsbeispiel)? Und wenn der 17-jährige Johann in den Ferien jobbt? Muss er auch Steuern zahlen? Wenn ja, für welche Steuerklasse?

Lohnsteuerkarte

Die Lohnsteuerkarte, auf der die Steuerklasse, die Zahl der Kinder und der Kinderfreibeträge eingetragen ist, wird dem Arbeitnehmer von der zuständigen Gemeindebehörde zugeschickt. Freibeträge kann man sich vom Finanzamt eintragen lassen. Die Lohnsteuerkarte muss dem Arbeitgeber zur Eintragung des Bruttoeinkommens und der Steuerabzüge vorgelegt werden.

Mithilfe der Angaben auf der Lohnsteuerkarte kann die Lohnsteuer aus der **Monatslohnsteuertabelle** abgelesen werden:

Im Internet gibt es Lohnsteuerrechner, mit deren Hilfe die Steuer berechnet werden kann oder auch die Tabellen ausgedruckt werden können. Schauen Sie nach unter:

www.bundesfinanz-ministerium.de
→ Service → Interaktiver Abgabenrechner

www.steuertipps.de
→ Steuern → Lohn und Gehalt → Service → Lohnsteuer-Rechner (zum Download)

www.steuernetz.de
→ Gratis → Online-Rechner

Homepage von „Wolfgang Parmentier"
→ Steuerberechnung

Lohn/Gehalt	Lohnsteuer in Steuerklasse*)					
bis €	I	II	III	IV	V	VI
2 337,00	366,75	333,75	105,83	366,75	717,25	751,75
2 340,00	367,66	334,66	106,33	367,66	718,58	786,08
2 343,00	368,58	335,58	107,00	368,58	719,91	754,01
2 346,00	369,50	336,41	107,66	369,50	721,25	755,75
2 349,00	370,41	337,33	108,33	370,41	722,58	757,08
2 352,00	371,33	338,25	109,00	371,33	724,00	758,50
2 355,00	372,25	339,16	109,66	372,25	725,33	759,83
2 358,00	373,25	340,08	110,16	373,25	726,66	761,16
2 361,00	374,16	340,91	110,83	374,16	728,00	762,50
2 364,00	375,08	341,83	111,50	375,08	729,33	763,83
2 367,00	376,00	342,75	112,16	376,00	730,75	765,25
2 370,00	376,91	343,66	112,83	376,91	732,08	766,58

*) Gegenüber den Online-Rechnern kann es zu Abweichungen bis zu 3 € geben!

7.6 Finanzierung der staatlichen Aufgaben

Beispiele für die Bestimmung der Lohnsteuer bei einem Bruttoeinkommen von 2 355 € bei unterschiedlichen familiären Situationen:

Familienstand	Steuerklasse	Lohnsteuer
ledig	I	372,25 €
verheiratet (Ehepartner arbeitet nicht)	III	109,66 €
verheiratet (Ehepartner verdient zirka das Doppelte)	V	725,33 €

Nach Ablauf des Jahres wird die Lohnsteuerkarte mit dem eingetragenen Bruttoeinkommen und der einbehaltenen Lohnsteuer an den Arbeitnehmer zurückgegeben. Je nachdem, ob bestimmte Einkommensgrenzen überschritten sind oder noch andere Einkünfte erzielt wurden, **muss** oder **kann** eine **Einkommensteuererklärung** abgegeben werden, wobei die Lohnsteuerkarte als Nachweis beigefügt werden muss.

Die Kinderzahl spielt bei der Berechnung der Lohnsteuer keine Rolle. Beim Solidaritätszuschlag und der Kirchensteuer werden sie aber bei der Abrechnung berücksichtigt.

Steuertarif

Ein wichtiger Grundsatz in einem Rechtsstaat ist die Steuergerechtigkeit. Dazu hat das Bundesverfassungsgericht ausgeführt: „Es ist ein grundsätzliches Gebot der Steuergerechtigkeit, dass die Besteuerung nach der wirtschaftlichen Leistungsfähigkeit ausgerichtet wird."

Gemäß diesem Prinzip ergibt sich ein Steuertarif, der hohe Einkommen prozentual stärker belastet als niedrige. Außerdem muss der Tarif so gestaltet werden, dass ein Grundfreibetrag in Höhe des Existenzminimums überhaupt nicht besteuert wird. Das Gerechtigkeitsprinzip besagt aber auch, dass unterschiedliche soziale Verhältnisse berücksichtigt werden müssen (z. B. zahlt ein Verheirateter bei gleichem Einkommen weniger Steuern als ein Lediger; oder Unterhaltsverpflichtungen gegenüber Familienangehörigen mindern die Steuerschuld). Die unterschiedliche Belastung der Einkommen soll durch einen entsprechend gestalteten Steuertarif (vgl. Schaubild) erreicht werden.

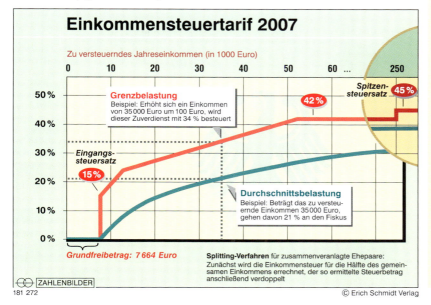

7 Soziale Marktwirtschaft

Ab 2007 tritt die sogenannte Reichensteuer in Kraft. Ab einem zu versteuernden Einkommen von 250 000 Euro wird der Spitzensteuersatz um 3 % auf 45 % angehoben.

Grundfreibetrag: Das Bundesverfassungsgericht hat entschieden, dass bei jedem Bürger mindestens das Existenzminimum steuerfrei bleiben muss – dies wird im Grundfreibetrag berücksichtigt.

Eingangssteuersatz: Dies ist der Prozentsatz, mit dem das Einkommen unmittelbar oberhalb des Grundfreibetrages besteuert wird. Verdient also jemand im Jahr 2004 7.664 €, so zahlt er auf die 100 € oberhalb des Grundfreibetrages genau 16 € Steuern.

Spitzensteuersatz: Dies ist der Prozentsatz, mit dem das Einkommen an der oberen Grenze besteuert wird. Verdient jemand im Jahr 2004 52.152 €, so werden die letzten 100 € mit 45 € besteuert.

Durchschnittssteuersatz: Dies ist der Prozentsatz, der sich ergibt, wenn man die gezahlte Steuer auf das Gesamteinkommen bezieht. Verdient jemand 35.000 € im Jahr 2004 und zahlt bei Zusammenveranlagung 4.730 € Steuern, so beträgt der Durchschnittssteuersatz 4.730 × 100/35.000 = 13,5 %.

Reichensteuer: Anhebung des Spitzensteuersatzes für Einkommen ab 250.000 € auf 45 %.

Während Ledige nach dem sogenannten **Grundtarif** besteuert werden, wird bei Verheirateten der **Splittingtarif** angewendet. Der Splittingtarif (engl. splitten = teilen) ergibt sich aus dem Grundtarif dadurch, dass das Einkommen bei Zusammenveranlagung halbiert wird und die sich daraus ergebende Steuer nach dem Grundtarif verdoppelt wird. Verheiratete zahlen bei gleichem Einkommen aufgrund der Steuerprogression dadurch weniger Einkommensteuer als Ledige. Durch Heirat kann also ein Steuervorteil erzielt werden.

7.6.5 Grundzüge der Einkommensteuererklärung

Verfahren der Einkommensteuerveranlagung

Wer als Selbstständiger (Gewerbetreibender, Freiberufler, Land- oder Forstwirt) Einkünfte erzielt, muss eine Einkommensteuererklärung abgeben, wenn sein zu versteuerndes Einkommen nicht offensichtlich unterhalb des steuerlichen Grundfreibetrages liegt.

Bei Arbeitnehmern, die Einkünfte aus nichtselbstständiger Arbeit beziehen, richtet sich die Entscheidung nach folgendem (vereinfachten) Ablaufschema:

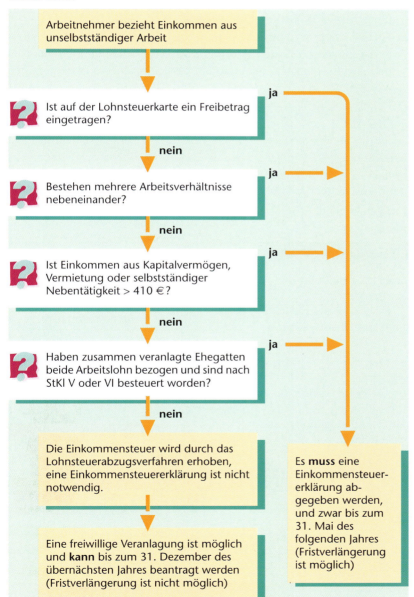

Den früher üblichen Begriff „Lohnsteuerjahresausgleich" gibt es seit 1992 offiziell nicht mehr!

7 Soziale Marktwirtschaft

Sollte Johann Struwe, der nur in den Sommerferien gejobbt hat, eine Einkommensteuererklärung abgeben?

Die Steuererklärung kann auch online abgegeben werden. Einzelheiten dazu unter www.elster.de

*Elster = **el**ektronische **Steuer**erklärung*

Auch wenn eine **Einkommensteuererklärung** nicht pflichtmäßig abgegeben werden muss, lohnt sich unter Umständen die freiwillige Abgabe einer Steuererklärung (**Antragsveranlagung**). Dies ist zum Beispiel der Fall, wenn

- der Arbeitslohn im Laufe des Jahres unterschiedlich hoch war (Wechsel der Arbeitsstelle, Lohnerhöhung);
- nicht während des ganzen Jahres ein Arbeitsverhältnis bestanden hat (Berufsbeginn, Arbeitslosigkeit);
- Änderungen in den persönlichen Verhältnissen eingetreten sind und dadurch eine günstigere Steuerklasse angewendet werden konnte (Eheschließung, Geburt eines Kindes);
- höhere Werbungskosten, Sonderausgaben oder außergewöhnliche Belastungen entstanden sind, die über die Pauschbeträge hinausgehen und für die kein Freibetrag auf der Lohnsteuerkarte eingetragen worden ist.

Die Einkommensteuererklärung (ob pflichtmäßig oder freiwillig) muss auf den dafür vorgesehenen Formularen des Finanzamtes erfolgen. Zur Erklärung gehört der vierseitige Hauptvordruck. Für jede Einkunftsart ist ein gesondertes Formular als Anlage beizufügen (die jeweilige Formularbezeichnung ist unten angegeben). Für alle Aufwendungen, die steuermindernd geltend gemacht werden, müssen Belege vorgelegt werden.

Das vereinfachte Schema zur Berechnung des zu versteuernden Einkommens lautet:

Einkünfte		
+ 1. Einkünfte aus Land- und Forstwirtschaft	(Anlage L)	⎫ Einnahmen
+ 2. Einkünfte aus Gewerbebetrieb	(Anlage GSE)	⎬ − Betriebsausgaben
+ 3. Einkünfte aus selbstständiger Arbeit	(Anlage GSE)	⎭ = (Gewinn-)Einkünfte
+ 4. Einkünfte aus nichtselbständiger Arbeit	(Anlage N)	⎫ Einnahmen
+ 5. Einkünfte aus Kapitalvermögen	(Anlage KSO)	⎪ − Werbungskosten (ggf. Pauschbetrag)
+ 6. Einkünfte aus Vermietung und Verpachtung	(Anlage V/FW)	⎬ = (Überschuss-)Einkünfte
+ 7. sonstige Einkünfte	(Anlage KSO)	⎭

= Summe der Einkünfte

- Sonderausgaben, die Vorsorgeaufwendungen sind (ggf. Pauschbetrag)
- sonstige Sonderausgaben (ggf. Pauschbetrag)
- außergewöhnliche Belastungen
- Kinderfreibeträge

= zu versteuerndes Einkommen

7.6 Finanzierung der staatlichen Aufgaben

Erklärung der Begriffe:

Werbungskosten sind alle Aufwendungen, die durch das Arbeitsverhältnis veranlasst werden. Hierzu gehören insbesondere die Kosten für die Fahrt zum Arbeitsplatz, wenn die einfache Entfernung mehr als 20 km beträgt, für Arbeitskleidung, Fachbücher, Gewerkschaftsbeiträge. Aufwendungen, deren Anschaffungswert (netto) höher als 410 € ist, müssen monatsgenau auf die voraussichtliche Nutzungsdauer verteilt werden (z. B. Schreibtisch, Computer). Statt des Nachweises der Aufwendungen kann auch der Arbeitnehmerpauschbetrag in Höhe von 920 € geltend gemacht werden. Auch bei Einkünften aus Kapitalvermögen können Werbungskosten anfallen (z. B. für Depotgebühren). Bei Einkünften aus Vermietung können z. B. die Abschreibungen auf das Gebäude als Werbungskosten geltend gemacht werden.

Betriebsausgaben sind Aufwendungen, die der Gewinnerzielung dienen. Insofern entsprechen sie den Werbungskosten. Dieser Begriff wird bei den Gewinneinkünften verwendet.

Sonderausgaben sind Aufwendungen der Lebensführung, die aus sozialpolitischen Gründen steuerlich begünstigt werden. Hierzu gehören Arbeitnehmerbeiträge zur Sozialversicherung, Beiträge zu Kranken-, Unfall- und Haftpflichtversicherung. Aus diesen Beträgen werden die so genannten Vorsorgeaufwendungen berechnet, um die das Einkommen gemindert werden kann. Dabei gilt für Alleinstehende eine **maximale** Vorsorgepauschale von 2.001 € und für Verheiratete von 4.002 €. Zu den sonstigen Sonderausgaben zählen u. a. Kirchensteuern und Spenden. Hier gilt ein Pauschbetrag von 36 € für Alleinstehende und 72 € für Verheiratete.

Außergewöhnliche Belastungen sind zwar Aufwendungen der Lebensführung, die aber ungewöhnlich sind und denen sich der Steuerzahler nicht entziehen kann. Sie sind steuerfrei, wenn sie über eine zumutbare Eigenbelastung hinausgehen. Hierzu gehören insbesondere Ausgaben, die für den Unterhalt bedürftiger Personen, für Ausbildungskosten der Kinder sowie durch Krankheit, Körperbehinderung, Todesfall oder Ehescheidung entstehen.

Pauschbeträge sind Aufwendungen, die jeder Steuerpflichtige mindestens geltend machen kann, ohne dass er dies nachweisen muss. Das heißt also, dass auch derjenige in den Genuss der Steuerminderung kommt, der diese Aufwendungen gar nicht hatte. Dies hat der Gesetzgeber aus Gründen der Steuervereinfachung und einer rationelleren Bearbeitung der Steuererklärung so geregelt.

Beispiel für eine Einkommensteuererklärung

Die Einkommensteuererklärung muss auf den dafür bestimmten amtlichen Formularen erfolgen. Sie sind beim Finanzamt und bei der jeweiligen Ortsverwaltung erhältlich. Welche Formulare – außer dem Hauptvordruck – eingereicht werden müssen, richtet sich nach den jeweils erzielten Einkommen.

7 Soziale Marktwirtschaft

Allgemeine Angaben und Angaben zu Kindern

Herr Bernd Struwe aus Stuttgart ist Kfz-Mechaniker in einer Autowerkstatt, seine Frau Monika arbeitet halbtags als Krankenschwester. Ihre Kinder Kathrin und Johann gehen in die Schule. Herr Struwe trägt in den **Hauptvordruck ESt1A** die persönlichen Daten für sich und seine Frau ein. Die Angaben zu den Kindern kommen in die **Anlage Kinder**.

Hauptvordruck (ESt1A)

[X] Einkommensteuererklärung		
[X] Antrag auf Festsetzung der Arbeitnehmer-Sparzulage	[ ] Erklärung zur Feststellung des verbleibenden Verlustvortrags	

An das Finanzamt *Stuttgart*

Steuernummer *01306/78901* bei Wohnsitzwechsel: bisheriges Finanzamt | [X] Ich rechne mit einer Einkommensteuererstattung.

Allgemeine Angaben
Steuerpflichtige Person (Stpfl.), bei Ehegatten: **Ehemann** Telefonische Rückfragen tagsüber unter Nr. | 40 | Postempfänger

Name *Struwe* | 69 | Anschrift

Vorname *Bernd*

Geburtsdatum Tag *15* Monat *10* Jahr *62* | Religion *–* | Ausgeübter Beruf *Kfz-Mechaniker*

Straße und Hausnummer *Lotusweg 1*

Postleitzahl, derzeitiger Wohnort *70190 Stuttgart*

Verheiratet seit dem *25.05.85* | Verwitwet seit dem | Geschieden seit dem | Dauernd getrennt lebend seit dem

Eingetragene Lebenspartnerschaft seit dem (weitere Angaben bitte auf besonderem Blatt)

Ehefrau: Vorname *Monika*
ggf. von Zeile 2 abweichender Name

Geburtsdatum Tag *10* Monat *04* Jahr *66* | Religion *ev.* | Ausgeübter Beruf *Krankenschwester*
Straße und Hausnummer, Postleitzahl, derzeitiger Wohnort (falls von Zeilen 5 und 6 abweichend)

Nur von Ehegatten auszufüllen: [X] Zusammenveranlagung | [ ] Getrennte Veranlagung | [ ] Besondere Veranlagung für das Jahr der Eheschließung | Wir haben Gütergemeinschaft vereinbart [ ] Nein [ ] Ja | 99 | 17 |
Bankverbindung Bitte stets angeben! | 10 | Art der Steuerfestsetzung
Kontonummer | Bankleit...

Angaben zum Arbeitslohn und Werbungskosten

Laut Lohnsteuerkarte hat Herr Struwe (Steuerklasse III) im Vorjahr 33 285 € verdient. Der Arbeitgeber hat davon 2 466 € Lohnsteuer einbehalten. Diese Angaben werden auf der **Anlage N** zur Steuererklärung auf der Vorderseite eingetragen.

Herr Struwe fährt täglich 30 km (einfache Entfernung) mit seinem PKW zur Arbeit, wofür er die Entfernungspauschale in Anspruch nehmen kann (30 ct je Entfernungskilometer über 20 km). Zusammen mit den anderen Werbungskosten trägt er die Angaben auf der Rückseite des Formulars ein.

Frau Monika Struwe (Steuerklasse V) hatte einen Bruttoarbeitslohn von 12 030 €. Bei ihr wurden 2 202 € Lohnsteuer und 176 € Kirchensteuer einbehalten. Für Monika Struwe muss eine **zweite Anlage N** ausgefüllt werden. Da sie allerdings keine Werbungskosten über 920 € geltend machen kann, braucht sie das Formular nur auf der Vorderseite auszufüllen. Sie erhält den Arbeitnehmerpauschbetrag ohne Nachweis.

7.6 Finanzierung der staatlichen Aufgaben

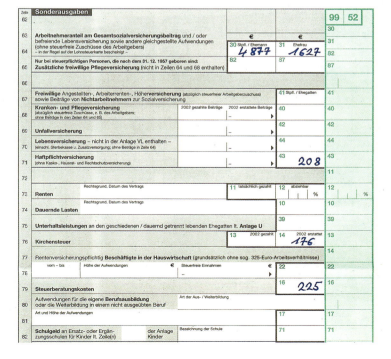

Anlage N (Seite 2)

Sonderausgaben

Herr Struwe hat (lt. Lohnsteuerkarte) Sozialversicherungsbeiträge in Höhe von 4 877 € gezahlt und seine Frau 1 627 €. Dazu kommen ggf. noch private Versicherungen (z. B. Lebensversicherung, Haftpflichtversicherung. Außerdem werden noch die Kirchensteuer von Frau Struwe, die Steuerberatungskosten und die Spenden in den **Hauptvordruck Seite 3** eingetragen:

Die Original-Lohnsteuerkarten aller Beteiligten müssen der Einkommensteuererklärung beigefügt werden.

Hauptvordruck (Seite 3)

7 Soziale Marktwirtschaft

Kapitaleinkünfte

Familie Struwe hat einen Bausparvertrag, zwei Sparbücher und besitzt festverzinsliche Wertpapiere. Die gesamten Zinserträge in Höhe von 806 € müssten eigentlich in der **Anlage KAP** deklariert werden. Da aber bei Kapitaleinkünften ein Sparerfreibetrag in Höhe von 750 € für Alleinstehende und 1 500 € für Verheiratete gilt und dazu noch je Steuerpflichtigen eine Werbungskostenpauschale von 51 € kommt, liegt die Familie Struwe weit unter dem Freibetrag von 1 602 €. Bei einem angenommenen durchschnittlichen Zinssatz von 4 % könnten die Struwes rund 40 000 € anlegen, ohne für die Zinserträge Steuern zu zahlen.

Normalerweise behalten die Banken die Steuern für die Kapitalerträge gleich ein (Zinsabschlagssteuer). Da die Familie Struwe aber ihrer Bausparkasse und Bank sogenannte Freistellungsaufträge (vgl. auch Kapitel 4, Seite 164) erteilt hat, wurden keine Steuern einbehalten, die jetzt zurückgeholt werden müssten.

Steuerbescheid

Nachdem Herr Struwe alle notwendigen Formulare ausgefüllt und alle Belege zusammengestellt hat, muss die Steuererklärung noch von beiden Ehegatten unterschrieben werden. Danach kann die Steuererklärung beim Finanzamt eingereicht werden. Herr Struwe möchte aber nicht auf den Steuerbescheid des Finanzamtes warten, um zu wissen, ob er eine Nachzahlung zu leisten hat oder ob er mit einer Steuererstattung rechnen kann. Mithilfe eines Steuerprogramms oder einer Tabellenkalkulation kann er am Computer alle notwendigen Daten eingeben und sich seinen eigenen Steuerbescheid ausdrucken. Sofern das Finanzamt alle Angaben ohne Korrektur übernimmt, ergibt sich für die Familie Struwe folgender Steuerbescheid (ohne Kirchensteuer):

- Die **Einkünfte aus Kapitalvermögen** können nicht negativ sein.

- Die tatsächlichen **Vorsorgeaufwendungen** wirken sich nicht in voller Höhe aus; die Berechnung hängt u. a. von der sich jährlich verändernden Beitragsbemessungsgrenze ab.

- Der **Solidaritätszuschlag** zur Finanzierung der deutschen Wiedervereinigung beträgt zurzeit 5,5 %.

	Einkommensteuererklärung			
2	Einkünfte / Abzüge	Ehemann	Ehefrau	Zusammen
3	+ Bruttoarbeitslohn	33.285	12.030	
4	- Werbungskosten	-1.662	-920	
5	= Einkommen aus nichtselbständiger Arbeit	31.623	11.110	42.733
6	+ Zinseinkommen	806		806
7	- Werbungskostenpauschale			-102
8	- Sparerfreibetrag			-1.500
9	= Einkünfte aus Kapitalvermögen			0
10	= Gesamtbetrag der Einkünfte			42.733
11	- Vorsorgeaufwendungen			-4.002
12	- Sonderausgaben			-609
13	- Außergewöhnliche Belastung			0
14	= Zu versteuerndes Einkommen			38.122
15	-> Einkommensteuer			5.210
16	+ Solidaritätszuschlag (ohne Berücksichtigung der Kinderfreibeträge)			287
17	- Bereits gezahlte Steuer			-4.668
18	= Nachzahlung (+) / Erstattung (-)			+829

7.6 Finanzierung der staatlichen Aufgaben

Überblick

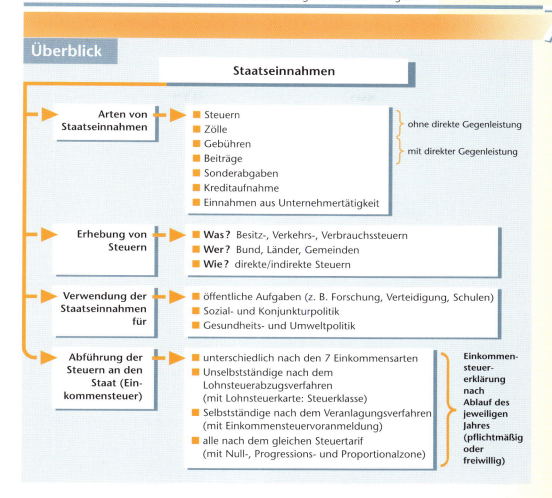

Aufgaben zur Wiederholung und Vertiefung

Inhaltsbezug Seite

1. Warum ist es notwendig, dass der Staat vom Bürger Steuern erhebt? — 279
2. a) Nennen Sie die 6 einnahmestärksten Steuern.
   b) Errechnen Sie, wie viel Prozent diese 6 Steuern vom gesamten Steueraufkommen ausmachen. — 280
3. Grenzen Sie folgende Begriffe inhaltlich voneinander ab:
   a) Steuern, b) Gebühren, c) Beiträge, d) Zölle — 279, 280
4. Nennen Sie öffentliche Aufgaben und ordnen Sie zu, ob der Bund, die Länder oder die Gemeinden diese Aufgaben erledigen müssen. — 283
5. Warum führen die jeweiligen Steuerklassen zu unterschiedlichen Steuerabzügen? — 286
6. a) Wie errechnet sich das „zu versteuernde Einkommen"?
   b) Erklären Sie „Werbungskosten", „Sonderausgaben" und „außergewöhnliche Belastungen". — 290-293
7. Erklären Sie die Begriffe „Splittingtarif" und „Grundtarif". — 288
8. a) Welchen Sinn hat ein freiwilliger Antrag auf Einkommensteuerveranlagung?
   b) Unter welchen Voraussetzungen kann er gestellt werden? — 289

295

Handlungsorientierte Themenbearbeitung

Führen Sie ein Interview mit einem oder mehreren Experten – Stadt-/Gemeinderäte, Landtags-, Bundestags- oder Europa-Abgeordnete (unterschiedlicher Parteien!), Gewerkschafts- oder Arbeitgeberfunktionären, Unternehmer, ggf. Fachlehrer – und bilden Sie sich eine eigene Meinung zu folgenden Punkten:

Methodenseite „Expertenbefragung", Seite 62

1. Themenbereich: **Markt und Wettbewerb**

   a. Durch hohe (unbegründete?) Subventionen des Staates wird der Wettbewerb in der Wirtschaft unnötig verzerrt. Welche Subventionen sollten abgebaut werden?

   b. Die täglichen Zeitungsmeldungen beweisen es: In Deutschland kommt es immer wieder zu Kartellabsprachen (insbesondere auch bei öffentlichen Ausschreibungen). Wie kann dies Ihrer Meinung nach verhindert werden?

   c. Im Zuge der Europäisierung und Globalisierung ist es in der Vergangenheit und wird es wohl auch in Zukunft zu spektakulären Unternehmenszusammenschlüssen, insbesondere bei Banken und Versicherungen, kommen. Welche Gefahren sehen Sie darin und wie kann dem Ihrer Meinung nach begegnet werden?

2. Themenbereich: **Arbeitsmarkt**

   a. Was halten Sie von einer „Ausbildungsplatzabgabe" aller nicht ausbildenden Firmen zur Finanzierung überbetrieblicher Ausbildungsplätze?

   b. Zur Begründung des Abbaus von Arbeitsplätzen in Deutschland werden immer wieder die hohen Lohnzusatzkosten genannt, andererseits boomt die Exportindustrie – ist das nicht ein Widerspruch?

   c. Was müsste getan werden, damit sich die Globalisierung der Weltwirtschaft nicht zum Nachteil der Arbeitnehmer auswirkt?

3. Themenbereich: **Soziale Sicherheit**

   a. Wo ist Ihrer Meinung nach das „soziale Netz" zu eng geknüpft und welche Leistungen sollten beschnitten werden?

   b. Unser Gesundheitssystem ist an den Grenzen der Finanzierbarkeit angelangt. Welche Möglichkeiten zur „Gesundung" dieses Systems sehen Sie?

4. Themenbereich: **Europäische Union / Euro**

   a. Wie beurteilen Sie langfristig die Stabilität der Euro-Währung? (Vgl. dazu die Kursentwicklung zum Dollar, Pfund und Yen.)

   b. Gefährdet eine totale Freizügigkeit und Niederlassungsfreiheit innerhalb der Europäischen Union nicht noch mehr Arbeitsplätze?

   c. Auf der einen Seite wird die Landwirtschaft enorm subventioniert, auf der anderen Seite müssen die dadurch entstehenden Überschüsse gelagert, verschleudert oder sogar vernichtet werden. Wie kann Ihrer Meinung nach dieser „Teufelskreis" durchbrochen werden?

5. Themenbereich: **Staatsfinanzen / Steuern**

   a. Die steuerliche Belastung der Unternehmen und Privaten wird als viel zu hoch angesehen. Wie müsste eine Steuerreform aussehen, die einerseits die Steuerbelastung senkt, andererseits die Staatseinnahmen nicht zu sehr schrumpfen lässt?

   b. Halten Sie Ökosteuern für ein geeignetes Instrument zur Lenkung der Verbrauchsausgaben und gleichzeitig zum Schutz der Umwelt?

6. Themenbereich: **Umweltproblematik**

   a. Der Güterverkehr auf der Straße hat in den letzten Jahren stark zugenommen. Welche Möglichkeiten sehen Sie, diesen Verkehr auf umweltfreundliche Verkehrsmittel wie Bahn und Schifffahrtswege umzuleiten?

   b. Insbesondere von den industrialisierten Ländern gehen hohe Belastungen der Umwelt aus (Ozonbelastung, Treibhauseffekt etc). Wie könnte die Ökonomie so gestaltet werden, dass sie nicht im Widerspruch zu den Erfordernissen der Ökologie steht?

8 Simulation einer Unternehmensgründung

Sachverhalt

Gustav Meninger besitzt eine Schreinerei in einer Kleinstadt. Er beschäftigt sechs Gesellen und einen Auszubildenden. Die Materialien bezieht er von verschiedenen Holzgroßhändlern und Beschlägehändlern, die Maschinen und Werkzeuge von einem Holzmaschinengroßhändler aus der nahen Großstadt.

Die Schreinerei ist zwar aufgrund des erworbenen guten Rufs noch ausgelastet, die drohende Rezession verlangt aber von Meninger weitere unternehmerische Entscheidungen. Er beabsichtigt deshalb in Kürze die Eröffnung eines Ladengeschäftes in der Stadt. Dort sollen einerseits selbsthergestellte Möbel für die Kunden zur Ansicht stehen, andererseits möchte Meninger noch Handelsware in seinem Ladengeschäft als Ergänzung verkaufen. Eine Maßnahme gegen die starke Konkurrenz der Möbelgeschäfte.

Leitfragen

Meninger gründet zusätzlich ein Möbelhaus. Verfolgt dies auch die gleichen Ziele wie die Schreinerei?

Welchen Standort soll er für das Möbelgeschäft wählen?

Welche Voraussetzungen muss Meninger an einen Geschäftsführer des Möbelhauses stellen?

Muss Einzelunternehmer Meninger jetzt die Unternehmensform ändern?

Zur Startfinanzierung benötigt Meninger viel Geld. Ist ein Darlehen oder Leasing sinnvoller?

Muss Meninger die Möbel im Möbelhaus anders kalkulieren als in seiner Schreinerei?

Bisher hatte Meninger hin und wieder Werbung gemacht. Eigentlich lebte er von seinem guten Ruf. Muss Meninger mit seinem Möbelhaus jetzt mehr und anders werben?

8 Simulation einer Unternehmensgründung

8.1 Unternehmenszielsetzungen

8.1.1 Ziele von erwerbswirtschaftlichen Unternehmen

Schreinermeister Meninger verdient mit seinem Betrieb den Lebensunterhalt für sich und seine Familie. Es ist klar, dass er an einem möglichst hohen Gewinn interessiert ist.

Gewinn = Nettoverkaufserlöse minus Selbstkosten

So wie Herr Meninger verhalten sich alle privaten (erwerbswirtschaftlichen) Betriebe, sie betreiben **Gewinnmaximierung**. Dieses Verhalten ist gerechtfertigt, denn der Gewinn soll

- die **Arbeitsleistung** des Unternehmers **entlohnen**,
- das eingesetzte **Kapital verzinsen** und
- das **Investitionsrisiko belohnen**.

„Welches Ziel soll ich nur anstreben?"

Die **Gewinnmaximierung** kann nicht dadurch erzielt werden, dass die Verkaufspreise möglichst hoch angesetzt werden, denn dann würde der Betrieb aufgrund der Konkurrenz in einer Marktwirtschaft sehr schnell seine Kundschaft verlieren.

Um das Ziel der Gewinnmaximierung erreichen zu können, kann es sein, dass zunächst andere Ziele angestrebt werden müssen, wie zum Beispiel eine **stetige Umsatzsteigerung**.

Herr Meninger hat festgestellt, dass sich seine Reparaturarbeiten aufgrund des hohen Zeitaufwandes und der hohen Lohnkosten kaum lohnen. Er möchte diesen Service trotzdem aufrechterhalten, um sich dadurch seine Stammkundschaft zu sichern. Daher ist er bestrebt, in diesem Bereich wenigstens **Kostendeckung** zu erreichen.

Das Schicksal seiner Mitarbeiter ist Herrn Meninger gewiss nicht gleichgültig. Daher ist er bemüht, ihnen **sichere und attraktive Arbeitsplätze** zu bieten. Gesellen, die bei ihm das Schreinerhandwerk erlernt haben und gute Arbeit leisten, möchte er natürlich in seinem Betrieb halten. Er stellt auch immer wieder Auszubildende ein, um so jungen Menschen eine gute Ausbildung zu bieten.

Diese weiteren Ziele sind nur erreichbar, wenn ein **angemessener Gewinn** erwirtschaftet wird.

Wasserversorgung

8.1.2 Ziele von öffentlichen Unternehmen

Im Gegensatz zu den privaten Betrieben sind öffentliche (gemeinwirtschaftliche) Betriebe nicht gewinnorientiert, denn dann würde der Güterzug bald nicht mehr in die Kleinstadt der Schreinerei Meninger rollen. Insbesondere im Dienstleistungsbereich sorgt der Staat dafür, dass alle Bürger in den Genuss einer **Grundversorgung** kommen. So werden zum

Beispiel auch entfernt liegende Bauernhöfe mit Wasser und Strom versorgt, und der Postbote fährt auch ohne erhöhte Postgebühren dorthin. Ziel der öffentlichen Betriebe ist es, die Bevölkerung gleichmäßig und kostengünstig mit Gütern zu versorgen (**Bedarfsdeckung/Marktversorgung**), die sonst nicht oder nicht zu dem Preis angeboten werden könnten. Natürlich muss auch der Staat wirtschaftlich arbeiten und versucht daher, mindestens **Kostendeckung** zu erreichen. Für viele Leistungen des Staates sind die Preise oder Gebühren selbst dafür zu gering. Das Defizit muss dann durch Steuern abgedeckt werden (z. B. Subventionen bei Theatern, Museen, Krankenhäusern).

Verschiedene öffentliche Betriebe sind privatisiert worden, so zum Beispiel die Müllentsorgung in einigen Gemeinden. Die Erfahrung zeigt, dass privatwirtschaftlich geführte Betriebe in der Regel wirtschaftlicher arbeiten.

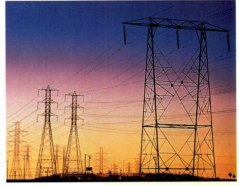
Stromversorgung

8.1.3 Ziele von Genossenschaften

In Genossenschaften haben sich Gleichgesinnte zusammengefunden, um gemeinsam wirtschaftliche Ziele zu verfolgen. Nicht das Streben nach Gewinn, sondern das Prinzip der **Selbsthilfe**, **Selbstverwaltung** und **Selbstorganisation** stehen im Vordergrund. Die Genossenschaften übernehmen bestimmte Funktionen für ihre Mitglieder.

Allgemein werden folgende **Arten** unterschieden (§ 1 Genossenschaftsgesetz):

- **Kreditgenossenschaften:**
  für günstige Kreditgewährung, z. B. Raiffeisen- und Volksbanken
- **Rohstoffgenossenschaften:**
  für günstigen Einkauf von Rohstoffen für die gewerbliche Wirtschaft
- **Absatzgenossenschaften:**
  zum gemeinschaftlichen Verkauf landwirtschaftlicher oder gewerblicher Produkte, z. B. Winzergenossenschaften
- **Produktivgenossenschaften:**
  zur Herstellung und zum Verkauf auf gemeinsame Rechnung, z. B. Molkereien
- **Konsumgenossenschaften:**
  zum gemeinsamen Einkauf von Nahrungsmitteln für Endverbraucher
- **Einkaufsgenossenschaften:**
  zum gemeinsamen Einkauf von Waren für Einzelhändler
- **Baugenossenschaften:**
  zur Herstellung von Wohnungen und Häusern

Zur gegenseitigen Unterstützung schließen sich Genossenschaften auch häufig zu Zentralgenossenschaften zusammen, um dadurch als noch stärkere Wirtschaftseinheit auftreten und im wirtschaftlichen Wettbewerb besser bestehen zu können.

8 Simulation einer Unternehmensgründung

Beispiel für eine genossenschaftliche Funktionsteilung im Bereich einer Absatzgenossenschaft

Winzer Aberle	Winzer Bertram	Winzer Schwarz	Winzer Huber
		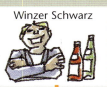	

Übertragung der Absatzfunktion an die Winzergenossenschaft

Winzergenossenschaft Südbaden	Winzergenossenschaft Mittelbaden	Winzergenossenschaft Nordbaden

Übertragung der Marketingfunktion an die Zentralgenossenschaft

Zentralgenossenschaft Baden

einheitliches Marketing (Produkt, Qualität, Markenname, Image)

Großhändler Schwarz	Großhändler Weiß	Großhändler Grün	Großhändler Roth

Einzelhändler Reber	Einzelhändler Herbst	Einzelhändler Stock	Einzelhändler Traube

8.1 Unternehmenszielsetzungen

Überblick

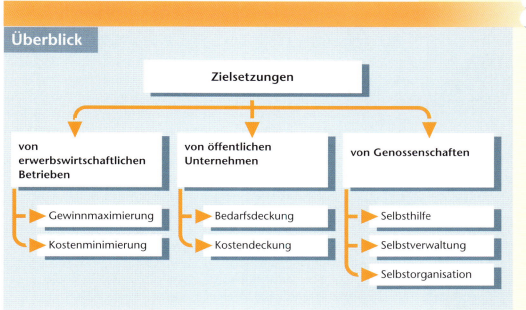

Aufgaben zur Wiederholung und Vertiefung

		Inhaltsbezug Seite
1	Welche Aufgaben verfolgt ein Unternehmer mit dem Ziel der „Gewinnmaximierung"?	298
2	Warum streben die meisten Unternehmer nach einem „angemessenen Gewinn"?	298
3	Welche Ziele verfolgt Herr Meninger mit seiner Schreinerei?	298
4	a) Welche Ziele verfolgen öffentliche Unternehmen? b) Nennen Sie drei öffentliche Unternehmen.	298, 299
5	Welche Arten von Genossenschaften werden unterschieden?	299
6	Nennen Sie zu jedem Unternehmensziel eine Ihnen bekannte Firma.	298, 299

8.2 Standort und Gründungshilfen

8.2.1 Standort

Herr Meninger führt die Schreinerei bereits in der dritten Generation. Sein Großvater hat den Betrieb seinerzeit gegründet. Herr Meninger stellt Möbel her und übernimmt alle Arbeiten im Innenausbau. Die drohende Rezession und der starke Konkurrenzdruck der Möbelhändler haben ihn zu dem Entschluss kommen lassen, ein Ladengeschäft mit Ausstellungsraum in der Stadt zu eröffnen. Er hofft darauf, die alte Kundschaft durch den Ausstellungsraum noch fester an sich zu binden, aber auch neue Kundschaft durch den Verkauf von Handelsware zu gewinnen.

Der richtige Standort, also die räumliche Niederlassung, kann entscheidend für den Erfolg einer Unternehmung sein. Die Standortfrage stellt sich im Allgemeinen bei der Gründung einer Unternehmung, aber auch bei einer eventuell notwendigen Verlagerung oder einer Ausdehnung des Geschäftsbereiches. Dabei spielen die folgenden **Standortfaktoren** eine entscheidende Rolle:

„Ob das wohl der richtige Standort ist?"

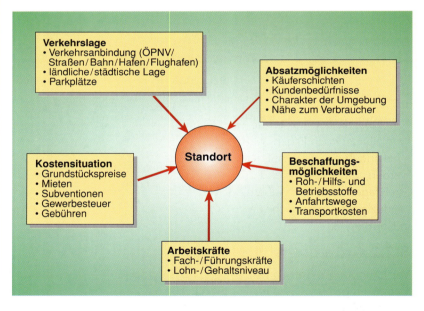

Je nachdem welches Produkt hergestellt bzw. angeboten wird, können sehr unterschiedliche Standortfaktoren von Bedeutung sein. Ein Getränkevertrieb sucht sicher eher die Kundennähe, ein Chiphersteller die Nähe zu Technologiezentren mit entsprechenden hoch spezialisierten Fachkräften, während ein Betrieb, der Massengüter herstellt, auf eine günstige Verkehrsanbindung achten muss. Der Standort der Schreinerei Meninger hat sich aus der Nähe zu den Sägewerken ergeben; mit dem Möbelgeschäft in der Stadt sucht Herr Meninger die Nähe zu den Kunden.

Städte und Gemeinden versuchen neue Betriebe auch durch das Angebot einer guten **Infrastruktur** in ihren Gewerbegebieten anzusiedeln:

Darüber hinaus erhalten ansiedlungswillige Unternehmen häufig **Subventionen**. Diese können auf direkte Art (z. B. nicht rückzahlbare Zuschüsse) oder häufiger auf indirekte Art (z. B. günstige Tarife beim Bezug von Wasser und Energie oder verbilligte Grundstücke) gewährt werden.

Der „**Standort Deutschland**" ist in letzter Zeit sehr ins Gerede gekommen. Hier wird insbesondere damit argumentiert, dass die Lohn- und die Lohnzusatzkosten sowie die Unternehmenssteuern im internationalen Vergleich zu hoch liegen, während die Arbeitszeit als zu kurz und unflexibel angesehen wird. Auf der anderen Seite darf aber nicht unterschätzt werden, dass Deutschland zum Beispiel eine relativ geringe Zahl von Streiktagen aufweist. Außerdem wird die Qualität der in Deutschland produzierten Güter nach wie vor als hervorragend eingeschätzt („Made in Germany").

8.2.2 Gründungshilfen

Vor Gründung dieses Ladengeschäftes hat sich Herr Meninger intensiv Gedanken gemacht, was er alles beachten muss. Wenn das Geschäft gut laufen soll, muss dort auch ein Geschäftsführer eingesetzt werden, der sowohl Kontakte zu Kunden erhält und neue knüpft als auch fundiertes technisches, kaufmännisches und rechtliches Fachwissen hat.

Berufsbezogene Voraussetzungen

Jede Existenzgründung, will sie mit Erfolg durchgeführt werden, setzt hohe Anforderungen an die Person und Qualifikation des Gründers. Deshalb ist es notwendig, sich selbstkritisch und ehrlich zu prüfen, ob man diese Anforderungen erfüllt bzw. ihnen gewachsen ist. Folgende persönliche Voraussetzungen muss jeder Existenzgründer mitbringen (S. 304):

8 Simulation einer Unternehmensgründung

Warum Selbstständigkeit?
Umfrage unter Teilnehmern an Meisterkursen in %

persönliche Freiheit und Unabhängigkeit: 66

Leistungsfähigkeit wird besser entfaltet: 52

Aussicht auf höheres Einkommen: 43

Sicherung der beruflichen Existenz: 34

Beendigung der Arbeitslosigkeit: 3

Führen Sie in Ihrer Klasse die gleiche Umfrage durch: „Warum würden Sie sich selbstständig machen?" Vergleichen sie Ihr Ergebnis mit dem Schaubild oben.

- **umfangreiches Fachwissen** aus seinem erlernten Beruf. Dieses wird in einem gewerblichen Beruf normalerweise durch den Meisterbrief nachgewiesen.
  - **umfangreiches kaufmännisches und rechtliches Wissen:** Das Fehlen dieser kaufmännischen Kenntnisse ist der Hauptgrund für viele Insolvenzen in den letzten Jahren. Hier unterstützen die Handwerkskammern und Industrie- und Handelskammern die Gründer durch Betriebsberater und Fortbildungsveranstaltungen (z. B. Betriebswirt des Handwerks). Aber auch der Staat bietet durch seine Schulen (z. B. Akademie für Betriebsmanagement) sehr gute Grundlagen für diese wichtigen Kenntnisse an.
  - **Führungseigenschaften:** Führen von Mitarbeitern heißt auch motivieren. Die Arbeit muss den Mitarbeitern Spaß machen. Geld alleine reicht dazu nicht aus, wirkt z. T. nur sehr kurzfristig. Lob, Anerkennung, Bestätigung sind Stufen des Motivationsprozesses ebenso wie Korrektur und Tadel. In der Praxis finden sich dagegen unzureichende Arbeitsvorbereitung, schlechter Informationsfluss, Ungerechtigkeiten und Bevorzugungen bestimmter Mitarbeiter. All diese unüberlegten Entwicklungen in einem Betrieb können die Mitarbeiter frustrieren und damit die Arbeitsleistung stark mindern. Deshalb ist die Kontrolle der Mitarbeiter ein wichtiges Führungsinstrument. Aber auch Durchsetzungsvermögen, Begeisterungsfähigkeit, Freude am Beruf und Kontaktfähigkeit gehören zu einer starken Unternehmerpersönlichkeit.
- **persönliche Eigenschaften:** Der Unternehmer muss als Selbstständiger ein umfangreiches Arbeitspensum absolvieren. Um einen durchschnittlichen 12-Stunden-Tag durchzustehen, wird eine robuste Gesundheit vorausgesetzt.

Rechtliche Vorschriften

Zur Unternehmensgründung sollten als erster Schritt zunächst einmal die staatlichen Vorschriften beachtet werden. Selbst bei der Standortwahl muss sich der Gründer mit dem Bauplanungsamt in Verbindung setzen, um festzustellen, ob der gewünschten Bauweise seines Betriebes nichts im Wege steht. Die Baunutzungsverordnung sieht für diesen Zweck Wohn-, Gewerbe-, Industrie- und Mischgebiete vor. Die Arbeitsstätten-Verordnung macht Angaben u. a. über Raumhöhe, Belüftung, Beleuchtung. Die Gewerbeordnung, die Unfallverhütungsvorschriften, die Emissionsgesetze schränken möglicherweise den Betrieb ein, wenn sie nicht rechtzeitig berücksichtigt werden. Möglicherweise müssen bei Übernahme von gewerblichen Räumen Nutzungsänderungsanträge bei den zuständigen Behörden gemacht werden. Umweltschutz ist heute ein wichtiger Faktor bei jeder Betriebsgründung. Nicht nur die Kunden legen Wert darauf, sondern auch der Staat fordert von Unternehmen Umweltschutzmaßnahmen. So müssen beachtet werden: das Bundesemissionsschutzgesetz, das Abfallgesetz, die Gefahrstoffverordnung.

Im Weiteren ist der Gewerbetreibende verpflichtet, seine Betriebsgründung bei folgenden Stellen zu melden:

- Das **Gewerbeamt** meldet die Gewerbeanmeldung automatisch an das Finanzamt und die Industrie- und Handelskammer.
- Die **Handwerkskammer** trägt in die Handwerksrolle ein.
- Die **Berufsgenossenschaft** verlangt die Anmeldung zur Unfallversicherung.
- Das **Amtsgericht** führt das Handelsregister, nimmt die Eintragung vor.
- Die **Krankenkasse** ist zu informieren, wenn Mitarbeiter eingestellt werden. Sie überweist die Pflichtbeiträge für die Renten- und Arbeitslosenversicherung an die entsprechenden Stellen.

Die Betriebsgründung muss gemeldet werden bei:

Gründungsunterstützung

Die Existenzgründung ist immer abhängig von der Finanzierung. Es gibt nur selten die Möglichkeit, die neue Unternehmung aus eigenen Mitteln zu finanzieren. Fast immer werden fremde Geldquellen benötigt. Aus diesem Grunde sollte im Rahmen der **Kapitalbedarfsplanung** exakt ermittelt werden, wo und wie viel Kapital für betriebliche Zwecke beschafft werden muss:

- **Eigenkapital:** Kapital vom Eigentümer und/oder dessen Partner
- **Fremdkapital:** Kapital von fremden Geldgebern
- Der **Staat** bietet zur Förderung von Existenzgründungen besonders günstige Kreditprogramme an, z. B. das ERP-Eigenkapitalhilfeprogramm oder ERP-Existenzgründungsprogramm. Bedingung ist Antragstellung über die Hausbank, die dem Staat gegenüber mit einem offiziellen Gutachten haftet.
- **Banken** stellen ebenfalls besondere Programme für Gründungsunternehmer bereit. Sie lassen sich z. T. sehr gut mit den staatlichen Programmen kombinieren.
- **Private Kreditgeber** sollten – soweit sie nicht aus der Familie kommen – sehr kritisch hinsichtlich der Solidität geprüft werden.
- **Franchising:** Der Gründer kann sich viele Probleme und Risiken ersparen, die die Gründung eines Betriebes im Alleingang mit sich bringt. Er kann ein fertiges Konzept kaufen. Dieses nennt man Franchising. Es gewinnt in unserer Wirtschaft immer mehr an Bedeutung. Die bekanntesten Namen sind Coca-Cola, McDonald's, OBI.

Dem Franchising liegt ein Vertrag zwischen Franchise-Geber und Franchise-Nehmer zugrunde. Der Franchise-Geber liefert Name, Marke, Know-how und Marketing. Er bietet Kalkulationshilfen, macht überregionale Werbung und Ausbildung, berät und gewährt finanzielle Hilfen, besonders in Gründungszeiten. Der Franchise-Nehmer zahlt eine Gebühr für das Recht, in einem festgelegten Gebiet die Waren und Dienstleistungen exklusiv zu verkaufen.

8 Simulation einer Unternehmensgründung

Vorteile für den Franchise-Nehmer	Nachteile für den Franchise-Nehmer
■ Das Marktrisiko wird gemindert ■ Keine Konkurrenz für das Produkt im Absatzgebiet ■ Know-how, Image, Ausbildung, Werbung, Verkaufsförderung, Public Relations werden zentral geregelt	■ Eingeschränkte Selbständigkeit ■ Wirtschaftliche Abhängigkeit ■ Fehlentscheidungen des Franchise-Gebers treffen auch den Franchise-Nehmer

Laden Sie doch einmal einen Betriebsberater (z. B. der Handwerkskammer) in Ihre Klasse ein. Hinweise zum Ablauf einer Expertenbefragung finden Sie auf Seite 62.

Gründungsberatung

Damit die gesamten Überlegungen in geordnete Planung umgesetzt werden, kann sich jeder Existenzgründer einer Gründungsberatung bedienen. Wie immer auf dem freien Markt bieten sich auch hier viele Organisationen und Personen an:

■ **Handwerkskammern, Industrie- und Handelskammern und Landwirtschaftskammern** haben eigene Betriebsberater, darunter befinden sich auch Spezialisten für Existenzgründungen. Eine solche Gründungsberatung ist kostenlos.

■ **Verbände und Innungen** aller Berufsgruppen bieten ebenfalls solche Hilfestellungen an.

■ Der **Staat** liefert nur indirekt Unterstützung durch Bereitstellung entsprechender finanzieller Fördermittel sowohl für Existenzgründung als auch für die Existenzfestigung (nach der Gründung).

■ **Unternehmensberater** haben sich z. T. auf Existenzgründung spezialisiert. Sie sind freiberuflich tätige Fachleute, die einerseits betriebswirtschaftliche, steuerliche und juristische Beratung vornehmen, andererseits aber auch die Formalien regeln und unterstützend bei Gesprächen z. B. mit Banken, Vorbesitzern, Lieferanten oder bei der Einstellung von Mitarbeitern dabei sind.

Internetadressen zur Unterstützung von Existenzgründungen:

www.ifex.de
www.newcome.de
www.bmwi-softwarepaket.de
www.n-u-k.de
www.idex.de
www.kfw-mittelstandsbank.de
www.vorlagen.de

Weitere Informationsquellen:

1. Handwerk:
   www.zdh.de
2. Industrie:
   www.diht.de
   www.bdi.de
3. Landwirtschaft:
   www.landwirtschaftskammer.de
   www.bauernverband.de
4. Hauswirtschaft:
   www.dlv-online.de
   www.landfrauen-bw.de
   www.hausfrauenbund.de
   www.frauenrat.de

Überblick

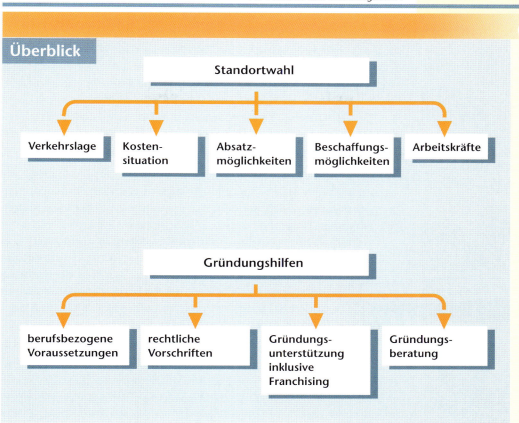

Aufgaben zur Wiederholung und Vertiefung

Inhaltsbezug Seite

1. Welches sind die wichtigsten Standortfaktoren für folgende Betriebe: 302
   a) Schreinerei   d) Schuhfabrik
   b) Zimmerei   e) Steinmetzbetrieb
   c) Friseur   f) Möbelhaus

2. Erläutern Sie den häufig verwendeten Begriff „Standort Deutschland". 303

3. Was ist mit Infrastruktur gemeint? 303

4. Zur Gründung eines Unternehmens sind spezielle berufsbezogene Voraussetzungen notwendig. Nennen und erklären Sie diese. 303, 304

5. An welchen Stellen muss sich ein Gründer anmelden? 305

6. Erklären Sie Begriff, vertragliche Gestaltung und Bedeutung des Franchising. 305, 306

7. Das Verhältnis Eigenkapital zu Fremdkapital beträgt in Deutschland 20:80. Erörtern Sie die Konsequenzen. 305

8.3 Wahl der Rechtsform eines Unternehmens

Als Geschäftsführer seines Ladengeschäfts hat Gustav Meninger seinen Sohn vorgesehen. Noch besucht er die Akademie für Betriebsmanagement in Freiburg. Im 1. Jahr hat er bereits die Meisterprüfung absolviert. Jetzt im 2. Jahr vertieft er sein Wissen in Gestaltung, Betriebswirtschaftslehre, Kostenrechnung und Marketing und wird die Ausbildung mit der Fachhochschulreife beenden. Meninger überlegt, welche Unternehmensform für beide die beste wäre.

Die Unternehmungen im Wirtschaftsleben haben die verschiedensten Bezeichnungen. Alle nebenstehenden Firmenbezeichnungen sind kein Zufall, sondern das Ergebnis rechtlicher Vorschriften. Die genannten Unternehmungen unterscheiden sich nämlich nicht nur in ihrem Namen (Firma), sondern vor allem in rechtlichen und betriebswirtschaftlichen Gegebenheiten: z. B. durch die Art der **Kapitalaufbringung**, das jeweilige **Ausmaß der Haftung** der beteiligten Personen, das Recht der **Geschäftsführung** und **Vertretung** der Unternehmung sowie durch die Art der **Gewinn- bzw. Verlustbeteiligung**.

Während „Emma Müller Lebensmittel e. Kfr." bereits vom Namen her auf eine alleinige Eigentümerin, d. h. auf eine **Einzelunternehmung**, hindeutet, weisen die anderen Firmenbezeichnungen auf mehrere Personen hin, die in irgendeiner Weise mit diesen Unternehmungen persönlich oder finanziell verbunden sind. Man spricht daher auch von **Gesellschaftsunternehmungen** und je nachdem, ob mehr die persönliche Beteiligung oder mehr die Kapitalbeteiligung im Vordergrund steht, von **Personengesellschaften** (GbR, OHG, KG) oder **Kapitalgesellschaften** (AG, GmbH). Eine Sonderstellung nehmen hierbei die **Genossenschaften** ein.

8.3.1 Einzelunternehmung

Gründung

Der Einzelunternehmer muss nach Änderung des HGB vom 1. Juli 1998 durch Abkürzungen sein Unternehmen als solches kennzeichnen. Als Abkürzungen gelten: e. K. = eingetragener Kaufmann oder Kauffrau, e. Kfr. = eingetragene Kauffrau, e. Kfm. = eingetragener Kaufmann.

Jetzt sind für den Einzelunternehmer folgende Kennzeichnungen möglich:

- Namenfirma: z. B. Hoffmann e. K., Janette Maier e. Kfr., Peter Lehmann e. Kfm. oder
- Sachfirma, z. B. Prima Lebensmittel e. K., Öko-Schreinerei e. Kfm., Wollknäuel e. Kfr. oder
- Fantasiefirma: z. B. etc. e. K., Fixprüf e. Kfm. oder
- Kombinationsformen: z. B. Fixprüf Kfz-Werkstatt e. K., Öko-Schreinerei Lehmann e. Kfm.

Der Inhaber hat weiterhin alle Rechte und Pflichten allein zu tragen, die mit dem Unternehmen verbunden sind.

Kapitalaufbringung

Das Geschäftskapital muss vom Inhaber allein aufgebracht werden. Eine gesetzliche Mindestkapitalausstattung ist nicht vorgeschrieben.

Haftung

Der Inhaber der Einzelunternehmung haftet für Forderungen von Gläubigern mit seinem Geschäftsvermögen und seinem gesamten Privatvermögen.

Geschäftsführung

Die Geschäftsführung obliegt dem Inhaber allein. Er hat alle Rechte und Pflichten allein zu tragen, die mit der Unternehmung verbunden sind.

Vertretung

Der Inhaber vertritt die Unternehmung allein nach außen, d. h. er ist alleiniger Geschäftsführer.

Gewinnverteilung

Der Inhaber ist allein berechtigt, über die Verwendung des Gewinns zu entscheiden.

Die **Vorteile** dieser Rechtsform liegen auf der Hand. Da der Inhaber alle Rechte allein besitzt, kann er schnell, selbstständig und frei von anderen Einflüssen seine unternehmerischen Entscheidungen fällen und den möglichen Erfolg für sich allein verbuchen. Aber auch **Nachteile** sind mit dieser Unternehmensform verbunden. Der Unternehmer muss das gesamte Risiko im Konkursfalle tragen und im gegebenen Falle mit seinem gesamten Vermögen (Geschäftsvermögen und Privatvermögen) gegenüber Gläubigern der Firma haften. Auch sind seine Kreditbeschaffungsmöglichkeiten für notwendige Investitionen häufig geringer, da die entsprechenden Sicherheiten nur von einer Person und nicht von mehreren Gesellschaftern gegeben werden.

8.3.2 Personengesellschaft

Gesellschaft des bürgerlichen Rechts

Wenn aus finanziellen Gründen, aus fachlicher Notwendigkeit oder erbrechtlicher Situation ein oder mehrere Gesellschafter in den Betrieb eintreten wollen, muss eine Personengesellschaft oder Kapitalgesellschaft gegründet werden. Zu den Personengesellschaften zählt u. a. die **Gesellschaft des bürgerlichen Rechts (GbR)**.

Gründung

Die GbR entsteht durch Zusammenschluss von zwei oder mehr Personen. Sie verpflichten sich zur vertraglichen Förderung eines gemeinsamen Ziels. Die Gründung ist an keine Form gebunden, sie kann auch mündlich vereinbart werden. Die GbR führt keinen eigenen Firmennamen. Sie muss deshalb im Geschäftsverkehr mit Vor- und Familiennamen aller Gesellschafter auftreten. Sie ist aber nach einem Urteil des BGH rechtsfähig.

Arten

Die GbR eignet sich für:
- Kleingewerbetreibende
- Praxisgemeinschaften freier Berufe, z. B. Architekten, Ärzte, Ingenieure
- Arbeitsgemeinschaften (Arge) des Baugewerbes, die nur einen bestimmten Zeitraum zur gemeinsamen Durchführung eines Auftrags zusammenarbeiten, z. B. bis zur Fertigstellung eines Schulzentrums, einer Brücke, eines Krankenhauses usw.

Die OHG hat sehr viel Ähnlichkeit mit der GbR. Sie bezieht sich allerdings auf das HGB als Gesetzesgrundlage.

Kapitalaufbringung

Ein Mindestkapital ist nicht vorgeschrieben. Die Kapitalhöhe und der Einzahlungszeitpunkt erfolgt nach Absprache.

Haftung

Ein Gesellschafter hat bei der Erfüllung der ihm obliegenden Verpflichtungen nur für diejenige Sorgfalt einzustehen, welche er in eigenen Angelegenheiten anzuwenden pflegt. Jeder Gesellschafter haftet mit seinem Betriebs- und Privatvermögen.

unmittelbar:
jeder persönlich
solidarisch:
die Gesellschafter haften gegenseitig
unbeschränkt:
Haftung mit Geschäfts- und Privatvermögen

Geschäftsführung

Die Führung der Geschäfte der Gesellschaft steht den Gesellschaftern gemeinschaftlich zu; für jedes Geschäft ist die Zustimmung aller Gesellschafter erforderlich.

Vertretung

Ist in dem Gesellschaftsvertrag die Führung der Geschäfte einem Gesellschafter oder mehreren Gesellschaftern übertragen, so sind die übrigen Gesellschafter von der Geschäftsführung ausgeschlossen. Nur diese ausgewählten Gesellschafter können mit Kunden, Lieferanten, Banken usw. Verträge abschließen.

Gewinnverteilung

Sind die Anteile der Gesellschafter am Gewinn und Verlust nicht bestimmt, so hat jeder Gesellschafter ohne Rücksicht auf die Art und die Größe seines Beitrags einen gleichen Anteil am Gewinn und Verlust.

Vorteile	Nachteile
■ Freie Vertragsgestaltung ■ Einfache Gründung ohne Formalitäten ■ Geeignet für Kleingewerbetreibende, freie Berufe und Arbeitsgemeinschaften ■ Risikostreuung auf mehrere Gesellschafter	■ Gesellschafter haften mit Privat- und Geschäftsvermögen gesamtschuldnerisch ■ Kapitalabzug und mangelndes Fachwissen gefährden das Unternehmen ■ Meinungsverschiedenheiten unter den Gesellschaftern können das Unternehmen gefährden

Kommanditgesellschaft (KG)

In der Kommanditgesellschaft gibt es zwei Arten von Gesellschaftern: Komplementäre und Kommanditisten.

Die **Komplementäre** (auch Vollhafter genannt) haften für die Verbindlichkeiten der Gesellschaft gegenüber den Gläubigern persönlich als Gesamtschuldner, und zwar sowohl mit Geschäfts- wie auch Privatvermögen. Sie haben alle das Recht zur Geschäftsführung und zur Vertretung der Gesellschaft nach außen.

Die **Kommanditisten** (auch Teilhafter genannt) hingegen haften nur mit ihrer Einlage, sind aber auch nicht zur Geschäftsführung berechtigt. Sie haben lediglich ein Kontrollrecht, ein Informations- und Widerspruchsrecht und das Recht, ihre Beteiligung durch Kündigung zu beenden.

Hinsichtlich der Gewinnverwendung gelten nach § 168 HGB (Handelsgesetzbuch) ebenfalls 4 % Kapitalverzinsung, der verbleibende Rest wird aber im angemessenen Verhältnis, das im Gesellschaftsvertrag festgelegt wird, verteilt.

Die Rechtsform der KG wird besonders häufig gewählt, wenn an der Unternehmung Familienmitglieder beteiligt werden sollen, die Geschäftsführungs- und Vertretungsbefugnis des Unternehmers aber nicht eingeschränkt werden soll.

= geschäftsführender Gesellschafter mit Kapitaleinlage (Vollhafter)

= Gesellschafter ohne Geschäftsführungsrecht mit Kapitaleinlage (Teilhafter)

GmbH & Co. KG ist eine KG, in der der Komplementär nicht eine natürliche Person, sondern eine juristische Person (GmbH) ist.

Vorteile	Nachteile
■ Eignet sich besonders in Erbfällen für die Umwandlung aus einem Einzelunternehmen, ohne die Existenz des Unternehmens zu gefährden ■ Komplementäre können fast uneingeschränkt die Unternehmung leiten	■ Gewinn wird anteilsmäßig verteilt ■ Eventuell unterschiedliche Interessenlagen zwischen Komplementären und Kommanditisten führen zu Meinungsverschiedenheiten

8.3.3 Kapitalgesellschaft

Gesellschaft mit beschränkter Haftung (GmbH)

Die GmbH ist eine Kapitalgesellschaft mit eigener Rechtspersönlichkeit. Die Gesellschafter sind aber nicht nur durch ihre Kapitalbereitstellung (vgl. Aktiengesellschaft), sondern in der Regel auch mit persönlichem Einsatz an der GmbH beteiligt. Eine Person (Ein-Mann-GmbH) oder mehrere können eine GmbH gründen. Ein notariell beurkundeter **Gesellschaftsvertrag** muss vorliegen, und die GmbH kann sowohl als Sachfirma (z. B. Strickwaren GmbH), Fantasiefirma (z. B. HOT GmbH) oder als Personenfirma (z. B. Meyer GmbH) firmieren.

Kapitalaufbringung

Durch eine oder mehrere Personen muss ein Stammkapital von mindestens 25 000,00 € (pro Gesellschafter mind. 100 €) aufgebracht werden. Es kann in Geld- oder Sacheinlagen (z. B. Maschinen, Geschäftsausstattung usw.) geleistet werden.

Haftung

Die Gesellschafter haften der GmbH gegenüber mit ihrem Gesellschaftsanteil (= Stammeinlage). Die GmbH als juristische Person haftet Gläubigern gegenüber nur bis zur Höhe des jeweiligen Stammkapitals (= beschränkte Haftung).

Geschäftsführung

Die Gesellschafter der GmbH bestimmen in der Gesellschafterversammlung einen oder mehrere Geschäftsführer, die an ihre Weisungen gebunden sind. Nach dem neuen GmbH-Recht kann eine Person, die z. B. wegen betrügerischen Bankrotts oder Verletzung der Buchführungspflicht innerhalb der letzten fünf Jahre verurteilt worden ist, nicht Geschäftsführer werden. Bei über 500 Arbeitnehmern ist – wie bei der Aktiengesellschaft – ein Aufsichtsrat gesetzlich vorgeschrieben.

Vertretung

Die GmbH wird auch vom Geschäftsführer nach außen vertreten.

Gewinnverwendung

Der Reingewinn wird nach Anteilen am Stammkapital oder nach Regelung im Gesellschaftervertrag auf die Gesellschafter verteilt.

8.3 Wahl der Rechtsform eines Unternehmens

Vorteile	Nachteile
■ Haftungsbegrenzung auf das Stammkapital ■ Trennung von Unternehmensführung und Kapital ■ Möglichkeit, einen Gesellschafter als Geschäftsführer einzusetzen ■ Geeignet für kleinere und mittelständische Unternehmen	■ Unterliegt zusätzlich der Körperschaftssteuer ■ Veröffentlichungspflicht der Bilanz und des Anhangs ■ Gesellschafter haben Mitspracherecht über Entscheidungen in der Gesellschafterversammlung

Aktiengesellschaft (AG)

Die Aktiengesellschaft zählt zu den Kapitalgesellschaften, da hier die Aufbringung des Gesellschaftskapitals durch die Gesellschafter und nicht ihre unmittelbare persönliche Beteiligung an Geschäftsführung und Vertretung der Gesellschaft im Vordergrund steht.

Die Aktiengesellschaft ist eine juristische Person, d. h., sie ist eine Gesellschaft mit eigener Rechtspersönlichkeit. Zur Gründung einer AG ist **mindestens 1 Gründer** erforderlich, und es muss ein notariell beurkundeter **Gesellschaftsvertrag** vorliegen. Die Unternehmung firmiert als Sachfirma mit dem Zusatz AG (z. B. Badische Getriebe Werke AG).

Aufsichtsrat
bestellt den Vorstand für höchstens 5 Jahre

Weitere Aufgaben:
1. Wählt aus seiner Mitte den Aufsichtsratsvorsitzenden
2. Überwachung der Geschäftsführung
3. Gerichtliche und außergerichtliche Vertretung der Gesellschaft gegenüber dem Vorstand
4. Sorgfaltspflicht bei der Kontrolle der Gesellschaft
5. Prüfung des Jahresabschlusses, des Geschäftsberichts und des Gewinnverwendungsvorschlages

Vorstand
Aufgaben:
1. Eigenverantwortliche Leitung
2. Gerichtliche und außergerichtliche Vertretung der Gesellschaft
3. Berichterstattung an den Aufsichtsrat
4. Sorgepflicht für Buchführung
5. Besondere Pflichten bei Gefährdung der Gesellschaft
6. Sorgfaltspflicht bei der Geschäftsführung
7. Aufstellung und Vorlage des Jahresabschlusses und des Lageberichtes
8. Offenlegung des Jahresabschlusses

Hauptversammlung
Aktionäre und Aktionärsvertreter wählen die Hälfte oder zwei Drittel der Aufsichtsratsmitglieder

Weitere Aufgaben:
1. Beschluss über Gewinnverwendung
2. Entlastung des Vorstands und Aufsichtsrats
3. Bestellung der Abschluss- oder Sonderprüfung
4. Beschluss über Maßnahmen der Kapitalbeschaffung und -herabsetzung
5. Beschlüsse über Unternehmensverträge, Eingliederung, Verschmelzung, Umwandlung

Belegschaft
wählt die Hälfte oder ein Drittel der Arbeitnehmervertretung für den Aufsichtsrat

Kapitalaufbringung

Mindestens 50 000,00 € müssen durch die Aktionäre aufgebracht werden. Dieses Kapital heißt bei der AG **Grundkapital**. Es setzt sich aus Aktien mit einem Nennwert von mindestens 1,00 € zusammen und verteilt sich in der Regel auf viele Aktionäre, die die Aktien über ihre Banken an der Wertpapierbörse kaufen oder verkaufen lassen können.

Haftung

Die Aktionäre haften nur mit ihrem eingesetzten Kapital gegenüber der AG. Privat können sie über ihre Aktienbeteiligung hinaus nicht haftbar gemacht werden.

Umstellung der Aktien in €
Mit der Einführung der Europäischen Währungsunion wurden auch die Aktien auf € umgestellt. Die rechtliche Anpassung wurde durch das „Gesetz zur Einführung des Euro" und das „Gesetz über die Zulassung von Stückaktien" vorgenommen.

313

8 Simulation einer Unternehmensgründung

Geschäftsführung

Die Leitung der AG liegt beim **Vorstand**, der vom Aufsichtsrat für höchstens fünf Jahre „bestellt" wird. Der Aufsichtsrat kontrolliert den Vorstand durch Überwachung der Geschäftsführung, Prüfung von Jahresabschlüssen (Bilanz, Gewinn- und Verlustrechnung) und Geschäftsbericht. Der Vorstand berichtet der Hauptversammlung (HV) und macht einen Gewinnverteilungsvorschlag.

Der **Aufsichtsrat** wird in einer AG mit bis zu 2000 Arbeitnehmern nach dem Drittelbeteiligungsgesetz von 2004 zu zwei Dritteln von der Hauptversammlung und zu einem Drittel von Arbeitnehmern gewählt; bei über 2000 Beschäftigten und bei der Eisen und Stahl erzeugenden Industrie (Montanindustrie) entsprechend dem Mitbestimmungsgesetz bzw. dem Montanmitbestimmungsgesetz jeweils zur Hälfte von der Hauptversammlung und von Arbeitnehmern.

Die **Hauptversammlung** ist das beschließende Organ der AG, in der alle Aktionäre oder deren Vertreter ein Stimmrecht entsprechend ihrer Aktienanzahl besitzen. Die Hauptversammlung entlastet den Aufsichtsrat und den Vorstand, beschließt über die Verteilung des Gewinns und bestellt die Wirtschaftsprüfer für Abschluss- oder Sonderprüfungen.

Vertretung

Vertreten wird die AG durch den Vorstand, der als geschäftsführendes Organ der AG auch die Vertretung der Gesellschaft nach außen, also gegenüber anderen natürlichen oder juristischen Personen, übernimmt.

Gewinnverwendung

Auf Vorschlag des Aufsichtsrats beschließt die Hauptversammlung über die Verwendung des Gewinns der AG. Der Reingewinn wird dann aufgeteilt in den Teil, der zur Ausschüttung gelangt (= **Dividende** für die Aktionäre in € pro Aktiennennwert), und in den Teil, der nicht ausgeschüttet wird zum Zwecke der Selbstfinanzierung wichtiger Investitionsvorhaben.

Vorteile	Nachteile
■ Durch Aktienausgabe sehr gute Kapitalbeschaffung ■ Trennung von Unternehmensleitung und Kapital ■ Qualifiziertes Führungspersonal auch ohne Kapital ■ Durch große Kapitalkraft kann Forschung und Entwicklung betrieben werden	■ Vorstände ohne Kapitalbeteiligung gehen eventuell sehr risikoreiche Geschäfte ein ■ Durch Aufkauf von Aktien kann Machtkonzentration entstehen ■ Bei einem Grundkapital von 50 000,00 € ungeeignet für Handwerksbetriebe und landwirtschaftliche Betriebe

8.3 Wahl der Rechtsform eines Unternehmens

Die wichtigsten Rechtsformen im Überblick

Rechtsform	Kapital-ausstattung	Eintragung im Handels-register	Haftung	Geschäfts-führung und Vertretung	Kontrollrecht	Gewinn-beteiligung	Fortführung nach Tod von Gesell-schaftern	Firmierung
Einzel-unternehmung Kleingewerbe-treibender, Einzelkaufmann	kein Mindestkapital	Nichtkaufmann nein Kaufmann ja	Inhaber haftet mit Geschäfts- und Privat-vermögen unbeschränkt	Inhaber	Inhaber	Inhaber	bei Vorliegen einer Erbregelung möglich, sonst Löschung von Amts wegen	Familien-, Sach- oder Fantasiename mit dem Zusatz e. K., e. Kfr. oder e. Kfm.
Gesellschaft des bürgerlichen Rechts (BGB-Gesellschaft oder GbR)	kein Mindestkapital	nein	Gesellschafter haften mit Geschäfts- und Privat-vermögen unbeschränkt	alle Gesell-schafter sind gemeinschaft-lich zur Ge-schäftsführung berechtigt und verpflichtet	alle Gesellschafter	alle Gesellschafter zu gleichen Teilen	Gesellschaft wird aufgelöst	Vor- und Zuname der Gesellschafter mit dem Zusatz GbR
offene Handels-gesellschaft (OHG)	kein Mindestkapital	ja	Gesellschafter haften mit Geschäfts- und Privat-vermögen unbeschränkt	alle Gesell-schafter sind zur Geschäfts-führung und Vertretung berechtigt und verpflichtet	alle Gesellschafter	zunächst Verzinsung der Geschäfts-einlage mit 4 %, der Rest wird nach Köpfen verteilt	Gesellschaft wird aufgelöst	Familien-, Sach- oder Fantasiename mit dem Zusatz OHG
Kommandit-gesellschaft (KG)	kein Min-destkapital, der Kapital-anteil der Komman-ditisten ist für die Eintragung festzusetzen	ja	Komplemen-täre haften mit Geschäfts- und Privat-vermögen unbeschränkt, Komman-ditisten nur mit eingetragener Einlage	alle Komplementäre sind zur Geschäfts-führung und Vertretung berechtigt und verpflichtet	Komplementäre; Kommanditisten können Kopie des Jahres-abschlusses verlangen und prüfen	zunächst Verzinsung der Geschäfts-einlage mit 4 %, der Rest in an-gemessenem Verhältnis	Gesellschaft wird aufgelöst durch Tod eines Komplementärs. Beim Aus-scheiden eines Kommanditisten besteht die Gesellschaft weiter, wenn noch min-destens ein Kommanditist vorhanden ist	Familien-, Sach- oder Fantasiename mit dem Zusatz KG (ist der Komplementär eine GmbH muss dies ersichtlich sein: GmbH & Co KG)
Gesellschaft mit beschränkter Haftung (GmbH)	25 000,00 €. Jeder Gesellschafter mindestens 100,00 €. Sofort ist ein Viertel einzuzahlen, mindestens die Hälfte des Stammkapitals	ja	Gesellschafter haften nur mit ihrem Anteil	alle Geschäfts-führer führen und vertreten die Gesell-schaft gemein-sam. Die Gesellschafter können sich oder andere als Geschäfts-führer einsetzen	Gesellschafter-versammlung. Aufsichtsrat ist möglich, aber erst ab 2 000 Mitarbeitern notwendig	Verteilung nach der Höhe der Geschäfts-anteile	Gesellschaft besteht weiter	Familien-, Sach- oder Fantasiename mit dem Zusatz GmbH
Aktien-gesellschaft	50.000,00 €. Aktie mindestens 1,00 €	ja	Gesellschafter haften nur mit ihrem Anteil	Vorstand führt und vertritt die Gesellschaft. Wird auf 3 - 5 Jahre „bestellt".	Haupt-versammlung wählt Aufsichtsrat. Er kontrolliert den Vorstand.	Dividende pro Aktien-nennwert	Gesellschaft bleibt bestehen	Familien-, Sach- oder Fantasiename mit dem Zusatz AG

8 Simulation einer Unternehmensgründung

Überblick

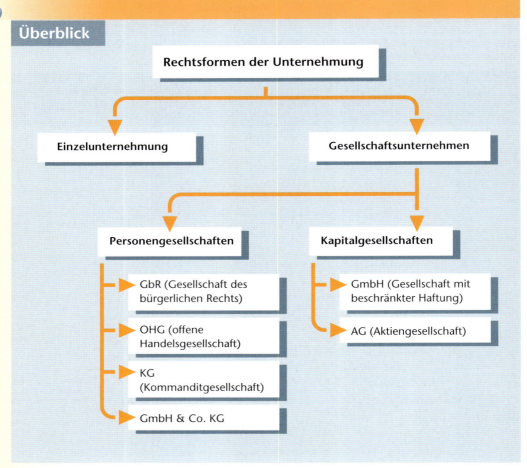

Aufgaben zur Wiederholung und Vertiefung

Inhaltsbezug Seite

1. Herr Meninger ist zunächst Einzelunternehmer. Mit seinem Sohn gründet er eine GmbH. Vergleichen Sie Kapitalaufbringung, Haftung, Geschäftsführung, Vertretung und Gewinnverwendung der beiden Rechtsformen miteinander. — 309, 312

2. Wann ist die Gründung einer BGB-Gesellschaft (GbR) sinnvoll? — 310

3. Beschreiben Sie die Aufgaben eines Komplementärs und eines Kommanditisten. — 311

4. In welchem Verhältnis stehen Vorstand, Aufsichtsrat und Hauptversammlung einer AG zueinander? — 313

8.4 Finanzierung

Für den weiteren Ausbau des Möbelgeschäftes in der Stadt benötigt die Schreinerei Meninger 40 000,00 €. Herr Meninger überlegt, ob er mit dem Gewinn dieses Jahres die Finanzierung übernehmen kann, ansonsten könnte er die kleine Obstwiese verkaufen. Da er sich für beide Möglichkeiten nicht begeistern kann, fragt er auch noch bei der Hausbank nach. Die verlangt allerdings einen detaillierten Überblick über die Vermögenslage, indem sie um Vorlage der Bilanz bittet.

Die Vermögenswerte einer Unternehmung sind auf der Aktivseite der **Bilanz** aufgeführt. Dabei wird unterschieden in langfristiges **Anlagevermögen** (z. B. Grundstücke, Gebäude, Fuhrpark, Maschinen, Betriebs- und Geschäftsausstattung) und kurzfristiges **Umlaufvermögen** (z. B. fertig gestellte Waren, Forderungen an Kunden, Bank- und Kassenbestand). Aus der Passivseite geht hervor, wie diese Vermögenswerte finanziert worden sind. Da ist einerseits das **Eigenkapital**, das von dem oder den Eigentümern zur Verfügung gestellt worden ist, und das **Fremdkapital**, für das Zinsen gezahlt werden müssen (Hypotheken, Darlehen, Verbindlichkeiten gegenüber Lieferanten).

Bei der Überlegung, ob und in welcher Höhe weitere Mittel zur Finanzierung benötigt werden, sollten einige **Finanzierungsgrundsätze** eingehalten werden:

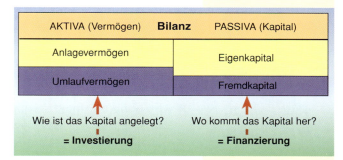

- **Eigenkapital** steht dem Unternehmen im Allgemeinen unbefristet zur Verfügung. Daher sollte Anlagevermögen, das ja auch langfristig in der Unternehmung verbleibt, mit Eigenkapital finanziert werden („**goldene Bilanzregel**"); ideal ist es, wenn darüber hinaus auch ein Teil des Umlaufvermögens (Rohstoffe, Waren) durch Eigenkapital gedeckt ist („**goldene Finanzierungsregel**"). Allerdings ist die Beschaffung von zusätzlichem Eigenkapital oft nicht ohne weiteres möglich. Der Einzelunternehmer hat sein Kapital ja schon in die Firma eingebracht, und die Aufnahme neuer Eigentümer ist nur unter Änderung der Rechtsform möglich. Zwar erwarten der oder die Eigenkapitalgeber eine angemessene Verzinsung ihres Kapitals (**Rendite**), aber die kann in wirtschaftlich schwierigen Zeiten auch einmal niedriger ausfallen.

- Bei der Aufnahme von **langfristigem Fremdkapital** besteht seitens des Kapitalgebers (meistens eine Bank) immer ein Anspruch auf regelmäßige Zinszahlungen, unabhängig vom jeweiligen Geschäftsverlauf. Diese Zinszahlungen stellen Kosten dar, die den finanziellen Spielraum einengen; außerdem muss der Kredit in Raten oder einmalig nach der Laufzeit getilgt werden. Der Bank ist im Allgemeinen eine Sicherheit zum Beispiel in Form einer Hypothek oder einer Bürgschaft zu bieten.

8 Simulation einer Unternehmensgründung

- Um den laufenden Betriebsprozess aufrechterhalten zu können, muss unter Umständen **kurzfristiges Fremdkapital** zur Verfügung stehen. So müssen zum Beispiel folgende Zahlungen sichergestellt werden:
  - Löhne und Gehälter
  - Material- und Warenbezug
  - Steuern und Sozialabgaben
  - Reparaturen
  - Miet-, Strom- und Heizungskosten

Soweit diese Zahlungen nicht aus den laufenden Einnahmen gedeckt sind, muss auf einen Bankkredit (Dispositionskredit) oder auf Lieferantenkredite zurückgegriffen werden. Diese Kredite sind zwar kurzfristig verfügbar, aber immer mit hohen Zinssätzen verbunden. Stehen nicht genügend „flüssige Mittel" (**Liquidität**) zur Verfügung, kann es zu Zahlungsunfähigkeit und zum Konkurs kommen.

Das größte Hindernis bei Gründung eines Unternehmens ist normalerweise die **Finanzierung** des anzuschaffenden Betriebsvermögens. Dabei kann das Geld sowohl von **außen** (z. B. von der Bank, Lieferanten) oder von **innen** (z. B. vom Unternehmer selbst, Gewinn) kommen.

Nimmt der Unternehmer eine **Innenfinanzierung** vor, die immer im Vordergrund stehen sollte, bieten sich drei Möglichkeiten:

- **Selbstfinanzierung:** Ausgewiesene Gewinne werden nicht ausgeschüttet, d. h. der Unternehmer verwendet sie nicht für seinen privaten Bereich, sondern das Geld bleibt im Unternehmen und stärkt das Eigenkapital.
- **Abschreibungsfinanzierung:** Abschreibung ist ein Werteverlust eines Vermögensteils (z. B. einer Maschine oder eines Kfz) in einem Geschäftsjahr. Dieser Werteverlust (= Aufwand) mindert den Gewinn, tritt aber nicht direkt als Ausgabe auf. Diese Abschreibungsbeträge sollten im Zeitraum der Nutzungsdauer gesammelt werden, um damit bei Ausfall der Maschine oder des Kfz genügend Geld für eine Neuinvestition zur Verfügung zu haben. In der Zwischenzeit steht aber das Geld für andere Zwecke bereit.
- **Umfinanzierung:** Aus dem Verkauf von Grundstücken, Gebäuden, Vorräten, Beteiligungen oder Wertpapieren werden Geldmittel freigesetzt, die dann für andere Zwecke zur Verfügung stehen.

In der **Außenfinanzierung** leiht man sich Geld bei nicht zum Betrieb gehörenden Personen oder Firmen. Es sollen drei Außenfinanzierungsarten herausgearbeitet werden:

- **Eigenfinanzierung:** Die Eigentümer beteiligen sich mit ihrer Kapitaleinlage am Unternehmen und tragen damit auch das Risiko. Bei der Einzelunternehmung ist es nur der Unternehmer selbst, bei der BGB-Gesellschaft sind es alle Gesellschafter, ebenso wie bei der GmbH.
- **Fremdfinanzierung:** Fremde Personen oder Institutionen (z. B. Banken) stellen Geld in Form eines Kredits, eines Darlehens oder einer Hypothek bereit, ohne sich an der Unternehmung zu beteiligen.
- **Mietfinanzierung:** Im Rahmen des Leasing werden Miet- oder Pachtverträge abgeschlossen, die Nutzungsrechte von Wirtschaftsgütern (z. B. Maschinen, Telefonanlagen, EDV-Geräte, Kfz) zum Inhalt haben.

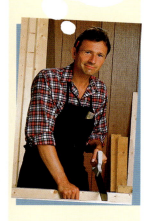

„Wie soll ich das wohl finanzieren?"

8.4.1 Darlehen

Bei der Fremdfinanzierung wird dem Unternehmen Kapital von außen zugeführt, das nach einer bestimmten Frist wieder zurückbezahlt werden muss.

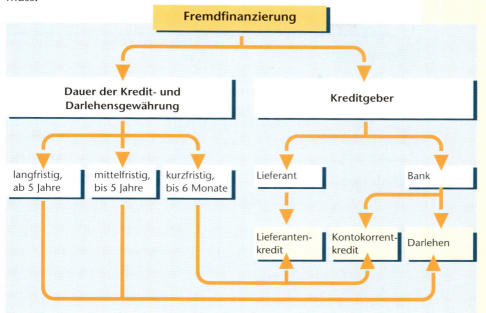

Lieferantenkredit

Beim Einkauf von Ware entsteht eine zeitliche Spanne zwischen Lieferung und Zahlung, da im Normalfall der Lieferant dem Kunden oder dem Unternehmen ein Zahlungsziel einräumt. „Zahlung innerhalb von 10 Tagen mit 2 % Skonto oder innerhalb von 30 Tagen rein netto." Damit bietet der Lieferant dem Kunden einen Kredit an: für 10 Tage gewährt er den Kredit kostenlos, für 20 Tage verlangt er 2 % Zinsen.

Skonto abziehen oder Zahlungsziel ausnutzen?

Skontoabzug in Prozent	Differenz-Tage zum Zahlungsziel								
	10	20	30	40	50	60	70	80
2	72,0	36,0	24,0	18,0	14,4	12,0	10,3	9,0
2,5	90,0	45,0	30,0	22,5	18,0	15,0	12,9	11,3
3	108,0	54,0	36,0	27,0	21,6	18,0	15,4	13,5
3,5	126,0	63,0	42,0	31,5	25,2	21,0	18,0	15,8
4	144,0	72,0	48,0	36,0	28,8	24,0	20,6	18,0
4,5	162,0	81,0	54,0	40,5	32,4	27,0	23,1	20,3
5	180,0	90,0	60,0	45,0	36,0	30,0	25,7	22,5

Zahlt in unserem Beispiel der Kunde statt am 10. Tage am 30. Tag und nimmt die 2 % Skonto nicht in Anspruch, so entspricht dies einem Jahreszinssatz von 36 %.

$$\begin{array}{l} 20 \text{ Tage} = 2\,\% \\ 360 \text{ Tage} = x\,\% \end{array} \qquad x = \frac{360 \text{ Tage} \cdot 2\,\%}{20 \text{ Tage}} = 36\,\%$$

Kontokorrentkredit

Der Kontokorrentkredit entspricht dem Dispositionskredit auf geschäftlicher Seite. Die Abwicklung aller eingehenden und ausgehenden Zahlungen wird über dieses Geschäftskonto vorgenommen. Das Konto kann neben zeitweiligem Guthaben auch Schulden aufweisen, z. B. wenn Lohn oder Waren bezahlt werden. Dazu ist es notwendig, ein **Kreditlimit** (Kreditobergrenze) zu einem festgelegten Zinssatz mit der Bank zu vereinbaren.

Darlehen

Ein Mitarbeiter der Kreditabteilung der Bank kann Ihnen mehr dazu erzählen. Laden Sie doch mal einen Experten in Ihre Klasse ein!
Vgl. dazu auch Seite 62.

Die mittel- und langfristige Fremdfinanzierung wird allgemein als Darlehen bezeichnet. Einem Darlehensvertrag liegen folgende Daten zugrunde: Darlehenshöhe, Auszahlungsbetrag, Jahreszins, Laufzeit und Rückzahlungsweise. Da die Art der Rückzahlung gleichzeitig die Liquidität des Unternehmens stark beeinflusst, wird diese häufig als Unterscheidungsmerkmal verwendet:

- **Kündigungsdarlehen:** Die Laufzeit des Darlehens ist unbefristet. Erst nach Kündigung und Einhaltung der Kündigungsfrist erfolgt die gesamte Rückzahlung. Zinsen fallen während der Laufzeit regelmäßig an.
- **Rückzahlungsdarlehen:** Wie Kündigungsdarlehen, nur wird hierbei der Zeitpunkt der Rückzahlung im Vertrag exakt festgelegt.
- **Tilgungsdarlehen:** Gleich hohe Tilgungsraten werden zurückbezahlt, während die Zinshöhe sich auf das Restdarlehen bezieht.

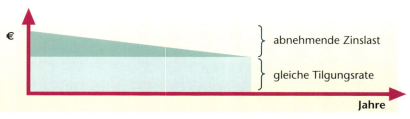

- **Annuitätsdarlehen:** Zins- und Tilgungsrate sind über die gesamte Laufzeit gleich hoch, d. h. zunächst beinhalten Rückzahlungen hohe Zinsen und geringe Tilgung. Im Laufe der Zeit verkehrt sich dieses Verhältnis.

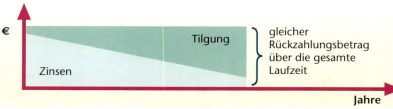

8.4.2 Leasing

Leasing ist eine Form der Anmietung von Investitionsgütern für eine Unternehmung, die später als Eigentum erworben werden können, aber nicht müssen. Für die Unternehmung ergeben sich hier völlig neue Finanzierungsmöglichkeiten. Es kann z. B. eine Maschine sofort genutzt werden, aber der Unternehmer braucht nicht sofort eine Kaufentscheidung durchzuführen. Diese interessante Finanzierungsform findet in der Wirtschaft immer mehr Anhänger.

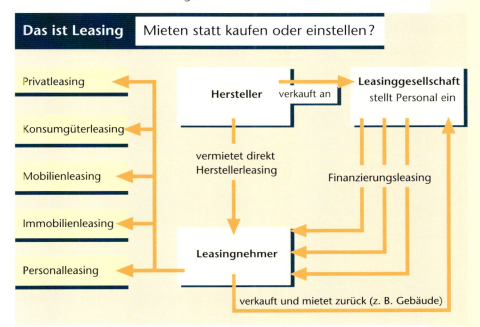

Aus Sicht des Leasinggebers werden zwei verschiedene Finanzierungsformen unterschieden, die mit ihrer Leasingrate den Leasingnehmer unterschiedlich belasten:

Vollamortisationsvertrag	Teilamortisationsvertrag
Die vollen Objektkosten werden während der Grundmietzeit über die Mietraten des Leasingnehmers finanziert.	Die Leasingraten decken nicht die Kosten des Objekts. Nach Ablauf der Grundmietzeit muss dann allerdings der Unternehmer das Verwertungsrisiko tragen (Verlängerung des Vertrages oder Kauf des Objektes)

Amortisation: allmähliche Tilgung einer langfristigen Schuld nach vorgegebenem Plan

Beim Leasing sollte jeder beachten, dass die Finanzierungsdauer und die Lebensdauer z. B. einer Maschine oder eines Autos immer übereinstimmen sollten. Es gibt keine Regeln zur Ausgestaltung eines Leasingvertrages. Die Vertragspartner können ihren Vertrag nach eigenen Vorstellungen formulieren. Deshalb soll hier nur ein Überblick über die Erscheinungsformen des Leasings gegeben werden:

- Das **Hersteller-Leasing** (**direktes Leasing**) besagt, dass die Produktionsfirma direkt ihre Produkte an den Leasingnehmer liefert und beide Firmen miteinander auch den Vertrag abschließen.

- Der Vertragsabschluss über **Leasinggesellschaften** (**indirektes Leasing**) bedeutet, dass diese Gesellschaft zwischen Produktionsfirma und Leasing-Nehmer steht und eine Finanzierungsfunktion übernimmt.

Leasing ist heute für die verschiedensten Produkte üblich:

- **Investitionsgüter-Leasing**
  a) Immobilien-Leasing:
     Grundstücke, Häuser, Lagerhallen, ganze Firmen
  b) Mobilien-Leasing:
     Maschinen, Werkzeug, EDV-Anlagen, Geschäftsfahrzeuge, Arbeitskleidung
- **Konsumgüter-Leasing**: Güter mit längerer Lebensdauer, die im Privatbereich eingesetzt werden, wie Privatfahrzeuge, Fernsehgeräte usw.

Pflichten des Leasingnehmers	Pflichten des Leasinggebers
Zahlungspflicht Zahlung der Leasingraten **Sorgfaltspflicht** sorgfältige Behandlung der Leasinggegenstände **Reparaturpflicht** Zahlung und Durchführung der notwendigen Reparaturen	**Überlassungspflicht** Überlassung der Sache zum vereinbarten Zweck

Vorteile des Leasings	Nachteile des Leasings
Der Unternehmer zahlt nur die Leasingrate und benötigt keinen Kredit Die Ausgaben fallen in kleinen Raten an Der Unternehmer kann flexibel auf technischen Fortschritt reagieren	Leasing verursacht hohe Kosten, da die Finanzierung der Hersteller oder die Leasinggesellschaft übernimmt Der Unternehmer ist an Verträge gebunden

8.4 Finanzierung

Überblick

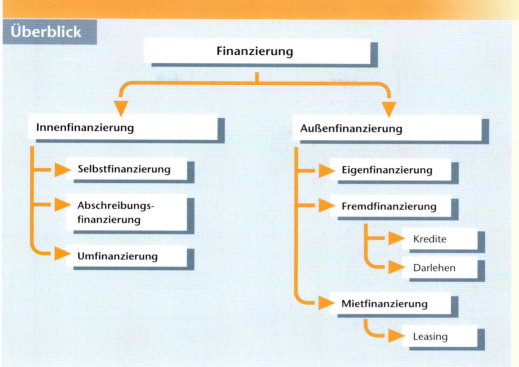

Aufgaben zur Wiederholung und Vertiefung

Inhaltsbezug Seite

1. Erklären Sie die „goldene Bilanzregel" und die „goldene Finanzierungsregel". — 317
2. Worauf ist bei der Aufnahme von langfristigem und kurzfristigem Fremdkapital zu achten? — 318
3. Welche Finanzierungsarten gehören zur
   a) Innenfinanzierung?
   b) Außenfinanzierung? — 318, 319
4. Erläutern Sie die Besonderheiten des
   a) Lieferantenkredits,
   b) Kontokorrentkredits. — 319, 320
5. Bei der Finanzplanung ist die Art der Rückzahlung von besonderer Wichtigkeit. Welche Darlehensarten gibt es?
   Erklären Sie diese hinsichtlich Zinszahlung und Tilgung. — 319, 320
6. Errechnen Sie den Jahreszins, wenn das angebotene Skonto auf einer Rechnung nicht in Anspruch genommen wird. „Zahlung innerhalb von 14 Tagen 3 % Skonto, innerhalb von 4 Wochen rein netto." — 319
7. Erklären Sie die Besonderheiten des Leasings. — 321

8 Simulation einer Unternehmensgründung

8.5 Betriebliche Kosten

Für jedes Auftragsangebot rechnet Herr Meninger seine Kosten exakt durch. Dazu nutzt er die Möglichkeiten, die ihm sein Computer, aber auch sein spezielles Softwareprogramm „Schreinerkalkulation" bietet. In gleicher Art und Weise berechnet er die Möbel für das Ladengeschäft, allerdings beobachtet er hier ganz genau die Konkurrenz im Möbeleinzelhandel und orientiert sich bei seiner Preisfestsetzung an deren Angeboten. Der festgesetzte Preis darf natürlich nicht unter seinem Selbskostenpreis liegen!

Das Ergebnis des Produktionsprozesses stellen die **Leistungen** eines Betriebes dar. Diese Leistungen können Sachgüter oder Dienstleistungen sein. Um diese Leistungen zu erstellen, müssen andere Güter und Dienstleistungen (Rohstoffe, Energie, Arbeitskraft usw.) eingesetzt werden; sie werden dabei „verzehrt". In Geldgrößen (€) ausgedrückt, bezeichnet man diesen „Werteverzehr" als **Kosten**.

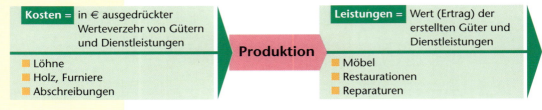

Die Leistungen der Schreinerei Meninger bestehen zum Beispiel in den erstellten Möbeln, aber auch in der Restauration alter Möbel. Die Kosten, die Gustav Meninger dabei entstehen, sind Löhne für Mitarbeiter, Ausgaben für Holz, Abschreibungen auf Maschinen usw.

Um einen Überblick über die anfallenden Kosten zu haben, muss ein Betrieb diese möglichst genau erfassen, denn

- auf Dauer kann ein Gewinn nur erzielt werden, wenn die Kosten niedriger sind als die Leistungen.
- die Ermittlung eines Angebotspreises ist nur möglich, wenn alle Kosten exakt erfasst und in die Preisermittlung einbezogen wurden.
- die Entscheidung, ob ein Zusatzauftrag angenommen werden soll, hängt davon ab, ob durch den Verkaufserlös ein Teil der ohnehin anfallenden Kosten gedeckt werden kann.
- durch Vergleich innerhalb der Branche kann ein Betrieb feststellen, ob zu hohe Kosten angefallen sind.

8.5.1 Fixe und variable Kosten

Fixe Kosten

Herr Meninger hat die Kosten für seinen Verkaufsrenner, den Bauernstuhl „Schwarzwald", über mehrere Monate mithilfe eines Kalkulationsprogrammes festgehalten:

	A	B	C	D
1	Kostentabelle (Bauernstuhl)			
2	Monat	Stückzahl	Gesamtkosten	Stückkosten
3	Juli	15	950,00 €	63,33 €
4	September	25	1.250,00 €	50,00 €
5	Dezember	45	1.850,00 €	41,11 €

Die Stückkosten hat Herr Meninger nach der Formel

$$\text{Stückkosten} = \frac{\text{Gesamtkosten}}{\text{Stückzahl}}$$

berechnet. Er stellt fest, dass die Stückkosten bei zunehmender Stückzahl immer geringer werden. Um den Sachverhalt zu ergründen, stellt Herr Meninger die Daten der Tabelle mithilfe eines Grafikprogramms als Linie in einem Schaubild dar.

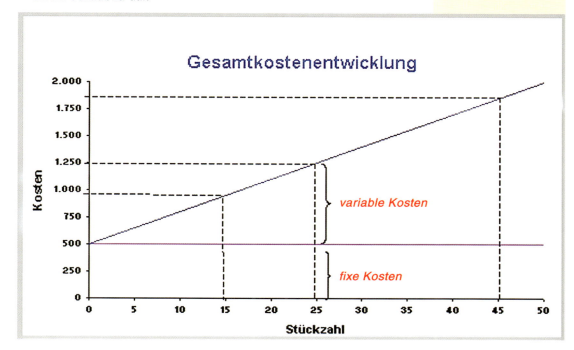

Die Linie der Gesamtkosten zeigt, dass sogar bei der Produktion von 0 Stück Kosten anfallen (und zwar 500,00 €), denn Herr Meninger muss Werkstattmiete zahlen, ob er viel, wenig oder gar nichts produziert.

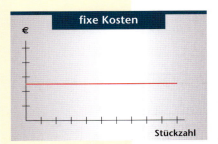

Kosten, die immer in gleicher Höhe unabhängig von der produzierten Menge anfallen, nennt man **fixe** (feste) **Kosten**.

Zu den fixen Kosten gehören die Abschreibungen für die Maschinen (Wertverlust), die Lohnkosten für die Bürokraft, Versicherungen und Steuern.

Variable Kosten

Schreinermeister Meninger zieht von den Gesamtkosten die fixen Kosten ab. Die restlichen Kosten fallen nur an, wenn produziert wird. Sie steigen, je mehr produziert wird, und sie fallen, je weniger produziert wird.

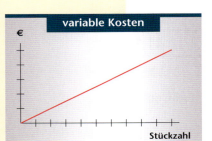

Kosten, die sich in Abhängigkeit von der produzierten Stückzahl ändern, nennt man **variable** (veränderliche) **Kosten**.

Zu den variablen Kosten gehören bei diesem Beispiel die Kosten für das Holz zum Bau der Stühle, der Leim, der Lack usw. Herr Meninger hat festgestellt, dass sich variable Kosten in Höhe von 30,00 € pro Stuhl ergeben.

Er kann die Gesamtkosten in seiner Kostenübersicht nach der Formel

fixe Kosten + variable Kosten = Gesamtkosten

aufspalten, wobei sich die variablen Gesamtkosten als Produkt von Stückzahl und variablen Stückkosten errechnen lassen.

	A	B	C	D	E
1		Gesamtkostentabelle (Bauernstuhl)			
2	Monat	Stückzahl	Fixe Kosten	Variable Kosten	Gesamtkosten
3	Juli	15	500,00 €	450,00 €	950,00 €
4	September	25	500,00 €	750,00 €	1.250,00 €
5	Dezember	45	500,00 €	1.350,00 €	1.850,00 €

Gesetz der Massenproduktion

Schreinermeister Meninger ist klar geworden, weshalb die Stückkosten bei zunehmender Stückzahl zurückgehen. Er hatte errechnet, dass die variablen Kosten pro Stück 30,00 € betragen, dazu kommt noch der Fixkostenanteil in Höhe von 500,00 €, der stets auf die Anzahl der produzierten Stücke verteilt werden muss.

E3		=	=C3+D3	
	A	B	C	D	E
1		Stückkostentabelle (Bauernstuhl)			
2	Monat	Stückzahl	Fixe Stückkosten	Variable Stückkosten	Gesamte Stückkosten
3	Juli	15	33,33 €	30,00 €	63,33 €
4	September	25	20,00 €	30,00 €	50,00 €
5	Dezember	45	11,11 €	30,00 €	41,11 €

Dieser Zusammenhang wird auch als Gesetz der Massenproduktion bezeichnet:

> **Die Kosten pro hergestelltes Stück werden umso kleiner, je höher die Produktionsmenge ist.**

Dieses Gesetz wirkt sich bei Produktionsausdehnung positiv auf die Kostenentwicklung aus. Umgekehrt steigen die Kosten pro Stück bei Produktionseinschränkung stark an.

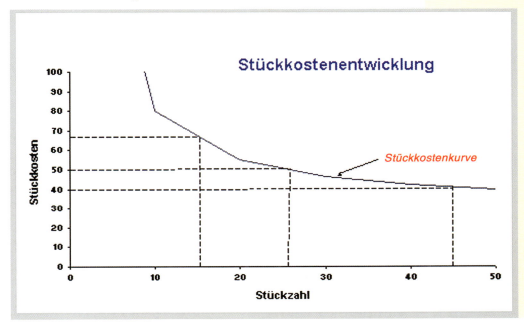

8.5.2 Einzel- und Gemeinkosten

Zur Kalkulation des Verkaufspreises der erstellten Möbel ist eine weitere Unterteilung der Kosten von Bedeutung.

Herr Gustav Meninger überlegt, wie er die Miete für das Lager und die Gehaltskosten für die Bürokraft verteilen soll. Es ist nicht ohne weiteres möglich, diese Kosten den einzelnen Produkten zuzuordnen. Anders verhält es sich dagegen mit den Materialkosten und den Lohnkosten für die erstellten Möbel.

> Kosten, die einem Produkt direkt zugerechnet werden können, werden *Einzelkosten* genannt.
> Die restlichen Kosten sind nicht direkt zurechenbar, sie heißen *Gemeinkosten* und werden den Produkten über Verteilungsschlüssel zugerechnet.

Für die Kalkulation werden diese beiden Kostenarten noch weiter unterteilt:

Schauen Sie sich in Ihrem Betrieb um, und schreiben Sie die Gemeinkosten auf, die Ihnen auffallen.

Bestimmte Gemeinkosten, die **Abschreibungen**, müssen an dieser Stelle besonders erwähnt werden. Abnutzung bzw. Verschleiß einer Maschine oder Alterung und technischer Fortschritt müssen in die Kostenrechnung mit einbezogen werden. Mithilfe der Abschreibung versucht man diese laufende Wertminderung kostenmäßig zu erfassen. Da Kosten nun mal den Gewinn mindern, ist der Staat daran interessiert, die Höhe der Abschreibungen so weit es geht zu vereinheitlichen. Aus Tabellen kann Herr Meninger entnehmen, dass z. B.

- für seinen Geschäftswagen eine Nutzungsdauer von 4 Jahren, also eine Abschreibung von 25 % pro Jahr,
- für seine Holzbearbeitungsmaschinen 10 Jahre Nutzungsdauer, also eine Abschreibung von 10 % pro Jahr,

vorgesehen sind.

8.5 Betriebliche Kosten

Die **lineare Abschreibung** beim Geschäftswagen sieht für Herrn Meninger folgendermaßen aus:

	A	B	C	D
1	**Abschreibung des Geschäftswagens**			
2	*Jahr*	*(Rest-)Wert am Anfang des Jahres*	*Abschreibungs- betrag*	*Restwert am Ende des Jahres*
3	*1*	20.000,00 €	5.000,00 €	15.000,00 €
4	*2*	15.000,00 €	5.000,00 €	10.000,00 €
5	*3*	10.000,00 €	5.000,00 €	5.000,00 €
6	*4*	5.000,00 €	5.000,00 €	0,00 €

➡ Gemeinkosten pro Jahr

Nach 4 Jahren hat Herr Meninger seinen Geschäftswagen vollständig abgeschrieben. Er benutzt dazu die lineare Abschreibung, d. h. er setzt jedes Jahr vom Anschaffungswert die gleiche Kostenrate an. Hätte er jedes Jahr die 5 000,00 € auf einem Konto angelegt, so stünden ihm jetzt (unverzinst) wieder 20 000,00 € zum Kauf eines neuen Geschäftswagens zur Verfügung.

8.5.3 Selbstkostenermittlung

Grundproblematik

Schreinermeister Gustav Meninger steht vor dem Problem, für den Erweiterungsbau des Kindergartens in der Gemeinde ein Angebot über Einbauschränke, Regale und Garderoben einzureichen. Dieser Auftrag ist öffentlich ausgeschrieben, und Meninger würde ihn gerne übernehmen. Um der Gemeinde ein konkretes Angebot machen zu können, muss er die in der Ausschreibung genau angegebenen technischen Angaben berücksichtigen und berechnen, was die Ausführung des Auftrages seinen Betrieb selbst kosten würde (**Berechnung der Selbstkosten**). Unter Berücksichtigung eines Gewinnaufschlages auf diesen Selbstkostenpreis ergibt sich der Angebotspreis, den er verlangen muss, um den Auftrag in seinem Betrieb durchführen zu können. Ein Angebot unter dem Selbstkostenpreis würde zu einem Verlust führen, ein Angebot darüber sichert ihm einen Gewinn. Aufgrund seiner Fachkenntnisse und seiner langjährigen Erfahrung hat Meninger keine Probleme, die anfallenden Kosten für das erforderliche Material und für die erforderlichen Arbeitsstunden seines Gesellen zu kalkulieren, denn hier handelt es sich um Einzelkosten. Fast unmöglich ist es aber festzustellen, wie viel Stunden die Sekretärin mit diesem Auftrag beschäftigt sein wird, wie viel Liter Treibstoff der Lieferwagen für diesen Auftrag verbrauchen wird usw. Deshalb werden diese Gemeinkosten dem Auftrag pauschal zugerechnet.

8 Simulation einer Unternehmensgründung

Arbeiten Sie die in diesem Kapitel erstellten Tabellen und Diagramme nach. Lesen Sie dazu die Methodenseite auf Seite 349.

Berechnung der Gemeinkostenzuschlagssätze

Um bei der Angebotserstellung die Gemeinkosten den Einzelkosten zuzurechnen, kann Meninger die vergangene Rechnungsperiode (Vorjahr) als Grundlage nehmen.

Meninger hatte im vergangenen Jahr die folgenden Kosten:

Aufgrund seines Vorjahresergebnisses wird er bei allen Angeboten im laufenden Jahr die Gemeinkosten wie folgt den Einzelkosten zuschlagen:

- Materialgemeinkosten: 20 % vom Einzelmaterial
- Fertigungsgemeinkosten: 180 % der Fertigungslöhne
- Verwaltungsgemeinkosten: 10 % der Herstellkosten
- Vertriebsgemeinkosten: 5 % der Herstellkosten

Berechnung des Angebotspreises

Schreinermeister Meninger weiß, dass er für die Arbeit im Kindergartenneubau für 1 500,00 € Einzelmaterial benötigt und dass die Fertigungslöhne 2 500,00 € betragen werden. Aus diesen Angaben erstellt er die folgende Kalkulation, wobei er einen Gewinn in Höhe von 15 % des Selbstkostenpreises einplant.

Schreinermeister Meninger wird der Gemeinde anbieten, die Schränke und Regale für 13.849,20 € auszuführen. Stellt er nach Ausführung des Auftrags fest, dass seine Kosten doch höher waren als vorgesehen (z. B. weil die Arbeit länger dauerte als geplant), so vermindert sich sein Gewinn oder er macht sogar Verlust. Sind seine wirklichen Kosten allerdings niedriger als geplant, dann erhöht sich sein Gewinn.

	A	B	C	D
	A4	▼	=	+ Materialgemeinkosten
1	**Kalkulation des Angebotspreises**			
2		Zuschlagssätze in %	Vorspalte	Hauptspalte
3	Einzelmaterial		1.500,00 €	
4	+ Materialgemeinkosten	20,0	300,00 €	
5	= **Materialkosten**			1.800,00 €
6	Fertigungslöhne		2.500,00 €	
7	+ Fertigungsgemeinkosten	180,0	4.500,00 €	
8	= **Fertigungskosten**			7.000,00 €
9	= **Herstellkosten**			8.800,00 €
10	+ Verwaltungsgemeinkosten	10,0		880,00 €
11	+ Vertriebsgemeinkosten	5,0		440,00 €
12	= **Selbstkosten**			10.120,00 €
13	+ Gewinnzuschlag	15,0		1.518,00 €
14	= Nettoangebotspreis			11.638,00 €
15	+ Mehrwertsteuer	19,0		2.211,20 €
16	= **Bruttoangebotspreis**			13.849,20 €

Überblick

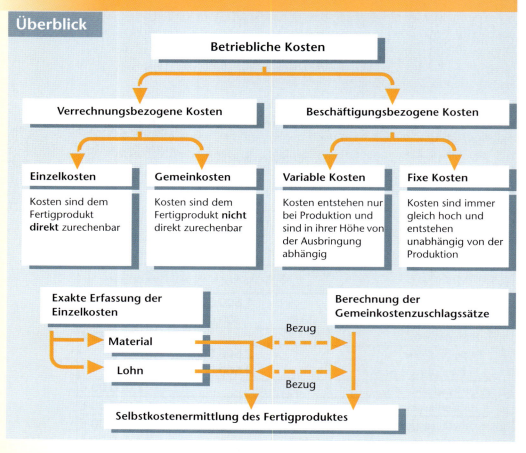

Aufgaben zur Wiederholung und Vertiefung

Inhaltsbezug Seite

1. Warum ist es wichtig, alle Kosten, die in einem Betrieb anfallen, und alle Leistungen, die ein Betrieb erarbeitet, genau zu erfassen? — 324

2. Ein Kunde holt bei der Fa. Meninger ein Angebot über einen 2-türigen Kleiderschrank ein. Fa. Meninger hat für die Kalkulation dieses Schrankes folgende Daten zur Verfügung: Das Material kostet gemäß Holzliste 105,00 €, für Topfbänder, Schloss, Kleiderstange und -halter, Leim, Dübel, Lack und sonstiges Kleinmaterial werden nochmals 35,00 € veranschlagt. Ein Schreinergeselle arbeitet 18 Stunden an dem Schrank zu einem Stundenlohn von 10,50 €. Die Gemeinkosten betragen:

Materialgemeinkosten: 20 % vom Einzelmaterial,
Fertigungsgemeinkosten: 180 % des Fertigungslohns,
Verwaltungsgemeinkosten: 10 % der Herstellkosten,
Vertriebsgemeinkosten: 5 % der Herstellkosten.
Der Gewinnaufschlag wird mit 15 % festgesetzt.
Errechnen Sie in der Reihenfolge:
a) Herstellkosten, b) Selbstkosten, c) Nettoangebotspreis, d) Bruttoangebotspreis. — 325-331

3. Grenzen Sie voneinander ab:
a) fixe und variable Kosten, b) Einzel- und Gemeinkosten. — 325-329

8.6 Marketing

Herr Meninger möchte die Treue seiner Kunden mit einem kleinen Geschenk belohnen, das die Kunden erfreut und gleichzeitig eine längerfristige Werbewirkung zeigt. Er verschenkt zu Weihnachten eine Telefonkarte als Visitenkarte.

Was will Herr Meninger damit bewirken?

Er möchte eine Stammkundschaft aufbauen, die mit seinen Arbeiten zufrieden ist, sodass er die direkte tägliche Preiskonkurrenz nicht verspürt.

Wie kann Herr Meninger diese Zielsetzung verwirklichen?

1. Er muss sich zunächst mit dem Markt, also seinen möglichen und derzeitigen Kunden, intensiv beschäftigen (= **Marktforschung**).
2. Er muss die Kunden mit ähnlichen Problemen, Wünschen und Bedürfnissen zu Gruppen zusammenfassen (= **Marktsegmentierung**).
3. An diese Gruppen mit gleichem oder ähnlichem Kaufverhalten wendet sich Herr Meninger dann mit bestimmten Aktionen (= **Marketing-Instrumenten**), die ganz auf ihre Probleme, Wünsche und Bedürfnisse abgestimmt sind. Werden nämlich die Wünsche des Kunden durch das Angebot des Unternehmers gänzlich erfüllt, so wird sich der Kunde auch später wieder an den Unternehmer wenden. Er wird sogar Freunden und Bekannten von seiner Zufriedenheit erzählen, sodass auch von dieser Seite neue Kunden auf Herrn Meninger zukommen werden.

- „Marketing ist nur etwas für die großen Unternehmungen."
- „Qualität – das ist mein Marketing!"
- „Gute Arbeit verkauft sich von selbst."
- „Wir haben bisher auch ohne Marketing gelebt."

Das sind einige der vielen Vorurteile, die man immer wieder zu hören bekommt.

Was will Marketing aber wirklich?

Der heutige Markt wird vom Kunden, nicht vom Unternehmer bestimmt. Man spricht deshalb heute vom **Käufermarkt**. Mithilfe von Marketing-Maßnahmen wird der Markt vom Unternehmen **aktiv** mitgestaltet. Da der Käufer als das wichtigste Element des Marktes erkannt wurde, muss sich der Unternehmer intensiv mit den Problemen der Kunden auseinander setzen. Derjenige Unternehmer, dem diese Problemlösung am besten gelingt, wird das Vertrauen des Kunden gewinnen. Deshalb heißt **Marketing**:

> Planung, Koordination und Kontrolle aller auf den Markt und Kunden gerichteten Aktivitäten mit dem Ziel,
> - den Kunden dauerhaft mit den Leistungen des Unternehmens zufrieden zu stellen und
> - gleichzeitig die Unternehmensziele (z. B. Gewinn- und Umsatzsteigerung) zu verfolgen.

8 Simulation einer Unternehmensgründung

Der Markt ist vielschichtig und unübersichtlich. Er muss deshalb von jedem Unternehmen entsprechend seinen Bedürfnissen neu geordnet werden. Man fasst Kunden zu Kundengruppen zusammen, die sich beim Einkaufen ähnlich oder auch gleich verhalten. Jede Unternehmung hat mehrere **Kundengruppen** (**Marktsegmente** oder **Zielgruppen**), die sich grundsätzlich in ihrem Kaufverhalten unterscheiden. Sie müssen deshalb auch mit unterschiedlichen Marketing-Instrumenten (z. B. Produkte, Vertriebswege, Preise, Werbung) angesprochen werden.

Eine Zielgruppenanalyse für Möbel könnte z. B. so aussehen:

Zielgruppe	Ansprüche an Möbel
Kleinkinder	Fürsorge, Prestige, Besonderheiten
Kinder	Ergonomie, Haltbarkeit
Jugendliche	Ausbaufähigkeit, Systemlösungen, modischer Trend, Besonderheiten, Ideen
Teenager und junge Erwachsene	modischer Trend, Besonderheiten, Ideen, Gesellschaft, Umwelt, Prestige
Erwachsene	Geborgenheit, Status, Sicherheit, Gesellschaft, Genuss
Ältere Erwachsene	Geborgenheit, Sicherheit

8.6.1 Produkt- und Sortimentspolitik

Dieses Instrument umfasst das gesamte Leistungsangebot eines Unternehmens. Schwierig ist die Beurteilung eines Produktes. Während für den Unternehmer die technische Konstruktion, die DIN-Normen und die Kosten im Vordergrund stehen, sind für den Kunden überwiegend der Modetrend, die Farbe, das Design, die Qualität und die Marke wichtig. Hier muss jeder Unternehmer versuchen, durch Marktforschung die Wünsche der Kundengruppen zu berücksichtigen. Früher haben die Japaner Autos nur für die USA gebaut, diese aber auch in Deutschland verkauft. Die Autos entsprachen nicht den deutschen Geschmacksvorstellungen, und ihre Absatzzahlen waren entsprechend gering. Nur über einen niedrigen Preis konnte überhaupt verkauft werden. Seit die Japaner sich auf den deutschen Geschmack, z. B. mithilfe italienischer Designer, eingestellt haben, nahm der Verkaufserfolg explosionsartig zu. Die Produkt- und Sortimentspolitik arbeitet gezielt mit dem Einsatz folgender Instrumente:

Qualität

Wird ein Kunde gefragt, warum er ein bestimmtes Produkt gekauft hat, so wird er in den meisten Fällen antworten: „Wegen der Qualität." Was ist aber Qualität? Jeder versteht darunter etwas anderes.
Der Begriff setzt sich aus verschiedenen Elementen (Meinungen, Vorstellungen) zusammen:

Gebrauchsnutzen	Wofür verwende ich es?
Ausstattung	Welchen Zusatznutzen bringt es mir?
Zuverlässigkeit	Wie problemlos funktioniert es?
Normgerechtigkeit	Entspricht es den gültigen Normen?
Haltbarkeit	Wie lang ist die Lebensdauer?
Ästhetik	Wie gefällt es mir?
Qualitätsimage	Was wird allgemein über die Qualität des Produktes gesagt?
Kundendienst	Wie gut sind Beratung, Service, Terminzuverlässigkeit, Garantieleistungen?

Im Volksmund wird auch gesagt:
„Qualität ist, wenn der Kunde zurückkommt und nicht das Produkt".
Diskutieren Sie diese Aussage!

Sortiment

Jeder Betrieb hat Produkte in seinem Leistungsangebot, die sich voneinander unterscheiden. Diese Unterschiedlichkeit soll die verschiedenen Zielgruppen besser ansprechen. Ein Schuhfabrikant hat deshalb Damen-, Herren-, Kinderschuhe im Sortiment. Er wird aber auch speziellen Wünschen nach Sport- und Wanderschuhen entsprechen wollen. Und bei den Sportschuhen können der Langstreckenläufer, der Sprinter und der Hürdenläufer, der Jogger und der Turner ihre speziellen Schuhe bekommen – jeder nach seinen Bedürfnissen.

Markenname

Der Markenname ist die in der Öffentlichkeit vorgenommene Markierung mit Erinnerungswirkung für ein Produkt oder eine Unternehmung. Es muss deshalb eine Selbstverständlichkeit für jeden Unternehmer sein, einen Markennamen bzw. ein Markenzeichen zu entwickeln, das überall in gleicher Art, Form und Farbe zu sehen ist: auf dem Briefkopf, der Visitenkarte, der Rechnung, dem LKW und PKW, den Anzeigen, den Arbeitsanzügen der Mitarbeiter und auf dem Produkt. Das Markenzeichen führt zur Wiedererkennung und zur Markentreue und damit zum Wiederholungskauf.

Image

Image ist die Einstellung einer Person zu einem Produkt, einer Firma oder einer Marke. Es handelt sich um ein subjektives Vorstellungsbild, das ein Kunde hat und das sehr schwer zu verändern ist.

8.6.2 Preisgestaltung

Die Festsetzung des Preises richtet sich nach:

- den Selbstkosten,
- den Preisen der Konkurrenz – bei gleichen/ähnlichen Produkten – und
- dem, was der Kunde bereit ist zu zahlen.

Mit folgender Abbildung soll das Spektrum des Preisspielraums deutlich gemacht werden:

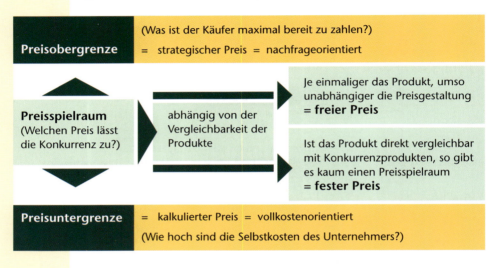

Der Preisspielraum eines Unternehmers

Die meisten Waren haben einen festen Preis, und trotzdem besteht häufig die Chance, z. B. ein Auto preiswerter als zum Listenpreis einzukaufen. Viele Händler bieten einen Rabatt an. So bekommt der Handwerker beim Einkauf einen Handwerkerrabatt, ein Mitarbeiter einen Personalrabatt, ein Großeinkäufer einen Mengenrabatt. Außerdem steht noch auf vielen Rechnungen „Bei Zahlung innerhalb von 14 Tagen 3 % Skonto", d. h., es wird ein Barzahlungsrabatt gewährt.

Da die Nachfrage nach bestimmten Produkten immer wieder schwankt, versucht der Unternehmer durch verschieden hohe Preise (= **Preisdifferenzierung**), diese Schwankungen auszugleichen. Deshalb werden im Sommer Skier preiswerter angeboten als im Winter (**zeitliche Preisdifferenzierung**), deswegen sind die Plätze im Theater vorne teurer als hinten (**räumliche Preisdifferenzierung**).

Rechnung Nr. 105

Sehr geehrte Damen und Herren,

lt. Angebot vom 4. Oktober d. J. berechne ich für die Holzarbeiten wie folgt:

	13.383,70 €
– Rabatt 4 %	535,35 €
Gesamtbetrag	12.848,35 €

8.6.3 Werbung
Absatzwerbung

„Selbst wenn Sie einen € für achtzig Cents verkaufen wollen; Sie müssen es den Leuten sagen!"

Diese treffende Aussage stellt die **Aufgabe der Werbung** deutlich heraus: Informationen sollen vom Unternehmer an den Kunden übermittelt werden. Nun soll nicht jede Information jeden Kunden erreichen, sondern eine genau definierte Kundengruppe soll mit einer exakt geschneiderten Information erreicht werden. Werbung kann also so definiert werden:

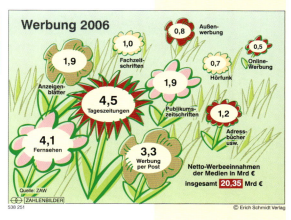

> **Werbung** ist eine versuchte Verhaltensbeeinflussung bestimmter ausgesuchter Personengruppen mithilfe bestimmter Werbemittel.

Um dieser Zielsetzung zu genügen, muss eine genaue **Werbeplanung** vorgenommen werden, die in folgende 7 Schritte unterteilt wird:

Werbeplanung heißt: Bestimmung der

Zielgruppe	Für jede Zielgruppe muss eine gesonderte Werbeplanung vorgenommen werden
Werbebotschaft	Der „einzigartige Verkaufsvorteil" soll herausgestellt werden „Der Schreiner wars", „Wie der Schreiner kanns keiner"

Werbemittel		**Werbeträger**
Ausdrucksform der Werbung		Medien, in denen Werbemittel geschaltet werden
■ Kundengespräch	⟷	■ Mitarbeiter der Unternehmung, Chef persönlich
■ Inserate, Anzeigen	⟷	■ Tages- und Wochenzeitungen, Zeitschriften, Anzeigenblätter, Branchen- und Bürgerbücher
■ Warenpräsentationen (Werkstoff, Form, Gestaltung), Kataloge, Prospekte	⟷	■ Ausstellungen, Messen
■ Werbespots	⟷	■ Funk, TV
■ Dias, Filme	⟷	■ Kino
■ Plakate	⟷	■ Plakatwände, Litfaßsäulen
■ Schaufenster, Neonlicht, Wandmalerei	⟷	■ Außenwerbung
■ Aufschriften	⟷	■ Verkehrswerbung
■ Aufdrucke	⟷	■ T-Shirts (Sportler, Kunden, Fans)

Werbeperiode	Exakte Festlegung der zeitlichen Gestaltung der Werbeaussage
Werbegebiet	Exakte Festlegung der regionalen Verbreitung der Werbung
Werbeetat	Erst am Schluss der Werbeplanung wird die endgültige Etatfestlegung vorgenommen, wobei schon bei Festlegung der Werbeträger die finanziellen Auswirkungen einbezogen werden müssen

Wenn Sie das Thema Produkt und Absatzwerbung stärker vertiefen möchten, laden Sie doch einen Experten aus einer Werbeagentur ein. Schauen Sie aber vorher auf Seite 62, „Expertenbefragung".

8 Simulation einer Unternehmensgründung

Werbung wird mitunter unberechtigterweise gleichgesetzt mit Begriffen wie „geheime Verführer", „Konsumterror" oder „Kundenmanipulation". Sie soll an dieser Stelle einer Gesamtbeurteilung unterworfen werden:

	Vorteile	Nachteile
für den Verbraucher	■ Die Markttransparenz wird durch Informationen erhöht ■ Die vielfältige Werbung bringt eine Übersicht über das Produktangebot, die Preissituation und die Qualitäten ■ Die Unsicherheit beim Kauf wird gesenkt, da Vergleichsmöglichkeiten über Produkte und Bezugsquellen geboten werden	■ Unvollkommene und einseitige Informationen verschleiern die Markttransparenz ■ Durch unzählige Informationen kommt es zu einer Informationsüberflutung und damit zur Verunsicherung beim Kauf ■ Kapitalkräftige Firmen dominieren den Absatz und schränken die Übersicht ein
für den Unternehmer	■ Mit Werbung können Zielgruppen aufgrund der Medienvielfalt in Zeitschriften und Fernsehen sehr gut angesprochen werden ■ Werbung führt bei Erhöhung des Absatzes zur Kostensenkung ■ Werbung pflegt direkten Kontakt zum Kunden ■ Werbung gibt Informationen über Preisgestaltung, Produktangebot, Serviceleistungen usw. ■ Werbung versucht eine Abgrenzung zum Konkurrenzangebot herzustellen	■ Werbung kostet viel Geld ■ Es ist eine Kontrolle notwendig, um die Wirkung der Werbung zu messen ■ Der Kunde kann Vergleiche mit der Konkurrenz anstellen

Das wichtigste Ergebnis einer jeden Werbekampagne heißt:

Erkenne und unterscheide!

Der persönliche Verkauf

Die direkteste persönliche Kommunikation mit dem Kunden ist das **Kundengespräch**. Es handelt sich bei dieser Form des Kundenkontaktes um ein Beratungs- und Überzeugungsinstrument, welches immer dann angewandt werden muss, wenn es sich um erklärungsbedürftige Produkte handelt. Der Unternehmer sollte deshalb in ein solches Kundengespräch vorbereitet und überlegt gehen, d. h. sich vorher eine Verkaufsstrategie und Verkaufstaktik zurechtlegen.

Aus diesem Grund sollte immer der kompetenteste Mitarbeiter ein solches Gespräch führen, weil er

- ■ die größte Glaubwürdigkeit besitzt,
- ■ die technischen Probleme am besten kennt,
- ■ die terminliche Organisation im Überblick hat.

Der Kunde ist besonders ärgerlich, wenn vorgeplante Termine nicht eingehalten und technische Probleme nicht erkannt werden. Ein zufriedener Kunde gibt dagegen gerne die Adresse weiter. Er ist die beste Referenz!

Verkaufsförderung (Sales-Promotion)

Bei der **Verkaufsförderung** handelt es sich um eine direkte kommunikative Maßnahme zur Unterstützung und Verbesserung des Verkaufens am Verkaufsort (Point of Sale = POS).

Beispielhaft seien hier einige **Verkaufsförderungsmaßnahmen** genannt:

- Prospektmaterial am Verkaufsort (Ständer)
- Muster und Modelle
- Anschreiben von Kunden (Direktmarketing)
- Aktionen mit Künstlern oder Prominenten aus Kunst, Sport, Politik
- Aktionen über spezielle Themen des betreffenden Unternehmens
- kleines Geschenk für Kunden
- Bedienungsanleitungen
- Einrichtung eines Ausstellungsraumes
- Schulungsvorträge
- Gestaltung von Schaufenstern
- Produktprobe
- Preisausschreiben oder Verlosungen
- Einrichtung eines Ausstellungsraumes

Öffentlichkeitsarbeit (Public Relations)

Als **Public Relations (PR)** wird die planmäßig vorbereitete Beziehung zwischen dem Betrieb und der Öffentlichkeit verstanden. Dazu zählen:

- guter Kontakt zur Presse
- Betriebsbesichtigungen
- PR-Anzeigen. In ihnen wird allgemein ohne ein Produktangebot über die Unternehmung berichtet. Dies kann der Fall sein beim Jubiläum der Unternehmung, einer Spende oder einer sonstigen interessanten Aktion
- Verbindungen zu Teilen der Öffentlichkeit oder gar die Übernahme repräsentativer Ämter, wie bei Behörden, Parteien, Gewerkschaften, Kirchen, Verbraucherverbänden, Sportvereinen, Kammern, Innungen, Schulen
- Messen, Ausstellungen, „Tag der offenen Tür", eventuell mit aktiven Vorführungen
- aktive Unterstützung eines Sportvereins mit werblicher Nutzung

Dabei muss den **Grundsätzen** der Öffentlichkeitsarbeit Rechnung getragen werden: Nur mit Wahrheit, Offenheit und Informationsbereitschaft ist eine Erfolg versprechende PR-Arbeit möglich.

Alle PR-Aktionen müssen im Zeichen der „**Corporate Identity**" stehen, d. h. Unternehmen, Produkt, Mitarbeiter, Image, Werbung, PR müssen eine Einheit bilden.

Trotzdem kommt es immer wieder zu Widersprüchen zwischen den Aussagen, die die PR veröffentlicht, und der Realität. So wird bei Chemie-Unfällen oft auf die Ungefährlichkeit für die Anwohner durch die Pressesprecher hingewiesen. Um den Schaden so gering wie möglich zu halten, wirbt der Verband parallel dazu mit dem Slogan „Chemie ist Natur".

8.6.4 Kundenservice und Kundenberatung

Als Kundenservice bezeichnet man alle Arten von Dienstleistungen der Unternehmer, die vor, während und nach dem Kauf erbracht werden und dem Kunden helfen, den vollen Nutzen aus dem Gekauften zu ziehen. Kundenservice oder Kundendienst wird unter Handwerkern sehr unterschiedlich beurteilt. Bei den Kunden hingegen gilt er als Maßstab für Qualität. **Kundendienst** heißt Geschwindigkeit, Höflichkeit, Sachkenntnis und Leichtigkeit, Reparaturen auszuführen. Es interessiert hier besonders die Zeit zur Behebung des Schadens, Einhaltung der Kundendiensttermine sowie die ordentliche Durchführung der Reparatur. Dies ist besonders wichtig, da der Ruf des Unternehmens extrem und schnell darunter leidet, wenn der Kunde nach der Reparatur weiterhin unzufrieden ist und eventuell eine weitere Reparatur ausführen lassen muss.

Aus folgender Tabelle kann den einzelnen Zeitphasen die jeweilige Kundendienstleistung entnommen werden:

Kundenservice		
vor dem Kauf	**während des Kaufs**	**nach dem Kauf**
■ qualifizierte technische und kaufmännische Beratung ■ Projektausarbeitung ■ Problemlösungsvorschläge ■ Vorträge ■ Lieferung zur Probe ■ Parkraumangebot	■ qualifizierte technische, kaufmännische und vertragsrechtliche Beratung ■ rechtliche Aufklärung über AGB und/oder VOB als Grundlage des Vertrages	■ Änderung ■ Montage ■ Ersatzteilversorgung ■ Wartung ■ Reparaturdienst ■ Umtauschrecht (bei Gattungsware) ■ Kulanz ■ Verpackung ■ Kundenschulung ■ Transport

Die Industrie hat besonders den Punkt „Beratung nach dem Kauf" als elementar erkannt, indem sie geschulte Mitarbeiter eigens für die Bearbeitung von Beschwerden einsetzt („**Beschwerdemanagement**"). Die schlimmste Reaktion auf Beschwerden ist Rechthaberei. Konfrontation kann zu schweren Einbußen (z. B. durch Negativwerbung) führen, während ein gut geführtes Gespräch einerseits kein Geld kostet, andererseits das Qualitätsimage der Firma verbessert.

Ein Gespräch führen heißt selbstverständlich nicht, sofort und immer nachzugeben. Vereinfacht sollte ein **Kundengespräch** wie folgt ablaufen:

zuhören	klären	danken
Unterbrechen Sie Ihren Gesprächspartner nicht. Es hat ihn schon einige Überwindung gekostet, Sie anzurufen. Er ist aktiv geworden. Lassen Sie ihn aussprechen!	Der Sachverhalt sollte dann in den angesprochenen Punkten geklärt werden, sowohl aus Sicht des Vertrages – Angebot – als auch aus Sicht der Ausführung. Eventuell reichen Erklärungen zum Verständnis beim Kunden aus!	Der Kunde wird über Ihre Umgangsform überrascht sein. Er wird sie zu seiner Umgangsform machen und weicher in seiner Gesprächsführung werden. Einem höflichen und freundlichen Handwerker wird ein Kunde selten aggressiv begegnen!

8.6.5 Ökomarketing

Der Umweltschutz ist ein Thema, das in unserer Zeit in das unternehmerische Denken einbezogen werden muss. Umweltprobleme sind Verhaltensprobleme, d. h. der Mensch und in weiterer Folge der Staat müssen darauf achten, dass Produkte ökologisch unbedenklich hergestellt, verwertet und entsorgt werden. Deshalb ergibt sich folgender Zusammenhang:

Das Schaubild auf der vorigen Seite zeigt, dass zur Erhaltung der lebensnotwendigen Natur der Staat gefordert ist, die notwendigen Gesetzesgrundlagen zu formulieren, in die sich der Kunde, das Untenehmen und die übrigen Wettbewerber einfügen müssen.

Der Umweltschutz ist damit als eigenständiges Marketing-Instrument zu sehen, das sich 1995 für bestimmte Gewerke (z. B. Tischler/Schreiner, Drucker und Optiker) in Form eines **EU-Öko-Audits** zu einem europaweit gültigen Umweltschutz-Zertifikat entwickelt hat. Das Ziel ist die Verbesserung des innerbetrieblichen Umweltschutzes durch ein umfassendes Öko-Controlling. Die Behörden und insbesondere die Öffentlichkeit sollten mithilfe dieses Öko-Audits besser über den Umweltschutz in den einzelnen Unternehmen informiert werden. Ökologische Daten werden veröffentlicht. Damit soll erreicht werden, dass die Unternehmen ihre Umweltschutzmaßnahmen immer weiter verbessern.

Umweltschutz im Tischler-/Schreinerhandwerk	Umweltschutz im Sanitäts-, Heizungs- und Klimahandwerk
■ schadstoffarme Lacke und Lasuren	■ elektronische Einzelsteuerung für Duschanlagen
■ Wärmedämmstoffe mit hohem Altpapieranteil	■ Kombiwasserheizer
■ Recycling-Gipsspanplatten	■ wassersparende Druckspüler
■ Leime und Klebstoffe auf Wasserbasis	■ FCKW-freie Kältemittel
■ biologische Wärmedämm- und Schallisoliermaterialien	■ Reinigungsmittel auf Pflanzenölbasis

In der Praxis zeigt ein solches Öko-Marketing bereits interessante Werbebeispiele, wie diese Beispiele aus dem Bereich Bautischlerei bzw. Malerhandwerk:

> […] keine Serienprodukte, sondern individuell nach Kundenwunsch. Wir versuchen weitgehend alle Handwerkstraditionen mit neuester Technik in Einklang zu bringen und verwenden biologische Wachse, Öle und Naturfarben. Unseren Schwerpunkt haben wir in eine Verarbeitung von heimischen Hölzern in Verbindung mit giftfreien Oberflächen sowohl im Außenbereich wie auch im Innenausbau gesetzt.

> […] Ausführung von Malerarbeiten mit schadstoffarmen und schadstofffreien Arbeitsstoffen; Verwendung, Beratung und Verkauf von Pflanzenfarben für alle Einsatzbereiche […]

Hinzu kommt, dass einige Firmen regelmäßig Informationen über ökologische Themen an ihre Kunden weitergeben. Diese ökologische Verantwortung führt zu einem Umweltmanagement, das mehrere Vorteile in sich vereinigt:

- Einsparung von Materialien oder Verbrauchsstoff/Energie
- Schutz der Natur
- Verbesserung der Rechts- und Haftungssicherheit

= Sicherung der Unternehmensexistenz

8.6 Marketing

EU-Öko-Audit

Unternehmen, die am EU-Öko-Audit teilnehmen wollen, müssen neun Verfahrensschritte beachten:

1. Umweltpolitik
Die Unternehmen müssen sich zu einer Umweltpolitik verpflichten, mit der
- die einschlägigen Umweltvorschriften national und EU-weit eingehalten werden.
- der betriebliche Umweltschutz angemessen und kontinuierlich verbessert und
- der Stand der Technik im Unternehmen verwirklicht wird.

2. Umweltprüfung
In einer Umweltprüfung muss das Unternehmen alle umweltrelevanten Tatbestände in einer ersten Bestandsaufnahme darlegen.

3. Umweltprogramm
Ein Umweltleitfaden soll beschreiben, mit welchen Instrumenten das Umweltprogramm umgesetzt werden soll.

4. Umweltmanagementsystem
In einem Umweltmanagementsystem sind Organisationsstruktur, Zuständigkeiten, Verfahren, Abläufe und Mittel zur Verringerung der Umweltbelastungen festzulegen.

5. Umweltbetriebsprüfung
Eine Umweltbetriebsprüfung stellt alle drei Jahre fest, ob Organisationsmanagement und Betriebsabläufe mit Umweltpolitik und Umweltprogramm übereinstimmen.

6. Umwelterklärung
Nach jeder Umweltbetriebsprüfung muss das Unternehmen eine Umwelterklärung veröffentlichen.

7. Umweltgutachter
Ein unabhängiger Sachverständiger überprüft, ob Umweltpolitik, Umweltprogramm, Umweltmanagementsystem, die Umweltbetriebsprüfung und die Umwelterklärung der EU-Verordnung entsprechen.

8. Umweltregister
Eine noch einzurichtende Behörde trägt den Betriebsstandort in ein Umweltverzeichnis ein.

9. Teilnahmeerklärung
Nach Eintragung in das Kataster ist das Unternehmen berechtigt, mit seiner umweltfreundlichen Grundausrichtung in der Öffentlichkeitsarbeit zu werben.

Wo gibt's Infos?
- Allgemeines zum Öko-Audit und zu den betrieblichen Umweltauswirkungen findet sich unter www.umweltbundesamt.de/
- Texte von Verordnungen und Gesetzen stehen unter www.oekoaudit.uni-osnabrueck.de/gesetze/main.html

Beispiel für Kunststoffrecycling beim Automobil

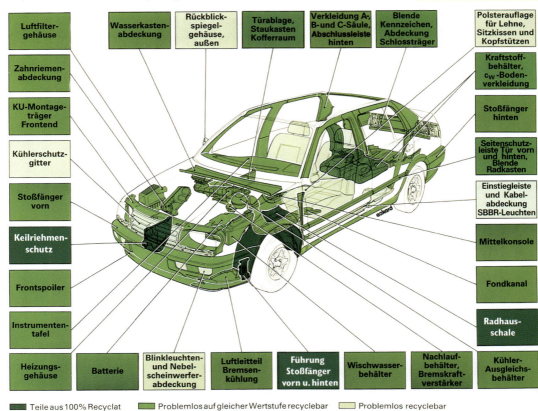

8.6.6 Qualitätssicherung

Alle Unternehmen müssen laufend ihre Qualität verbessern, um im globalen Wettbewerb mithalten zu können. Wenn die Qualitätssicherung und Qualitätsverbesserung zum Ziel eines Unternehmens wird, spricht man vom **„Total Quality Management" (TQM)**. Das TQM ist die Einbeziehung und Verpflichtung sowohl des Managements als auch der Mitarbeiter, ihre Arbeit so auszuführen, dass sie jederzeit den Erwartungen der Kunden entspricht oder sie gar übertrifft.

Steht die Sicherung der Qualität und gleichzeitig die Reduzierung von Ausschuss, Ausfallzeit und ineffizienter Arbeit im Vordergrund, so bietet sich in der EU die DIN EN ISO 9000 ff. als vorgefertigtes System an. Dieses System, wird es richtig angewandt, benötigt keine Endprüfung mehr, da die Überwachung der Qualität prozessbegleitend stattfindet. D. h. jeder Vorgang muss gleichzeitig überwacht werden und stellt damit im Handwerksbetrieb an jeden Mitarbeiter während der Produktion höchste Ansprüche.

Um den Nachweis der Qualitätssicherung zu führen, werden Prüfprotokolle eingeführt, die alle Abläufe im Unternehmen offen legen. Es wird nichts verborgen, Qualität wird demonstriert, wird zur Unternehmensphilosophie, der Kunde und seine Zufriedenheit stehen im Mittelpunkt.

DIN (Deutschland):
Deutsche Industrie-Norm

EN (Europa):
Europäische Vereinigung technischer Normen

ISO (Europa):
Internationale Normierungsorganisation
(International Standard Organisation)

Zum Thema Qualitätssicherung kann Ihnen ein Betriebsberater der Handwerkskammer mehr erzählen.
Vgl. dazu auch Seite 62.

8.6 Marketing

Überblick

Einflussfaktoren und Instrumente des Marketing

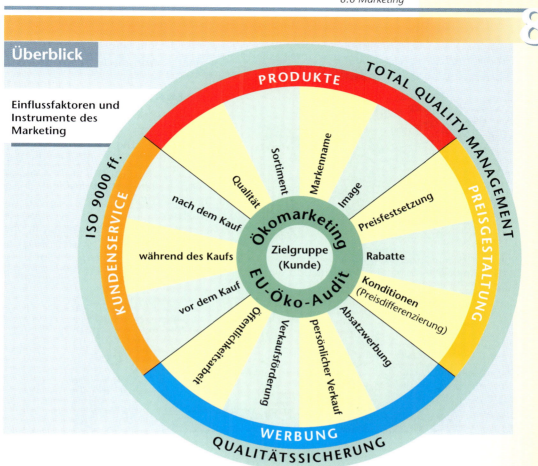

Aufgaben zur Wiederholung und Vertiefung

Nr.	Aufgabe	Inhaltsbezug Seite
1	Was versteht man unter Marketing?	333
2	Wozu muss Herr Meninger Kundengruppen bilden?	333
3	Erklären Sie ausführlich den Begriff Qualität und zeigen Sie, aus welchen Elementen er sich zusammensetzt.	335
4	Warum ist es für jeden Unternehmer wichtig, einen eigenständigen Markennamen zu besitzen?	335
5	Erläutern Sie, wie ein Preis a) für ein stark konkurrierendes Produkt (z. B. Milch) b) für ein einmaliges Produkt (z. B. Patent) zustande kommt.	336
6	Was soll Werbung erreichen?	337
7	Welche Schritte sind bei der Werbeplanung vorzunehmen?	337
8	Erarbeiten Sie 10 Verkaufsförderungsmaßnahmen für Ihren Betrieb.	339
9	Welche Arten von Kundenservice sind zu unterscheiden?	340
10	Wie sollte ein Gespräch mit einem Kunden, der sich über das Produkt beschwert, ablaufen?	340
11	Erklären Sie, was unter dem EU-Öko-Audit zu verstehen ist.	342, 343
12	Was sind TQM und ISO 9000 ff.?	344

8 Simulation einer Unternehmensgründung

Handlungsorientierte Themenbearbeitung

Zu Beginn der Fünfzigerjahre beschloss ein aktiver, dynamischer Mensch namens Franz Huber, einen kleinen Betrieb zu eröffnen, da ihm günstig eine alte Strickmaschine angeboten worden war. Er gründete die **Einzelunternehmung** „Franz Huber Textilien e. K." und begann unter Mithilfe seiner Frau, Tante und Großmutter, Strickmoden zu produzieren.

Das Geschäft ging wider Erwarten gut, und nach und nach musste er weitere Maschinen hinzukaufen und zusätzliche Arbeitskräfte einstellen, um der Nachfrage entsprechen zu können. Die kleine Firma wuchs und wuchs, bis plötzlich ein unerwartetes Problem auftauchte:

Einige der nicht gerade neuen Maschinen gingen etwa gleichzeitig irreparabel zu Bruch, und es wurden umfangreiche Investitionen nötig, um die Firma zu erhalten. Da Franz Huber all sein Geld in die Unternehmung gesteckt hatte, musste er irgendwoher Kapital beschaffen. Da fiel ihm ein, dass sein Freund Egon Fischer eine kleinere Erbschaft gemacht hatte und sich ebenfalls selbständig machen wollte. Der Freund war schnell bereit, in die Firma von Franz Huber einzusteigen und sein ererbtes Kapital einzubringen. Diese Geldspritze rettete das Unternehmen, erforderte aber eine Änderung der Rechtsform. Die beiden Freunde gründeten eine **offene Handelsgesellschaft** (**OHG**) und nannten ihre Unternehmung von dort an „Huber OHG". Die Firma wuchs und gedieh weiter, bis einige Jahre später ein großes Unglück geschah: Egon Fischer starb bei einem Verkehrsunfall.

Frau Fischer sah sich nicht in der Lage, die Rolle ihres Mannes in der Firma zu übernehmen, wollte aber als Gesellschafterin in der Unternehmung bleiben. Franz Huber beschloss deshalb, die Rechtsform seiner Unternehmung noch einmal zu ändern, um den Wunsch der Frau seines verstorbenen Geschäftspartners zu erfüllen. Er gründete eine **Kommanditgesellschaft** (**KG**), in der er Komplementär wurde und Frau Fischer sowie seine eigene Frau Kommanditisten. Die Firma heißt jetzt „Huber KG".

Handlungsorientierte Themenbearbeitung

Franz Hubers Sohn trat einige Jahre später nach Abschluss seiner Ausbildung zum Industriekaufmann in den Betrieb ein und kümmerte sich besonders um den Vertrieb. Um dem Sohn eine angemessene wirtschaftliche Selbständigkeit zu ermöglichen, beschloss Franz Huber, den gesamten Vertrieb organisatorisch von der Kommanditgesellschaft zu trennen und seinem Sohn zu übertragen. Dieser gründete nun mit seiner Frau eine Vertriebsgesellschaft als **GmbH**, die er ins Handelsregister als „Huber GmbH" eintragen ließ. Als sich der Vater dann Ende der Siebzigerjahre aus Altersgründen aus dem Geschäft zurückzog, übernahm der Sohn beide Betriebe und wählte aus organisatorischen Gründen eine neue Rechtsform, die **GmbH & Co. KG**.

Der Vater widmet sich seither neben seiner Tätigkeit als Aufsichtsratsmitglied bei einer großen **Aktiengesellschaft** (**AG**) der Automobilindustrie ausschließlich der Bearbeitung und Pflege seines eigenen kleinen Weinbergs. Die Trauben liefert er in einer Winzergenossenschaft ab, in der er Mitglied geworden ist. Von dieser **Winzergenossenschaft** kauft er dann den größten Teil seines eigenen Weines zurück, den er, mit eigenem Etikett versehen, an alte Geschäftsfreunde verschenkt oder selbst trinkt.

Handlungsorientierte Themenbearbeitung

Sie beobachten in der Entwicklungsgeschichte der Fa. Huber eine Vielzahl von Situationen, die in den veränderten Unternehmensformen ihren Niederschlag finden.

- **a** Welche Ziele verfolgt das Unternehmen in seinen verschiedenen Phasen?
- **b** Würde Herr Huber heute sein Textilunternehmen gründen, auf welche Gründungshilfen müsste er großen Wert legen?
- **c** Welchen Standort würden Sie Herrn Huber für seine Textilfirma empfehlen, wo sollte die Winzergenossenschaft ansässig sein?
  Begründen Sie Ihre Meinung.
- **d** Analysieren Sie, welche Unternehmensform aus heutiger Sicht für Herrn Huber die beste wäre.
  Begründen Sie Ihre Meinung.
- **e** Die Fa. Huber muss eine neue CNC-Maschine für 175 000,00 € finanzieren. Dies kann über ein Bankdarlehen oder über Leasing erfolgen. Nehmen Sie in diesem Fall Kontakt mit einer Bank auf und vergleichen Sie beide Finanzierungsarten hinsichtlich ihrer Gesamtkosten.
- **f** Die Lebensdauer der CNC-Maschine wird mit 8 Jahren veranschlagt, da dann der technische Fortschritt zu einer Neuanschaffung zwingt. Errechnen Sie hierfür die lineare Abschreibung.
- **g** Die Fa. Huber soll für einen Kunden kurzfristig einen Angebotspreis erstellen.
  Folgende Daten sind bekannt:
  Material 2 500,00 €, zugehörige Materialgemeinkosten 10 %
  Lohn 4 800,00 €, zugehörige Lohnfertigungskosten 210 %
  Verwaltungs- und Vertriebsgemeinkosten 12,5 %
  Gewinn 20 %
  Errechnen Sie den Bruttoangebotspreis mit 19 % MwSt.
- **h** Herr Huber will in seine Firma Jeans als zusätzliche Produktgruppe aufnehmen. Er will drei Preiskategorien einführen: 49,00 €, 99,00 €, 149,00 €.
  1. Suchen Sie für jede Preisgruppe eine geeignete Zielgruppe.
  2. Entwickeln Sie Qualitätsaussagen für die Preisgruppen.
  3. Entwerfen und budgetieren Sie ein Werbekonzept.
  4. Welche Erfahrungen haben Sie hinsichtlich Beratung und Kundenservice beim Kauf von Jeans gemacht? Was ist positiv aufgefallen, und was könnte noch verbessert werden?
  5. Glauben Sie, die Ökologie könnte beim Kauf einer Jeans eine Rolle spielen?
     Begründen Sie Ihre Meinung.

8.6 Marketing

Methodenseite

Tabellen und Diagramme erstellen

Allgemeine Informationen

Mithilfe von Tabellen und Diagrammen können (schwierige) Sachverhalte systematisiert und veranschaulicht werden. Die moderne Datenverarbeitung bietet hierfür exzellente und leicht erlernbare Tabellenkalkulationsprogramme an, um damit in kürzester Zeit eine Tabelle zu erstellen und anschließend diese Daten in einem Linien-, Säulen- oder Kreisdiagramm einprägsam darzustellen.
Der Vorteil des Computereinsatzes liegt hier darin, dass die Kalkulationsprogramme das Arbeitsblatt, den Stift (und Radiergummi), den Taschenrechner, Zirkel und Lineal ersetzen. Darüber hinaus können Alternativen sofort durchgerechnet werden, die sich dann auch unmittelbar im Diagramm auswirken.

Beispiel

Ein Haushalt hat die Wahl zwischen zwei verschiedenen Stromtarifen. Bei Tarif I ist eine Grundgebühr in Höhe von 30,00 € zu zahlen und der Verbrauchspreis für eine Kilowattstunde (kWh) beträgt 11 ct. Bei Tarif II fällt keine Grundgebühr an, dafür beträgt der Verbrauchspreis 32 ct je kWh.

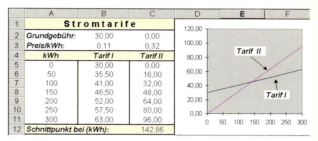

Welchen Tarif soll der Haushalt wählen? Würde sich die Antwort ändern, wenn beide Preise um 5 ct stiegen, die Grundgebühr aber auf 15,00 € reduziert würde?
Stellen Sie die Tarife im Bereich von 0 bis 300 kWh in einer Tabelle einander gegenüber und veranschaulichen Sie die Tarife in einem Diagramm.
Lösung: Bis zu einem Verbrauch von 143 kWh ist der Tarif II für den Haushalt günstiger; bei einem höheren Verbrauch sollte der Tarif I gewählt werden. Bei den geänderten Daten ist Tarif I schon ab 68 kWh günstiger.

Vorgehensweise

1. **Vorbereitung**
   a) In organisatorischer Hinsicht muss sichergestellt sein, dass die Klasse/Gruppe einen Computerraum benutzen kann oder dass zumindest ein PC oder Laptop in der Klasse zur Verfügung steht.
   b) Grundkenntnisse in der Bedienung eines Tabellenkalkulationsprogramms müssen vorhanden sein, insbesondere sollte die absolute und relative (evtl. auch die symbolische) Adressierung beherrscht werden.

2. **Anwendung**
   a) Zunächst ist aufgrund der Aufgabenstellung die Tabellenstruktur zu entwerfen. Dabei ist darauf zu achten, dass die Daten, die später variiert werden sollen, als Eingabedaten oberhalb der Tabelle stehen.
   b) Die Formeln sollen selbstverständlich so eingetragen werden, dass sie arbeitssparend nach unten kopiert werden können.
   [Im Beispiel: B5 → = B2+A5*B3, C5 → = C2+A5*C3, C12 → = (C2-B2)/(B3-C3)]
   c) Das Diagramm sollte auf dem gleichen Tabellenblatt erstellt werden, damit Änderungen der Ausgangsdaten unmittelbar im Diagramm beobachtet werden können.
   d) Das Diagramm kann sehr schnell mithilfe des Diagramm-Assistenten erstellt werden.
   [Im Beispiel wurde das Liniendiagramm gewählt, damit der Schnittpunkt deutlich wird.]

3. **Auswertung**
   a) Die Eingangsdaten sollten variiert und die Auswirkungen hinsichtlich der Aufgabenstellung beobachtet werden.
   b) Als Erweiterung wäre im vorliegenden Beispiel denkbar, dass der Anfangswert und die Schrittweite für den Tarifbereich (kWh) ebenfalls eingegeben werden.

8 Simulation einer Unternehmensgründung

Methodenseite

Eine Mind Map erstellen

Allgemeine Informationen

Das Mind Mapping (sinngemäß übersetzt als „Gedanken-Skizze") ist eine Kreativitätstechnik. Sie hilft Ihnen, Ihre Gedanken geordnet zu Papier zu bringen, auch wenn Sie Ihnen spontan und ungeordnet in den Sinn kommen. Die grafische Darstellung ist besonders gut geeignet, die Gedanken abzubilden, da Gedankensprünge, Erweiterungen und Ergänzungen jederzeit erlaubt sind (im Gegensatz zu einer linearen, fortlaufenden Darstellung)!

Mind Maps unterstützen das Gedächtnis, die Konzentration, den Überblick, den Ideenreichtum – und machen viel Spaß. Die kleinsten Alltagsaufgaben und die kompliziertesten Projekte können damit bewältigt werden:

- Organisation und Planung von Projekten
- Entwicklung eines Konzeptes
- Visualisierung in einer Präsentation
- Zusammenfassung und Strukturieren von Informationen (zum Beispiel bei Prüfungsvorbereitungen sinnvoll!)
- Gedankenskizze bei einem Vortrag

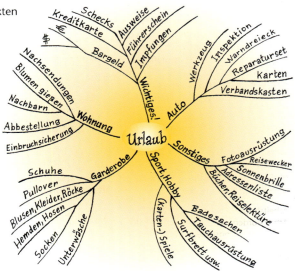

Beispiele

Nehmen wir ein alltägliches Beispiel. Sie wollen auf einem „Spickzettel" alles Wichtige für Ihren Urlaub festhalten, damit Sie nichts vergessen. Dabei soll Zusammengehörendes auch zusammenstehen und Ihr Zettel soll jederzeit an allen möglichen Stellen ergänzbar sein.

Vorgehensweise

1. **Vorbereitung**
   Eigentlich brauchen Sie nichts anderes als einen klaren Kopf, ein Blatt Papier und einen Stift. Es ist aber auch möglich, ein entsprechendes Computerprogramm zu benutzen.

2. **Anwendung**
   Das obige Beispiel zeigt eine Mind-Map-Anwendung:
   a) Beginnen Sie auf der Mitte des Blattes mit dem eigentlichen Thema.
   b) Jeder übergeordnete Gedanke wird auf einem (Haupt-)Zweig festgehalten.
   c) Aufsplitterung des Gedanken und Detailinformationen sind in Verästelungen unterzubringen. Auf diese Weise entsteht nach und nach ein ganzer „Gedankenbaum", der jederzeit noch wachsen kann. Darüber hinaus gibt es u. a. noch folgende Gestaltungsmöglichkeiten:
   d) Hervorhebungen durch Schriftgröße, Schriftart und farbige Darstellung.
   e) Ergänzung der verbalen Informationen durch Bilder, Fotos oder Piktogramme.
   f) Anordnung der Hauptgedanken im Uhrzeigersinn.
   g) Zusammenhänge können zusätzlich durch Pfeile verdeutlicht werden.

3. **Auswertung**
   a) Handschriftlich erstellte Mind Maps sollten für eine Präsentation sauberer und übersichtlicher durch ein Computerprogramm ausgedruckt werden.
   b) Lassen Sie zuerst (insbesondere beim Brainstorming) alle Gedanken zu. Bewerten und begrenzen Sie erst anschließend!
   c) Kommen nachträglich neue Aspekte hinzu, können Sie ohne große Probleme Ihre Mind Map ergänzen.

Sachwortverzeichnis

A

Abgabenlast	265
Absatzmarkt	231
Abschreibung	329
Abwertung	151
Abzüge	220
AGB-Gesetz	78
Agrarmarkt	263 f.
Akkordlohn	207
Aktien	158 f.
Aktiengesellschaft	313 f.
Allgemeine Geschäftsbedingungen (AGB)	78, 109
Allgemeinverbindlichkeit	189
Altersvermögensgesetz	43
Altersvorsorge	57
Anfechtbarkeit	69 f.
Angebot	76, 230, 234
Angebotsoligopol	232
Angestellte	177
Anlagekriterien	154
Annahme	72 ff.
Annahmeverzug	84
Anschaffungsdarlehen	167
Antrag	72 ff.
Antragsveranlagung	290
Arbeiten mit Gesetzestexten	62
Arbeitgeber	177, 193
Arbeitnehmer	177
Arbeitnehmersparzulage	163
Arbeitsbewertung	215, 217
Arbeitsförderung	22, 48
Arbeitsförderungsgesetz (AFG)	22
Arbeitsgericht	201
Arbeitskampf	191
Arbeitslosengeld I und II (ALG)	49
Arbeitslosenversicherung	48
Arbeitslosigkeit	49, 267
Arbeitsmarktreform	49
Arbeitsplatz	28
Arbeitsplatzbeschreibung	215
Arbeitsplatzteilung	180
Arbeitsproduktivität	225
Arbeitsrecht	176
Arbeitsschutz	31, 38
Arbeitsverhältnis	180, 181
- befristetes	182
Arbeitsvertrag	177, 180, 201
Arbeitszeitschutz	32
Arbeitszeugnis	182
Aufhebungsvertrag	182
Aufsichtsrat	198
Auftragsbestätigung	74
Aufwertung	151
Auktion	81, 87
Ausbildungsbetrieb	8
Ausbildungsverbund	13
Ausbildungsvertrag	13 f., 18
Ausland	13, 20
außenwirtschaftliches Gleichgewicht	268 f.
außergerichtliche Mahnung	115
außergewöhnliche Belastung	291
Aussperrung	191
Auszubildende	186
Auszubildendenvertretung	198

B

Bankkarte	128 ff.
Bankterminals	134
Barscheck	125
Barzahlung	124
Basisjahr	138
BAT	218
Bausparen	161
befristeter Arbeitsvertrag	180
Behinderung	78
Beitragsbemessungsgrenze	44, 47
Beiträge	280
Beratungsstellen	97
Berufsausbildung	7 ff.
Berufsbildungsgesetz (BBiG)	15
Berufsgenossenschaft	38, 53
Berufsgrundbildungsjahr	10
Berufskrankheit	50
Berufs- und Gewerbefreiheit	246
Berufsunfähigkeitsversicherung	56
Beschaffungsmarkt	231
Beschäftigungsverbot	35
Besitz	79
Besteuerung	284
Beteiligungslohn	212
betriebliche Altersvorsorge	57
Betriebsausgaben	291
Betriebsklima	29
Betriebsrat	186, 193, 197
Betriebsrente	58
Betriebsvereinbarung	193, 201
Betriebsverfassungsgesetz (BetrVfG)	195
Betriebsversammlung	198
Beweislast	86
Bewerbung	175, 178
BIC-Nummer	126
Binnenmarkt	260 f.
Bio-Siegel	105
Blauer Engel	105
Bruttoinlandsprodukt (BIP)	252 ff.
Bundesagentur für Arbeit	48
Bundesausbildungsförderungsgesetz (BAföG)	22, 25
Bundeskartellamt	242
Bundesurlaubsgesetz (BUrlG)	179
Bürgerliches Gesetzbuch (BGB)	64 ff.
Bürgschaft	169

C

Corporate Identity	339

D

Darlehen	110, 171, 320
Dauerauftrag	127
DAX	159
Deflation	141 f.
Devisen	148 f.
DIN-Normen	104

direkte Steuern	282
Direktbanken	134
Direktversicherung	57
Diskontpolitik	275
Drittelbeteiligungsgesetz	199
Duales System	8

E

ec-Karte	129
E-Payment	134
Effektivverzinsung	159, 167
Ehegatten-Splitting	288
Eichgesetz	103
Eier-Stempel	102
Eigentum	79, 247
Eigentumsvorbehalt	79, 111
Ein-Euro-Job	49
Einigungsstelle	196
Einkommensteuererklärung	289, 294
Einkommensverteilung	271
Einkünfte	284
Einzelkosten	328 ff.
Einzelunternehmung	309
Electronic Cash (ec)	129
Elster-Programm	290
Elternzeit	37
Enteignung	247
Entstehungsrechnung	252 f.
E-Nummer	102
Erfüllungsgeschäft	74 ff.
Erfüllungsort	77
Erziehungsgeld	37
Euro	144 ff.
Eurocheque	126
Europäische Union (EU)	144, 260
Europäische Wirtschafts- und Währungsunion (EWWU)	144 ff.
Europäisches Parlament	260
Europäische Zentralbank (EZB)	146, 275
Existenzgründung	22, 49, 181, 306
Expertenbefragung	62

F

Fallstudie	173
Falschlieferung	82
Fehlzeiten	31
Fernabsatzverträge	112
Finanzausgleich	281
Finanzierung	317 ff.
Fiskalpolitik	249, 273
Fortbildung	19 f., 25
Freistellungsauftrag	164
Freizeichnungsklauseln	76
Freizügigkeit	246
Friedenspflicht	188
Fusion	238, 242 f.

G

Gebühren	280
Gefahrenschutz	35
Gehaltsabtretung	169
Geldautomat	128
Geldkarte	130
Geldpolitik	275

Gemeinkosten	328 ff.
Generationenvertrag	43, 259
Gentechnik	102
gerichtliches Mahnverfahren	116
Gerichtsstand	78
Geschäftsfähigkeit	64 f.
Geschichte	40
Gesellschaft des bürgerlichen Rechts	310
Gesetz für moderne Dienstleistungen am Arbeitsmarkt	49, 176
Gesetz gegen unlauteren Wettbewerb (UWG)	107
Gesetz gegen Wettbewerbs- beschränkungen (GWB)	108, 237
Gesetz zur Regelung des Rechts der allg. Geschäftsbedingungen	109
Gesundheitsschutz	35
Gewerbeaufsichtsamt	38
Gewinnbeteiligung	212
Girokonto	124
Gläubigerpapiere	158
Gleichbehandlungsgebot	190
Gleichheitsgrundsatz	246
Globalsteuerung	273
Globalisierung	240
GmbH	312
Grundgesetz	64, 246 f.
Grundtarif	288
Gründungshilfen	49, 303 ff.
Grüne Punkt, Der	105
Gütezeichen	104, 120

H

Haftpflichtversicherung	60
Haftung	92
Handelsgesetzbuch	64, 310 f.
Handelsklassen	102
Hartz-Gesetze	49
Hausratversicherung	58
Haustürgeschäfte	111
Hemmung	89
Holding	238

I

IBAN-Nummer	126
Ich-AG	49
Image	335
indirekte Steuern	282
Individualversicherung	59
Inflation	140 ff.
Integrationsamt	38
Internationalisierung	239 f.
Internet	81, 87, 100, 108, 112, 133, 134, 203
Internetpayment	134
Investivlohn	212
Investmentfonds	159
ISO 9000	344

J

Jugendarbeitsschutz	34
Jugendarbeitsschutzgesetz	34, 179
Jugendvertreter	186
Jugendvertretung	198
juristische Person	65

K

Kapitallebensversicherung	160
Karikaturen lesen	122
Kartellgesetz	108, 237, 242
Kaufkraft	137 ff.
Kaufvertrag	72 f., 75
Kfz-Versicherung	58
Kinderberücksichtigungsgesetz	47
Kinderlose	221
Klageverfahren	116
Kleingedrucktes	109
Kommanditgesellschaft	311
Konjunkturpolitik	250, 269 f., 273 ff.
Konsum	162
Kontokorrentkredit	320
Konvergenzkriterien	146
Konzentration	237
Konzerne	238
Kosten, fixe, variable	325 ff.
Kooperation	237
Krankenversicherung	44
Kreditkarte	130 ff.
Kreditsicherung	168
Kundenkarte	108, 132
Kundenservice	340
Kündigung	16, 68 f., 181 f., 185
Kündigungsschutz	184 ff.
Kursschwankungen	148
Kurswert	157

L

Lastschriftverfahren	127
Leasing	321 f.
Lebensmittel- kennzeichnungsverordnung	102
Lebensqualität	255
Lebensversicherung	56
Leistungsbilanz	269
Leistungsfähigkeit	26
Leistungslohn	207
Leistungspflicht	81
Leistungsschwankungen	27
Leistungsstörungen	81
Lesen einer Karikatur	122
Liberalismus	248
Lieferantenkredit	319
Lieferbedingungen	77
Lieferungsverzug	84
Lohnabrechnung	220 f.
Lohnabtretung	169
Lohndifferenzierung	214
Lohnformen	206
Lohnnebenkosten	224
Lohnsteuerkarte	286 ff.
Lohnsteuertabelle	286

M

Maestro	128
magisches Viereck	266 ff.
Mahnbescheid	116
Mahnung	115
Mangel	81 ff.
mangelhafte Lieferung	81 ff.
Markenname	335
Marketing	333 ff.
Markt	230 ff.

Marktbeherrschung	241
Marktforschung	333
Marktwirtschaft	245
Mind Map	350
Minderlieferung	82
Minderung	83
Mindestlohn	209
Minijob	49
Missbrauchsaufsicht	243
Mitbestimmung	196 ff., 201
Monopol	233
Montageanleitung	82
Mutterschutz	36 f., 186
Mutterschutzgesetz	36, 179

N

Nachbesserung	83
Nacherfüllung	83
Nachfrage	230, 234
natürliche Person	65
Nennwert	157
Neubeginn der Verjährung	88
Nichtigkeit	69
Nominallohn	226

O

Offenmarktpolitik	275
öffentliche Aufgaben	283
öffentliche Verschuldung	264
Öffentlichkeitsarbeit	339
Öko-Audit	343
Öko-Marketing	341
Onlinebanking	133
Onlinedienste	100
Ordnungspolitik	249
Ordoliberalismus	248

P

Pauschbeträge	291
Pensionskasse/-fonds	58
Pensionszulage	57
Personalservice-Agenturen (PSA)	49
Pflegeversicherung	46
Pflichtversicherung	42
Phishing	133
PIN	128
Planwirtschaft	245
Polypol	232
Postanweisung	124
Praktikum	181
Prämienlohn	210
Preisabsprachen	241
Preisangabenverordnung	103
Preisbildung	234 f., 249
Preisgestaltung	336
Preisindex für die Lebenshaltung	138
Preisniveaustabilität	268
private Krankenversicherung	56
private Versicherungen	56
Privateigentum	249
Privatisierung	266
Probezeit	16
Produkthaftungsgesetz	110
Produktinformationen	105
Produktivität	225
Produktpolitik	334 f.
Public Relations	339

352